1부

역학의 학문적 특성

◇ ◇ ◇

역학易學이라는 학문의 세계를 탐구해가는 긴 여정에서 먼저 시작해야 할 일은 탐구해야 할 대상인 역학이 어떤 존재인가를 파악하는 것이다. 역학이 학문이라는 점에서는 다른 학문과 공통적인 성격이 있지만 그것이 다른 학문과 어떻게 다른지를 파악하는 것이 곧 역학의 학문적 특성을 파악하는 일이다.

역학이 다른 학문과 다른 점은 그것의 학문적 탐구 주제가 다른 학문과 다르기 때문이다. 그러므로 역학의 학문적 특성을 파악하는 일은 탐구 주제가 갖는 특성을 중심으로 이루어져야 한다. 학문으로서의 역학이 해결하고자 하는 주제는 도道이다. 십익十翼에서는 도를 역도易道, 변화變化의 도道, 삼재三才의 도道, 천도天道, 지도地道, 인도人道 등과 같이 다양한 개념으로 나타내고 있다. 그것은 세계, 우주, 만물의 근원이 도임을 뜻한다.

역학에서 만물의 근원, 세계의 근원, 제일원인으로서의 도를 역도, 변화의 도로 규정한 것은 도의 특성을 나타낸 것이다. 그것이 만물, 우주의 근원이지만 고정된 실체가 아니기 때문에 매 순간 변화하여 끊임없이 자신을 드러내는 점에서 변화의 도, 역도라고 한 것이다.

그런데 역도가 체계화하여 하나의 형식을 갖추게 된 것은 은말殷末 주초周初에 이르러서이다. 그 이전에는 이른바 육갑도수六甲度數를 통하여 인간의 삶을 규정하는 역법曆法의 형식을 띠면서 일상 생활에 활용되었다. 그러다가 점서占筮의 결과를 기록했던 자료들을 활용하여 그것을 중괘重卦의 괘효卦爻에 부연敷衍하면서 오늘날 우리가 볼 수 있는《주역周易》이 형성되었다.

《주역》의 괘효에 부연한 언사言辭가 길흉회린吉凶悔吝과 같은 미래의 길흉吉凶을 판단하는 형식을 갖고 있기 때문에 사람들은《주역》을 점서서占筮書로 인식하게 되었다. 이러한 사실은《주역》이 처음 완성된 이 시기부터 오늘에 이르기까지 주로 점을 치는 데 사용되고 있을 뿐만 아니라 점사占事가《주역》의 본질로 인식되는 것을 보면 쉽게 알 수 있다.

《주역》이 형성된 이후에《주역》을 해석한《십익十翼》이 형성되었다. 전통적으로는 십익의 저자를 공자孔子로 인식하여 왔지만 오늘날에는 그것을 부정하는 학자들도 있다. 한대漢代 이후의 역학자들은《주역》을 역경易經으로 규정하면서《십익》이《주역》을 해석한 전적이라는 점에서《역전》이라고 불렀다. 그리고《주역》과《십익》을 하나의 이론체계로 이해하였다.[1]

현대의 역학자들은《주역》은 점서서占筮書이고《십익》은 철학서라는 점에서 양자를 철저하게 구분하여 연구할 것을 주장하고 있다. 본래《주역》과《십익》이 각각 분리되어 전승되어 오다가 왕필王弼에 의해 오늘의 체계처럼 양자가 하나로 엮어지면서 후대의 학자들이 착각을 일으키게 되었다는 것이다.《주역》은 일종의 미신적迷信的인 서적이고 비이성적이고 비합리적이며, 초자연적인 관점에서 형성된 것이지만《십익》은 인간의 의지에 의하여 다양한 관점이 담긴 이성적인 전적이라는 점에서 양자가 전혀 질적으로 다른 성격을 가진 저작이라는 이유에서다.

사정이 이러하기 때문에 역학의 학문적 특성을 파악하기 위해서는 역학이 연구 대상으로 하는 텍스트인《주역》과《십익》의 내용과 관계를 분명하게 파악하는 것으로부터 시작해야 한다. 그리고 이 문제는 십익에서

---

1 앞으로 이 책에서는 전통적인 입장에서 괘효卦爻 및 괘효사卦爻辭와 십익十翼을 모두《주역周易》으로 부르기로 한다. 다만 특별하게 괘효 및 괘효사와 십익을 구분할 필요가 있을 때는 십익十翼, 역전易傳 등으로 구분하여 사용할 것이다.

역학의 학문적 과제로 제시하고 있는 역도와 《주역》에서 제시되고 있는 점서占筮의 형식과 관련하여 점을 치는 일로서의 점사占事가 어떤 내용이며, 역도와 점서가 어떤 관계인지를 밝히는 것이다.

앞의 문제를 통하여 역학, 역도, 점사의 문제가 해결되어 역학의 학문적 특성이 밝혀지게 되면 그 후에는 다시 그것의 학문적 위상을 확인하는 작업이 필요하다. 그것은 역학이 어떻게 형성되었는지 그 연원을 고찰하는 작업과 더불어 역학이 형성된 후에 그것이 어떻게 다른 학문으로 발전되어 왔는지를 고찰하는 문제이다. 이는 동북아 사회에서 오늘에 이르기까지 막대한 영향을 미치고 있는 유가儒家와 도가道家 그리고 불가佛家와 역학이 어떤 관계인지를 밝히는 문제이기도 하다.

1장 역학易學과 역수원리曆數原理

어떤 학문을 막론하고 그 학문의 특성과 내용을 밝히기 위해서는 먼저 학문적 정의를 내리는 것으로 시작한다. 왜냐하면 학문의 정의에는 그 학문이 탐구해야 할 과제와 방법, 내용이 담겨 있기 때문이다. 학문의 방법은 탐구 과제의 성격에 따라서 달라지며, 내용 역시 탐구 과제에 따라서 다를 수밖에 없다. 따라서 학문의 탐구 과제가 갖는 성격을 올바로 파악해야 비로소 그 학문의 특성을 올바로 파악할 수 있다.

역학易學이라는 학문이 해결하고자 하는 과제는 현상 사물의 일부가 아니라 존재하는 모든 것들의 근거가 되는 근원적 존재이다. 그것을 어떤 관점에서 무엇이라고 다양하게 부르는 것을 막론하고 궁극적인 존재를 탐구한다는 점에서 천문학이나 생물학, 물리학과 같이 현상의 일부를 탐구 대상으로 하는 개별 과학과는 학문적 성격이 다르다.

그런데 과학과 다른 차원의 근원적 존재를 추구하는 학문은 역학易學만은 아니다. 유가儒家와 도가道家 그리고 불가佛家 역시 근원적 존재의 존재 원리를 추구하는 학문이다. 그렇다면 역학과 다른 학문이 어떻게 다르며, 어떻게 유기적으로 관련되어 있는지를 밝히는 것 또한 중요한 문제라고 할 수 있다. 유가와 불가 그리고 도가에서는 근원적 존재를 도道로 규정하고 있다. 그러나 역학에서는 근원적 존재를 역도易道, 변화變化의 도道로 규정하고 있다. 따라서 역易, 변화變化라는 개념을 중심으로 역학의 학문적 특성을 고찰할 수 있을 것이다.

역, 변화라는 개념은 시간을 떠나서는 성립될 수 없다. 그렇기 때문에 시간의 문제를 중심으로 역도, 변화의 도의 존재 특성을 밝혀준다면 역학의 학문적 특성이 저절로 드러나게 될 것이다. 역도를 시간을 중심으로 밝히고자 할 때 드러나는 또 하나의 문제는 시간은 무형적 존재라는 점과 오직 인간만이 의식할 수 있다는 점이다. 그것은 시간이 인간의 본성인 인격성人格性, 도덕성道德性과 관계가 있음을 뜻한다.

시간이 오직 인간에 의해 인지된다는 것은 시간의 의미가 인간을 통하여 밝혀질 수 있음을 뜻한다. 그것은 인간의 삶과 시간이 밀접한 관계를 갖고 있다는 의미이기도 하다. 시간과 더불어 인간의 삶에서 제기되는 중요한 문제는 미래를 알고 그것을 현재의 삶에서 구현하는 것이다. 그것을 《주역周易》에서는 점사占事로 규정하고, 점사가 역학易學의 근본 문제[2]임을 밝히고 있다.

이 장에서는 역학의 근본 문제가 무엇이며, 그것의 특성은 무엇인지를 밝힘으로써 역학의 학문적 특성과 내용을 규정하고자 한다. 먼저 역학이

---

2 《周易》의 繫辭上篇 第五章에서는 "極數知來之謂占이오 通變之謂事"라고 하였고, 說卦第三章에서는 "數往者는 順하고 知來者는 逆하니 是故로 易은 逆數也라."라고 하였다.

라는 학문의 성격을 살펴본 후에 역학의 근본 문제가 무엇인지를 살펴보고, 마지막으로 역학의 근본 문제의 특성에 관하여 고찰하고자 한다.

1. 형이상학形而上學과 역학易學

역학이라는 학문의 특성을 밝히기 위해서는 앞에서 언급한 것처럼 그 학문적 탐구 과제가 무엇인지를 살펴보는 게 우선이다. 왜냐하면 학문의 탐구 주제가 무엇인가에 따라서 그것을 해결하는 방향과 방법이 다를 뿐만 아니라 그것을 해결하여 이론체계화한 내용도 다른 학문과 차별되는 고유의 특성을 갖게 되기 때문이다.

역학이라는 학문의 탐구 주제는 역도易道이다. 《주역》에서는 "그 도道가 매우 커서 온갖 사물이 벗어남이 없으나 두려움으로 종시終始를 맞음은 허물이 없기를 바라는 것으로 이것을 일러 역도易道라고 한다."[3]라고 하여 《주역》의 괘효卦爻가 표상하는 내용을 역도로 밝히고 있다.

역도의 특성을 파악하기 위해서는 역易과 도道라는 두 개념이 어떤 내용이며, 양자가 어떤 관계인지를 살펴보아야 한다. 일반적으로는 역이 중심 개념이 아니라 도를 한정하고 그 특성을 드러내주는 보조적인 개념으로 이해한다. 따라서 역도를 이해하기 위해서는 먼저 도의 개념을 이해하는 것이 필요하다.

역학은 개별 과학과 달리 현상 사물의 일부를 탐구 대상으로 삼지 않고 모든 존재의 존재 근거를 연구하는 학문이다. 그것은 역학이 해결해야 할 주제인 역도의 특성으로부터 기인한다. 역학에서는 존재하는 모든 것들

---

3 《周易》 繫辭下 第十一章, "易之興也 其當殷之末世 周之盛德邪인저 當文王與紂之事邪인저 是故로 其辭危하여 危者를 使平하고 易者를 使傾하니 其道甚大하여 百物을 不廢하니 懼以終始라 其要无咎니 此之謂易之道也라."

의 존재 근거가 되는 근원을 형이상자形而上者로 규정하고 있다. 그렇기 때문에 형이상자形而上者를 학문적 탐구 대상으로 하는 역학은 형이상학形而上學이라고 할 수 있다. 따라서 역학의 학문적 특성을 이해하기 위해서는 먼저 형이상적 존재가 무엇인지를 이해하여야 한다.

형이상자形而上者는 형이하자形而下者와 대비되는 개념이다.《주역》에서는 형이상자를 도道로 규정하고, 형이하자를 기器로 규정하고 있다.[4] 이처럼 형이상적 존재와 형이하적 존재는 도道와 기器라는 개념으로 구분되면서도 형이形而라는 개념으로 연결되어 있다. 이 말은 형이상자와 형이하자가 그 존재 양상에 따라서 엄격하게 구분되는 동시에 일체적 관계임을 나타내는 것이다.

먼저 도道와 기器라는 개념을 중심으로 양자의 관계를 살펴보면 기器는 도道를 담아서 보존하는 것으로, 도道의 성격에 따라서 다양한 모양으로 만들 수 있다. 그것은 도가 근원적 존재이며, 도를 근거로 형성된 존재가 기器임을 뜻한다. 따라서 도道와 기器를 엄격하게 구분할 수밖에 없다.

도와 기의 존재 양상을 나타내는 개념이 형이상과 형이하이다. 형이상의 이상而上은 이상以上과 같은 개념으로, 형상의 초월을 의미한다. 이하而下는 이하以下와 같은 개념으로, 형상 내적內的 존재를 의미한다. 따라서 형이상자는 형상을 초월한 무형적 존재이며, 형이하자는 특정한 형상을 가진 현상적 존재를 가리킨다.

도가 형상을 초월한 존재라는 것은 시간과 공간을 초월한 존재라는 뜻이다. 시공을 초월한 존재가 도이며, 시공의 내적 존재가 형이하적 존재인 것이다. 도는 형이하적 존재, 형상을 가진 모든 존재의 근거, 근원이다. 그렇기 때문에 무형적 존재가 모두 도는 아니다. 예를 들면 시간이나 인간의 생각 자체는 무형적 존재이지만 그것 자체를 도라고 하지 않는다. 그러나

---

4 《周易》 繫辭上篇 第十二章, "形而上者를 謂之道오 形而下者를 謂之器오."

시공을 초월한 존재이면서 현상 사물의 근거가 된다고 해서 그 또한 모두 도는 아니다. 예를 들면 자연과학의 법칙 같은 것은 비록 사물의 운동법칙이지만 그것이 모든 존재의 존재 근거가 될 수는 없기 때문에, 그런 면에서 도는 아니다.

도가 형이상적 존재라는 것은 그것이 언어와 문자에 의해 규정할 수 없는 존재라는 점을 의미한다. 일상적으로 언어는 이것과 저것을 구분하여 그 차별성을 중심으로 의미를 나타낸다. 예를 들면 일상적인 언어는 유有와 무無, 대大와 소小, 선善과 악惡, 정正과 사邪, 시是와 비非 등의 대립하는 개념들을 바탕으로 의미를 나타낸다. 그러나 역도는 유有와 무無라는 개념을 중심으로 존재한다고 할 수도 없고, 존재하지 않는다고 할 수도 없을 뿐만 아니라 존재하면서 존재하지 않는다고 할 수도 없다. 그렇기 때문에 공자는 "글로는 하고자 하는 말을 다 드러낼 수 없고, 말로는 뜻을 다 드러낼 수 없다."[5]라고 하였다.

언어와 문자를 통하여 역도가 무엇인지를 모두 설명할 수 없다는 것은 그것이 이성적 사유를 통해서는 밝힐 수 없는 존재임을 뜻한다. 그렇기 때문에 역도는 이성적 사고를 멈추었을 때 비로소 드러나게 된다. 《주역》에서는 "역易은 생각이 없고, 행위가 없어서 고요하여 움직임이 없을 때 비로소 천하의 연고에 감통하게 된다."[6]라고 하였다. 생각이 없고 행위가 없어서 고요하여 움직임이 없다는 것은 이성적 사고를 하지 않는 상태를 뜻한다. 물론 이성적 사고가 멈추었다는 것은 사고 자체를 멈추었다는 것이 아니다. 단지 생각을 하면서도 생각함이 없다는 의미로, 이것과 저것을 나누어서 가치를 부여하여 집착함이 없이 사고한다는 뜻이다.

---

5 《周易》 繫辭上篇 第十二章, "子曰書不盡言하며 言不盡意니 然則聖人之意를 其不可見乎아."

6 《周易》 繫辭上篇 第十章, "易은 无思也하며 无爲也하야 寂然不動이라가 感而遂通天下之故하나니 非天下之至神이면 其孰能與於此리오."

《주역》에서는 천지天地를 음양陰陽으로 규정하고 음양이 합덕合德된 존재인 신神을 통하여 미래未來를 안다고 하여 그 점을 분명하게 밝히고 있다.[7] 그것은 형이상적 존재인 도의 특성을 그 작용을 중심으로 나타낸 것이다. 음양이 합덕되었다는 것은 음과 양으로 구분하여 나타낼 수 없는 상태를 나타낸다. 그것은 곧 이것과 저것으로 구분하여 나타낼 수 없다는 의미이다.

역도는 형이상적 존재이며 형이하적 존재인 사물과는 존재 양상이 다르다. 그렇기 때문에 양자를 엄격하게 구분하지 않을 수 없다. 양자를 구분하는 관점에서 보면 사물과 같은 형이하적 존재의 특성에 알맞은 탐구 방법을 통해서는 역도를 밝힐 수 없을 뿐만 아니라 설사 역도를 밝혔다고 할지라도 정확하게 나타낼 수 없다. 《주역》에서는 도道와 기器의 관계를 통하여 형이상적 존재와 형이하적 존재를 구분한 후에 육효六爻 중괘重卦가 역도易道를 표상하고 있다[8]고 하여 역학의 학문적 탐구 과제가 형이상의 역도易道임을 분명하게 밝히고 있다. 따라서 역학은 형이상적 존재인 도道를 탐구하는 학문인 형이상학形而上學이다.

그러나 역도와 사물적 존재를 구분하는 까닭은 양자의 관계를 밝히기 위해서이지 양자가 무관함을 나타내고자 하는 것이 아니다. 도道는 기器를 통하여 자신을 드러내고, 기器는 도道를 근거로 존재하기 때문에 도道를 떠난 기器나 기器를 떠난 도道는 존재하지 않는다. 《주역》에서 근원적 존재인 도와 사물적 존재의 관계를 나타내기 위하여 기器라는 개념을 사용하였을 뿐만 아니라 '형形'을 중심으로 '이而'를 통하여 상上과 하下가 일

7 《周易》 繫辭上篇 第十一章, "聖人이 以此로 洗心하야 退藏於密하며 吉凶에 與民同患하야 神以知來코 知以藏往하나니."

8 《周易》 繫辭下篇 第十一章, "易之興也 其當殷之末世周之盛德耶인저 當文王與紂之事耶인저 是故로 其辭危하야 危者를 使平하고 易者를 使傾하니 其道甚大하야 百物을 不廢하나 懼以終始면 其要无咎리니 此之謂易之道也라."

체임을 나타낸 까닭이 여기에 있다.

역도 자체가 그대로 사물로 드러나지는 않지만 사물을 통하여 자신을 드러내는 점에서 보면 사물을 매개로 하여 역도를 나타낼 수밖에 없다. 사물이 갖는 특성을 통하여 역도를 상징적으로 드러내는 것이다. 역도를 사물의 특성을 통하여 상징적으로 나타내는 방법과 사물 자체를 그대로 나타내는 방법은 서로 다를 수밖에 없다. 공자는 역도를 밝힌 성인을 중심으로 역도의 표상체계인 괘상卦象을 통하여 뜻을 다 드러내고, 괘卦를 세워서 정위正僞를 다 밝혔으며, 언사言辭를 부연하여 하고자 하는 말을 다하였음[9]을 밝히고 있다.

역도가 형이상적 존재이기 때문에 그것을 그대로 드러낼 수는 없으며, 오직 사물의 속성을 통하여 상징적으로 나타낼 수밖에 없다는 것은 역도가 다양한 관점에서 규정될 수 있음을 뜻한다. 따라서 근원적 존재를 어떤 관점에서 어떻게 이해하고 설명하느냐에 따라서 여러 가지 이론체계를 중심으로 다양한 사상思想이 형성될 수 있다. 이처럼 근원적 존재를 중심으로 이해하고 설명이 된 이론체계라면 그것이 무엇이든지 가치상의 우열優劣이나 정통正統과 이단異端이라는 시비是非의 대상이 될 수는 없다. 왜냐하면 다양한 사상 자체의 관점에서 보면 차이와 특성이 있겠지만 그 근원을 중심으로 보면 결국 모두 일체이기 때문이다.

근원적 존재인 형이상적 존재를 중심으로 살펴보면 다양한 사상 자체의 차이와 특성은 그대로 각각의 존재 의의가 된다. 만약 서로 다른 사상 사이에 차이와 특성이 없다면 각각의 사상이 존재할 필요가 없을 것이다. 그렇기 때문에 근원적 관점에서 모든 존재를 하나로 모아(會通) 보는 동시에 그것을 바탕으로 개체적 관점에서 각각의 존재 의의를 이해하는 것이

---

9 《周易》繫辭上篇 第十二章, "聖人이 立象하야 以盡意하며 設卦하야 以盡情僞하며 繫辭焉하야 以盡其言하며 變而通之하야 以盡利하며 鼓之舞之하야 以盡神하니라."

필요하다. 《주역》에서는 이 회통의 관점을 동同으로 규정하고 각각의 특성을 이異로 규정하여 양자가 하나임을 밝힘으로써 두 세계가 일체적이면서 명백히 구분됨을 밝히고 있다.[10] 따라서 근원적 존재를 중심으로 다양한 사상 체계를 이해하려는 노력 대신 각각의 사상 자체를 중심으로 이해하면 정통正統과 이단異端이라는 문제가 발생하게 된다.[11]

《주역》에서는 형이상적 존재인 도道를 역도易道, 변화變化의 도道, 신도神道, 삼재三才의 도道, 삼극三極의 도道[12] 등으로 다양하게 부르고 있다. 역도易道와 변화의 도變化之道라는 개념은 도道를 역易이라는 변화變化 현상現狀[13]을 중심으로 나타낸 것이며, 삼재의 도와 삼극의 도는 도를 구조와

---

10 火澤睽卦의 彖辭에서는 睽卦를 설명하면서 "睽는 火動而上하고 澤動而下하며 二女同居하되 其志不同行하니라. 說而麗乎明하고 柔進而上行하야 得中而應乎剛이라 是以小事吉이니라. 天地睽而其事同也며 男女睽而其志通也며 萬物이 睽而其事類也니 睽之時用이 大矣哉라."라고 말하고 大象에서는 "君子以하야 同而異하나니라."라고 하였다.

11 정통正統과 이단異端, 시是와 비非, 미美와 추醜, 소인小人의 도道와 군자君子의 도道 등을 구분하여 양자를 별개의 존재로 이해하는 것은 형이하形而下를 중심으로 이루어지는 이원론적二元論的 사고의 결과이다. 본래 형이하의 세계는 형이상形而上의 세계를 근거로 존재하기 때문에 그와 더불어 형이상적形而上的 관점에서 일원론적一元論的 사고를 통하여 이해하는 것이 필요하다. 다시 말하면 도道 자체에는 정통과 이단, 시와 비라는 문제가 없다. 다만 그것을 다양한 관점에서 나타내었을 때 비로소 그러한 문제가 나타나게 된다. 따라서 도 자체의 관점에서 다양한 이론체계를 이해하는 것이 필요하다.

12 《周易》의 繫辭下篇 第十章에서는 "易之爲書也 廣大悉備하야 有天道焉하며 有人道焉하며 有地道焉하니 兼三才而兩之라 故로 六이니 六者는 非他也라 三才의 道也니."라고 하여 六爻卦가 三才의 道를 표상함을 밝히고 있고, 繫辭上篇 第二章에서는 "六爻之動은 三極의 道也니."라고 하여 六爻卦가 三極의 道를 표상함을 밝히고 있고, 風地觀卦의 彖辭에서는 "觀天之神道而四時不忒하니 聖人이 以神道設教而天下服矣니라."라고 하여 作易 聖人이 神道를 闡明함을 밝히고 있고, 繫辭上篇 第九章에서는 河圖와 洛書가 變化 原理와 神道를 표상한 것임을 밝히고 "變化之道者其知神之所爲乎인저."라고 하였다. 이를 통하여 역학易學의 학문적 탐구 과제인 역도易道가 신도神道, 삼극三極의 도道, 삼재三才의 도道, 변화의 도變化之道임을 알 수 있다.

13 일반적으로 일상의 세계를 현상現象으로 부른다. 그러나 근원적 존재인 역도易道의 자기개시自己 開示를 현상現象이라고 하기도 하고, 그 결과 나타난 세계를 현상現象이라고 부

작용 원리를 중심으로 밝힌 것이고, 신도는 본성을 중심으로 도를 나타낸 것이다. 따라서 《주역》에서 부르는 다양한 도가 모두 도라는 하나의 존재를 각각 다른 관점에서 나타내는 개념이다.

여러 개념 가운데서 역학의 학문적 특성을 가장 잘 드러내는 것은 역도易道이다. 《주역》에서 다양하게 규정하고 있는 도에 관한 개념들을 역도易道를 중심으로 살펴보면, 역도를 그 성격을 중심으로 나타낸 것이 변화의 도이며, 작용의 측면에서 본성을 중심으로 나타낸 것이 신도이고, 체용體用의 구조를 중심으로 나타낸 것이 삼극의 도이며, 삼극의 도를 현상의 측면에서 나타낸 것이 삼재의 도이다. 역학이라는 학문의 이름 역시 학문적 탐구 과제가 역도임을 분명하게 드러내는 것이다.

역학의 학문적 탐구 과제인 역도를 이해하기 위해서 역易이라는 개념이 무엇을 의미하는지 살펴보자. 역易이라는 개념은 변화變化라는 의미이다. 그렇기 때문에 《주역》에서는 역도를 변화의 도로 규정하기도 했다. 변화는 형이상적 관점과 형이하적 관점에서 이해할 수 있다.

형이하적 관점에서 변화란 형상을 중심으로 이해하는 것이다. 형상을 중심으로 변화를 보면 하나의 모습이 변하여 다른 모습으로 바뀌는 것이다. 씨를 심으면 그것으로부터 싹이 터서 자라는 것도 변화이며, 아이가 성장하여 어른으로 바뀌는 것도 변화이고, 어떤 지식을 갖지 못하였다가 새로운 지식을 습득하는 것도 역시 변화이다.

그런데 형상을 중심으로 변화를 이해할 때 반드시 전제되어야 할 문제가 있다. 변화는 어떤 것에서 다른 것으로의 이행移行이라는 점에서 기준이 되는 두 시점을 전제로 성립될 수 있다. 하나의 기준 시점을 정하고 그

르기도 한다. 이 책에서는 역도易道의 자기 개시自己 開示는 현상現象으로, 그 결과 나타난 세계는 현상現狀으로, 그리고 현상現象을 상징적으로 나타내는 것을 현상懸象으로 구분하여 부르고자 한다.

때의 모습과 다른 기준 시점의 모습을 비교하였을 때 비로소 변화라는 개념이 성립될 수 있기 때문이다. 따라서 변화의 개념에는 시간의 문제가 전제된다는 것을 알 수 있다.

형상의 변화가 시간을 전제로 한다는 것은 시간의 흐름이 형상의 변화로 나타남을 뜻한다. 따라서 형상을 중심으로 변화를 이해하기 위해서는 시간의 흐름을 중심으로 이해하여야 한다. 예를 들면 싹이 트고, 꽃이 피며, 열매가 맺는 것은 춘하추동春夏秋冬이라는 시간이 흐르면서 나타나는 현상이다. 그렇기 때문에 변화를 이해하기 위해서는 시간의 흐름을 중심으로 이해하는 것이 필수적이다.

시간을 중심으로 세상을 바라본다는 것은 인간의 관점이 그렇다는 의미도 있지만 근본적으로는 모든 존재가 고정하여 불변하는 것이 아니라 변화한다는 의미이다. 사람이 어린아이로 태어나서 자라고 성인이 되어 결혼을 하고 아이를 낳아서 기르고 늙어서 죽는 것이 모두 변화이다. 사물도 역시 끊임없이 변화하기 때문에 그 어떤 것도 변화하지 않고 처음의 상태를 유지하는 것은 없다.

그런데 시간이나 사물은 모두 형이하적 존재이다. 그렇기 때문에 사물이나 시간을 중심으로 이해되는 변화는 모두 형이하적 이해이다. 그러나 역도는 형이상적 존재이기 때문에 그 내용을 파악하기 위해서는 형이상적 관점에서 연구되어야 한다.

예로부터 역易이라는 개념을 형이상과 형이하의 두 관점에서 이해하여 역易이라는 개념에는 세 가지 의미가 담겨 있는 것으로 이해하였다. 변역變易과 불역不易 그리고 이간易簡이라는 세 가지 의미[14]가 그것이다. 변역

---

14 孔潁達은《周易正義》를 통하여《易緯》〈乾鑿度〉에서 "易一名而含三義 所謂易也 變易也 不易也"라고 하였고, 鄭玄이《易贊》과《易論》을 통하여 "易一名而含三義 易簡一也 變易二也 不易三也"라고 하였음을 밝히고 있다. 그러나 孔潁達은 "蓋易之三義 唯在於有, 然有從无出 理則包无"라고 말하여 易의 三義를 도가의 관점에서 이해하였다. 그렇

變易은 변화 현상을 나타내며, 불역不易은 변화 현상의 근거가 되는 불변不變의 존재인 변화 원리를 가리키고, 이간易簡은 변화 원리의 특성을 나타내는 말이다.

불역과 이간은 형이상적 관점에서 언급된 것이며, 변역은 형이하적 관점에서 언급된 것이다. 그런데 앞에서 살펴본 바와 같이 형이상적 존재인 도, 역도, 변화의 도에 근거하여 변화되는 만물이 존재하게 된다. 그러므로 역에 세 가지 의미가 있다고 규정한 것은 형이상과 형이하가 일체임을 밝힌 것이라고 할 수 있다. 그것은 셋으로 구분하여 나타내면서도 그러한 구분이 없음을 나타낸 것이라고 할 수 있다.

다만 불역不易, 이간易簡을 중심으로 변역變易을 파악하는 것이 필요하다. 왜냐하면 역학의 대상은 변화 원리인 역도이지 변화 현상 자체가 아니기 때문이다. 역학이 형이상적 존재인 역도를 학문적 탐구 대상으로 한다는 것은 근원적 존재의 자기 전개 원리를 학문적 대상으로 한다는 것을 뜻한다. 그렇기 때문에 역학이 탐구 대상으로 하는 생성 또는 변화는 사물 자체의 생성이나 시간 자체의 생성은 아니다. 물론 그렇다고 하여 역도가 현상 사물과 무관한 것은 결코 아니다. 왜냐하면 도道와 기器는 엄격하게 구분되면서도 일체적 관계로, 역도 자체의 자기自己 전개展開에 의해 시간이 생성되고 시간의 생성이 만물의 생성으로 나타나기 때문이다.

근원적 존재의 자기 전개의 관점에서 변화를 이해하면 그 의미가 다양하다. 변화가 어떤 것이 변하여 새로운 것으로 된다는 의미라는 것은 앞에서 이미 밝힌 바와 같다. 이때 변화를 그 시작인 변變을 중심으로 이해하면 옛 것이 소멸되고 새로운 것이 창조創造됨을 뜻한다. 반면에 화化를 중심으로 이해하면 새로운 것이 탄생하여 완성되는 진화進化의 의미를 갖는

기 때문에 그는 形而上과 形而下를 有와 无를 중심으로 "繫辭云 形而上者謂之道 道則无也 形而下者謂之器 器則有也"라고 하였다.

다. 그것을 한마디로 나타내면 생성生成이다. 생성의 생生은 새로운 생명의 창조이며, 성成은 이미 나타난 생명의 진화이다. 매 순간을 중심으로 보면 항상 새로운 존재의 창조이지만 그렇다고 과거의 존재와 전혀 무관한 존재가 아니라 과거적 존재의 끊임없는 자기自己 향상向上인 것이다. 그렇기 때문에《주역》에서는 역도의 자기 전개에 의한 만물의 끊임없는 생성生成을 역易으로 규정하고 있다.[15]

역의 내용인 생성을 나타내는 다른 개념이 개벽開闢과 선후천先后天이다.[16] 개벽은 하나의 세계가 사라지고 새로운 세계가 열린다는 뜻으로, 사라지는 세계를 나타내는 개념이 선천先天이며, 새롭게 열리는 세계를 나타내는 개념이 후천后天이다. 그렇기 때문에 개벽과 선후천은 함께 이해해야 할 문제이다. 사실 개벽이 선천이 사라지고 후천이 열리는 것이라고 하였지만 정확하게 말하면 선천이 변하여 후천으로 화하는 선후천 변화를 일컫는다.《주역》에서는 건곤乾坤을 중심으로 합벽闔闢을 논하고 그것을 변통變通이라고 하였다. 즉, 변화를 개벽으로 밝히고 있다.[17]

선천과 후천은 별개의 존재가 아니다. 양자의 관계는 변화의 관계로, 선천이 변하여 후천이 되고, 후천이 변하여 선천이 된다.《정역正易》[18]에서는

---

15 《周易》繫辭上篇 第五章, "生生之謂易이오."

16 《주역周易》에서는 선천先天과 후천后天이라는 개념이 중심이 되지 않고 있으나《정역正易》에서는 선천과 후천이 중심 문제가 되고 있다. 그것은《주역》이 인도人道가 중심인 것과 달리《정역》의 중심 문제는 천도天道이기 때문이다. 인도는 공간성의 원리이며, 천도는 시간성의 원리이다. 그러므로 천도를 밝힌《정역》에서 선천과 후천이 중심 문제일 수밖에 없다.

17 《周易》繫辭上篇 第十一章, "是故로 闔戶를 謂之坤이오 闢戶를 謂之乾이오 一闔一闢을 謂之變이오 往來不窮을 謂之通이오."

18 《정역正易》은 한국 유학자儒學者인 일부一夫 김항金恒이 저술한 역경易經이다. 1881년에《정역》의 서문序文인 〈대역서大易序〉가 쓰였으며, 1884년에는 상편上篇인 〈십오일언十五一言〉이 쓰였고, 1885년에 하편下篇인 〈십일일언十一一言〉이 쓰여 완성되었다. 그 해에 영남嶺南 출신의 문도門徒들에 의해 출판되었다.《정역》에서는 역도易道를 간지도

선천은 후천에서 작용하고, 후천은 선천에서 작용한다[19]고 하였다. 그렇기 때문에 개벽 역시 후천에서 선천으로의 개벽과 선천에서 후천으로의 개벽이 존재한다. 다만 후천에서 선천으로의 개벽은 이연已然의 개벽이라는 점에서 응연應然의 개벽인 선천에서 후천으로의 개벽과는 다른 의미를 지닌다.[20]

선천과 후천은 시간의 관점에서 언급된 것으로, 시간은 형이상적 존재인 시간성을 존재 근거로 한다. 그렇기 때문에 시간성의 관점에서 보면 후천이 선천이고 선천이 후천이어서 선천과 후천은 일체적 존재라 할 수 있다. 그것은 선천과 후천의 개벽이 시간이 아닌 시간성의 관점에서 이해되어야 함을 뜻한다. 만약 후천 개벽을 물리적 시간을 중심으로 이해하게 되면 종말론적終末論的인 주장이 나타나게 된다. 종말론은 선천을 중심으로 이해하는 것으로, 세상의 종말은 곧 선천의 종말을 가리킨다. 그러나 후천의 입장에서는 선천의 종말은 곧 새로운 세계의 개벽이 된다. 다만 역, 변화를 형이상적 관점에서 이해하고 설명한 형이상학이 역학이라는 점을 생각하면 선천과 후천 그리고 개벽의 문제도 형이상적 관점에서 이해되어야 할 것이다.

형이상적 존재와 형이하적 존재를 구분하여 각각 '위지도謂之道'하고 '위지기謂之器'하는 존재는 인간이다. 역도는 그것을 주체화한 존재인 인

수干支度數를 통하여 나타나는 신명원리神明原理와 도서상수圖書象數를 통하여 나타나는 역수원리曆數原理로 밝히고 있다.

19 金恒,《正易》第四張, "后天은 政於先天하니 水火니라. 先天은 政於后天하니 火水니라."

20 이연已然의 개벽開闢은 도생역성倒生逆成의 관점에서의 개벽開闢을 의미하며, 응연應然의 개벽開闢은 역생도성逆生倒成의 관점에서의 개벽開闢을 뜻한다. 응연의 개벽은 군자君子가 이루어야 할 사명使命으로, 군자가 성인의 도道와 합덕合德하고, 천지天地의 도道와 합덕함으로써 삼재三才가 합덕合德하여 성도成道하게 되고, 그렇게 하여 후천後天의 세계가 열리는 것을 뜻한다.

간을 매개로 드러나고 밝혀질 뿐만 아니라 인간에 의해 세상에서 실천되는 개념이다. 그것은 역도가 주체화하여 형성된 존재가 인간이며 그 본성이 역도임을 뜻한다. 역도가 인간의 존재 근거이자 존재 원리인 것이다.[21]

형이상적 존재인 도道와 형이하적 존재인 기器가 엄격하게 구분되면서도 일체적 관계인 것도 인간 본래성을 통하여 밝혀진다. 오직 인간만이 시간을 의식할 수 있는 능력을 갖는 것도, 언어를 구사할 수 있는 능력을 갖는 것도, 근원적 존재인 도道를 추구하는 것도, 신神을 추구하는 종교를 갖는 것도 인간이 역도를 본성으로 하는 존재이기 때문이다.

인간 본래성이 바로 인간 주체성으로서의 역도이기 때문에 인간의 본성을 통하지 않고는 결코 역도易道가 밝혀지지 않을 뿐만 아니라 현실에서 실천되지 않는다.[22] 그러므로 역도를 이해하기 위해서는 그것을 인간의 문제로 주체화하여 이해하여야 한다.

역도가 인간 본래성[23]을 통하여 밝혀지기 때문에 그것은 인간 본래성의 성격과 무관하지 않다. 다만 현상의 측면에서 천지와 인간의 존재 양상이 다르기 때문에 그 삶의 양태도 다르다. 그렇기 때문에 《주역》에서는 역도를 각각 천도와 지도 그리고 인도로 구분하여 나타내고 있다.

《정역》에서는 천지의 관점에서 역도를 설명하면서 이理와 기氣 그리고 신명神明[24]이 담겨 있다고 하였다. 신명은 지상의 인간과는 그 존재 양상이

---

21 《周易》의 繫辭上篇 第五章에서는 "一陰一陽之謂道니 繼之者善也오 成之者性也라."고 하여 易道가 인간의 本來性으로 主體化되었음을 밝히고 있다.

22 《周易》의 繫辭下篇 第八章에서는 "苟非其人이면 道不虛行하나니라."라고 하여 易道가 인간을 통하여 실천됨을 밝히고 있다.

23 앞으로 자세하게 살펴보겠지만 인간의 본성을 과거적 본성과 미래성 이상理想으로서의 성명性命으로 구분하여 나타낼 수 있다. 성명을 시간의 관점에서 나타낸 것이 본성本性과 래성來性을 합한 본래성이라는 개념이다.

24 金恒,《正易》十五一言 第一張, "大哉라 體影之道여 理氣囿焉하고 神明이 萃焉이니라."

다른 천상天上의 존재를 가리키는 개념이기도 하고, 역도의 인격성을 나타내는 개념이기도 하다.《주역》에서는 복희伏犧가 팔괘八卦를 그은 것을 논하면서 신명神明의 덕德에 통하여 만물의 정위情僞를 나타낸 것[25]이라고 하여 신명의 덕에 통하여 그것을 팔괘를 통하여 나타낸 것이《주역》의 괘효임을 밝히고 있다. 이러한 신명성神明性 때문에 원리적 존재인 자연 과학의 법칙과 역도가 다르다.

역도의 원리적 성격을 나타내는 개념이 이理이다. 이러한 원리적 성격 때문에 단순하게 시공時空을 초월한 무형적 존재와는 다르다. 그리고 역도의 작용적 성격을 나타내는 개념이 기氣이다. 기는 원리적 성격과 신명성을 가진 존재이기 때문에 자연 과학의 대상으로서의 물리적인 힘과는 다르다. 원리성과 작용성 그리고 신명을 가진 형이상적 존재가 바로 역도인 것이다.

역학의 탐구 과제는 역도이며, 역도는 존재하는 모든 것들의 근원이다. 따라서 역학은 모든 개별적 학문의 탐구 대상의 근원을 연구하는 학문이다. 즉, 역학은 모든 학문의 근원으로, 만학萬學의 조종祖宗인 것이다. 개별 학문의 대상은 근원적 존재가 아니라 그러한 근원적 존재를 본질로 하여 형성된 형이하의 만물이다. 예를 들면 천문학의 연구 과제는 천체 현상이며, 물리학의 대상은 물리 현상이고, 의학의 대상은 생명 현상이다. 그러나 역학은 이러한 현상이 드러난 소이所以 그 자체를 탐구 대상으로 한다. 존재하는 모든 것들의 근원인 도道 자체를 연구 대상으로 하는 학문이 역학이며, 그러한 도道가 드러난 현상을 탐구 대상으로 하는 학문이 개별 학문인 것이다.

---

25 《周易》繫辭下 第二章, "古者包犧氏之王天下也에 仰則觀象於天하고 俯則觀法於地하며 觀鳥獸之文과 與地之宜하며 近取諸身하고 遠取諸物하여 於是에 始作八卦하여 以通神明之德하며 以類萬物之情하나니라."

개별 학문이 역도 자체가 드러난 현상을 탐구 과제로 하지만 역설적이게도 개별 학문의 연구를 통해서는 역도 자체가 결코 드러나지 않는다. 역도 자체는 형이하적 사물을 초월한 존재이기 때문에 현상 사물의 본질을 규명함으로써 드러나지 않는 것이다. 그런 점에서 보면 역도는 그 자체가 만물의 근원이지만 역도 자체가 그대로 만물로 드러나지 않는다고 할 수 있다.

현상 사물이 역도를 근거로 하여 존재하기 때문에 현상의 사물이 존재하고 있는 한 언제나 역도는 자신을 드러내고 있다고 할 수 있다. 그러나 한편으로 역도 자체는 사물의 깊은 곳에서 은미隱微하게 존재하면서 항상 자신을 감추고 있다고 할 수 있다. 그렇기 때문에 《주역》에서는 역도를 자각하여 천명闡明하는 것을 "깊은 곳을 더듬고, 숨은 것을 찾으며, 깊은 곳에 갈고리를 넣어서 찾아서 멀리까지 도달한다."[26]라고 상징적으로 표현하였다.

2. 역학과 점사占事

역학의 학문적 탐구 과제인 역도의 성격을 파악하는 과정에서 역도가 형이상적 존재이기 때문에 역학이 형이상학形而上學임을 살펴보았다. 그리고 역학, 역도의 특성을 나타내는 역易이라는 개념이 변화의 의미이며, 변화는 시간을 전제로 하고, 시간은 그것을 의식할 수 있는 존재인 인간과 관계가 있다는 것 또한 살펴보았다.

역학이 변화 원리인 역도를 학문적 탐구 대상으로 하는 점에서 시간의 문제와 관련하여 파악하지 않을 수 없다. 역易을 시간을 중심으로 이해하면 과거와 미래 그리고 현재의 세 양상이 된다.

26 《周易》繫辭上篇 第十一章, "探賾索隱하며 鉤深致遠하야 以定天下之吉凶하며."

역易을 천지와 인간을 중심으로 이해하면 천天은 미래에 상응하고, 지地는 과거에 상응하며, 인人은 현재에 상응한다. 현재적 존재인 인간이 지향해야 할 이상적 세계는 천도天道이며, 그것을 인간과의 관계를 중심으로 나타내면 천명天命이 된다. 천도가 근거가 되어 형성된 것이 지덕地德, 지도地道로, 인간의 관점에서는 그것은 과거적 본성이다. 그렇기 때문에《중용》에서는 "천명 그것을 일러 본성이라고 한다."[27]라고 하였다. 따라서 역학의 문제는 인간을 중심으로 살펴보면 천도와 지도를 자각하여 실천하는 현재적 나의 삶의 문제이다.

《주역》에서는 왕래往來라는 시간을 중심으로 역학의 근본 문제를 제기하고 있다. 미래는 앎의 대상이며, 과거는 앎을 바탕으로 헤아리는 대상으로 규정하고 역학의 근본 문제가 미래를 아는 것임을 밝힌 것이다. 이는 달리 말하면 인간이 천명을 받들어 행하는 이상적 삶을 위하여 천도를 자각하고 그것을 바탕으로 현상 세계를 다스리는 것으로, 천도를 인도로 자각하여 실천하는 것이 역학의 근본 문제임을 제기한 것이다. 《주역》에서 밝히고 있는 역학의 근본 문제가 무엇인지 살펴보면 다음과 같다.

> 지나간 과거를 헤아리는 것은 순방향順方向이며, 다가올 미래를 아는 것은 역방향逆方向이다. 그렇기 때문에 역학은 역逆방향으로 헤아려서 미래未來를 아는 것이다.[28]

위의 인용문을 보면 미래를 아는 것이 역학의 근본 문제임을 알 수 있다. 그것은 '지래知來'가 주체가 되어 '수왕數往'이 이루어져야 함을 나타낸

27 朱子,《中庸集註》經一章, "天命之謂性."

28 《周易》說卦篇 第三章, "數往者는 順하고 知來者는 逆하니 是故로 易은 逆數也라."

다. 왜냐하면 미래를 아는 것이 기준이 되어 그것을 바탕으로 과거를 헤아리는 것이 가능하기 때문이다. 그렇기 때문에 《주역》에서는 "신神으로 미래를 알며, 지식으로 과거를 갈무리한다."[29]고 하여 '지래知來'를 바탕으로 '장왕藏往'이 이루어짐을 밝히고 있다.

미래를 알고 그것을 바탕으로 과거를 헤아리는 것은 행行이다. 앎은 실천을 떠나서는 논의될 수 없으며, 실천은 앎을 떠나서 논의될 수 없다. 그렇기 때문에 미래를 아는 것은 그것을 바탕으로 과거를 헤아리는 실천을 통해서 그 존재 의의가 드러나게 된다. 《주역》에서는 미래를 아는 것과 그것을 현재적 삶 가운데서 실천하는 문제를 다음과 같이 밝히고 있다.

> 수數를 지극하게 추연推衍하여 미래를 아는 것을 일러 점占이라고 하며, 변화에 통하는 것을 일러 사事라고 한다.[30]

위의 내용을 보면 미래를 아는 것을 점占으로 규정하고, 점을 통하여 밝혀진 미래를 바탕으로 그것이 나타난 변화 현상에 응하는 것을 사事로 규정하고 있음을 알 수 있다. 그리고 미래를 아는 점의 방법이 수를 통한 추측이라는 점을 분명히 하고 있다. 이를 통하여 역학의 근본 문제가 점사占事임을 알 수 있다.

위의 내용을 보면 《주역》이 점서서占筮書라는 것이 확실해 보인다. 《주역》이 괘효卦爻와 괘효사卦爻辭에 의해 구성되었음은 주지의 사실이다. 이때 괘효와 괘효사가 필연적 관계가 있는지의 여부는 별도의 문제로 치더라도 괘효사의 형식이 점사占辭라는 것은 《주역》을 보면 확인할 수 있다. 《주역》의 괘효사가 점사占辭이기 때문에 그 내용을 점사占事로 생각할 수

---

29 《周易》繫辭上篇 第十一章, "神以知來코 知以藏往하나니."

30 《周易》繫辭上篇 第五章, "極數知來之謂占이오 通變之謂事이오."

있다. 더구나 그것이 갑골복사甲骨卜辭의 형식과 유사[31] 한 점에서 보면 그 내용이 점사占事임은 의심의 여지가 없어 보인다.

그러나 그것을 근거로 하여《주역》이 점서서占筮書라고 단정할 수는 없다. 그 이유는 첫째,《주역》의 저작 과정을 보면 기존의 점사占辭들을 보관하였다가 그것들을 선별하여 재구성하였다. 이때 기존의 자료들을 선별하고 재구성하는 과정에서 이미 저자의 의지가 담겨 있다고 볼 수 있다. 그리고 이 점에서 그것을 가공하기 이전의 원재료로서의 점사占辭와는 다르다.[32]

둘째로는 아무리 실제로《주역》이 점의 텍스트로 사용되어 왔고, 지금도 사용되고 있을지라도 그 이유만으로 그것이 점서라고 단정할 수는 없다. 왜냐하면 그것을 사용하는 사람들이 저작자의 의도와 어긋나게 다른 용도로 사용할 수도 있기 때문이다.

셋째는 만약《주역》이 처음부터 점서서占筮書로 구성되었다면 모든 괘효사卦爻辭에 길흉吉凶을 판단하는 점사占辭가 있어야 하고, 적어도 하나의 효에서 상반되는 길吉과 흉凶을 동시에 사용해서는 안된다. 그럼에도 불구하고 길흉吉凶 등의 점사가 없는 괘나 효가 있으며, 하나의 효에 길과 흉이 함께 있는 경우도 있다.[33]

넷째는 만약《주역》이 비록 점사의 형식을 띠더라도 그 안에 철학적인 내용이 없었다면《주역》을 해석한《역전》에도 철학적인 내용이 포함될 수 없

---

31 李鏡池,《周易探源》, 北京, 中華書局, 1978. 6쪽, "周易的材料來源是舊筮辭 這些筮辭當與甲骨卜辭相類 完整的格式 記錄了占筮的時人事兆."

32 앞의 책 291쪽, "周易又是經過某個人或某個集團(如卜官占人等)編纂的 編者對於舊有材料定會有所選擇 而又通過他的理解 分析研究 融會貫通 然後偏性這樣一部著作 所以它又有編著者的思想寄托在內."

33 택풍대과괘澤風大過卦䷛의 상효上爻 효사爻辭의 경우, "過涉滅頂 凶 无咎"라고 하여 흉凶과 무구无咎를 함께 언급하고 있다. 그리고 수풍정괘水風井卦䷯ 이효二爻 효사爻辭에서는 "九二 井谷射鮒 甕敝漏"라고 하여 길흉吉凶을 단정하지 않고 있다.

었을 것이다. 그런데《역전》을 비롯한 주역을 해석한 저작에는 철학적인 내용이 포함되어 있다. 따라서《주역》에 철학적인 요소가 없다고 할 수 없다.

이상의 몇 가지 점에서 볼 때 비록《주역》의 형식이 점사占辭일지라도 그 내용 자체를 점사占事로 간주하고 그것을 점서서占筮書라고 단정할 수만은 없다. 왜냐하면 점사占辭가《주역》이 나타내고자 하는 내용을 표상하고자 하는 일종의 형식일 수 있기 때문이다.

그런데 보다 결정적인 문제는 만약 미래의 길흉吉凶을 현재에 미리 알기 위해서는 미래가 미리 결정되어 있어야 한다는 것이다. 그렇다면 과거와 미래 그리고 현재라는 시간이 존재하는 실체적인 입장에 서게 된다. 이때 발생하는 문제는 결정론적인 세계에서는 인간의 당위當爲를 문제로 삼는 윤리, 도덕道德이 존재할 수 없다는 점이다.

만약 미래에 살인을 할 운명에 처한 사람이 그때에 이르러서 살인을 했다면 그것을 빌미로 그 사람에게 죄를 물을 수 없다. 뿐만 아니라 현재의 상태에서 미래에 일어날 변화를 목표로 이루어지는 교육도 성립할 수 없게 된다. 그러면 괘효사에서는 점사占事를 어떻게 인식하고 있는가?

산뢰이괘山雷頤卦䷚의 초구初九 효사爻辭를 보면 거북점을 치는 것을 중심으로 흉이 무엇인지를 밝히고 있다.

> 너의 신령스런 거북을 버리고 나를 보며 턱을 늘어뜨리고 있으니 凶하다.[34]

위의 인용문에서 영귀靈龜는 점을 치는 데 사용되는 신령스런 거북이다. 따라서 위의 내용은 사람마다 영귀靈龜와 같은 지혜를 갖고 있으면서도 그것을 사용하고자 하지 않고, 남에게 묻는 점을 치는 행위를 하면 그것이야말로 흉凶함을 밝힌 것이다.

---

34 《周易》山雷頤卦䷚ 初九 爻辭, "初九는 舍爾靈龜하고 觀我朶頤하니 凶하리라."

그것은 길흉이 정해져서 어찌 할 수 없는 것이 아니라 인간이 스스로 어떻게 하느냐에 따라서 변한다는 것을 뜻한다. 천수송괘天水訟卦䷅의 괘사卦辭를 보면 "중간에는 길하지만 끝내 흉하다."[35]라고 하여 길흉이 항상하지 않고 변화하는 것임을 밝히고 있다. 중지곤괘重地坤卦䷁의 괘사卦辭에서는 군자가 어떻게 살아야 이로운지를 밝히고 있다.

> 군자는 행할 바가 있다. 자신을 앞세우면 헤매고 자신을 뒤로 하면 주체를 얻어서 이롭다.[36]

위의 인용문에서 "군자유유왕君子攸有往"은 군자가 삶을 살아가면서 지향志向해야 할 방향을 가리킨다고 할 수 있다. 그 구체적인 내용은 다음 부분에서 이어지고 있다.

군자는 삶을 영위하면서 무슨 일을 할 때나 자신을 내세우지 말고 자신을 뒤로 해야 한다. 자신을 내세우면 혼미昏迷하여 길을 잃으므로 이롭지 않지만 자신을 뒤로 하면 주체主體, 중심中心을 얻어서 이롭다고 하였다.

그러면 자신을 뒤로 한다는 것은 무엇이며, 앞으로 내세워야 할 것은 무엇인가?

중천건괘重天乾卦䷀의 육효六爻는 모두 양효陽爻로, 초효로부터 상효에 이르기까지 양효라는 점에서 그 본질은 같다. 그러나 초효로부터 상효까지 각각 그 이름을 달리하여 구분한 이유는 그 시위時位가 다르기 때문이다.

각 효의 효사爻辭에는 이러한 효의 성격이 그대로 표현되어 있다. 육효六爻의 효사를 보면 모두 용龍으로 규정하고 있다. 다만 시위에 따라서 각각 다른 상태에 처한 용으로 규정하고 있다. 초효初爻는 잠용潛龍으로, 이

35 앞의 책 天水訟卦䷅ 卦辭, "訟이라 有孚라도 窒하여 惕하리니 中에는 吉코 終에는 凶하니라. 利見大人이오. 不利涉大川하니라."

36 앞의 책 重地坤卦䷁ 卦辭, "君子의 有攸往이니 先하면 迷하고 後하면 得主하여 利하니라."

효二爻는 현룡見龍으로, 삼효三爻는 군자君子로, 사효四爻는 약룡躍龍으로, 오효五爻는 비룡飛龍으로, 상효上爻는 항룡亢龍으로 표현한 것이다. 그러면 인간의 삶을 중심으로 효사가 상징하는 것이 무엇인지 살펴보자.

각 효가 처한 시위時位에 따라서 물속에 잠겨 있는 상태나 하늘을 나는 상태로 모습은 다르지만 그 본질은 언제나 용이다. 인간의 입장에서 보면 시위時位에 따라서 변화하는 것은 몸과 마음이고, 시간의 흐름에도 변함이 없는 것은 인간의 본성이다. 그러므로 용은 인간의 본성을 상징적으로 나타내는 것임을 알 수 있다.

반면에 각 효가 나타내는 시위를 반영하는 물에 잠긴 상태나 하늘을 나는 것은 몸의 상태, 다양하게 드러나는 언행 그리고 때에 따라서 변화하면서 끊임없이 이어지는 생각을 나타낸다. 여기에서 중지곤괘重地坤卦☷의 괘사卦辭에서 제시하고 있는 앞세워서 주체로 삼아야 할 존재가 영귀靈龜로 상징되고, 용龍으로 상징되고 있는 인간의 본성임을 알 수 있다.

반면에 뒤로 해야 할 것, 삶의 목표나 방향으로 삼지 말아야 할 것은 몸과 마음이라고 할 수 있다. 왜냐하면 몸과 마음을 중심으로 살아가면 때에 따라서 길흉이 다르기 때문이다. 중천건괘의 각 효의 효사爻辭에서 보이듯이 효爻에 따라서 무구无咎, 회悔, 길吉 등이 서로 다르기 때문이다.

《주역》에서 영귀靈龜, 용龍으로 표현된 자신의 본성을 주체로 살아가는 것이 군자의 삶이며, 그것이 이利롭고 길하다는 것은 《주역》에서 언급되고 있는 점占, 점사占辭가 이해利害를 중심으로 길흉을 판단하는 일상적인 의미의 거북점이나 시초점과는 다르다는 것을 나타낸다. 택화혁괘澤火革卦䷰의 구오九五 효사爻辭에는 그 점을 보다 분명하게 밝히고 있다.

> 대인은 호랑이처럼 변하여 점占을 치지 않아도 믿음이 있다.[37]

---

37 앞의 책 澤火革卦䷰ 五爻 爻辭, "九五는 大人이라야 虎變이니 未占이라도 有孚니라."

대인大人이 호랑이처럼 변한다는 것은 시의時義[38]에 적중的中하는 행위를 한다는 뜻이다. 그렇기 때문에 점을 치지 않아도 모든 사람들이 그를 믿는 것이다.

앞에서 살펴본 바와 같이 괘효사에서 언급되고 있는 점사占辭가 결코 결정론적인 관점에서 언급되고 있지 않다는 것을 알 수 있다. 그러면 다시 앞의 인용문을 중심으로 《십익十翼》에서 점사占事를 어떻게 이해하고 있는지 고찰하여 보자.

'지래知來'와 '수왕數往'을 행하는 주체는 인간이다. 따라서 '지래知來'와 '수왕數往'의 문제는 인간을 떠나서는 논의될 수 없다. 그런 점에서 보면 점사는 다가올 일(知來)과 지나간 일(數往)이라는 시간의 문제와 그것을 아는 주체인 인간의 문제가 결합되어 형성된 문제임을 뜻한다.

사실 시간은 인간을 떠나서 논의될 수 없기 때문에 인간과 별개의 존재가 아니다. 다만 양자를 구분하여 나타내면 '지래知來'는 천天과 관련되며, '수왕數往'은 인간과 관련된 문제[39]라고 할 수 있다. 그것은 시간에 있어서의 미래와 과거를, 공간적 측면에서 삼재의 관계로 나타내면 하늘과 사람의 관계 또는 하늘과 땅의 관계가 된다는 것을 뜻한다. 따라서 시간의 관

---

38 시의時義는 시간時間의 의미로서의 시간성時間性을 뜻한다. 뇌지예괘雷地豫卦䷏의 단사彖辭에서는 "예지시의豫之時義"라고 하였고, 택뢰수괘澤雷隨卦䷐의 단사彖辭에서는 "수시지의隨時之義"라고 하여 천도天道를 시간성의 관점에서 시의로 나타내고 있다. 시의는 인간에 의해 천명天命으로 자각自覺된다.

39 천지天地를 시공時空을 중심으로 나타내면 천天은 시간의 세계이며, 지地는 공간의 세계라고 할 수 있다. 그러므로 천도天道는 시간의 존재 근거가 되는 형이상적 존재의 존재원리이며, 지도地道는 공간의 존재 근거가 되는 형이상적 존재의 존재 원리이다. 그것을 현대적 개념으로 정리하여 나타내면 천도天道는 시간성時間性의 원리原理이며, 지도地道는 공간성空間性의 원리原理라고 할 수 있다. 《주역周易》의 중지곤괘重地坤卦에서는 천지天地의 도道를 그 존재 특성을 중심으로 "천현이지황天玄而地黃"이라고 하였다. 천현天玄은 천도天道가 발현된 본질적 시간인 영원한 현재를 상징적으로 나타내는 개념이며, 지황地黃은 지도地道가 발현된 현전現前 세계를 상징적으로 나타낸 개념이다.

점에서 역학의 근본 문제인 변화는 공간적 삼재의 관점에서는 천인 관계가 된다고 하겠다. 그런 점에서 변화를 천인 관계와 함께 나타내면 천변인화天變人化가 된다.

인간은 형이상적 존재인 동시에 형이하적 존재이다. 형이상적 측면에서는 본래성을, 형이하적 측면에서는 몸을 가진 존재가 인간인 것이다. 본래성과 몸은 체용體用의 관계라고 할 수 있다. 본성은 체體요, 몸은 용用으로, 이 둘은 분리될 수 없는 것이다. 즉, 형이상적 존재인 본래성이 근거가 되어 형이하적 존재인 몸이 형성된 것이다.

《주역》에서는 본성을 주체로 살아가는 존재를 장부丈夫인 군자君子로 규정하고, 몸의 속성인 본능을 따라서 살아가는 사람을 소자小子로 규정하여 소자에 얽매이는 사람은 장부를 잃게 된다고 말하고 그 까닭은 양자를 겸할 수 없기 때문이라고 하였다.[40]

역도는 형이상적 존재의 존재 원리이며, 그 내용이 점사이기 때문에 점사의 내용인 '지래知來'와 '수왕數往'은 형이상적 존재인 인간 본래성을 중심으로 파악되어야 한다. '지래知來'와 '수왕數往'을 인간 본래성을 중심으로 파악하면 왕래의 시간 역시 물리적 시간을 가리키는 것이 아니다. 왜냐하면 인간 본래성이라는 형이상적 차원에서 밝혀지는 존재는 물리적 존재가 아니라 형이상적 존재이기 때문이다. 또한 모든 물리적 존재는 형이상적 존재를 근거로 하기 때문에 존재 근거가 없는 물리적 시간은 존재할 수 없다. 그리고 역학은 형이상학이며, 그 학문적 탐구 과제인 역도 역시 형이상적 존재이다. 따라서 역학의 근본 문제인 점사 역시 형이상적 관점에서 파악되어야 한다. 그렇기 때문에 물리적 시간이 아니라 그 존재 근거가 되는 형이상적 존재를 중심으로 점사가 파악되어야 한다.

---

40 《周易》澤雷隨卦䷐ 二爻, "六二는 係小子면 失丈夫하리라. 象曰係小子하면 弗兼與也일새라."

점사를 형이상적 관점에서 파악해야 할 또 하나의 이유는 형이하적 관점에서 이해하고자 하면 역학을 운명론運命論과 동일시同一視하게 된다는 점이다. 그것은 점사와 관련된 두 요소인 시간과 인간을 형이하적 관점에서 물리적 존재로 오해함으로써 운명론運命論적 내용으로 곡해曲解할 수 있다는 뜻이다. 시간과 인간을 물리적 존재로 인식할 때 양자는 서로 대상화되어 존재할 뿐만 아니라 인간은 물리적 시간 가운데서 살아감으로써 시간의 지배를 받는 존재가 된다.

물리적 시간의 지배를 받는 것처럼 여겨지는 인간의 요소는 몸이며, 그것은 형이하적 존재이다. 그렇기 때문에 몸은 시공時空의 한계를 벗어나지 못하며, 그것이 인간의 삶과 결합하여 인간의 미래가 태어난 순간 이미 결정된다는 결정론적 사고를 낳게 된다. 그것을 시간의 문제와 결합하여 생각하면 과거가 미래를 결정하는 일방적 시간관에 의한 것이다. 운명론은 과거가 원인이 되어 미래가 결정된다는 것으로, 그것은 과거에서 미래를 향하여 흐르는 일방적 시간을 중심으로 사고한 결과이다.

그러나 앞에서 살펴본 것과 같이 인간이 미래를 알고 과거를 헤아리는 것은 순順과 역逆의 두 방향을 중심으로 논한 것이다. 지래知來의 역逆방향과 수왕數往의 순順방향은 동시에 논의되어야 할 문제인 것이다. 그것을 시간의 문제를 중심으로 살펴보면 시간은 본래 과거에서 시작하여 현재를 거쳐서 미래를 향하여 흐르는 것만이 아니라 미래에서 시작하여 과거를 향하여 흐르는 것이 전제가 된다.[41]

시간은 과거에서 미래를 향하는 역방향과 미래에서 과거를 향하는 순방향의 두 관점에서 이해되고 설명될 수 있다. 그런데 양자는 체용의 관계로, 일체적 존재이다. 그렇기 때문에 본래적 시간은 형이상적 시간이 현현

41 시간은 사물이 아니기 때문에 운동을 하는 것은 아니다. 그러므로 마치 시간이 스스로 운동을 하는 것처럼 흐른다고 언급한 것은 일종의 비유적 표현일 뿐이다.

한 존재라는 점에서 영원하고, 과거와 미래가 합덕된 존재라는 점에서 현재이다. 시간은 본래 영원한 현재現在만 존재하는 것이다.

시간이 본래 물리적 존재가 아니듯 인간 역시 물리적 존재가 아니다. 인간은 육체만을 가진 존재가 아니라 육체와 더불어 마음을 갖고 있고, 그 마음 가운데 본래성本來性을 갖고 있다. 인간을 인간으로 규정할 수 있는 것은 겉으로 드러나는 다양한 모습에도 불구하고 그 이면에 겉으로 드러나지 않는 보편적인 특성인 본래성을 갖고 있기 때문이다.[42] 따라서 시공의 한계에 갇혀서 살아가는 몸만을 가리켜 인간이라고 하지 않는다.

인간은 형이상적 존재인 본래성을 주체로 하는 형이상적 존재이지 마음과 몸으로 구성된 형이하적 존재가 아니다. 그렇기 때문에 인간을 마음과 몸을 중심으로 한 개체적 존재로 규정하였을 때 인간의 본래 지평을 상실하게 된다.

인간을 그 존재 특성인 본래성을 중심으로 이해하지 않고 심신心身을 중심으로 이해하면 타고난 사고 유형이나 몸을 변화시킬 수 없다는 이유로 인간의 미래가 과거에 이미 결정되었다고 여기게 된다. 그러나 인간은 개체적 존재가 아니고 천지와 더불어 공존하기 때문에 개체의 미래 운명

---

42 일반적으로 사람들의 이성적 사유가 자신을 하나의 독립 자존하는 개체로서만 인식認識하기 때문에 가치 있는 삶을 영위하지 못한다. 그것은 몸을 자신으로 여기거나 생각 자체를 자신으로 여기는 것을 의미한다. 그런데 몸과 생각은 모두 고정된 것이 아니다. 그런데도 인간은 몸과 마음이 실재實在하는 것으로 착각하기 때문에 그것을 자신이라고 여긴다. 그러나 인간은 몸과 마음을 초월한 본성本性이라는 근원적 존재를 근거로 살아간다. 역학易學에서는 자신의 본성을 자각하여 그것을 주체로 살아가는 존재를 군자君子라고 하며, 본성을 자각하여 그것을 주체로 살지 못하고 개체적 존재로 살아가는 존재를 소인小人이라고 한다. 소인은 완전한 존재인 성인成人이 되기 위하여 성장해야 할 존재라는 의미이다. 소인이 성인이 되기 위해서는 자신의 본성을 자각하는 학문學問의 과정이 필요하다. 따라서 역학의 관점에서 학문은 개체성을 탈피하여 보편성을 회복하는 데 있다고 할 수 있다. 사실 그것은 인간이 자신의 본성을 회복回復하여 그것을 주체로 사는 것이다.

運命이 정해진다는 결정론적 이론은 성립할 여지가 없다. 더구나 인간은 자유의지를 가진 존재로, 이미 일어난 과거의 원인에 그대로 반응하는 기계적 존재가 아니다. 인간이 자유의지自由意志를 갖는다는 것은 자신의 미래를 스스로 세우고 그것을 구체화시켜 나가는 존재가 바로 인간이라는 의미이다.

그런데 의지意志를 갖는 순간은 언제나 현재이지 과거나 미래는 아니다. 따라서 자신의 미래는 현재의 순간, 순간에 의해 만들고 가꾸어가는 것이지 결코 결정된 바가 없다. 흔히 말하는 운명이라는 것은 과거 지향적 사고에 의해 형성된 것으로, 미래 지향적 사고에 의해 밝혀지는 사명使命과는 다르다.

과거 지향적 사고는 달리 말하면 사물 지향적인 사고로, 겉으로 드러나는 모습을 중심으로 이루어진 사고를 말한다. 이러한 과거 지향적 사고를 확장하여 미래를 이해하면 미래 역시 의지의 세계, 뜻의 세계가 아닌 사물적 세계가 된다. 그러므로 미래 역시 정해질 수밖에 없다는 주장이 제기되는 것이다. 그러나 인간 본래성의 차원에서 보면 인간은 미래적 사명(理想)을 바탕으로 그것이 과거적 본성이 되어 나타난 존재이다. 따라서 과거를 중심으로 인간을 규정하는 것은 잘못된 것이다.

운명이 과거 지향적이라는 것은 인간을 사물적 관점에서 몸을 중심으로 사고할 때 운명이라는 개념이 형성됨을 나타낸 것이다. 그런데 과거는 미래를 근거로 존재하기 때문에 미래를 떠나서 과거는 존재할 수 없다. 미래적 관점에서 보면 사람이 삶의 출발점이 된 출생의 순간 가졌던 조건은 그가 삶의 과정에서 반드시 실천해야 할 역사적 사명이 된다. 그렇기 때문에 운명을 역사적 사명을 중심으로 보면 그것이 모두 자신을 성인成人으로 완성시키기 위한 조건이 됨을 알 수 있다.

불교佛敎에서 언급되는 윤회輪廻도 시간을 중심으로 논의되는 것이다. 윤회는 역학에서 논하고 있는 역易과 대응하는 개념이다. 윤회의 원인이 되는 업業 역시 운명과 같이 과거 중심의 사고에 의해 언급된 것이다. 그러나 미래적 관점에서 보면 업이 없다면 해탈解脫을 하여 부처가 될 수 없다. 그렇기 때문에 업은 버려야 할 것이 아니다. 뿐만 아니라 윤회가 없다면 중생을 제도濟度할 수 없게 된다. 그렇기 때문에 업과 윤회를 미래적 관점에서 보면 본성의 현현顯現일 뿐이기 때문에 그것도 자비慈悲라고 할 수 있다.

사명과 운명을《정역》에서 역도의 작용 원리로 밝히고 있는 도역생성倒逆生成을 중심으로 이해하면 다음과 같다.《주역》에서 말한 순順의 관점은《정역》에서 밝힌 도생역성倒生逆成의 관점으로, 순의 관점에서 보면 사명이지만《주역》에서 말한 역逆의 관점,《정역》에서 밝힌 역생도성逆生倒成의 관점에서 보면 운명이다. 순(도생역성)과 역(역생도성)을《정역》에서는 체용의 관계로 규정하고 있다. 그렇기 때문에 운명은 없으며, 사명을 완수하기 위한 성장의 과정이 있을 뿐 본래는 사명도 운명도 없다.

앞에서 살펴본 내용을 바탕으로 점사占事를 정리하면 미래를 아는 점占은 인간이 자신의 주체성이 몸도 아니고 마음도 아닌 본성임을 아는 것이다. 그리고 변화에 통하는 것으로서의 사事는 본성을 주체로 몸과 마음의 변화에 통하는 것이다. 그러므로 점사占事는 사람이 참나인 본성을 자각하여 그것을 주체로 살아감으로써 몸과 마음이 모두 천도天道에 따르게 되는 것이다. 그런 점에서 보면 역도易道를 자각하여 그것을 주체로 자신의 우주적 역할인 천명天命을 실천하며 살아가는 일이 바로 점사占事이다.

3. 점사와 역수원리曆數原理

앞에서 역학이 형이상의 근원적 존재인 역도를 탐구 대상으로 하는 형이상학이며, 그 내용이 점사이기 때문에 그것을 형이하적 관점에서 파악해서는 안 되며, 형이상적 관점에서 파악해야 한다는 것을 살펴보았다. 그러면 역학의 근본 문제인 점사는 무엇인지 살펴보자.

역학에서 말하는 점사의 본래 의미는 형이상적 관점에서 시간과 인간을 이해할 때 비로소 밝혀진다. 미래라는 물리적 시간은 그 존재 근거인 형이상적 존재를 본성으로 존재하게 되는데, 그것을 시간성時間性이라고 한다. 시간성은 시간의 속성이 아니라 시간의 본성으로, 그것이 형이하적 존재인 물리적 시간으로 나타난다.

《주역》에서는 시간성을 그 존재 구조를 중심으로 종시원리終始原理로 규정하고 있다.[43] 시간성을 종시성으로 나타내면 시간성에 대응하는 개념인 시간은 시종始終으로 나타낼 수 있다. 《주역》에서는 종시원리를 크게 자각自覺하여 그것을 여섯 시위時位를 통하여 나타낸 것이 육효六爻이며, 육효가 표상하는 시종始終의 시위時位를 통하여 시간성의 원리가 드러난다고 하였다.[44]

시간성이 시간으로 드러나기 때문에 시간성의 구조 원리에 의해 시간 역시 과거와 미래 그리고 현재의 세 양상으로 나타난다. 다만 시간은 시간성이 현현顯現된 존재라는 점에서 그것은 본질적으로 영원한 현재이다. 따라서 과거와 미래가 하나가 되어 현재 가운데 녹아 있다. 물론 과거와 미래 그리고 현재를 넘어 있다고 할 수도 있다.

공간적 관점에서 영원한 현재를 나타내면 눈앞에 보이는 천지天地와 만물萬物이 역도 자체의 자기 현현이라고 할 수 있다. 《주역》에서 '지래知來'와 '수왕數往'의 왕래往來를 언급하고 있지만 그것은 단순하게 물리적 시간으로서의 미래와 과거만을 언급한 것은 아니다. 시간성이 현현된 본질적 시간으로서의 영원한 현재의 관점에서 '지래知來'와 '수왕數往'을 언급한 것이다.

---

43 《周易》의 山風蠱卦䷑ 彖辭에서는 "先甲三日後甲三日은 終則有始天行也라."라고 하여 종시원리終始原理가 천도天道의 내용임을 밝히고 있다.

44 《周易》重天乾卦䷀ 彖辭, "大明終始하면 六位時成하나니 時乘六龍하야 以御天하나니라."

본질적 시간인 과거와 미래가 합덕된 영원한 현재를 순역順逆의 두 관점에서 나타냄으로써 과거와 미래 그리고 현재라는 세 양상이 나타나게 된다. 다만 순방향과 역방향은 체용의 관계이기 때문에《주역》에서 역학의 근본 문제를 점사로 제시하면서 지래知來를 중심으로 밝혔던 것이다. 따라서 점사는 지래知來가 중심 문제라고 할 수 있다.

시간은 시간성이 현현된 존재이므로 '지래知來'는 단순하게 물리적 시간인 미래를 아는 것이 아니다. 시간의 존재 근거인 시간성을 알지 못하면 시간을 알 수 없는 것이다. 그런데 시간성은 각 시간에 있어서는 그 의미인 시의성時義性이 된다. 따라서 본래적 시간인 영원한 현재는 시의성을 본성으로 하는 시간이다.《주역》에서는 시의성을 본성으로 하는 시간을 천시天時[45]로 규정하고 있다. 그러므로 지래는 천시를 아는 것이며, 변화에 통한다는 것은 천시에 순응하는 것이다. 이로부터 점사는 천시를 알고 그것에 순응順應하는 것임을 알 수 있다.

점사를 올바로 이해하기 위해서는 지래知來의 내용인 천시를 알아야 하고, 천시를 알기 위해서는 그 본성인 시간성을 알아야 한다.《논어》와《서경》그리고《정역》에서는 시간성을 원리적 측면에서 역수원리로 규정하고 있다.《정역》에서는 "역도는 역수원리이다."[46]라고 하였고,《논

---

45 《周易》의 重天乾卦䷀ 彖辭에서는 "大明終始하면 六位時成하나니 時乘六龍하야 以御天하나니라."라고 하였다. 이는 역경易經을 저작著作한 성인聖人이 시간성時間性인 종시성終始性을 자각自覺하고 그것을 시간을 나타내는 시종始終의 여섯 효爻를 통하여 상징적으로 나타내었음을 뜻한다. 시간성으로서의 종시성과 시간으로서의 시종을 동시에 나타내는 개념이 천시天時이다. 천시의 천天은 시간성을 나타내며, 시時는 시간을 나타낸다. 이처럼 육효를 통하여 천시가 표상되었기 때문에《周易》을 학문하는 군자君子는 육효六爻의 연구를 통하여 천시를 알고 그것에 순응順應하게 된다. 중지곤괘重地坤卦䷁의 문언文言에서는 "君子進德修業은 欲及時也니."라고 하였고, 중천건괘重天乾卦䷀의 오효五爻 문언文言에서는 "後天而奉天時하나니."라고 하여 이 점을 밝히고 있다.

46 金恒,《正易》〈大易序〉, "聖哉라 易之爲易이여 易者는 曆也니 無曆이면 無聖이오 無聖이면 無易이라."

어》와 《서경》에서는 "천天의 역수원리가 인간의 본래성으로 주체화된다."[47]라고 하여 천도의 내용이 역수원리이며, 그것이 바로 역도의 내용임을 밝히고 있다. 따라서 미래를 아는 점은 천도인 역수원리의 자각을 뜻한다.[48]

천도가 인간의 본래성으로 주체화하였기 때문에 인간 본래성을 자각하지 못하면 천도를 자각할 수도 없다. 그렇기 때문에 점占은 인간이 자기의 본래성을 스스로 깨닫고 더불어 천도를 자각하는 것이며, 사事는 천도에 순응하는 삶을 살아가는 것이다.

그런데 천도는 자각의 주체인 인간의 관점에서는 천명天命이 된다. 따라서 점사는 천도를 인간 주체적으로 자각하여 천명天命을 자각함으로써 그것을 실천함을 뜻한다. 이로부터 역학의 근본 문제는 역도를 인간 주체적으로 자각하여 천명을 자각함으로써 그것을 실천하는 것임을 알 수 있다.

천명을 자각하고 그것을 실천한다는 것은 천명이라는 대상적 존재에 구속되는 삶을 사는 것이 아니다. 그것은 시간과 공간이라는 한정된 세계 속에 살면서도 항상 시간과 공간을 초월한 자유인의 삶을 살아가는 것을 의미한다.

형이상적 존재인 시간성과 형이하적 존재인 시간을 알아서 그때에 알맞은 언행을 통하여 삶을 영위함으로써 언제나 영원한 현재를 살아가는 것이 역도를 인간 주체적으로 자각하여 천명을 자각하고 그것을 실천하는 의미이다. 《주역》에서 자신에게 주어진 천명을 자각하고 살아가는 군

47 《論語》의 堯曰篇에서는 "堯曰 咨! 爾舜! 天之厤數在爾躬, 允執其中. 四海困窮, 天祿永終."라고 하였고, 《書經》의 大禹謨篇에서는 "天之曆數 在汝躬 汝終陟元后. 人心惟危 道心惟微. 惟精惟一 允執厥中. 無稽之言勿聽 弗詢之謀勿庸. 可愛非君 可畏非民. 衆非元后 何戴 后非衆 罔與守邦. 欽哉 愼乃有位 敬脩其可願. 四海困窮 天祿永終. 惟口出好興戎 朕言不再."라고 하였다.

48 점사占事의 성격과 내용에 관하여는 졸고拙稿인 〈점占의 역철학적易哲學的 의의意義〉, 《인문학연구》 제31권 제2호, 충남대학교 인문과학 연구소, 2004를 참고하기 바란다.

자가 천지의 뜻을 받들어 실천하는 존재[49]이며, 시중時中의 삶을 살아가는 존재[50]라고 규정한 까닭이 여기에 있다.

앞에서 역학의 학문적 특성과 근본 문제를 고찰하는 과정에서 역학의 근본 문제는 천도인 역수원리를 인간 주체적으로 자각하여 천명으로 자각하는 것임을 살펴보았다. 그러면 앞에서 살펴본 내용을 중심으로 역학은 어떤 학문인지 특성과 근본 문제 그리고 내용을 요약하여 나타내 보자.

일반적으로 하나의 이론체계를 중심으로 형성된 학문을 논할 때는 그 학문이 해결해야 할 연구과제와 방법, 방향 그리고 내용을 제시한 정의定義로부터 시작한다. 그렇기 때문에 역학의 학문적 특성을 이해하기 위해서는 역학의 학문적 정의를 살펴보는 것이 필요하다.

역학의 정의를 내리기에 앞서 그 목적과 필요에 관하여 논하지 않을 수 없다. 어떤 학문에 관하여 정의를 내리는 것은 그 학문의 특성과 근본 문제가 무엇인지를 밝히기 위함이다. 이처럼 어떤 학문을 막론하고 그 학문의 정의를 제시하는 것은 학문적 이론 체계의 대강을 드러내어 밝히는 것이기 때문에 학문적 이론 체계를 구성하는 데 필요한 요소가 모두 포함되어야 한다. 정의 가운데는 학문적 탐구 과제가 무엇이며, 그것을 밝히고자 하는 방향과 방법이 무엇이고, 그러한 방법을 통하여 도출된 결과가 무엇인지 분명하게 제시되어야 하는 것이다.

《주역》에서는 역易이라는 개념을 역경易經, 《주역》, 역학을 가리키는 개념으로 사용하고 있을 뿐만 아니라 《주역》을 중심으로 역학을 연구하는

---

49 《周易》의 重地坤卦䷁ 卦辭에서는 "坤은 元亨코 利牝馬之貞이니 君子의 有攸往이니라." 라고 하여 곤도坤道가 군자의 도의 근거임을 밝히고, 문언文言에서는 "坤道其順乎인뎌 承天而時行하나니라."라고 하여 곤도를 주체적으로 자각한 군자君子가 시의天時를 받들어 행行하는 존재임을 밝히고 있다.

50 《周易》 重山艮卦䷳ 彖辭, "時止則止하고 時行則行하야 動靜不失其時 其道光明이니."

역학자들에 의해 역학의 특성, 연구 과제, 연구 방법이 논의되어 왔다.[51]

《주역》을 비롯한 여러 전적들을 통하여 이미 역학의 정의가 이루어졌음에도 불구하고 지금 다시 역학의 학문적 정의를 내릴 수밖에 없는 근본적인 원인은 지금까지의 역학의 정의가 미진하였기 때문이다. 그것은 기존의 정의가 잘못되었다는 것이 아니라 과거와 지금이라는 시의성이 다르기 때문에 현대의 시의성에 맞게 새로운 정의를 내리는 것이 필요하다는 의미이다. 이는 역학이라는 학문 자체를 현대라는 시의성에 맞게 새롭게 연구해야 함을 뜻하는 것이기도 하다.

기존의 역학에 대한 정의에 새롭게 더해져야 할 문제는 세 측면에서 살펴볼 수 있다. 그 하나는 기존의 역학에 관한 정의가 역학이 형이상학形而上學이라는 점을 분명하게 드러내지 못한 점이고, 둘째는 역학의 학문적 탐구 과제인 역도의 내용이 역수원리라는 점을 제시하지 못한 점이며, 셋째는 그로 인하여 역학의 학문 범위를 인도人道에 한정시키는 결과를 초래한 점이다.

일반적으로 역경은 괘효卦爻와 괘효사卦爻辭로 구성된《주역》을 가리키며,《주역》을 연구하여 그 의미를 밝히는 학문을 역학으로 규정하고 있다.[52] 그러나《주역》은 역도를 역수원리 자체를 중심으로 밝힌 것이 아니

51 《周易》의 繫辭上篇 第九章과 第十章에서는 "易之爲書"라고 하여 역易을 역경易經을 가리키는 개념으로 사용하고 있고, 第十一章에서는 "易之興也"라고 하여 괘효역학卦爻易學을 가리키는 개념으로 사용하고 있을 뿐만 아니라 "此之謂易之道也"라고 하여 변화變化의 의미로 사용하고 있다.

52 역학易學이라는 개념의 의미는 학계와 학계 밖이 서로 다르다. 학계에서 사용되고 있는 역학의 의미를 살펴보면 중국中國의 대표적 역학자易學者인 북경대학北京大學의 주백곤朱伯崑은《易學哲學史》第一卷에서 "周易是周人占筮的典籍, 其內容由卦象, 卦辭和爻辭 三部分組成"이라고 하여 괘효卦爻와 괘효사卦爻辭를《주역周易》으로 규정하고, "易傳指戰國以來的係統地解釋周易的著作 共七種十篇"이라고 하여 십익十翼을《역전易傳》으로 규정하였다. 그리고 "周易卽易經, 易學卽是對周易所作的種種解釋 幷通過其解釋 形成了一套理論體系."라고 하여《주역》이 역경易經이며,《주역》의 해석解釋을 통하여 형성된

라 인도人道를 밝히기 위하여 그것을 공간성의 원리를 중심으로 밝힌 것이다. 그렇기 때문에 역도의 전모를 밝히기 위해서는 《주역》에서도 분명하게 밝히고 있는 것과 같이 인도의 근거가 되는 천도天道, 신도神道를 표상한 도서상수원리圖書象數原理, 간지도수원리干支度數原理를 고찰하는 것이 필요하다.

간지도수는 열 가지의 천간天干과 열두 가지의 지지地支에 의해 형성된 이른바 육갑六甲 도수度數를 가리킨다. 일반적으로 육갑은 연월일시의 역수曆數를 나타내는 형식으로만 알고 있다. 그러나 육갑은 단순하게 시간을 나타내는 단위로만 사용되는 것이 아니라 역도를 표상하는 형식으로 사용된다. 그런 점에서 간지도수라고 부르는 것이다.

도서상수는 《주역》에서 제시한 천지의 수에 의해 형성된 도상을 가리킨다. 하도는 일一에서 십十까지의 모든 수에 의해 형성된 도상이며, 낙서는 일一에서 구九까지의 수에 의해 형성된 도상이다. 지금까지는 그것이 음양오행원리를 나타내고 있다고 막연하게 이해하였을 뿐 그 내용이 무엇인지가 밝혀지지 않았다.

간지도수와 도서상수를 통하여 표상된 신도神道, 천도天道의 내용을 밝히고 있는 역경은 《정역正易》이다. 그러므로 역도를 천명闡明한 역경은 《정역》과 《주역》이며, 역학은 학문적 주제를 이론체계를 통하여 밝히고 있는 전적을 중심으로 나타내면 《정역》과 《주역》을 소의경전所依經典으로 하여 연구하는 학문이 된다. 그렇기 때문에 지금까지 《주역》, 인도人道를 중심으로 규정된 역학의 학문적 정의는 다시 이루어져야 한다.

《주역》에서는 역도를 우주의 구조를 중심으로 천도와 지도 그리고 인도를 내용으로 하는 삼재三才의 도로 규정하였다. 또한 삼재의 도 중 인도

학문을 역학易學이라고 규정하고 있다. 반면에 우리 사회에서 역학은 사주팔자四柱八字를 통하여 미래를 점치는 운명론運命論과 동일시되고 있을 뿐만 아니라 때로는 운명론과 동양철학東洋哲學이 동일시되면서 역학, 운명론, 동양철학을 뒤섞어서 함께 사용하고 있다.

의 내용을 인의仁義로, 천도의 내용을 음양陰陽으로 그리고 지도의 내용을 강유剛柔로 밝히고 천지의 도가 인도인 인의로 드러나는 것도 밝히고 있다. 그것은 천지의 도, 천도가 인도의 근거임을 뜻한다.

《주역》에서뿐만 아니라 《서경》과 《논어》를 통해서도 역도의 내용이 바로 천도의 내용인 역수원리임을 밝히고 있다. 그리고 하도와 낙서가 천지의 도를 나타내고 있는 체계라는 것도 밝히고 있다. 그럼에도 불구하고 천지의 도의 내용인 역수원리曆數原理의 구체적인 내용은 밝히고 있지 않다.

그러면 다시 역학의 학문적 정의 문제로 돌아가서 살펴보자. 역학의 학문적 탐구 과제는 역도 즉 변화의 도이다. 그리고 역학의 학문적 탐구 방향은 인간의 심성心性 밖의 형이하적 세계인 사물의 세계가 아니라 인간의 심성 내면의 형이상적 세계이다. 다시 말하면 인간의 존재론적 구조를 통로로 하였을 때 비로소 역도가 밝혀지는 것이다.

그리고 역도의 의의를 드러내어 밝힐 수 있는 방법은 인간 주체적 자각이다. 이를 중심으로 역학을 정의하면 역학은 유가철학의 존재 근거이면서 역도의 내용인 천天의 역수원리를 인간 주체적으로 자각하여 삼재를 일관하는 중정中正의 도道로 천명闡明하는 성학聖學이라고 잠정적으로 말할 수 있다.

역학이 유가철학의 존재 근거라는 것은 성인聖人에 의해 형성된 학문으로서의 유가儒家 철학의 존재론적 근거가 역학에 있음을 뜻한다. 그리고 역도易道가 천天의 역수원리라는 것은 역도의 본래 내용이 천天의 역수원리임을 나타내는 것이다.

역수원리를 인간 주체적 자각을 통하여 천명闡明한다는 것은 역학의 연구 방법을 나타내는 것으로, 인간의 심성 내면으로 주체화함으로써 이루어지는 자각을 통하여 역도가 천명闡明됨을 뜻한다. 천天의 역수원리가 인간 본래성으로 주체화하였으며, 그것을 인간의 본래성으로서의 성명性命의 이치라고 하기 때문에 성명지리를 자각함으로써 천의 역수원리가 자각하게 됨을 뜻하는 것이다.

그런데 천도인 역수원리와 그것을 인간이 주체적으로 자각했을 때 밝혀지는 성명지리는 체용의 관계이다. 체용의 관계를 인간을 중심으로 나타내면 인간의 본체 원리가 되는 중도中道와 작용 원리가 되는 정도正道로 구분하여 나타낼 수 있다. 그것은 역수원리인 천도가 중도中道이며, 성명지리性命之理인 인도人道가 정도正道임을 뜻한다. 그러므로 중정中正의 도를 천명한다고 하였다. 이렇게 보면 역학은 한마디로 인간과 세계의 본래적 의미와 양자의 관계에 대한 이론 체계라고 할 수 있다.

앞에서 살펴본 내용을 정리하여 나타내면 역학은 형이상의 근원적 존재의 존재 원리를 추구하는 형이상학形而上學이며,《정역》과《주역》이라는 역경易經을 중심으로 연구된다는 점에서는 경학經學이고, 역학의 학문적 탐구 과제인 역도를 자각하여 천명함으로써 역경을 저작한 존재가 성인聖人이기 때문에 역학은 성인에 의해 형성된 성학聖學이다. 그리고 역경을 저작하여 역도를 천명하고 역학이라는 학문을 형성시킨 성인에 의해 형성된 학문이 유학儒學이다. 역학에서 밝힌 역도를 근거로 그것을 인도人道를 중심으로 집대성하여 나타낸 학문이 유학인 것이다. 그런 점에서는 역학은 유학의 존재 근거를 밝히고 있는 학문이다.

또한 역학의 학문적 탐구 과제인 역도는 시간성의 원리인 역수원리이다. 시간성은 근원적 존재이면서 영원한 존재이자 회통적會通的 존재이기 때문에 천지와 만물 그리고 인간의 존재 근거라는 점에서 현상現狀 세계의 일부를 탐구 대상으로 하는 모든 학문의 근거가 되는 근본 학문이다. 그러므로 모든 학문은 역학으로부터 흘러나오고, 역학으로 흘러 들어간다고 할 수 있다.[53]

---

53 忠南大學校의 柳南相 敎授는 〈一夫金恒先生聖德碑文〉에서 "道必本於正易하고 學必源於先生하야 正觀天地之道하고 正明日月之道而天下之動이 定于先生之一言也哉인저."라고 하여 曆數原理를 闡明한《正易》과 一夫를 중심으로 易學, 先秦儒學이 연구되어야 함을 밝히고 있다.

2장 역학과 동양철학

앞에서 역학은 형이상학으로 그 내용은 역수원리를 내용으로 하는 역도易道를 인간 주체적으로 자각自覺하여 그것을 실천함이며, 그것을 《주역》에서는 점사로 규정하고 있기 때문에 점사가 역학의 근본 문제임을 밝혔다.

또한 이미 삼천여 년 전에 《주역》이라는 역경이 저작되면서 역학이라는 학문이 형성되었으나 인도의 존재 근거가 되는 천도가 밝혀지지 않았기 때문에 역도의 본래 면목이 감추어져 있었으며, 약 백이십 년 전에 《정역》이라는 신도, 천도 중심의 역경이 저작됨으로써 역학의 근본 문제를 밝힐 수 있는 상황이 되었음에도 불구하고 오늘에 이르기까지 역학의 근본 문제가 밝혀지지 않았기 때문에 지금 다시 역학의 근본 문제가 무엇인지를 문제로 삼아서 그 본래 면목을 밝히는 작업이 필요함을 논하였다.

역학은 역도라는 형이상의 근원적 존재의 존재 진리를 탐구하는 형이상학이다. 그것은 역학의 탐구 주제가 형이상적 존재인 역도이기 때문이다. 역도가 형이상적 존재라는 것은 그것이 '역도'라는 특정한 개념 자체에 한정될 수 있는 존재가 아님을 뜻한다.

역학이 발생되고 발전되어 온 시기와 지역에 관계없이 언제나 그리고 어디서나 역도가 진리라는 점을 부정적 관점에서 나타내면 역도는 특정한 개념을 통하여 그 전모를 밝힐 수 없는 존재가 되어 버린다.

그러나 역도가 언제 어디서나 진리임을 긍정적 관점에서 나타내면 그것이 시대와 장소에 따라서 다양한 의미로 드러난다는 것을 뜻한다. 이처럼 역도의 불변성과 다양성의 두 측면이 서로 양립이 불가능한 모순矛盾인 것 같으면서도 일체적 관계인 까닭은 그것이 드러나고 밝혀지는 통로인 인간 본래성과의 관계 때문이다. 본래 역도 자체의 관점에서 보면 드러나고 드러나지 않음도 없으며, 각覺과 불각不覺도 없고, 불역不易과 변역變易도 없다.

역학의 주체는 인간으로, 인간의 본래성 역시 형이상적 존재이다. 그렇기 때문에 역도는 오직 인간 본래성을 통로로 할 때 밝혀지게 되는 것이다. 그런데 인간 본래성이 구체화되어 드러나는 것은 몸이다. 언행言行이 이루어지는 인간의 몸을 통하여 역도가 밝혀지고 드러나는 것이다.

인간의 몸은 시간과 공간의 한계를 갖는 존재이다. 그렇기 때문에 인간에 의해 이루어지는 학문 역시 시간과 공간에 따라서 다양하게 나타난다. 따라서 역학의 학문적 특성을 파악하기 위해서는 그것이 어떤 지역에서 발생하여 어떻게 발전하였는지를 살펴보는 것이 필요하다. 그것은 현상現狀을 중심으로 다른 학문과의 관계를 통하여 역학의 위상位相을 파악함으로써 그 학문적 특성을 파악하는 문제라고 할 수 있다.

역학을 그 주체인 인간을 중심으로 나타내면 성인에 의해 형성된 성학聖學이라고 할 수 있다. 《주역》에서는 '옛 성인이 《주역》을 저작할 때'[54]라고 하여 성인에 의해 역경이 저작되었음을 밝히고 있다. 성인은 탄강誕降한 지역에 관계없이 우주적인 존재이기 때문에 모든 존재에게 의미를 갖는다. 그렇기 때문에 성인에 의해 형성된 역학은 시공을 떠나서 보편적이고 타당한 학문이다.

그러나 역학이라는 학문이 동북아東北亞 사회의 산물이며, 시기상으로는 상고上古 시대에 형성되었음은 틀림이 없다. 《주역》에서는 "역학은 중고中古시대에 흥작興作하였다."[55]라고 하였을 뿐만 아니라 "역학이 흥작함은 은殷나라 말기에서 주周나라의 덕德이 성대盛大한 때에 해당된다."[56]고

---

54 《周易》說卦 第二章, "昔者聖人之作易也에 將以順性命之理니."

55 《周易》繫辭下篇 第七章, "易之興也 其於中古乎인저."

56 《周易》繫辭下篇 第十一章, "易之興也 其當殷之末世周之盛德耶인저 當文王與紂之事耶인저."

하여 괘효卦爻 역학의 형성 시기가 은말殷末 주초周初의 중고中古시대이며, 지역적으로는 중국임을 밝히고 있다.

역학이 동북아의 상고 시대에 형성된 학문이기 때문에 중국철학, 한국철학과 유기적인 관계를 맺으면서 발전해 왔다. 그런데 한국철학과 중국철학의 중심 주제는 유가儒家와 불가佛家 그리고 도가道家의 삼대三大 철학이다. 그렇기 때문에 역학은 유가철학, 도가철학, 불가철학과 유기적인 관계를 맺으면서 발전해 왔다.

이 장에서는 역학의 학문적 특성을 밝히기 위해서 먼저 역학과 한중철학을 비교하여 역학과 중국철학의 관계 및 역학과 한국철학의 관계를 밝히고자 하며, 이어서 역학과 유불도儒佛道 삼가三家의 관계를 밝히고자 한다. 역학과 한중韓中 철학의 관계를 밝히는 문제는 연원적淵源的 고찰이며, 역학과 유불도 삼가의 관계를 밝히는 문제는 동이점同異點을 밝히는 문제이다.

1. 역학과 한중철학韓中哲學

역학은 역도라는 근원적 존재의 존재 원리를 탐구 대상으로 하며, 역도는 형이상적 존재이다. 천지와 만물이 모두 역도를 근거로 존재하기 때문에 천지와 만물 자체가 그대로 역도의 현현이다. 따라서 현상 세계가 존재하는 것 자체가 역도가 존재함을 증명하기 때문에 새삼스럽게 역도에 관하여 논할 필요가 없다.

그러나 형이상적 존재인 역도는 반드시 그 본성에 의해 형이하적 세계에서 자기를 현현한다. 역도가 형이하적 세계에서 자기를 현현하는 매개는 인간 본래성이다. 그렇기 때문에 인간 본래성은 역도가 현현되는 장이라고 할 수 있다. 인간 본래성은 마음과 몸이라는 형이하적 존재를 매개로 자기自己 현현顯現이 이루어진다. 따라서 역도는 인간의 본래성과 마음 그리고 몸이라는 세 요소를 매개로 밝혀진다는 것을 알 수 있다.

역도 자체가 형이상적 존재이며, 그것이 주체화된 존재가 인간 본래성이기 때문에 역시 형이상적 존재이다. 그러므로 본래성을 주체로 이루어지는 인간의 삶 역시 그대로 본래성의 현현일 뿐이다. 그것은 인간의 삶 자체가 그대로 역도의 자기 현현임을 뜻하는 것이다.

역도의 자기 현현의 결과로 나타난 것이 역학이라는 학문이다. 역도易道는 형이상의 근원적 존재의 존재 원리를 나타낸 것으로, 근원적 존재의 뜻이 인신人身이 되어 나타난 존재가 성인聖人이며, 성인에 의해 역도가 천명闡明됨으로써 학문으로서의 역학이 형성된 것이다. 《주역》에서는 "옛 성인聖人이 역경易經을 저작한 목적은…"[57]이라고 하였을 뿐만 아니라 "성인이 괘卦를 베풀고, 괘상卦象에 따라서 언사言辭를 부연敷衍하였다."[58]고 하여 역학이 성인에 의해 형성되었음을 밝히고 있다.

성인의 탄강誕降은 그에게 주어진 천명天命에 따라서 시대와 장소가 서로 다르다. 서로 다른 시대에 성인이 탄강하여 계대繼代 관계關係를 이루면서 성인聖人의 도道가 전승傳承된다. 이처럼 성인에 의해 성인의 도가 전승되는 계통을 성통聖統이라고 한다. 성인의 도가 성통을 따라서 전승되기 때문에 삼경三經과 사서四書를 비롯한 유학의 여러 경전에서는 성인의 도를 언급하면서 반드시 성통을 밝히고 있다.

역학을 중심으로 전개된 역사가 동북아 상고의 역사이다. 그렇기 때문에 삼경과 사서에서는 동북아 상고 시대를 논할 때는 언제나 역학적 관점에서 성통을 중심으로 밝히고 있다. 동북아 상고 사회는 성통이 중심이 되어 형성된 사회로, 성통에 참여한 성인에 의해 역도가 천명闡明되고, 그것이 경전의 저작으로 드러나면서 역경을 중심으로 역학이 형성되면서 흘

57 《周易》說卦 第一章 및 第二章, "昔者聖人之作易也애."

58 《周易》繫辭上篇 第二章, " 聖人이 設卦하야 觀象繫辭焉하야 而明吉凶하며."

러왔던 것이다. 《주역》에서는 동북아 상고 시대를 성통을 중심으로 복희伏羲로부터 신농神農, 황제黃帝, 요堯, 순舜에 이르기까지 논하면서 그것이 역도에 근거하여 형성된 역학사易學史임을 밝히고 있는데, 그 내용을 보면 다음과 같다.

옛날 복희伏羲가 천하의 왕王이 되어 천하를 다스릴 때 위로는 하늘에서 상象을 보고 아래로는 땅에서 법칙을 보았으며, 조수鳥獸의 문채文彩와 땅의 마땅함을 보고 가까이는 사람의 몸에서 취하고 멀리는 만물에서 취하여 비로소 팔괘八卦를 그어서 그것을 표상하였다. 팔괘는 신명神明한 덕德에 통하여 만물을 그 정위情僞에 따라서 구분하여 표상한 것이다. 노끈을 매어서 그물을 만들어서 짐승을 사냥하고 물고기를 잡았으니 이는 중화이괘重火離卦䷝의 원리原理에서 취한 것이다. 복희伏羲가 죽자 신농神農이 나타나 나무를 깎아서 보습을 만들고 나무를 구부려서 쟁기를 만들어 밭을 갈고 김을 매어서 농사를 짓는 이로움으로 천하를 가르쳤으니 이는 풍뢰익괘風雷益卦䷩의 원리原理에서 취한 것이다. 정오正午에 시장을 열어서 천하의 백성들을 모이게 하고 천하의 재화財貨를 모아서 서로 교환함으로써 각각 필요한 물건을 얻어가도록 하였는데 이는 화뢰서합괘火雷噬嗑卦䷔의 원리原理에서 취한 것이다. 신농이 죽자 황제黃帝와 요순堯舜이 이어서 변화 원리에 통하여 백성들로 하여금 게으르지 못하도록 하였으며 신명한 덕으로 교화하여 백성들로 하여금 도덕적 세계에서 머물도록 하였다. 역수는 궁극에 이르면 변하는 것으로 변하기 때문에 막힘이 없이 두루 통하고 두루 통하는 까닭에 항구하다. 그러므로 천도를 자각하여 그것에 순응順應하면 하늘로부터 도와서 이롭지 않음이 없다. 이처럼 황제와 요순이 의상衣裳을 드리워서 무위정치无爲政治를 행하였으니 이는 중천건괘重天乾卦䷀와 중지곤괘重地坤卦䷁의 원리原理를 취한 것이다.[59]

---

59 《周易》繫辭下篇 第二章, "古者包犧氏之王天下也애 仰則觀象於天하고 俯則觀法於地

위의 내용은 동북아 상고의 역사를 성인이 밝힌 사회를 중심으로 나타낸 것이다. 그런데 복희伏羲가 처음 역도를 자각하고 그것을 팔괘를 통하여 표상하였음을 밝히고 있을 뿐만 아니라 복희가 중화이괘重火離卦䷝ 원리를 근거로 수렵 사회를 열었음을 서술하고 있다. 이는 동북아 상고 사회가 역학과 더불어 시작되고 흘러왔음을 밝힌 것이다. 그것은 성통에 참여한 성인을 중심으로 형성된 역사가 동북아의 선천[60]임을 뜻한다. 물론 이때의 선천은 단순하게 동북아 사회만을 대상으로 하는 것이 아니라 인류사, 우주의 역사를 동북아 사회를 중심으로 나타낸 것일 따름이다. 그렇기 때문에 신농, 황제, 요순이 모두 풍뢰익괘風雷益卦䷩와 화뢰서합괘火雷噬嗑卦䷔ 그리고 중천건괘重天乾卦䷀와 중지곤괘重地坤卦䷁에 의해 천하天下를 다스렸음을 밝혀서 사회 자체가 역도에 근거하여 형성되었을 뿐만 아니라 성통 역시 역도에 근거하였음을 밝히고 있다.

《정역》에서도 동북아 상고 시대를 성통을 중심으로 논하고 있다. 그것은 동북아 상고사가 성통사인 동시에 성인에 의해 형성된 학문으로서의 역학사임을 뜻한다. 《정역》에서 밝히고 있는 동북아 상고사의 내용을 살펴보면 다음과 같다.

하며 觀鳥獸之文과 與地之宜하며 近取諸身하고 遠取諸物하야 於是애 始作八卦하야 以通神明之德하며 以類萬物之情하니 作結繩而爲網罟하야 以佃以漁하니 蓋取諸離하고 包犧氏沒커늘 神農氏作하야 斲木爲耜하고 揉木爲耒하야 耒耨之利로 以教天下하니 蓋取諸益하고 日中爲市하야 致天下之民하며 聚天下之貨하야 交易而退하야 各得其所케하니 蓋取諸噬嗑하고 神農氏沒커늘 黃帝堯舜氏作하야 通其變하야 使民不倦하며 神而化之하야 使民宜之하니 易이 窮則變하고 變則通하고 通則久라. 是以自天佑之하야 吉无不利니 黃帝堯舜이 垂衣裳而天下治하니 蓋取諸乾坤하고."

60 선천先天은 역학易學의 세계를 나타내는 개념으로 후천後天과 함께 사용된다. 역수원리曆數原理의 내용인 사역변화원리四曆變化原理를 중심으로 선천과 후천을 살펴보면 선천은 윤역閏曆이 운행되는 시대이며, 후천은 정역正曆이 운행되는 시대이다. 그것을 인간을 중심으로 이해하면 성인聖人이 주관하는 시대가 후천이며 군자君子가 주관하는 시대가 후천이라 할 수 있다.

> 아! 반고盤古가 화化하니 천황天皇은 함이 없으시고, 지황地皇은 덕德을 실으시니, 인황人皇이 홍작興作한다. 유소有巢가 이미 집을 지었으며, 수인燧人이 이어 불을 사용하였다. 신령스럽다, 복희伏羲가 괘卦를 긋고, 성스럽다, 신농神農이 농사農事를 시작하였다. 황제黃帝는 남두南斗 육성六星을 관찰하여 간지도수干支度數를 제정制定하였고, 신령스런 요堯임금은 갑진년甲辰年에 등극登極하였다. 제순帝舜은 선기옥형璇璣玉衡을 관찰하여 칠정七政을 행하였으며, 대우大禹는 현묘玄妙한 낙서원리洛書原理를 응용하여 나라를 구주九州로 나누어 다스렸다. 은묘殷廟에서 탕湯임금의 덕德을 볼 수 있으며, 기자箕子도 이에 성인聖人이시니 주周나라의 덕德이 이로부터 시작된다. 주周나라의 건국建國은 문왕文王과 무왕武王에 있으며, 문물文物 제도制度의 완비는 주공周公의 덕德이다. 기린麒麟스럽다, 우리의 성인聖人 공자孔子여! 건곤乾坤 중립中立하여 위로는 천시天時를 본받고 아래로는 성인의 도를 물려받아 오늘에 전하였다. 아아, 오늘인가, 오늘인가. 육십삼六十三과 칠십이七十二와 팔십일八十一은 일부一夫에서 하나가 된다.[61]

위의 내용을 보면 동북아의 상고 시대를 유소有巢, 수인燧人, 복희伏羲, 신농神農, 황제黃帝, 요堯, 순舜, 우禹, 탕湯, 기자箕子, 문왕文王, 무왕武王, 주공周公, 공자孔子까지의 성통聖統을 중심으로 밝히고 있음을 알 수 있다.

그리고 십사十四 성인聖人의 성통聖統이 공자에 의해 완결되었음을 밝히고, 그것이 일부一夫에 의해 계승繼承되었으며, 일부를 통하여 역수원리를 중심으로 역도가 천명闡明되었음을 밝히고 있다. 육십삼六十三, 칠

---

61 金恒,《正易》〈十五一言〉第一張, "嗚呼라 盤古化하시니 天皇无爲시고 地皇載德하시고 人皇作이로다. 有巢旣巢하시고 燧人乃燧로다. 神哉라 伏羲劃結하시고 聖哉라 神農耕市로다. 黃帝甲子星斗요 神堯日月甲辰이로다. 帝舜七政玉衡이오 大禹九州玄龜로다. 殷廟에 可以觀德이오 箕聖乃聖이시니 周德在玆하야 二南七月이로다. 麟兮我聖이여 乾坤中立하사 上律下襲하시니 襲于今日이로다. 嗚呼라 今日今日이여 六十三 七十二 八十一은 一乎一夫니라."

십이七十二, 팔십일八十一은 건책도수乾策度數인 이백일십육二百一十六을 나타내는 것으로, 이를 통하여 일부가 건책乾策 성통聖統에 참여한 건책乾策 성인聖人임을 밝힌 동시에 그 내용이 원역原曆과 윤역閏曆, 윤역閏曆 그리고 정역正曆의 사역四曆의 변화에 의해 표상되는 역수원리임을 밝힌 것이다.

상고 시대의 역사를 역수원리의 관점에서 성통사聖統史를 중심으로 밝힌 것은 역도의 내용이 역수원리이며, 역수원리에 근거하여 성인이 탄강하고, 성인에 의해 역학이 형성되었음을 밝힌 것이다. 그렇기 때문에 《정역》에서는 "역도는 역수원리이며, 역수원리가 없으면 성인이 없고, 성인이 없으면 역학이 없다."[62]고 하였다.

그런데 성인은 역도에 근거하여 인류 역사에 탄강하기 때문에 주어진 천명에 따라서 건책乾策 성통聖統에 참여한 성인과 곤책坤策 성통聖統에 참여한 성인으로 구분할 수 있다. 둘의 차이는 건책 성통에 참여한 성인은 인류 역사상에 탄강하여 신도神道, 천도를 중심으로 역도를 천명闡明하였으며, 곤책 성통에 참여한 성인은 인도人道를 중심으로 역도를 천명한 것이라 하겠다.

곤책 성통에 참여한 성인에 의해 인도를 중심으로 역도가 천명됨으로써 《주역》이라는 역경이 저작되었으며, 건책 성통에 참여한 성인에 의해 신도, 천도 중심으로 역도가 천명됨으로써 《정역》이라는 역경이 저작되었다. 그리고 《주역》을 중심으로 인도 중심의 역학인 괘효 역학이 형성되었으며, 《정역》을 중심으로 신도, 천도 중심의 간지역학干支易學, 도서역학圖書易學이 형성되었다.[63]

---

62 金恒, 《正易》 〈大易序〉, "聖哉라 易之爲易이여 易者는 曆也니 無曆이면 無聖이오 無聖이면 無易이라 是故로 初初之易과 來來之易이 所以作也시니라."

63 간지역학干支易學과 도서역학圖書易學은 괘효역학卦爻易學과 구분하기 위하여 사용한 개념으로, 간지도수干支度數를 통하여 표상된 신명원리神明原理, 신도神道를 중심으로 역도

성인은 시대를 이끌어가는 중추적 존재로, 성인에 의해 형성된 역학은 모든 학문의 근거가 되는 근원적 학문이다. 그리고 시대라는 시간 속에서 국가라는 사회가 존재한다. 건책 성인이 중추가 되어 흘러가는 역사는 신도, 천도를 중심으로 형성된 역학이 역사 정신이 되어 전개되는 역사이며, 그러한 사회는 신도, 천도가 중심이 되어 형성된 역학이 근간이 되어 만들어진 사회이다. 반면에 곤책 성인이 중추가 되어 흘러온 역사는 인도가 중심이 되어 형성된 역학이 역사 정신이 되어 전개되는 역사이며, 그러한 사회는 인도가 중심이 되어 형성된 역학이 근간이 되어 이루어진 사회이다.

성통이 건책 성통에 참여한 건책 성인과 곤책 성통에 참여한 곤책 성통으로 구분되며, 건책 성인과 곤책 성인에 의해 신도, 천도 중심으로 역학과 인도 중심의 역학이 형성되었다는 것은 신도, 천도를 중심으로 사명을 부여받은 국가와 인도 중심의 사명을 부여받은 국가가 서로 구분되었음을 뜻한다. 건책 성통에 참여한 성인인 김일부一夫에 의해 《정역》이 저작되었으며, 그것을 바탕으로 신도神道, 천도天道 중심의 역학이 형성되고, 그것이 역사 정신이 되어 흘러온 역사를 가진 국가 사회가 바로 한국韓國이다. 그리고 곤책 성통에 참여한 성인인 복희와 문왕, 주공, 공자에 의해 《주역》이 저작되고, 《주역》에서 밝힌 인도를 중심으로 역학이 형성되고, 그것이 역사 정신이 되어 흘러온 역사를 가진 국가는 중국中國이다. 그렇기 때문에 한국 상고 시대의 사상을 신화神話라는 형식을 통하여 상징적으로 밝히고 있는 단군신화檀君神話[64]를 중심으로 살펴보면 그 점이 분명

易道를 연구하는 학문이며, 도서역학圖書易學은 하도河圖와 낙서洛書를 중심으로 역도를 연구하는 학문이다.

64 《삼국유사》의 고조선古朝鮮의 건국建國에 관한 내용을 담고 있는 부분은 신화神話의 형식을 띠고 있기 때문에 신화라고 할 수도 있고, 역사적 측면에서 보면 역사적 사실을 담고 있는 부분이라는 점에서 사화史話라고 할 수도 있으며, 민속학적 측면에서 설화說話라고 할 수도 있다. 다만 이 책에서는 사상적 측면에서 고찰하고자 하는 목적에서 신화의 관점에서 접근하고자 한다.

하게 드러난다.

단군신화를 통해 밝혀진 신도神道가 원형原形이 되어 그것이 한국 역사를 이끌어 오면서 한국철학 배태기胞胎期의 고유사상固有思想을 거쳐서 출생기出生期에는 선도사상仙道思想으로 출생하여 생장기生長期에는 불교사상佛教思想으로 생장하고, 장성기長成期에는 유학儒學으로 장성長成함으로써 비로소《정역正易》이라는 경전의 저작을 통하여 신도, 천도가 밝혀졌다.[65]

한국 상고 시대 고조선古朝鮮의 신도사상神道思想의 원형을 제시하고 있는《단군신화》를 살펴보면 다음과 같다.

> 《위서魏書》에서 말하기를 지금으로부터 이천 년二千年 전에 단군왕검檀君王儉이 아사달에 도읍을 세우고 나라를 세워 조선朝鮮이라고 하였다. 그런데 그때가 (중국의) 요堯 임금이 즉위한 때와 같다.《고기古記》에서는 (단군檀君의 건국建國에 대하여 다음과 같이) 말하였다. 옛날에 환인桓因의 아들 환웅桓雄이 있어서 자주 천하에 뜻을 두고 인간 세계를 갈망하였다. 아버지가 아들의 뜻을 알고 아래로 삼위三危, 태백太白을 내려다보니 인간을 널리 이롭게 할 만하였다. 이에 천부인 세 개를 주어 가서 다스리도록 하였다. 환웅이 삼천의 무리를 이끌고 태백산의 정상에 있는 신단수神檀樹 아래 내려와 그곳을 신시神市라고 불렀다. 이분이 바로 환웅桓雄 천왕天王이다. 그는 풍백風伯과 우사雨師 그리고 운사雲師를 거느리고 곡식, 생명, 질병, 형벌, 선악을 주관하는 등 무릇 인간의 360여 가지 일을 다스림으로써 인간 세상을 이치理致에 의해 교화하였다. 그때에 곰 한 마리와 호랑이 한 마리가 같은 굴에 살면서 항상 신웅神雄에게 인간이 되기를 기도하였다. 이에 신웅神雄은 영험 있는 쑥 한 묶음과 마늘 스무 개를 주면서 "너희들이 이것을 먹고 백 일 동안 햇빛을 보지 아니하면 곧

65 한국 철학의 시대구분과 각 시대의 사상 및 특성에 관하여는 졸저인《한국철학의 역학적 조명》을 참고하기 바란다.

인간이 될 것이다."라고 하였다. 곰과 호랑이는 환웅이 준 마늘과 쑥을 받아서 먹었다. 그런데 곰은 몸과 마음을 깨끗하게 한 지 21일 만에 여자가 되었으나 호랑이는 계율을 지키지 못하였기 때문에 인간이 될 수 없었다. 웅녀熊女는 함께 혼인할 사람이 없으므로 매일 신단수 아래에서 아이 갖기를 기도하였다. 이에 환웅이 잠깐 인간의 모습으로 변화하여 웅녀와 혼인을 하여 아이를 낳고 그를 단군왕검檀君王儉이라고 불렀다. 단군檀君은 평양성平壤城에 도읍을 정하고 나라를 세워 조선이라고 불렀다.[66]

위의 신화神話를 그 내용을 중심으로 세 부분으로 대별하여 도식화하면 다음과 같다.

上(天) : [神的 存在를 象徵하는 桓因과 桓雄 = 인간세상을 탐냄]

↓ [神의 人間 志向性]

中(人) : [人間 世界, 最初의 人間이자 理想的 存在로서의 大人 檀君]

↑ [物의 人間 志向性]

下(地) : [物的 存在를 象徵하는 熊과 虎 = 인간이 되고자 함]

위의 도식에서 볼 수 있듯이 단군신화는 상중하의 구조를 통하여 천지인天地人의 삼재三才의 세계가 바탕을 이루는 것을 알 수 있다. 그런데 천

66 一然,《三國遺事》古朝鮮, "魏書云 乃往二千載 有檀君王儉 立都阿斯達 開國號朝鮮 與高同時 古記云 昔有桓因庶子桓雄 數意天下 貪求人世 父知子意 下視三危太伯 可以弘益人間 乃授天符印三箇 遣往理之 雄率徒三千 降於太伯山頂神壇樹下 謂之神市 是謂桓雄天王也 將風伯雨師雲師 而主穀主命主病主刑主善惡 凡主人間三百六十餘事 在世理化 時有一熊一虎 同穴而居 常祈于神雄 願化爲人 時神遺靈艾一炷 蒜二十枚曰 爾輩食之 不見日光百日 便得人形 熊虎得而食之 忌三七日 熊得女身 虎不能忌 不得人身 熊女子 無與爲婚故 每於神壇樹下 呪願有孕 雄乃假化而婚之 孕生子 號曰檀君王儉 都平壤城 始稱朝鮮 又移都於白岳山阿斯達...御國一千五百年."

신天神을 상징하는 환웅과 지물地物을 상징하는 웅녀 그리고 인간을 상징하는 단군을 통하여 신화를 전개하고 있지만 그 내용은 삼재의 존재 원리를 표상한 것이 아니다.

단군신화의 세계는 변화의 세계로 그것은 물리적 변화를 의미하는 것이 아니라 형이상의 근원적 존재의 인격적 변화를 뜻한다. 이는 천신인 환웅이 세상을 다스리는 것을 '재세이화在世理化'로 나타내고, 웅녀와 합덕하는 것은 '가화이혼지假化而婚之'로 나타내며, 웅녀가 사람이 되는 것을 '화위인化爲人'이라고 하여 모두 변화로 나타내고 있을 뿐만 아니라 천신도 인간 세계로 내려오고, 지물도 인간 세계에서 살면서 양자兩者가 합덕되는 것을 통하여 알 수 있다. 따라서 단군신화를 통하여 나타나는 내용은 인격적 존재의 존재 원리인 변화원리이다. 《주역》에서는 인격적 존재의 존재 원리를 변화원리, 역도易道[67]로 규정하고 있다. 그러므로 단군신화에서 나타나는 것은 바로 역도이다.

변화원리로서의 역도는 시간성時間性의 원리이다. 그렇기 때문에 《정역》에서는 "역도는 역수원리이다."[68]고 하였고, 《서경》과 《논어》에서는 천도天道를 중심으로 천도가 역수원리曆數原理임을 밝히고 있다.[69] 역수원리는 천지天地의 수數에 의해 구성된 하도河圖와 낙서洛書를 통하여 드러난다.

《정역》에서는 역수원리를 본체원리를 중심으로 나타내면 삼극三極 원리이며, 작용 원리를 중심으로 나타내면 도역倒逆의 생성 원리가 되고, 그

---

67 《周易》의 繫辭下篇 第十一章에서는 "其道甚大하여 百物을 不廢하나 懼以終始면 其要无咎리니 此之謂易之道也라."라고 하였고, 繫辭上篇 第九章에서는 "知變化之道者는 其知神之所爲乎인저."라고 하였다.

68 金恒, 《正易》 〈大易序〉, "易者曆也."

69 《書經》의 大禹謨篇과 《論語》의 堯曰篇에서는 "天之曆數在爾躬", "天之曆數在汝躬"이라고 하여 天道가 曆數原理임을 밝히고 있다.

것을 삼극의 도[70]임을 밝히고 있다. 삼극의 도를 공간성의 원리를 중심으로 나타내면 삼재三才의 도[71]임을 밝히고 있다. 삼재의 도는 삼재원리와 양지兩之원리를 내용으로 한다.

《정역》에서는 단군신화의 내용을 나타내는 세 요소인 천신과 지물이 행行하는 것을 모두 삼백육십三百六十과 백수百數의 내용인 이십二十과 팔십八十을 통하여 나타내고 있다. 천신인 환웅의 정사政事를 나타내는 '재세이화在世理化'를 삼백육십三百六十을 주재主宰하는 것으로 나타내고, 지물인 웅녀가 인간이 되는 '화위인化位人'의 변화를 이십二十을 근거로 이십일二十一에서 시작하여 백수百數에서 끝나는 팔십八十을 통하여 나타내고 있다. 이러한 삼백육십三百六十, 백百, 이십二十, 팔십八十은 천도天道인 역수원리曆數原理를 표상하는 이수理數[72]이다. 이로써 보면 단군신화에서 표상하는 변화원리는 삼재의 도가 아니라 삼극의 도인 역수원리임을 알 수 있다. 단군신화에서는 삼재적 구조를 통하여 삼극의 도를 상징적으로 표상하고 있는 것이다.[73]

---

70 《周易》 繫辭上篇 第二章, "六爻之動은 三極之道也라."

71 《周易》 繫辭下篇 第十章, "易之爲書也 廣大悉備하여 有天道焉하며 有地道焉하며 有人道焉하니 兼三材而兩之라 故로 六이니 六者는 非它也라 三才之道니也니."

72 이수理數는 이치를 상징적으로 나타내는 수라는 점에서 계산을 하는 형식으로서의 산수算數와 다르다. 일상적인 생활에서 사용되는 수는 셈을 하는 단위이다. 그렇기 때문에 산수의 수는 일종의 추상적인 개념일 뿐 그 내용이 없다. 그러나 이수理數는 상징하는 내용이 있기 때문에 그 점에서 산수와 다르다. 따라서 시간을 나타내는 단위로서의 역수曆數와 역도를 상징적으로 나타내고 있는 이수로서의 역수曆數는 구분하여야 한다. 물론 이 수가 실체적 존재인 어떤 것을 상징적으로 나타내는 것은 아니다.

73 단군신화檀君神話의 내용은 환웅桓雄과 웅녀熊女 그리고 단군檀君이라는 세 요소로 구성되어 있다. 그런데 세 요소를 중심으로 이루어지는 논의를 보면 환웅의 본성을 논하면서 "數意天下 貪求人世"라고 하여 수數를 중심으로 밝히고 있고, 곰(熊)이 웅녀熊女가 되는 과정을 논하면서 "不見日光百日", "忌三七日" 등의 수數를 논하고 있다. 백일百日은 도서원리圖書原理의 내용인 일원수원리一元數原理를 표상하는 수數이며, 이십일일二十一日은 무위수无位數 이십二十으로부터 시작된 수로, 태음太陰과 태양太陽의 생도수生度數이다.

삼극의 도를 중심으로 단군신화를 이해하면 천신인 환웅은 근원적 존재인 십무극十无極을 표상하며, 지물인 웅녀는 십무극을 본체로 하여 이루어지는 작용 원리인 일태극一太極을 표상하고, 인간인 단군은 십무극과 일태극이 합덕일체화된 오황극五皇極을 표상한다. 그리고 천신인 환웅이 인간의 세계로 내려오는 것은 십무극의 작용인 도생역성倒生逆成 원리를 표상하며, 지물인 웅녀가 인간이 되는 것은 일태극의 작용인 역생도성逆生倒成 원리를 표상한다.

그런데 단군신화에서는 역수원리를 직접 밝히고자 하는 것이 아니라 그 원형原型이자 최후의 목표를 중심으로 대체大體를 밝히고 있다. 그것은 단군신화에서는 역수원리의 구체적인 내용을 밝히고 있는 것이 아니라 역수원리를 그 근거인 신도神道를 중심으로 밝히고 있음을 뜻한다. 신도는 음양陰陽의 역曆이 합덕된 중정역中正曆이 운행되면서 십오十五 본체도수가 모두 밝혀지는 세계로, 그것을 역수원리에서는 후천으로 규정하고 있다.

그것을 삼재의 도를 중심으로 나타내면 군자에 의해 군민君民이 합덕되고, 신인神人이 합덕되며, 천인天人이 합덕됨으로써 삼재가 합덕 성도된 세계이다. 단군신화에서 환웅과 곰이 모두 인간이 되어 하나가 됨으로써 단군을 낳았으며, 단군이 고조선이라는 인격적 세계인 국가 사회를 다스렸다는 것은 음양陰陽이 합덕된 중정역이 운행되는 후천세계를 나타낸 것이다. 그렇기 때문에 천신인 환웅이 삼백육십을 주재하였다고 한 것이다.

《주역》에서는 삼백육십을 음양이 합덕된 중정역인 정역正曆의 기수朞數로 규정하고 있으며,《정역》에서는 삼백육십의 정역에 본체도수인 십오

또한 환웅의 본성을 나타내는 "數意天下"는 천하天下가 역수원리曆數原理를 통하여 밝혀진 세계임을 뜻한다. 따라서 단군신화는 역수원리를 상징적으로 나타내고 있음을 알 수 있다. 그리고 역수원리를 체용體用의 구조를 중심으로 나타내면 삼극三極의 도道가 된다. 그렇기 때문에 단군신화가 삼극의 도를 상징적으로 표상하고 있음을 알 수 있다.

十五가 합덕된 기수를 원역原曆으로 규정하고 있다.[74] 따라서 단군신화에서는 천지가 합덕성도된 세계를 중심으로 역수원리를 표상하고 있다. 그것은 단군신화가 신도를 중심으로 역수원리를 표상하고 있음을 뜻한다. 그렇기 때문에 단군신화에서는 천신인 환웅이 중심이 되어 있다. 지물인 곰이 웅녀가 되는 것도 천신에 의해 이루어지며, 웅녀가 천신과 합덕하여 단군을 낳는 것도 천신에 의해 이루어지는 것으로 나타난다.

그러면 신도를 중심으로 단군신화의 내용을 분석하여 보자. 그 내용은 삼백육십과 백수를 중심으로 이루어질 수밖에 없다. 삼백육십은 십오 천지의 합덕에 의해 이루어지는 음양합덕원리를 표상하는 중정역을 나타내는 정역기수이다. 그런데 본체원리는 작용 원리가 그 내용이며, 십오 천지가 합덕된 근원적 존재의 존재 원리를 신도라고 하기 때문에 신도를 밝히기 위해서는 삼백육십의 중정역을 분석해야 한다.

삼백육십은 육십과 삼백으로 구성되며, 육십은 이십에 의해 이루어지고, 삼백은 백수에 의해 이루어진다. 백수 역시 이십과 팔십으로 구성된다. 이로부터 이십이 삼백육십과 백수의 근거가 되는 근원적 존재를 표상하는 수임을 알 수 있다.

《정역》에서는 근원적 존재를 표상하는 이십수二十數를 무위수无位數로 규정하기도 하고, 삼극원리를 중심으로 무극지무극无極之无極 원리로 규정하고 있다. 천지가 합덕된 근원적 존재를 표상하는 십오와 그 작용 원리를 표상하는 오가 합덕하여 무위수 이십二十이 형성되는 동시에 작용 원리의 측면에서는 십무극十无極에서 시생始生하여 일태극一太極에서 성도成

74 《正易》의 〈正易詩〉에서는 "天地之數는 數日月이니 日月이 不正이면 易匪易이라 易爲正易이라사 易爲易이니 原易이 何常用閏易고"라고 하였고, 第六張에서는 "帝堯之朞는 三百有六旬有六日이니라 帝舜之朞는 三百六十五度四分度之一이니라. 一夫之朞는 三百七十五度니 十五를 尊空하면 正吾夫子之朞로 當朞三百六十日이니라."라고 하여 김일부金一夫가 밝힌 삼백칠십오도三百七十五度가 원역原曆임을 밝히고 있다.

道하는 도생역성倒生逆成 원리를 표상하는 십수와 일태극一太極에서 시생하여 십무극十无極에서 완성되는 역생도성逆生倒成 원리를 표상하는 십수가 합덕된 것이 이십수인 것이다.

무위수 이십에 근거하여 삼재의 합덕성도원리를 나타내는 것이 무무위无无位 육십수六十數이다. 무위수에 삼재를 표상하는 삼三이 상승하여 형성된 수가 무무위 육십수인 것이다. 무무위 육십수 원리를 표상하는 것이 간지도수이다. 그러므로 무무위 육십수 원리를 표상체계를 중심으로 나타내면 간지도수원리가 된다. 마찬가지로 무위수를 근거로 작용 원리인 오행五行 원리를 표상하는 오수五數를 상승相乘하여 형성된 수가 백수百數로 그것을 일원수一元數라고 한다.

일원一元 백수百數는 하도河圖의 오십오五十五와 낙서洛書의 사십오四十五가 합덕된 수로, 하도河圖와 낙서洛書가 모두 무무위 육십수를 근거로 형성된 것이다. 그렇기 때문에 육십수와 삼백수는 체용의 관계라고 할 수 있다. 일원수에 삼재를 표상하는 삼수를 상승하면 삼백수가 형성되는데, 그것을 대일원수大一元數라고 한다. 이 무무위 육십수와 대일원 삼백수가 합덕하여 형성된 것이 중정역인 삼백육십의 정역이다.

《주역》의 계사상편에서는 역수원리의 표상체계가 하도와 낙서이며, 도서를 구성하는 일一에서 십十까지의 기우奇偶의 수數를 천지天地의 수數로 규정하고 있다.[75] 그것은 일一에서 십十까지의 기우奇偶의 수가 천도天道인 역수원리曆數原理를 표상하는 수數임을 뜻한다. 이러한 천지의 수로 구성된 것이 도서이다.

하도는 십오 도수를 본체로 하여 일一과 육六, 이二와 칠七, 삼三과 팔八, 사四와 구九의 사상수四象數가 각각 사방에 위치하고 있어서 체용의 수를

---

75 《周易》繫辭上篇 第九章, "天一地二天三地四天五地六天七地八天九地十이니 天數五오 地數五니."

더하면 사상수四象數 사십四十과 본체수 십오十五가 더해져서 오십오五十五가 된다.

낙서는 본체도수인 오五를 중심으로 사방에 구九와 일一, 팔八과 이二, 칠七과 삼三, 육六과 사四가 대응하고 있어서 체용의 수를 더하면 본체수 오五와 사상수四象數 사십四十이 더해져서 사십오四十五가 된다. 따라서 도서가 합덕된 수는 본체수 이십과 사상수 팔십으로, 곧 일백수가 된다. 그리고 도서원리의 내용이 역수원리임을 밝히고 있으나 그 구체적인 내용은 밝히고 있지 않다.

《정역》에서는 《주역》에서 밝히고 있지 않은 간지도수원리, 신도, 신명神明 원리를 밝히고 있을 뿐만 아니라 도서원리의 내용이 역수원리임을 분명하게 밝히고 있다. 그리고 하도는 본체도수인 십오의 합덕원리를 중심으로 역수원리를 표상하며, 낙서는 작용도수인 오수五數를 중심으로 역수원리를 표상하였음을 밝히고 있을 뿐만 아니라 그 구체적인 내용이 십오존공위체十五尊空爲體 원리와 구육합덕위용九六合德爲用, 사역변화四曆變化 원리라는 것도 밝히고 있다.

도서圖書가 합덕된 수가 일원수一元數 백百으로, 그것을 바탕으로 역수원리曆數原理가 밝혀지기 때문에 단군신화에서는 곰이 인간이 되는 원리를 통하여 역생도성逆生倒成 작용 원리를 중심으로 도서圖書 원리를 밝히고 있다. 그렇기 때문에 이십일二十一일 만에 사람의 형체를 얻게 되고, 백수百數에 이르기까지의 팔십八十의 수가 표상하는 작용 원리를 동굴에서의 생활로 표상하고 있다. 그것은 본체수本體數 이십二十을 바탕으로 이십일二十一에서 백百까지의 팔십八十이 작용함을 나타낸 것이다.

앞에서 살펴본 것과 같이 일원수一元數 백百과 정역기수正曆朞數 삼백육십三百六十의 분석을 통하여 단군신화에서 밝히고 있는 한국 상고 시대의 철학은 간지도수원리인 신도임을 알 수 있다. 간지도수원리를 체용의 구조를 통하여 표상한 것이 하도와 낙서이고, 그 내용이 사역의 생성변화원리를 내용으로 하는 역수원리이다. 따라서 도서원리 역시 한국 상고 시대의 철학임을 알 수 있다.

사서四書, 삼경三經을 중심으로 중국 상고 시대의 사상을 고찰하면 공자가 집대성한 유가사상의 학문적 연원은 요堯로부터 성통聖統을 따라서 공자에게로 전해진 성인의 도이며, 그 내용은 역수원리를 내용으로 하는 천도天道의 인간 주체화 원리이자 천도의 인간 주체적 자각 원리이다. 그런데 단군신화를 중심으로 한국 상고 시대의 철학을 고찰하면 그 내용 역시 천도의 인간 주체화 원리와 천도의 인간 주체적 자각 원리임을 확인할 수 있다.

이렇게 천도를 인간 주체적으로 자각함으로써 삼재의 세계를 일관하는 중정의 도를 천명闡明하는 학문이 역학이다. 천도와 인도人道를 천명하는 학문이 역학인 것이다. 따라서 역학이 한국철학과 중국철학의 연원이라고 할 수 있다.

중국의 유가경전에는 그러한 역수원리가 바로 인간의 본래성을 이루고 그것을 자각하고 현실에서 실천·구현하는 것이 바로 인도人道라고 하여 천도와 인도의 관계를 밝히고 있지만 천도의 구체적인 내용이 무엇인지는 직접 밝히지 않고 있다. 그러나 단군신화를 통하여 고조선古朝鮮의 사상을 고찰한 결과 역수원리의 내용이 도서에 의해 표상된 도서원리이며, 그 내용이 삼백육십의 중정역을 목표로 사역이 변화하는 역수변화원리임을 알 수 있다. 이를 통하여 중국사상은 역수원리인 천도 자체를 드러내어 밝히는 것이 아니라 그것을 인도人道의 측면에서 드러내어 밝히는 것이 중심임을 알 수 있다. 유가사상의 존재론적 근거를 제공하고 있는《주역》이 성인과 군자라는 이상적 인격체의 합덕원리를 표상하고 있으며 그것이 군자의 도임을 육십사괘六十四卦를 통하여 밝히고 있다는 점이 그것을 분명하게 보여준다.《주역》을 보면 "역易에는 태극太極이 있으며, 그것이 양의兩儀를 낳고, 양의가 사상四象을 낳으며, 사상이 팔괘八卦를 낳고,

팔괘가 길흉을 정定한다."[76]고 하여 태극을 중심으로 역도를 밝히고 있다. 그것은《주역》이 무극无極이 아닌 태극의 관점에서 역도를 밝히고 있음을 나타내는 것이다. 그렇기 때문에 삼극의 도가 아닌 삼재의 도를 밝히고 있는 것이다.

《노자老子》에서도 "도道가 일一을 낳고, 일一이 이二를 낳으며, 이二가 삼三을 낳고, 삼 三이 만물萬物을 낳는다."[77]고 하였다. 여기서 도道가 일一을 낳는다는 것은 역도를 일태극一太極을 중심으로 현상적 관점에서 밝히고 있음을 뜻한다. 이를 통하여 중국철학은 일태극이 기본이 되었음을 알 수 있다. 반면에 한국역학의 대표적 역서易書인《정역正易》에서는 도서와 간지도수를 중심으로 역수원리 자체를 천명闡明하고 있다.

그리고《정역》이 선진 성학聖學의 성통聖統을 이어받았음을 밝히면서도《주역》을 저작한 성인과《정역》을 저작한 성인에게 주어진 천명天命이 다름을 분명하게 밝히고 있다.[78] 그것은 한국역학의 기본이 십무극十无極임을 뜻한다.

일태극은 십무극의 작용으로, 십무극은 일태극의 본체이다. 그것을 삼재의 도를 중심으로 나타내면 인도의 근거는 천도로, 천도와 인도는 본체와 작용의 관계이다. 따라서 인도 중심의 중국역학은 천도 중심의 한국역학에 그 존재 근거가 있음을 알 수 있다.

천도의 내용인 역수원리, 도서원리의 중국화는 삼차三次에 걸쳐 이루어진다. 제일차第一次 중국화는 당우唐虞 시대로, 이때는 도서원리 가운데서 양윤역陽閏曆의 원리를 인도의 측면에서 정치원리로 자각하여 실천·구현하고자 하였다. 본래 도서원리의 내용은 사역의 생성변화원리이다. 사

76 《周易》繫辭上篇 第十一章, "是故로 易有太極하니 是生兩儀하고 兩儀生四象하고 四象이 生八卦하니 八卦定吉凶하고 吉凶이 生大業하나니라."

77 《老子》第四十二章, "道生一, 一生二, 二生三, 三生萬物."

78 金恒,《正易》第六張, "聖人所不言이시니 豈一夫敢言이리오마는 時오 命이시니라."

역의 변화 가운데서 두 윤역閏曆은 각각 생장의 원리를 표상하며, 정역正曆은 완성의 원리를 표상한다. 이러한 두 윤역閏曆의 생장 원리를 중심으로 그것을 인도의 측면에서 정치원리로 자각하여 실천하고자 한 것이 당우唐虞 시대인 것이다. 그러므로 《서경書經》을 보면 제요帝堯와 제순帝舜이 각각 역수원리를 자각하여 양윤역陽閏曆인 삼백육십육일력三百六十六日曆과 삼백육십오三百六十五와 사분도지일일력四分度之一日曆을 밝히고 그것을 통하여 백성들의 삶을 시의성時義性에 부합附合되도록 한 것이다. 이는 왕도정치를 통하여 백성들이 예의禮義에 부합되는 삶을 살도록 한 것이다. 하우夏禹에 의해 천명되고 기자箕子에 의해 전승된 홍범구주洪範九疇 사상은 윤역원리閏曆原理에 근거하여 그것을 정치원리로 자각하여 밝힌 전형적인 예이다. 홍범구주洪範九疇는 낙서원리洛書原理를 인도적 측면에서 왕도정치 원리로 밝힌 것이다.

제이차第二次의 중국화는 은말殷末 주초周初에 이루어진다. 제일차적 중국화가 양윤역원리陽閏曆原理에 근거하여 이루어진 것과는 달리 제이차적 중국화는 음윤역원리陰閏曆原理에 의해 이루어졌다. 음윤역원리에 근거하여 역수원리를 괘효卦爻에 담긴 괘상卦象 원리로 표상한 것이다. 복희伏犧가 밝힌 하도河圖 원리와 우禹가 밝힌 낙서洛書 원리를 바탕으로 문왕文王이 육십사괘六十四卦의 연역演易과 괘사卦辭를 짓고, 주공周公이 효사爻辭를 지음으로써 은말殷末 주초周初에 괘효역학卦爻易學이 성립된 것이다.

《주역》에서는 육십사六十四 중괘重卦의 구성 원리를 음윤역의 구성 원리인 삼세三世에 윤달을 쓰고, 오세五歲에 다시 윤달을 사용하게 되는 윤역원리에 의해 설명하고 있다.[79] 이처럼 괘효역학이 성립되면서 인간의 본래성本來性과 역사적 사명使命인 성명지리性命之理가 밝혀지게 되었다. 다

---

79 《周易》繫辭上篇 第九章, "大衍之數 五十이니 其用은 四十有九라 分而爲二하여 以象兩하고 掛一하여 以象三하고 揲之以四하여 以象四時하고 歸奇於扐하여 以象閏하나니 五歲애 再閏이라 故로 再扐而後애 掛하나니라."

시 말하면 음윤역원리가 인간의 성명지리로 자각되면서 그것이 괘효원리로 표상된 것이다. 이는 앞에서 천도를 중심으로 인도를 이해한 것과 달리 인도의 측면에서 천도를 이해한 것이라고 하겠다.

제삼차第三次 중국화는 진말秦末 한초漢初에 이루어진다. 이때는 공자가 만든 십익十翼을 바탕으로 성인의 도가 집대성되면서 유학儒學이 형성되고, 이와 더불어 도가道家 사상이 형성되면서 다양한 사상들이 함께 형성된 때이다. 다시 말하면 성인의 도를 따라서 전해진 선진 사상이 춘추春秋 전국戰國의 말기末期에 이르면 유가儒家와 도가道家로 나누어지고 이러한 분파分派의 시작이 이른바 백가百家의 쟁명諍鳴을 낳은 것이다. 이러한 분파는 인간의 성명지리性命之理를 자각하고 그것을 현실에서 실천하여 구현하려는 적극적 긍정 방법을 취한 공맹孔孟의 유가철학과 인간의 잘못된 심법心法을 통하여 형성된 거짓 도덕道德, 인의仁義를 배제하는 소극적 부정否定의 방법으로 참된 도덕원리를 밝히고자 하는 인식론적認識論的 방법을 취한 노장老莊의 도가철학을 중심을 이루어졌다.

유가儒家는 진리를 주체적으로 자각하여 그것을 체현體現하려는 실천론 또는 인생철학적 체계로 밝혔으며, 도가道家는 도덕道德을 객관적으로 인식하려는 본체론 또는 자연철학적 체계로 밝혔던 것이다. 그것이 묵자墨子, 순자荀子, 한비자韓非子 등에 의해 적극적 정치론을 형성하면서 이사李斯의 형명법술刑名法術로 실천되고, 양주楊朱, 열자列子, 장자莊子 등에 의해 소극적 정치론을 형성하면서 그것이 신선술神仙術을 거치면서 한초漢初의 황노학黃老學으로 전개되었다. 이상에서 살펴본 바와 같이 선진先秦 시대의 성학聖學이 한국 상고의 신도사상을 근거로 하여 역수, 괘효, 성명사상의 삼단계적 중국화를 거치면서 중국의 인도철학이 형성되었다.[80]

중국의 상고 시대가 인도 중심의 역학이 중추가 되어 흘러온 역사임은

80 柳南相, 〈韓國思想의 本質探究에 關한 方法論〉 58쪽에서 62쪽 參照.

《주역》에서 성통을 밝히면서 괘효역학을 중심으로 논하고 있는 것을 보아도 알 수 있다. 복희로부터 열두 성인이 개척한 사회를 논하면서 그것이 모두 육효 중괘의 원리를 근거로 형성되었음을 밝히고 있다. 《주역》은 역도를 공간성의 원리를 중심으로 삼재三才의 도道를 밝힌 전적이다. 그것은 인도人道를 밝히기 위한 것으로, 《주역》에서 《주역》을 저작한 목적이 인간의 삶의 원리인 성명지리性命之理를 밝히기 위함이라는 말로 그 점을 분명히 하고 있다. 따라서 육효六爻 중괘重卦를 근거로 하여 성통聖統을 밝힌 것은 인도를 중심으로 성통을 밝힌 것이다. 《논어論語》의 요왈堯曰에서는 《서경書經》에서 밝힌 성통의 내용과 같이 요순堯舜으로부터 우禹를 거쳐서 공자에 이르기까지의 성통을 요약하여 밝히고 있는데, 그 내용을 보면 다음과 같다.

> 천天의 역수曆數가 네 몸에 있으니, 진실로 그 중中을 잡으라. 사해四海가 곤궁困窮하면 천록天祿이 영원히 끊어질 것이다.[81]

위의 내용은 요堯가 순舜에게 천자天子의 위位를 선양禪讓하면서 성인의 도를 전해준 것으로 순舜은 다시 우禹에게 전했다고 한다. 따라서 위의 내용은 성통을 따라서 전해진 성인의 도임을 알 수 있다. 이 도의 내용을 살펴보면 '천지역수재이궁天之曆數在爾躬'은 역수원리를 내용으로 하는 천도가 인간의 본래성으로 주체화하였음을 밝힌 것이며, '윤집기중允執其中'은 인간의 본래성과 더불어 천도를 주체적으로 자각하여 천명天命을 자각함을 밝힌 것이고, '사해곤궁천록영종四海困窮天祿永終'은 천자天子의 위位에 걸맞게 왕도정치를 실천하여 천명天命을 봉행奉行할 것을 밝힌 것이다. 따라서 위의 내용은 천도의 인간 주체화 원리와 천도의 주체적 자각원리 그리고 천명天命의 실천원리를 밝히고 있다.

---

81 《論語》 堯曰篇, "天之曆數가 在爾躬하니 允執其中하라 四海困窮하면 天祿永終하리라."

천도의 인간 주체화 원리는 존재 원리이며, 천도의 인간 주체적 자각과 천명의 실천은 인간의 삶의 원리이다. 천도인 역수원리가 인간 본래성으로 주체화하였기 때문에 인간이 본래성의 자각과 더불어 천도를 인간 주체적으로 자각함으로써 천명으로 자각할 수 있으며, 천명을 자각하였기 때문에 본래성을 주체로 그것을 봉행할 수 있다. 따라서 존재 원리를 중심으로 천도의 인간 주체적 자각과 천명의 봉행을 살펴보면 그것은 모두 천도 자체의 자기 현현이다.

그런데 공자는 천도인 역수원리 자체를 밝힌 것이 아니라 인도人道인 군자의 도를 밝히고 있다. 그렇기 때문에 《서경書經》의 대우모大禹謨에서도 《논어論語》의 요왈堯曰에서 밝힌 것과 같이 천도의 인간 주체화 원리와 천도의 인간 주체적 자각 원리 및 천명의 실천원리를 밝히고[82] 있을 뿐만 아니라 《중용中庸》에서는 "중니仲尼는 요순堯舜의 도道를 조술하고, 문왕文王과 무왕武王의 도道를 드러내어 밝혔다."[83]고 하여 공자의 학문적 연원이 요순으로부터 문왕, 무왕을 거쳐서 자신에게 전해진 성인의 도에 있음을 분명하게 밝히고 있다.

《주역》에서는 성인이 역경을 저작하는 과정을 통하여 《주역》의 내용이 인도 중심의 역도이며, 그 근거가 신도神道, 천도天道에 있음을 분명하게 밝히고 있는데, 그 내용을 살펴보면 다음과 같다.

> 옛 성인이 《주역》을 저작한 목적은 장차 군자로 하여금 성명지리性命之理에 순응順應하게 하기 위함이다. 역경을 저작한 성인聖人이 그윽이 신명神明원리를 자각하여 그것을 하도河圖와 낙서洛書를 통하여 표상하였으니, 그것은 삼천양지三天兩地원리를 중심으로 천지天地의 수數에 의해 이루어진 것이다. 도

82 《書經》 大禹謨篇, "天之曆數가 在汝躬하니 汝終陟元后하리라. 人心惟危하고 道心惟微하니 惟精惟一이라사 允執厥中하리라 四海困窮하면 天祿永終하리라."

83 《中庸》 "仲尼는 祖述堯舜하고 憲章文武하시니."

서圖書가 표상하는 천도天道인 음양陰陽 원리를 근거로 괘卦를 세웠으며, 음양 원리가 본체가 되어 이루어지는 강유剛柔 원리를 효爻를 통하여 표상하였다. (그러므로 역경을 연구하는 군자는) 도덕 원리를 자각自覺하여 그에 화순和順하고, 의義를 중심으로 실천할 뜻을 세우고, 이치理致를 연구하여 본성을 발현함으로써 천명天命을 봉행한다.[84]

위의 내용을 보면 신명원리인 신도를 자각하고 그것을 근거로 하도와 낙서를 통하여 천지의 도를 표상하였으며, 도서원리를 근거로 괘효원리가 형성되었음을 밝히고 있다. 그런데 신도, 천도 중심의 역학은 한국역학이며, 인도 중심의 역학은 중국역학이다. 그러므로 한국역학의 신도를 근거로 인도 중심의 중국역학이 형성되었음을 알 수 있다.

역수원리를 내용으로 하는 천도, 신도, 삼극의 도 중심의 한국역학과 성명지리性命之理를 내용으로 하는 삼재三才의 도 중심의 중국역학의 특징을 단적으로 살펴볼 수 있는 하나의 예는 한문漢文과 한글의 제자원리制字原理이다. 한자의 제자원리와 용자원리用字原理를 나타내는 육서법六書法[85]을 보면 물건을 중심으로 상형문자象形文字가 형성되고, 사건을 중심으로 지사문자指事文字가 형성된다. 그리고 상형과 지사가 바탕이 되어 형성문자形聲文字와 회의문자會意文字가 형성된다. 이는 한문이 삼재의 도에 근거하여 시간의 세계를 나타내는 하늘(天)과 공간의 세계를 나타내는 땅(地)을 중심으로 형성되었음을 뜻한다.

---

84 《周易》說卦 第一章, "昔者聖人之作易也애 幽贊於神明而生蓍하고 參天兩地而倚數하고 觀變於陰陽而立卦하고 發揮於剛柔而生爻하니 和順於道德而理於義하며 窮理盡性하여 以至於命하니라."

85 許愼,《說文解字》, "一曰指事 指事者 視而可識 察而見意 上下是也 二曰象形 象形者 畵成其物 隨體詰詘 日月是也 三曰形聲 形聲者 以事爲名 取譬相成 江河是也 四曰會意 會意者 比類合誼 以見指撝 武信是也 五曰轉注 轉注者 建類一首 同意相受 考老是也 六曰假借 假借者 本無其字 依聲託事 令長是也."

그러나 한글은 삼극의 도를 근거로 제작되었기 때문에 한글의 구조 자체가 천지와 인人의 삼재가 하나의 글자에 집약되어 표현되고 있다. 비록 《훈민정음해례본訓民正音解例本》을 통하여 삼재의 도와 오행원리五行原理를 중심으로 한글이 제작되었음을 밝히고 있지만 그 근거는 삼극의 도인 것이다. 그렇기 때문에 한문이 천지와 사람을 구분하여 공간적 관점에서 나열하여 나타내는 것과 달리 한글은 하나의 글자로 집약하여 나타낸 것이다.[86] 이러한 특징은 중국불교가 종파 중심의 불교이며, 한국불교가 회통불교라는 점에서도 분명하게 드러난다. 뿐만 아니라 성리학性理學을 보더라도 중국성리학은 이理와 기氣를 이원론二元論的 관점에서 이해하지만 한국 성리학에서는 일원론적一元論的 관점에서 이理와 기氣를 이해하고 있음을 통해서도 잘 드러난다.[87]

2. 역학과 유불도儒佛道 삼가철학三家哲學

앞에서 한국철학과 중국철학의 연원淵源은 역학으로, 한국역학은 신도神道, 천도天道가 중심이며, 중국역학은 천도의 내용인 삼극의 도를 근거로 형성된 삼재의 도가 중심이기 때문에 한국역학이 중국역학의 근원

86 《訓民正音解例本》〈制字解〉, "以初中終合成之字言之, 亦有動靜互根陰陽交變之義焉. 動者, 天. 靜者, 地也. 兼乎動靜者, 人也. 盖五行在天則神之運也, 在地則質之成也, 在人則仁禮信義智神之運也, 肝心脾肺腎質之成也.初聲有發動之義, 天之事也. 終聲有止定之義, 地之事也. 中聲承初之生, 接終之成, 人之事也.盖字韻之要, 在於中聲, 初終合而成音. 亦猶天地生成萬物, 而其財成終聲復用初聲者, 以其動而陽者乾也, 靜而陰者亦乾也, 乾實分陰陽而無不君宰也. 一元之氣, 周流不窮, 四時之運, 循環無端, 故貞而復元, 冬而復春. 初聲之復爲終, 終聲之復爲初, 亦此義也. 吁. 正音作而天地萬物之理咸備, 其神矣哉. 是殆天啓聖心而假手焉者乎."

87 한국성리학과 중국성리학의 특성과 차이에 관하여서는 이현중의 〈韓國性理學과 中國性理學의 比較硏究〉, 범한철학 제18호, 범한철학회, 1998을 참고하기 바란다.

임을 살펴보았다.

한국철학과 중국철학을 이해하여 설명하는 방법은 다양하지만 주제를 중심으로 나누면 유가와 불가 그리고 도가로 대별할 수 있다.[88] 따라서 역학의 학문적 위상을 밝히기 위해서는 한중철학韓中哲學의 세 지주支柱라고 할 수 있는 유가儒家와 불가佛家 그리고 도가道家를 중심으로 역학과 삼가철학三家哲學의 동이점과 관계를 밝히는 것이 필요하다.

역학과 유불도 삼가철학의 관계를 밝히는 문제는 역학과 유불도 삼가의 관계를 밝힘으로써 역학의 학문적 특성을 고찰하는 것과 더불어 유불도儒佛道 삼가三家의 동이점과 관계를 밝히는 문제가 포함되어 있다. 예로부터 지금에 이르기까지 유가와 불가 그리고 도가 철학 가운데서 어느 학문이 진정한 의미의 도를 천명하고 있는 학문인가 그리고 삼자의 차원이 어떤 관계인가는 항상 학계와 세간의 관심사였다.

맹자孟子는 양주楊朱와 묵적墨翟의 이론으로부터 유가儒家를 지키는 것을 자신의 학문적 사명으로 여김으로써 유가와 다른 학문을 엄격하게 구분하였을 뿐만 아니라 유학자 가운데서 사이비似而非 유학자인 향원鄕原을 철저하게 경계하였다. 송대宋代의 주희朱熹도 역시 도가와 불가를 철저하게 배격하였으며, 조선朝鮮의 성리학자性理學자들도 불가와 도가를 이단異端으로 규정하고 철저하게 부정하였다. 유학자들이 도가나 불가를 배척한 것과 같이 불가에서도 자가自家 이외의 학문은 외도外道라고 하여 역시 도외시度外視하였다.

오늘날 학문하는 사람들이 다른 학파의 주장들을 배격하는 것은 다른 학파의 주장이 그르다는 것이 아니라 오직 자신만이 옳고 다른 사람들은

88 한국철학과 중국철학을 유불도 삼가철학을 중심으로 이해할 경우 그 다양성이 사상捨象되는 한계가 있다. 다만 지금 문제를 삼고자하는 것은 한국철학과 중국철학의 구성 요소를 중심으로 그것과 역학의 관계를 밝히고자 하는 것이지 한국철학과 중국철학의 다양성 자체를 부정하려는 것이 아니다.

다르다고 주장하는 셈이다. 사실 안으로 아상我相을 깊이 감추고 밖으로 명분名分이라는 껍데기를 드러내 보이면서 마치 철저하게 자신이 연구한 내용을 주장하는 것처럼 행동할 뿐이다.

만약 연구자가 참으로 무심無心한 상태에서 그 어떤 것에도 걸림이 없이 마음을 내어 학문을 한다면 학문적 토론이 감정으로 발전하지 않을 것이다. 본래 진리는 사람이 자각하거나 자각하지 못하거나를 막론하고 항상 존재하여 왔다. 뿐만 아니라 진리는 특정한 개인이나 집단이 소유할 수 있는 존재도 아니다. 오히려 개인이나 집단이 체득體得한 내용을 모든 존재와 더불어 공유共有하는 것이 학문의 의의이다. 따라서 특정한 개인의 연구 결과만이 옳다거나 특정한 집단의 연구 결과만이 옳다고 주장하는 것은 선천적 관점에 집착한 것으로 시의성時義性을 벗어난 행위라고 할 수 있다.[89]

---

89 세상을 살면서 왜 그렇게 삶이 아프고 고통스러운지 남의 슬픔과 고통이 내 고통으로 느껴졌기 때문에 남의 고통과 슬픔을 내가 갖고 남들은 행복하기를 바랐고, 그것이 삶의 목표가 되었다. 그리고 고통이 없고, 아픔이 없는 세상, 서로가 서로를 위하여 살아가는 아름다운 세상이 되기를 바라는 간절함으로 학문을 시작하였다. 그 과정에서 역학易學을 만나게 되었고, 역학을 연구하면서 그것을 바탕으로 유학儒學과 만나고 도가道家, 불가佛家 그리고 도교道教와 만나게 되었다. 그런데 유가, 불가, 도가를 연구하는 학자들이나 수련修練을 하는 사람들은 서로 자가自家의 이론이 옳고 다른 이론은 그르다고 부정否定하는 것을 보면서 많은 의문을 갖게 되었다. 모든 학문의 주체는 인간으로, 그 본래성 자체의 관점에서 보면 근원은 하나일 수밖에 없다. 그리고 세계 자체가 다르지 않을 텐데 왜 서로 다른 것처럼 주장할까? 학문을 할수록 달을 가리키는 손가락과 같은 것이어서 그것이 달이 아니라는 점을 뼈저리게 느꼈다. 손가락을 따라서 달을 보지 않고 손가락의 방향이나 효능을 문제로 삼아서 시비是非에서 벗어나지 못하면 학문의 의미가 없다. 그것은 학문學問의 외연을 좁혀서 생각한 것으로, 만약 학문을 할 뿐 학문한 내용을 실천하지 않으면 교만심驕慢心으로 업業을 계속 쌓아가는 허망虛妄한 삶이 됨을 뜻한다. 삶의 방법으로서의 학문을 하는 목적은 모든 존재와 더불어 자유롭기 위함이다. 만약 학문이 속박이 된다면 할 필요가 없을 뿐만 아니라 설사 도道라고 할지라도 그것이 나를 속하는 것이라면 추구할 필요가 없다. 역학의 주제가 역도, 변화의 도라는 것은 아무것도 걸림이 없는 세계를 나타내는 것이다. 무無라고 표현하기도 하고 그것도 모자라서 비유非有, 비무非無, 비유이무非有而無, 비비유비무非非有非無라고 한 것이 모두 걸림없는 청정의 세

유가와 도가 그리고 불가를 막론하고 진정한 의미의 근원적인 존재를 추구한다면 그 내용 자체가 서로 다를 수는 없다. 근원적 존재인 도 자체는 고정되게 존재하지 않기 때문에 어떤 하나만이 도라고 규정할 수는 없는 것이다. 사실 진리를 문제 삼아서 그 본래적 의의를 밝히고자 하는 인간의 삶 자체는 그대로 끊임없는 학문의 과정으로, 진정한 의미에서 학문을 하는 사람은 매 순간 끊임없이 그 차원이 변화하면서 살아간다.

군자가 처음부터 군자가 아니었으며, 끊임없이 자신을 닦아서 덕을 이루어서 군자가 될 수 있듯이 모든 존재를 변화의 과정을 중심으로 보면 설사 소인小人이라고 할지라도 배척의 대상이 아니라 감싸 안고 넘어서야 할 대상이다. 다시 말하면 소인은 선각자先覺者가 차원을 고양시켜서 변화시켜야 할 대상이지 배척해야 할 대상이 아닌 것이다. 그렇기 때문에 공자도 "이단을 공격하면 해로울 따름이다."[90]고 하였을 뿐만 아니라 《주역》에서는 "소인의 도를 멀리할 뿐 미워하지는 말고 엄하게 대하라."[91]고 하였다.

그럼에도 불구하고 맹자가 양주와 묵적의 주장을 철저하게 배격한 것은 시의성時義性 때문이다. 본래 역생도성倒生逆成의 관점에서 고찰하면 소인의 도가 주류를 이루는 시대는 선천先天이다. 역수원리의 관점에서 보면 선천은 윤역閏曆이 운행되는 시대이다.

윤역閏曆은 생장을 위한 역曆으로 장차 음양陰陽이 합덕合德된 중정역中正曆으로 변화하는 과정의 역曆이다. 선천의 성장 과정이 없다면 후천의 정역正曆의 세계, 성도成道의 세계가 존재할 수 없다. 뿐만 아니라 윤역을 구성하는 윤도수閏度數 자체도 본래는 천지의 본성을 상징하는 십오十五

계를 나타내는 것이 아니겠는가! 결국 모든 이론의 천심淺深은 손가락을 사용하는 사람의 문제일 뿐 세계 자체의 문제가 아니다.

90 《論語》 爲政篇, "子曰 攻乎異端 斯害也已."

91 《周易》 天山遯卦䷠ 大象, "象曰天下有山이 遯이니 君子以하야 遠小人호대 不惡而嚴하나니라."

본체도수本體度數이다. 그렇기 때문에 도생역성倒生逆成의 관점에서 보면 윤역閏曆 역시 천지의 마음天地之心의 자기 현현顯現일 따름이다.

인도를 중심으로 살펴보면 선천은 구체적으로 드러날 하늘의 일을 이치를 중심으로 먼저 깨달아서 그것을 자료로 하여 자신의 인격성을 키우는 과정이라고 할 수 있다. 그렇기 때문에 선천에는 성장을 위하여 스승의 가르침이 필요하다. 선천의 성인이 말씀을 통하여 역도를 천명한 까닭이 여기에 있다. 따라서 선천에서 군자는 성인의 도, 역도, 천지의 도에 뜻을 세우고 학문을 해야 한다. 그렇기 때문에 군자가 선천에 학문하는 때에는 소인의 도와 군자의 도를 엄격히 구분하여 군자의 도에 뜻을 세우는 입지立志가 필요하다.

앞에서 논한 것과 같이 맹자를 비롯하여 삼가의 여러 학자들이 자가의 학문을 중심으로 다른 학문을 비판한 것은 선천이라는 시대가 갖는 시의성 때문이다. 그들은 선천적 관점에서 자가自家의 철학과 다른 철학을 비교하여 정통과 이단을 논하였던 것이다.

그러나 지금 다시 유불도 삼가철학의 동이점과 관계를 밝히기 위해서는 기존의 관점과 달리 후천적 관점에서 이루어져야 한다. 그것은 현대라는 시대가 갖는 시의성에 부합하는 방법이기도 하다. 현대는 인간의 심성 내면과 밖의 대상 사물이 내외 합덕함으로써 형이상과 형이하가 합덕合德되어야 할 때이다. 그것은 유불도 삼가를 통하여 인간 본래성의 내용이 밝혀졌을 뿐만 아니라 과학을 통하여 사물의 본질이 적나라하게 드러났음을 통하여 알 수 있다.

정통正統과 이단異端, 대인大人과 소인小人, 형이상形而上과 형이하形而下를 엄격하게 구분하여 양자의 관계를 밝힘으로써 양자를 이해하고 설명하는 것이 필요한 선천과 달리 후천의 관점에서 보면 양자는 별개의 존재가 아닐 뿐만 아니라 일체라고만 할 수도 없다. 그렇기 때문에 학문과 실천의 문제를 선천과 후천의 문제로 구분하여 이해하는 것도 역시 선천적 관점일 뿐 후천적 관점에서는 엄격하게 구분되지 않는다. 따라서 후천적 관점에서 유불도 삼가철학의 특성과 관계를 밝히기 위해서는 유불도의 삼가철학의 회통會通을 중심으로 이루어져야 한다.

예로부터 유불도 삼가철학을 회통시켜서 이해하고자 하는 시도가 있어 왔다. 명대明代의 석감산釋憨山은 불교의 관점에서 유불도 삼가를 회통시키고자 하였다. 그는 만법유식萬法唯識의 관점에서 유불도 삼가를 다음과 같이 논하고 있다.

> 삼계三界가 오직 마음뿐이고 만법이 단지 식識일 따름이라는 관점에서 보자면 비단 삼교三敎가 본래 하나일 뿐만 아니라 어떤 일, 어떤 법이라도 이 마음으로부터 세워지지 않은 것이 없다. 만일 평등 법계의 자리에 서면 세 성인이 본래 한 몸일 뿐만 아니라 어느 누구, 어떤 존재도 이 비로자나의 해인삼매海印三昧의 위신력威神力을 따라 나오지 않는 것이 없다."[92]

석감산은 공자와 노자 그리고 부처뿐만 아니라 모든 존재가 비로자나 법신으로부터 현출된 점에서 일체임을 밝히고 있다. 이는 불교의 관점에서 노자의 사상과 공자의 사상을 포용한 것이라고 할 수 있다. 그는 다음과 같이 삼교의 특성과 한계를 밝히고 있다.

> 공자 성인이 노자를 몰랐다면 결코 쾌활하지 못했을 것이며, 불교를 몰랐다면 세상의 번거로움을 견디지 못하였을 것이다. 만약 노자가 공자를 몰랐다면 말마다 무위의 다스림을 말하지 않았을 것이며, 부처를 몰랐다면 자비를 보배로 여기지 않았을 것이다. 부처가 만일 세상을 경륜하지 않았다면 결코 세간에

---

92 憨山, 〈三教源流同異論〉 臺灣, 琉璃經房印行, 民國七十四, "若以三教唯心 萬法唯識而觀 不獨三教本來一理 無有一事一法 不從此心之所建立 若以平等法界以觀 不獨三聖本來一體 無有一人一物 不是毘盧遮那海印三昧威神所現."

서 중생을 교화하지 않았을 것이다."[93]

위의 내용을 보면 공자의 특성이 경세經世이기에 노자를 통하여 망세忘世함으로써 경세에 얽매이지 않을 수 있고, 노장의 특성이 망세이므로 공자를 통하여 경세를 버리지 않고 무위無爲를 주장했으며, 부처를 통하여 자비慈悲를 보배로 여기게 되었고, 불교의 특성이 출세出世이지만 경세하기 위하여 부처가 중생을 교화하였음을 밝힌 것이다.

그리고 석감산은 삼교를 다음과 같이 구분하고 있다.

"공자의 도는 이직 분별심分別心을 벗어나지 못했고, 그가 말한 정정靜定 공부는 오직 식의 원리로 판별하면 그릇됨과 망령됨을 분별하는 제6식을 끊어서 남과 다투는 폐단을 멀리하여 묘도에 귀착하려는 것으로 그 지귀처는 제7식에 불과하다."[94] "노자는 생기生機를 깊이 진단하여 제6식의 분별하는 습관을 부수고 제7식의 생멸하는 기틀을 굴복시켜서 제8식의 정명精明한 체體를 인지하였다.[95] 그러므로 공자孔子는 인승人乘의 성인이며, 노자老子는 천승天乘의 성인이고, 성문聲門과 연각緣覺은 인승人乘과 천승天乘을 초월한 성인이며, 보살菩薩은 성문과 연각을 넘어선 성인으로 사람과 하늘을 떠나 사람과 하늘로 들어간다."[96]

---

93 憨山,《老子道德經憨山解》臺灣, 琉璃經房印行, 民國七十四, "孔聖若不知老子 決不快活 若不知佛 決不奈煩 老子若不知孔 決不ロロ 說無爲而治 若不知佛 決不能以慈悲爲寶 佛若不經世 決不在世間 教化衆生."

94 憨山,〈三教源流同異論〉臺灣, 琉璃經房印行, 民國七十四, "然其道未離分別 卽所言靜定工夫 以唯識證之 斯乃斷前六識分別 邪妄之思 以袪鬪爭之害 而要歸所謂妙道者 乃以七識爲指歸之地."

95 憨山,〈三教源流同異論〉臺灣, 琉璃經房印行, 民國七十四, "觀生機深脈 破前六識分別之執 伏前七識生滅之機 而認八識精明之體."

96 憨山,〈三教源流同異論〉臺灣, 琉璃經房印行, 民國七十四, "由是證知孔子人乘之聖也 故奉天以治人 老子天乘之聖也 故清淨無慾 離人而入天."

이렇게 보면 오직 부처만이 삼계와 사생의 진정한 스승이자 어버이라고 할 수 있다. 그렇기 때문에 "공자는 계율을 준수하는 것을 도와서 엄격하게 몸을 다스리도록 하였으며, 노자는 입정하는 것을 도와서 마음으로 망아忘我하도록 하였다. 두 성인의 가르침은 부처님 법이 세상에 나온 뒤에 비로소 한층 유용하게 되었다."[97]고 하였다.

고려高麗 말의 원천석元天錫은 〈삼교일리三敎一理〉에서 삼교의 교리가 하나의 이치임을 다음과 같이 밝히고 있다.

> 여여如如 거사居士가 삼교일리론三敎一理論에서 말하기를 "세 성인이 함께 태어나서 두루함이 있으니 바른 가르침으로 주장을 삼았다. 유교는 궁리진성窮理盡性을 가르치고, 불교는 명심견성明心見性을 가르치며, 도교는 수진연성修眞鍊性을 가르친다. 가정을 다스리고 자신을 다스려 임금의 덕을 이루어서 백성들에게 혜택을 베푸는 것을 말하면 이는 특히 유학자들이 일삼는 것이며, 정기精氣를 아끼고 신神을 길러서 날아다니는 신선神仙과 공중으로 올라가는 것을 말하면 특히 도가에서 조술祖述하는 것이고, 생사生死를 뛰어넘어서 자신도 이롭고 다른 사람도 이롭게 함을 말하면 이는 특별히 불교의 방편이다. 그 지극한 곳을 밝혀보면 하나가 아님이 없다."라고 하였다. 이로써 살펴보면 세 성인이 가르침을 베푼 것은 오로지 성품을 다스리는 것이니 이른바 "다한다(盡之)", "단련한다(鍊之)", "본다(見之)"의 방법에는 비록 약간의 차이는 있으나 그 지극하고, 탁 트여 막힘이 없으며, 맑고 밝아서 투명한 곳으로 돌아가면 모두 같은 하나의 성품이니 무슨 막히고 통하지 않는 것이 있겠는가?[98]

---

97 憨山, 〈三敎源流同異論〉 臺灣, 琉璃經房印行, 民國七十四, "孔助於戒以其嚴於治身 老助於定 以其精於忘我 二聖之學 與佛相須 而爲用."

98 《耘谷行錄》 卷三, ""如如居士三敎一理論云. 三聖人同生有周. 主盟正敎. 儒敎敎以窮理盡性. 釋敎敎以明心見性. 道敎敎以修眞鍊性. 若曰齊家治身. 致君澤民. 此特儒者之餘

위의 내용을 보면 원천석은 자신의 주장의 근거로 중국의 안병顏丙이 제시한 삼교일리론三敎一理論을 들고 있다. 그리고 이어서 삼교의 공통으로 제시하는 주제를 치성治性으로 규정하고 그 구체적인 방법이 서로 다를 뿐이라는 것을 밝히고 있다. 이를 통하여 원천석이 노자와 공자 그리고 석가가 비록 다른 이론을 펼치고 있지만 모두 사람의 성품이라는 공통된 주제를 중심으로 각각 다른 방법을 통하여 밝히고 있을 뿐 그 궁극적인 경지는 모두 같음을 주장하고 있음을 알 수 있다.

노자와 공자 그리고 석가가 모두 사람일 뿐만 아니라 그들이 밝히고자 한 것도 사람의 본성인 점에서 보면 어느 이론은 옳고 어느 이론은 그르다고 하는 것 자체가 이론의 문제가 아니라 그 사람의 시비를 분별하는 마음에 있다고 할 수 있다. 그렇기 때문에 원천석은 이어서 자신의 주장은 옳고 남의 주장은 그르다는 생각이 잘못되었음을 탄식하고 있다.

> 그러나 삼교의 성인들에게는 문호門戶가 있었으니 훗날의 문도門徒들이 각각의 종지宗旨에 의해 모두 자신은 옳고 남은 그르다는 마음으로 서로 상대방을 헐뜯고 그들의 주장을 들으려고 하지 않으니 사람마다 마음속에 세 교敎의 성性이 밝게 갖추어져 있음을 모르는 것이다. 이는 나귀를 탄 사람이 다른 나귀를 탄 사람을 비웃는 것과 같으니 참으로 안타까운 일이다.[99]

원천석은 삼교가 하나의 이치임을 원병의 주장을 근거로 주장한 후에 이어서 삼교의 내용을 밝히고 있는데 그 내용은 다음과 같다. 먼저 유학

事. 若曰嗇精養神. 飛仙上昇. 此特道家之祖迹. 若曰越死超生. 自利利人. 此特釋氏之筌蹄矣. 要其極處. 未始不一. 由此觀之. 三聖人之設敎. 專以治性. 所謂盡之鍊之見之之道雖有小異. 歸其至極廓然瑩澈之處. 皆同一性. 何有所窒礙哉."

99 《耘谷行錄》卷三, "但以三聖人各有門戶 門之後徒各據宗旨 皆以是己非人之心互相訾謷 殊不知各人胸中 三敎之性明然具在也 騎驢者笑他騎驢 良可惜哉."

에 관하여 언급하고 있는 내용을 살펴보면 다음과 같다.

격물格物과 수신修身으로 현묘한 이치를 궁구하니
마음을 다함으로써 성품을 알고 또 하늘을 아네.
이로부터 천지의 화육化育을 도울 수 있으니
밝은 달 맑은 바람이 상쾌하다.

이어서 도교에 관하여 다음과 같이 밝히고 있다.

중묘衆妙의 문門이 그윽하고 그윽하여
진기眞機와 신화神化가 하늘에 응하네.
정기精氣를 닦아서 곧바로 희이希夷의 경지에 이르면
물소리 산 빛이 모두 고요하다.

그리고 불교에 관하여서는 다음과 같이 논하고 있다.

한 원융圓融한 성품 안에 십현十玄의 세계를 갖추었으니
시방 세계에 두루하는 불법이요 하늘에 통하는 기운일세.
저 참다운 본체를 어떻게 말로 표현할까.
푸른 바다에 차가운 달이 밝다.

그는 삼교의 종지를 밝힌 후에 이어서 유가와 불가 그리고 도가의 셋이 만나서 하나로 돌아감(會三歸一)을 다음과 같이 밝히고 있다.

세 가르침의 종풍이 본래 차이가 없건만
그르다, 옳다고 다투는 소리 개구리 우는 듯 어지럽구나.

한 가지 성품 모두 갖추어 걸릴 것 없으니
무엇이 불교이고 도교이며 유교이던가?[100]

위의 내용을 보면 원천석이 삼가의 내용을 정리하여 나타내면서 결론은 삼가가 하나로 돌아간다는 것이다. 인간의 성품이라는 측면에서 보면 모든 이론이 하나여서 구분할 수가 없음을 밝힌 것이다.

그런데 앞에서 살펴본 것과 같이 삼가가 각각의 관점에서 자가의 이론을 중심으로 삼가철학을 회통시키고자 하거나 인간의 성품을 중심으로 회통하고자 할 경우 난점이 있다. 유학은 인도 중심이기 때문에 그 존재근거인 천도를 밝히고 있지 않으며, 도가와 불가는 자각론自覺論이 중심으로 도 자체를 드러내어 밝히고 있는 존재론存在論이 위주가 아니기 때문에 도가나 불가의 철학을 바탕으로 유불도 삼가를 회통하기는 어렵다. 그렇다고 유가를 통하여 삼가를 회통하는 것도 어렵다. 왜냐하면 서로 다른 철학이 회통되려면 각각의 차원을 넘어서는 상위의 차원에서 이루어져야 하기 때문이다. 그러므로 유불도 삼가철학의 회통은 각각의 연원을 중심으로 할 때 비로소 가능하다.

역도라는 근원적 존재를 학문적 과제로 형성된 역학을 중심으로 유불도 삼가철학의 관계와 유불도 각 철학의 특성을 밝힘으로써 역학의 특성을 밝히는 동시에 유불도 삼가를 회통시키는 문제 역시 해결될 수 있다. 이를 역도를 중심으로 살펴보면 도생역성의 관점을 중심으로 역생도성의 관점을 논해야 한다. 도생역성의 관점에서 유불도 삼가의 회통처를 밝히고 그것을 바탕으로 역생도성의 관점에서 삼가철학의 특성과 관계를 밝

100 《耘谷行錄》卷三, "因寫四絶 以繼居士之志云 儒; 格物修身窮理玄 盡心知性又知天 從茲可贊乾坤化 霽月光風共洒然 道; 衆竗之門玄又玄 眞機神化應乎天 精修直到希夷地 水色山光共寂然 釋; 一性圓融具十玄 法周沙界氣衝天 只這眞體如何說 碧海氷輪共湛然 會三歸一; 三敎宗風本不差 較非爭是亂如蛙 一般是性俱無礙 何釋何儒何道耶."

히는 것이 후천적 관점에서 유불도 삼가철학의 특성과 관계를 밝히는 방법이라고 할 수 있다.

도생역성의 관점에서 유불도 삼가철학을 살펴보면 삼가 가운데서 어떤 이론이 진정한 의미의 도를 밝히고 있는 학문이며, 가장 높은 차원의 학문인가라는 것이 문제가 아니라 회통처를 중심으로 각각의 존재 의의를 밝히는 것이 문제가 된다. 이는 역학과 유불도 삼가철학과의 관계를 밝히는 문제가 역도 자체의 구조 원리를 바탕으로 제기되는 문제이기 때문이다. 그것은 역학의 이론 체계 자체가 유가와 불가 그리고 도가철학으로 전개될 수밖에 없는 존재 구조를 갖고 있음을 뜻한다. 그렇기 때문에 역학과 유불도 삼가철학의 관계를 통하여 역학의 구조 원리가 밝혀지는 동시에 작용 원리가 밝혀지는 것이다.

또한 그것은 유불도 삼가철학의 연원이자 이상이 역학임을 뜻한다. 유불도 삼가철학의 과거적 본성이 역학이며, 미래적 이상이 역학인 것이다. 역학이 씨가 되어 유불도의 삼가철학이 생장성하였으며, 그것이 결국 역학으로 열매를 맺게 될 것이다.

천도인 역수원리를 중심으로 역도를 천명한《정역》에서는 유불도 삼가와 역학의 관계를 다음과 같이 밝히고 있다.

> 도道가 셋으로 나누어지는 것은 이치理致의 자연스러움으로 그것이 유가儒家와 불가佛家 그리고 선도仙道이다.[101]

이는 역도 자체의 존재 구조에 의해 유불도 삼가철학이 형성되었음을 밝힌 것이다. 그러나 유가와 불가 그리고 도가 자체는 역학이 아니다. 그

---

101 金恒,《正易》第二十張〈无位詩〉, "道乃分三理自然이니 斯儒斯佛又斯仙이니라 誰識一夫眞蹈此오 无人則守오 有人傳이니라."

렇기 때문에 도가를 선仙으로, 불가를 불佚로 그리고 유가를 유儒로 규정하고 있다. 그것은 역도 안에서 밝혀진 유불도 삼가라는 의미를 담고 있다.

역학과 유불도 삼가철학의 관계는 역학의 학문적 탐구 과제인 역도를 중심으로 밝힐 수 있다. 역도는 시간성의 원리와 공간성의 원리로 구분하여 나타낼 수 있다. 시간성의 원리를 중심으로 역도를 나타내고 그것을 바탕으로 유불도 삼가철학과 역학의 관계를 밝히는 것은 유불도 삼가철학의 회통적 성격을 밝히는 문제이다. 이는 유불도 삼가철학의 연원, 이상이라는 문제를 중심으로 역학과 그 관계를 밝히는 문제가 된다.

시간성의 원리를 중심으로 역도를 나타내면 그 내용은 삼극의 도이다. 삼극의 도는 본체원리를 중심으로 나타내면 일태극一太極과 오황극五皇極 그리고 십무극十無極의 삼극원리三極原理이다. 삼극원리를 중심으로 유불도 삼가의 관계를 나타내면 유가철학은 십무극원리를 바탕으로 그것을 삼재의 관점에서 밝힌 것이며, 불가철학은 오황극원리를 바탕으로 그것을 삼재의 관점에서 밝힌 것이고, 도가철학은 일태극원리를 바탕으로 그것을 삼재의 관점에서 밝힌 것이다.

도가철학은 현상 세계로부터 그 존재 근거인 일태극을 추구하는 것이 근본 문제이며, 불가철학은 십무극과 일태극이 합덕된 오황극원리가 중심 문제이기 때문에 불성佛性이라는 인간 본래성이 중심 문제이다. 또한 유가철학은 십무극이 중심 문제이기 때문에 천명天命을 자각하고 그것을 실천하는 것이 중심 문제이다.

그런데 삼극의 도를 공간성의 원리를 중심으로 나타내면 삼재의 도가 된다. 공간성의 원리는 차별성이 특성이기 때문에 삼재의 도를 중심으로 유불도 삼가의 관계를 밝힘으로써 삼자의 특성이 드러나게 된다. 삼재의 도를 중심으로 유불도 삼가철학의 근본 문제를 밝히면 도가철학은 지地의 세계의 본질을 밝히는 데 그 관점이 있으며, 불가철학은 인人의 세계의 본질을 밝히는 데 그 관점이 있고, 유가철학은 천天의 세계의 본질을 밝히는 데 그 관점이 있다. 그렇기 때문에 도가는 지적地的인 철학이며, 불가는 인적人的인 철학이고, 유가는 천적天的인 철학이라고 할 수 있다.

역도와의 관계를 중심으로 삼가철학의 특성을 살펴보면 역도를 존재론적 관점에서 실천원리를 중심으로 밝힌 것이 유가철학이며, 역도를 현상의 관점에서 형이상과 형이하의 관계를 중심으로 밝힌 것이 도가철학이고, 역도를 인간 본래성을 중심으로 밝힌 것이 불가철학이라고 할 수 있다.

역학과 유불도 삼가철학의 관계는 역도의 내용인 작용 원리를 중심으로 살펴보면 보다 분명하게 드러난다. 역학에서 본체 원리와 작용 원리를 구분하는 매개는 인간 본래성이다. 인간 본래성을 주체로 작용 원리를 탐구하면 그 본체인 천지의 본성을 뜻하는 천지의 도를 밝힐 수 있다. 그렇기 때문에 역학을 중심으로 유불도 삼가철학의 동이점과 관계를 밝히는 것은 역학과 유불도 삼가철학이라는 객관적 대상으로서의 학문의 문제가 아니다. 그것은 삼재의 도 가운데서 인도가 중심 문제임을 뜻한다.

역학과 유불도 삼가철학의 관계를 밝히는 작업은 인간 본래성을 주체로 그 존재 근거인 천지의 도를 밝혀내는 작업이다. 본래 세계는 역도가 현현顯現된 실다운, 즉 꾸밈없고 진실한 세계로서의 현실現實일 뿐, 그 가운데 유가철학의 세계, 불가철학의 세계, 도가철학의 세계가 따로 있는 것이 아니다. 그것은 다시 말하면 진리 자체가 여러 가지가 아니라 동일한 존재를 관점에 따라서 달리 나타냄으로써 각각 유가철학과 불가철학 그리고 도가철학이 형성된 것이란 뜻이다.

역도를 도생역성의 관점에서 밝히면 천도를 중심으로 인도를 밝히는 것으로 그것을 천도의 인간 주체화 원리라고 한다. 반대로, 역생도성의 관점에서 역도를 나타내면 인도를 중심으로 천도를 밝히는 천도의 인간 주체적 자각自覺 원리가 된다.[102]

---

102 《書經》과《論語》에 나타난 "天之曆數 在爾躬 允執其中"을 천도天道와 인도人道의 관계

도생역성의 관점에서는 인간의 삶 자체가 인간 본래성의 현현이며, 이렇게 나타난 것이 천도이기 때문에 인간의 삶은 모두 천도의 자기 현현顯現이 된다. 그런 점에서 보면 유가와 불가 그리고 도가는 모두 인간이 이룬 학문이기 때문에 그 근본 세계는 모두 같다. 따라서 유불도 삼가를 서로 다르다고 할 수 없다.

그러나 역생도성의 관점에서 살펴보면 역도라는 근원적 존재를 중심으로 그것을 각각 다른 관점에서 밝힌 것이 유불도 삼가철학이라고 할 수 있다. 그것은 각각의 이론을 집대성하여 공맹과 부처 그리고 노장에게 주어진 천명이 다름을 의미한다. 그렇기 때문에 유불도 삼가철학은 그것을 천명한 주체인 인간을 중심으로 나타내면 각각 부여받은 천명의 봉행일 따름이다. 역도를 현상 사물을 중심으로 밝히는 천명에 의해 도가철학이 형성되었으며, 인간 본래성을 중심으로 밝히는 천명에 의해 불가철학이 형성되었고, 실천원리를 중심으로 밝히는 천명에 의해 유가철학이 형성된 것이다. 그렇기 때문에 유불도 삼가철학은 모두 나름대로의 존재 의의를 갖고 있다.

《정역》에서는 유불도 삼가의 관계에 대하여 "도가 셋으로 나뉘는 것은 이치의 자연스러운 것으로 유가와 불가 그리고 선가仙家가 그것이다."[103] 라고 하였다. 그리고 "누가 일부一夫가 진실로 이 삼가를 모두 밟았음을 알겠는가?"[104]라고 하였다. 이는 《정역》을 통하여 천명된 신도神道, 천도天

를 중심으로 논하면서 "天之曆數 在爾躬"을 천도天道의 인간 주체화 원리人間 主體化 原理 그리고 "允執其中"을 천도天道의 인간 주체적 자각 원리人間 主體的 自覺 原理로 규정한 사람은 충남대학교의 유남상柳南相 교수이다. 이때 주체화主體化와 주체적 자각主體的 自覺은 각각 천도天道와 인도人道의 관점에서 인도人道와 천도天道를 규정한 것이다. 그러나 필자筆者의 관견管見으로는 이러한 언급은 선천先天의 관점에서 도생역성倒生逆成과 역생도성逆生倒成을 중심으로 각각 천도天道와 인도人道의 관계를 나타낸 것이라고 할 수 있다. 따라서 선천적 관점과 더불어 후천后天의 관점에서 양자가 일체一體임을 이해하는 것이 필요하다.

103 金恒,《正易》第二十張 〈无位詩〉, "道乃分三理自然이니 斯儒斯佛又斯仙이니라."

104 金恒,《正易》第二十張 〈无位詩〉, "誰識一夫眞蹈此오 无人則守오 有人傳을."

道를 근거로 유불도 삼가철학이 형성되었음을 밝히는 것이다. 그렇기 때문에 김항은 "금화교역金火交易 원리 가운데 유학과 불가 그리고 선도仙道 사상이 모두 있다."[105]고 하여 자신이《정역》을 통하여 천명한 역수원리의 내용이 금화교역원리이며, 그 가운데 유불도 삼가 사상의 연원이 있음을 밝히고 있다.

그런데 건곤乾坤 천지의 중위에 서서 위로 천시天時를 본받고 아래로 수토水土가 성도成道되는 도통을 물려받아서[106] 천지 유형有形의 이치理致를 방달方達하고 천지 무형의 경계境界를 통관洞觀한 사람은 성통을 따라서 탄강한 성인[107]이라고 규정하였다. 그리고 건곤 천지에 성통을 따라 탄강한 성인이 중심[108]으로 그러한 성통을 따라 탄강한 성인에 의해 형성된 학문이 성학인 유학[109]이라고 하여 유가사상이 건곤 천지의 마음을 나타낸 장자長子 사상임을 분명하게 밝히고 있다. 그것은 유가철학의 학문적 특성을 나타내는 것으로, 유가철학에 의해 신도, 천도, 인도가 밝혀졌음을 뜻한다.

작용 원리를 중심으로 도생역성의 관점에서 역도를 나타낸 천도의 인간 주체화 원리는 인간의 존재 원리로, 그것을 삼재적 관점에서 나타내면 천지의 도라고 할 수 있다. 그러나 역생도성의 관점에서 나타내면 천도의 인간 주체적 자각 원리로, 그 가운데는 학문 원리와 실천 원리가 포함되어 있다.

---

105 金恒,《正易》第五張 〈金火三頌〉, "赤赤白白互互中에 中有學仙侶하야 吹簫弄明月을."

106 金恒,《正易》第一張, "麟兮我聖이여 乾坤中立하사 上律下襲하시니 襲于今日이로다."

107 金恒,《正易》〈大易序〉, "嗚呼聖哉라 夫子之聖乎신져 知天之聖도 聖也요 樂天之聖도 聖也나 親天之聖은 其惟夫子之聖乎신져 洞觀天地無形之景은 一夫能之하고 方達天地有形之理는 夫子先之시니라."

108 金恒,《正易》十五一言 第七張, " 理會本原은 原是性이오 乾坤天地에 雷風中이라."

109 金恒,《正易》〈大易序〉, "聖哉라 易之爲易이여 易者는 曆也니 無曆이면 無聖이오 無聖이면 無易이라. 是故로 初初之易과 來來之易이 所以作也시니라."

역도를 근거로 형성된 유불도 삼가철학 가운데서 유가가 장자철학이라는 것은 유가철학이 존재 원리의 중심임을 뜻한다. 물론 도생역성 원리는 역생도성 원리를 떠나서는 성립할 수 없기 때문에 존재 원리뿐만 아니라 역생도성의 관점에서 학문 원리와 실천 원리도 밝히고 있다. 유가는 본체원리를 밝히고 있을 뿐만 아니라 도역의 생성 원리도 역시 밝히고 있기 때문에 장자의 학문이라고 한 것이다. 이는 간지도수와 도서상수 그리고 괘효상수라는 고유한 표상 체계를 통하여 역도라는 근원적 존재의 존재 원리를 밝히고 있는 경전은 역경이며, 역경을 존재 근거로 형성된 학문이 삼경三經과 사서四書 등의 유가경전이고, 그것을 바탕으로 형성된 학문이 유학임을 뜻한다.

역도를 자각自覺하고자 하는 관점에서 이루어지는 이론 체계는 두 가지 측면에서 이루어진다. 그것도 역시 역도의 작용 원리인 도생역성 원리와 역생도성 원리이다. 도생역성 원리의 관점에서 역도를 자각하는 원리는 인간의 본성 자체를 들어서 그것을 그대로 드러내어 밝히고자 하는 확충론擴充論[110]이다. 이러한 관점에서는 그 어떤 것도 부정의 대상이 되지 않는다. 다시 말하면 비본래적 인간을 부정함으로써 본래적 인간을 회복하는 것은 없다.

반면에 역생도성의 관점에서는 인간의 일상적 사유를 부정함으로써 그것을 통하여 도를 자각하고자 하는 '하학이상달下學而上達'[111]이 된다. 확충론은 맹자가 주장한 것으로, 그 근거는 공자가 《논어》에서 언급한 '추기급인推己及人'[112]이다. 따라서 공자도 '하학이상달'뿐만 아니라 '추기급인'을

110 《孟子》 公孫丑章句上, "凡有四端於我者 知皆擴而充之矣 若火之始然 泉之始達 苟能充之 足以保四海 苟不充之 不足以事父母."

111 《論語》 憲問篇, "子曰 莫我知也夫 子貢曰 何爲其莫知子也 子曰 不怨天 不尤人 下學而上達. 知我者其天乎."

112 《論語》의 憲問篇에서는 子路가 君子가 어떤 존재인지를 묻자 "子曰 脩己以敬 曰 如斯而已乎 曰 脩己以安人 曰 如斯而已乎 曰 脩己以安百姓 脩己以安百姓 堯舜其猶病諸"라고 하여 推己及人하는 존재임을 밝히고 있다.

논하였고, 맹자 역시 확충론을 논하였을 뿐만 아니라 진심盡心, 지성知性, 지천知天[113] 을 논하여 양면을 함께 밝히고 있다.

일상적 사유로부터 출발하여 도를 자각하려는 방법 역시 인간의 본래성이라는 통로 자체를 문제로 삼지 않고 도를 객관화하여 이해하는 방법과 도의 문제를 인간의 문제로 내면화하여 오직 인간의 본래성을 자각하는 문제를 중심으로 해결하는 방법이 있다. 형이상의 도의 세계와 형이하의 현상 세계를 중심으로 현상 세계를 초월하여 도의 세계에 이르고자 하는 학문이 도가철학이며, 도의 문제를 인간의 문제로 주체화하여 불성佛性의 자각을 추구하는 학문이 불가철학이다.

도가철학과 불가철학이 모두 일상적 사유를 출발점으로 하여 그것을 초월하는 문제가 중심이기 때문에 모두 부정적 언사를 사용하여 그 내용을 밝히고 있는 점에서는 같다. 불성의 자각은 일상적 사유인 대상적 사고를 버림으로써 가능하다. 그렇기 때문에 일상적 사유에 의해 구성된 모든 것들을 부정하는 방법을 통하여 불성의 자각을 논하고, 현상 세계의 초월을 밝힌 것이다.[114]

역학과 삼가철학의 관계를 보다 분명하게 이해하기 위하여 삼재에 대

---

113 《孟子》盡心章句上篇, "孟子曰 盡其心者, 知其性也. 知其性, 則知天矣. 存其心, 養其性, 所以事天也. 殀壽不貳, 修身以俟之, 所以立命也."

114 易道의 내용인 曆數原理는 크게 先天曆數와 后天曆數를 중심으로 先后天變化原理와 先后天合德原理를 중심으로 이해가 가능하다. 선후천변화원리는 선천의 曆數가 생장하여 후천의 역수로 변화하는 현상을 통하여 표상되며, 선후천합덕원리는 선천의 역수가 장성하여 后天曆數가 됨으로써 根源과 合一하는 合德成道原理이다. 人道의 내용인 학문원리 역시 천도의 合德成道原理와 生長原理를 중심으로 이해할 수 있다. 生長原理를 중심으로 학문을 논할 때 일상적 사유와 그것을 초월한 사유를 구분하여 둘로 나타낼 수 있지만 成道原理를 중심으로 살펴보면 일상적 사유 역시 그 주체는 근원적 존재인 本性의 顯現인 점에서 일상적 사유 역시 超越한 사유와 다르지 않다. 그렇기 때문에 일상적 사유의 초월은 그것을 버리는 것아 아니라 包括하여 넘어서는 것으로, 일상적 사유 자체가 본래 초월적 사유와 다르지 않음을 아는 것으로부터 시작된다.

응하는 학문의 주제인 자각론과 실천론 그리고 존재론의 문제와 삼재적 구조의 관계를 나타내는 도역 생성작용 원리를 중심으로 살펴보자.

천지인의 삼재에 대응하는 자각론과 실천론 그리고 존재론을 도역 생성 원리를 중심으로 살펴보면 자각론은 지地에서 인人으로, 인人에서 천天으로, 자각의 차원이 고양된다. 그것을 역도의 작용 원리를 중심으로 살펴보면 역생도성 작용이다.

반면에 실천론은 천天에서 인人으로, 인人에서 지地로 내려오는 도생역성 작용이다. 역생도성 작용을 통하여 지地의 사물적 차원에서 인人의 인격적 차원으로 비약하고, 인人의 세계를 통하여 다시 천天의 세계에 도달하는 선천의 군자가 역학의 연구를 통하여 덕을 쌓는 일이 바로 자각이다. 반면에 도생역성 작용을 통하여 천의天意를 인간의 세계에서 정도正道로 실천·구현하는 것은 물론 더 나아가서 사물마저도 인격적 존재로 고양시켜주는 것은 후천의 군자가 성덕盛德을 주체主體로 하여 정명正名의 세계를 구축하는 것으로, 그것이 바로 실천론이다. 지로부터 인을 거쳐서 천에 이르고자 하는 학문이 도가와 불가로 양자는 자각론이 중심 주제이며, 유가철학은 실천론이 중심 주제이다. 이러한 내용을 도표화하여 나타내면 다음과 같다.

도역원리를 중심으로 살펴본 유불도 삼가철학의 특성

역학과 유불도 삼가의 관계와 유불도 삼가철학의 특성은 천도 자체의 내용인 역수원리의 관점에서 고찰하면 보다 분명하게 드러난다. 역수원리의 내용은 본체원리를 중심으로 나타내면 십오존공위체원리이고, 작용원리를 중심으로 나타내면 사역변화원리四曆變化原理, 구육합덕위용원리이다. 유불도 삼가철학은 역학과는 체용體用의 관계라고 할 수 있다. 그렇기 때문에 유불도 삼가철학의 관계는 사역변화원리를 중심으로 고찰할 수 있다.

사역변화원리를 중심으로 유불도 삼가철학의 특성을 살펴보면 노장은 윤역의 시생원리에 근거를 두고 형성된 학문이며, 불교는 윤역의 생장원리에 근거를 두고 형성된 학문이고, 유학은 음양이 합덕된 정역이 운행되는 합덕성도된 원리를 근거로 형성된 학문이라고 할 수 있다. 그런데 정역과 윤역은 원역과는 체용의 관계로, 원역을 근거로 윤역과 정역이 작용한다. 윤역과 정역의 근거가 되는 원역 원리를 밝힌 학문이 역학이다. 그렇기 때문에 역학을 근거로 유불도 삼가철학이 형성되었다고 할 수 있다.

정역과 원역은 모두 음양이 합덕된 중정역으로, 정역 원리의 내용이 윤역의 생장원리이다. 역생도성의 관점에서 보면 윤역이 생장하여 정역이 이루어지기 때문에 도가철학과 불가철학을 거쳐서 유가철학에 도달한다고 할 수 있다. 그러나 도생역성의 관점에서 보면 정역의 내용이 윤역의 생장원리이다. 마찬가지로 유가철학을 바탕으로 그 가운데 도가철학과 불가철학이 내용을 형성하게 된다. 따라서 역학과 유불도 삼가철학은 일체적이면서도 구분되는 관계라고 할 수 있다.

도생역성과 역생도성은 하나가 아닐 뿐만 아니라 둘이 아니다. 역학과 유불도의 관계도 둘이 아닐 뿐만 아니라 유불도 역시 각각 셋이 아니다. 유가와 불가 그리고 도가를 막론하고 근원적 존재를 도로 규정하였으며, 그 내용에 따라서 유가와 도가 그리고 불가로 구분하여 나타내었을 뿐이다.

또한 도가와 불가 그리고 유가를 막론하고 그 주체는 인간이며, 인간의 본래성은 도가를 주장한 노장이나 유학을 집대성한 공맹 그리고 불가를 주창한 석가모니 역시 다르지 않다. 뿐만 아니라 공맹과 노장, 불타가 살아가는 세상이 서로 다르지 않다. 그러므로 도 자체, 인간 본래성 자체의 관점에서는 일체이며, 그것을 이해하고 설명하는 이론 체계가 서로 다를 뿐이라는 점에서 서로 구분이 된다.

일체적 관점을 중심으로 이론체계화한 것이 역학이며, 역학을 구분하여 나타내면 각각 유가와 불가 그리고 도가의 삼가철학이 되는 것이다. 그렇기 때문에 역학과 유불도 삼가철학 그리고 삼가 각각의 철학이 하나라고 하여도 하나에 걸림이 없어서 각각의 존재 의의를 알고 셋이라고 하여도 셋에 걸림이 없어서 그 근원을 알아야 한다. 하나이면서도 하나가 아니어서 둘이고, 둘이면서도 둘이 아니어서 하나이며, 하나가 아닌 것도 아니며 둘이 아닌 것도 아니다.

역학과 유불도 삼가철학 그리고 유불도 철학 각각의 관계를 가장 잘 드러내는 개념이 역易이다. 공간적 관점에서 보면 천지와 만물이 그대로 천지만물이며, 사람이 사람이지만 그러나 천지와 만물 그리고 사람은 천지, 만물, 사람으로 항상 존재하는 것이 아니다. 사람이라는 이름은 매 순간에 다양하게 변화하는 것을 전체적으로 가리키는 개념일 뿐이다. 그렇기 때문에 천지와 만물 그리고 인간은 어느 한 순간도 고정화할 수 없는 변화의 역속이며 끊임없이 이어지는 영원한 현재이다. 그렇기 때문에 그것을 나타내는 역이라는 개념은 그 어떤 것도 고정화하여 규정한 개념이 아니다.

역의 가운데서 변화 현상의 존재 근거가 역도임을 밝히고자 주력한 학문이 도가철학이며, 역이 인간 본래성을 매개로 수렴됨을 밝히고자 한 학문이 불가철학이고, 역의 근원인 천도를 밝히고자 한 학문이 유가철학이다.

3. 도불철학道佛哲學과 역학

앞에서 역도의 작용 원리인 도역의 생성 원리를 중심으로 역학이 유불도 삼가철학의 근원일 뿐만 아니라 삼가철학이 서로 다른 특성을 갖고 있음을 살펴보았다. 그러나 작용 원리인 도역의 생성 원리는 본체원리의 내용이기 때문에 작용 원리를 중심으로 그 동이점을 살펴본 것과 달리 본체원리의 관점에서 일체적인 세계를 중심으로 역학과 도가철학, 역학과 불가철학의 관계를 살펴보는 것이 필요하다.

역학을 도가철학과 불가철학의 일체적 관계를 중심으로 살펴보는 의의는 도가철학을 통하여 역학을 이해하고, 불가철학을 통하여 역학을 이해하려는 것이다. 그것은 인간 본래성을 중심으로 그것을 내면의 심心을 중심으로 밝힌 불가철학과 밖의 사물을 중심으로 밝힌 도가철학을 통하여 역학을 이해하는 것이다. 이러한 관점이 바로 역학으로 이해理解하는 도가철학이며 불가철학이다. 《정역》에서는 역도가 유가와 불가 그리고 도가로 구분되는 것은 이치의 자연스러운 것이라고 규정하면서도 불교는 불로 규정하고, 도가를 선으로 규정하여 그 점을 분명하게 밝히고 있다.

역도를 인간 본래성을 중심으로 나타내면 불가철학이 되고, 그것을 사물을 중심으로 나타내면 도가철학이 되며, 천도를 중심으로 나타내면 유가철학이 된다. 그러므로 유불도 삼가철학을 삼재의 도를 중심으로 나타내면 지의 도가철학과 인의 불가철학 그리고 천의 유가철학이 되며, 삼극의 도를 중심으로 나타내면 일태극을 근거로 형성된 도가철학과 오황극을 근거로 형성된 불가철학 그리고 십무극을 근거로 형성된 유가철학이 된다. 그러나 십十과 일一이 오황극으로 합덕되고, 오황극이 십무극에 의해 형성되기 때문에 삼자는 본래 일체적 존재이다. 따라서 유불도 삼가의 철학이 인간본래성의 관점에서는 하나이며, 그 근거가 천도에 있기 때문에 천도, 신도를 밝힌 역학으로 수렴된다.

지금부터는 앞에서 역학을 중심으로 유불도 삼가를 고찰한 것과 달리 유불도 삼가를 중심으로 그것이 역학에 존재 근거가 있음을 밝히고자 한다. 다만 이미 앞에서 역학과 중국철학의 관계를 밝히는 과정에서 유학과 역학의 관계를 중심으로 고찰하였기 때문에 이 절에서는 도가와 불가를 중심으로 그 역학적 의의를 밝히고자 한다.

1) 불가철학과 역학

불교철학이 비록 인도에서 발생하였지만 그것이 동양의 한국과 중국에 수입되면서 각각 한국화하고 중국화하는 과정을 거쳐서 한국불교와 중국불교가 되었다. 그것은 한국불교와 중국불교가 불교라는 근본 특성은 유지하면서도 각각 한국적 특성과 중국적 특성을 갖고 있음을 뜻한다.

인도불교가 한국불교, 중국불교로 달리 성립된 것은 불교를 수용할 때 한국과 중국의 고유 철학을 주체로 했다는 것을 뜻한다. 그런데 한국철학과 중국철학의 연원은 역학이다. 따라서 한국불교와 중국불교는 모두 역학을 바탕으로 한국화되고, 중국화되었다는 공통점을 갖는다. 그렇기 때문에 한국불교와 중국불교를 이해하기 위해서도 역학적 관점에서 불교를 이해하는 것이 필요하다.[115]

불교의 기본 원리는 무아사상無我思想이라고 할 수 있다. 무아는 무심無心과 같이 아我가 없다는 의미가 아니라 고정된 존재가 없음을 나타내는 것이다. 이는 불교라는 종교의 주체인 인간을 비롯하여 모든 존재가 고정되지 않아서 그 무엇으로 규정될 수 없음을 나타낸다. 모든 존재는 인연

---

115 한국불교와 중국불교의 특성과 관계를 밝히는 문제는 이 책에서 밝히고자 하는 중심 주제가 아니다. 다만 한국불교와 중국불교가 불교라는 점에서 다르지 않지만 각각의 고유성을 중심으로 형성된 점에서 살펴보면 한국불교는 한국 고유 철학인 神道, 曆數原理, 三極의 道를 바탕으로 형성되었으며, 중국불교는 三才의 道를 바탕으로 형성되었다고 할 수 있다.

에 의해 잠시 동안 화합되어 형성된 것으로, 인연이 다하면 그 구성 요소는 각각의 본래대로 돌아가게 된다는 것이다.

불교에서 밝히고 있는 모든 존재의 구성 요소는 색수상행식色受想行識의 오온五蘊이다. 이 오온을 바탕으로 인식 주체인 육근六根과 인식 대상인 육경六境 그리고 인식의 내용인 육식六識이 형성된다. 이처럼 육근과 육경이 만남으로써 나타나는 육식의 내용이 분별지分別智인데, 그것이 사고四苦, 팔고八苦, 백팔번뇌百八煩惱 등의 온갖 집착執着과 갈등葛藤을 낳는 원인이다.

그러나 본래 오온이 허망하기 때문에 오온에 의해 구성된 육식과 육근 그리고 육경이 모두 허망하다. 그러므로 갈등과 집착으로 인하여 형성되는 고苦는 실재하지 않은 것이다. 따라서 중생衆生의 고苦는 지혜롭지 못함으로서의 무명無明에 의해 발생하는 것임을 알 수 있다. 십이연기설十二緣起說은 무명을 원인으로 하여 생노병사의 분별지分別智가 생기고 그것이 고苦가 됨을 12단계를 통하여 밝힌 것이다.

그런데 제법무아諸法無我를 제시한 것은 무명이 실재함을 밝히고자 하는 것이 아니다. 본래는 무명 자체도 존재하지 않기 때문에 무명을 없앰으로써 고에서 벗어나는 것도 없다. 제법무아는 공간적 관점에서 모든 존재가 고정되어 있지 않음을 나타내는 것으로, 그것을 시간적 관점에서 나타내면 제행무상諸行無常이 된다. 제행무상은 공간적 관점에서의 물건을 시간적 관점에서 사건을 중심으로 나타낸 것으로, 모든 사건은 항상恒常함이 없다는 것이다.

제법무아와 제행무상이 현상적 관점에서 사물의 본질을 나타내는 것이라면 본질 자체를 밝히고 있는 것이 열반적정涅槃寂靜이다. 모든 존재가 고정되지 않고 항상하지 않기 때문에 집착하여 갈등을 빚을 존재가 없어서 본래부터 고요함을 나타내는 것이다. 그러므로 수행修行을 통해 얻어야 할 깨달음도 없으며, 그렇기 때문에 깨달음을 얻은 부처도 없고, 깨닫지 못한 중생衆生도 없다.

앞에서 살펴본 것과 같이 제법무아는 공간적 관점에서 고정된 실체를 부정한 것이며, 제행무상은 시간적 관점에서 모든 존재가 변화하는 것을 나타내며, 열반적정은 모든 존재의 실상을 그대로 표현한 것이다. 따라서 삼법인三法印을 두 부류로 나누면 제법무아, 제행무상과 열반적정으로 구분할 수 있다. 열반적정이 근원적인 세계를 중심으로 한다면 두 명제는 현상이 중심이라고 할 수 있다.

삼법인 가운데는 근원적 존재와 작용이라는 두 측면이 전제되어 있지만 양자의 관계를 확연하게 드러내지 않으면 마치 양자가 별개의 존재이거나 일체인 것으로 오해할 수 있다. 그렇기 때문에 양자의 관계를 중심으로 그 내용을 밝힐 필요가 있다. 이른바 형이상과 형이하의 세계를 함께 나타내는 중도中道의 관점에서 불도佛道를 밝힐 필요가 있는 것이다.

대승불교大乘佛敎의 반야부般若部 계통의 경전에서는 공空을 중심으로 중도中道를 밝히고 있다. 《반야심경般若心經》을 보면 색수상행식의 오온과 공을 중심으로 중도를 밝히고 있는데, "색이 공이며, 공이 색"[116]이라고 하였다. 그것을 현상적 관점에서 밝힌 것이 "생사도 없으며, 생사가 다함도 없다"는[117] 내용이고, 이를 지혜를 중심으로 나타내면 "무명도 없으며, 무명이 다함도 없다"는[118] 것이다.

색과 공의 관계를 역학의 작용 원리를 중심으로 살펴보면 역생도성의 관점에서 현상과 그 존재 근거인 근원적 존재의 관계를 밝히고 있는 것이 색이 곧 공이라는 언급이며, 도생역성의 관점에서 근원적 존재와 현상의 관계를 밝히고 있는 것이 공이 곧 색이라는 언급이다. 그런데 도생역성과

116 《般若心經》, "色卽是空 空卽是色."

117 《般若心經》, "無老死 亦無老死盡."

118 《般若心經》, "無無明 亦無無明盡."

역생도성은 체용의 관계이며, 체용의 관계는 일체적 관계이다. 그렇기 때문에 이어서 생사를 중심으로 생사도 없고, 생사가 다함도 없다고 하였을 뿐만 아니라 무명도 없고 무명이 다함도 없다고 하여 양자가 일체임을 밝히고 있다.

역학에서 삼법인의 내용은 물론 공 그리고 공과 색의 관계를 함께 나타내고 있는 개념은 '역易'이다. '역易'에는 열반적정의 세계를 나타내는 불역不易과 불역의 특성을 나타내는 이간易簡 그리고 제법무아와 제행무상의 세계를 나타내는 변역變易의 세 가지 의미가 포함되어 있다. 현상적 관점에서 역은 변화라는 의미로, 그 내용은 생성이다.

변화는 새로운 생명의 창조라는 의미와 보다 근원적 차원으로의 이행이라는 진화의 의미가 함께 들어 있다. 모든 존재가 고정됨이 없어서 무엇이라고 규정할 수 있는 실체가 없다는 것은 모든 존재가 끊임없이 새로운 존재로 창조됨을 뜻하며, 모든 사건이 항상하지 않다는 것은 모든 존재가 진화하는 것을 뜻한다. 그러므로 역이라는 개념 가운데 제법무아와 제행무상의 의미가 내포되어 있다.

변화를 내용으로 하는 역을 역생도성의 관점에서 인과因果를 중심으로 나타내면 윤회輪廻가 되고, 그 결과를 중심으로 나타내면 업業이 된다. 윤회를 과거적 관점에서 이해하면 선행된 하나의 인因이 후행後行의 과果를 낳는 업보설業報說이 형성된다. 그러나 도생역성의 관점에서 미래적 시간을 중심으로 이해하면 윤회는 불성의 끊임없는 자기 현현일 따름이다. 역학의 선천적 관점에서 보면 과거의 업을 통하여 윤회가 이루어지지만 후천적 관점에서 보면 윤회 자체가 그대로 불성을 자각하기 위한 과정이 될 따름이다. 그렇기 때문에 생노병사도 하나의 변화에 불과할 뿐만 아니라 그것 역시 윤회일 따름이다. 그러므로 그것 자체는 집착할 것이 없을 뿐만 아니라 그것을 통하여 열반적정의 세계에 도달할 수 있다는 점에서 보면 결코 고苦가 아니다.

윤회와 더불어 제기되는 문제가 윤회의 주체가 있는가이다. 시간적 관점이 위주인 윤회를 공간적 관점을 위주로 나타내면 연기緣起가 된다. 그런데 연기론은 대상과 주체가 없음을 통하여 나와 세계가 모두 공空함을 밝히고자 한 것이다. 따라서 연기의 주체는 없으며, 그렇기 때문에 윤회의 주체 역시 존재하지 않는다.

연기의 주체를 업으로 규정하기도 하고 불성으로 규정하기도 하지만 업이나 불성 자체도 실체가 아니기 때문에 양자가 모두 존재한다고 할 수 없는 점에서 연기, 윤회의 주체가 존재한다고 할 수 없다. 그렇기 때문에 현상적 관점에서 그 존재 근거를 불법, 중도, 불성으로 규정하면서도 그것 자체를 부정하여 공으로 밝히고 있다.

그러면 불교에서 밝히고자 하는 본래의 세계인 열반적정涅槃寂靜의 세계는 어떤 세계인가?

열반적정의 세계란 윤회와 업이 없는 세계가 아니다. 그것은 윤회와 업을 제거하여 구현되는 세계가 아니라 윤회와 업 자체가 그대로 불성佛性의 현현顯現인 세계이다. 형이하적 관점에서 보면 윤회와 업이 고苦가 되지만 형이상적 관점에서 보면 그것이 그대로 불성의 현현인 것이다. 그렇기 때문에 이 세계는 본래부터 고요하여 집착執着도 갈등葛藤도 없는 열반적정의 세계라고 할 수 있다.

역도 자체의 관점에서 보면 변화는 하나의 상태의 단순한 반복이 아니라 새로운 창조創造이며, 그것이 그대로 보다 높은 차원으로의 끊임없는 진화進化이다. 그것은 변화가 근원적 존재의 자기 현현임을 뜻한다. 이러한 역도의 성격을 쉽고 간단하다는 점에서 이간易簡이라고 하였다. 이러한 근원적 세계가 바로 열반적정의 세계이다.

열반적정의 세계에서 살아가는 존재, 역도를 체득하여 그것을 주체로 살아가는 존재를 역학에서는 군자라고 한다. 군자는 이상적 인격체이지만 본래의 인간 자체를 나타내는 개념이기도 하다. 인간 자체의 본래 세계를 그대로 나타내는 개념이 군자인 것이다. 그러므로 열반적정의 세계를 역학의 관점에서 군자의 세계라고 할 수 있다. 그것을 천지인의 삼재三才를 중심으로 나타내면 삼재가 성도成道하여 합덕合德된 세계라고 한다.

군자의 언행은 그대로 천지를 움직이는 모범이 된다. 군자의 삶 자체가 그대로 삼재의 도의 현현인 동시에 역도의 현현이 되는 것이다. 그것을 선불교禪佛教에서는 평상심平常心이 바로 도라고 하거나 행주좌와行住坐臥 어묵동적語默動靜이 모두 선禪[119]이라고 표현하고 있다. 이를 역학적 관점에서 이해하면 본성의 자기 현현이 바로 인간의 언행임을 밝힌 것이다. 그렇기 때문에 불성의 자각은 객관화된 존재를 자각하는 것이 아니라 자신의 사고와 언행은 물론 다른 사람의 사고와 언행 그리고 만물이 모두 근원적 존재의 자기 현현임을 아는 것에 있다.

조사선祖師禪을 역학적 관점에서 이해하면 성인의 도를 바탕으로 군자의 학문과 실천이 이루어지는 역학의 학문 방법을 선불교禪佛教의 관점에서 수용한 것이라고 할 수 있다. 조사선을 대상이 아닌 방법을 중심으로 나타내면 간화선看話禪이 된다. 간화선은 궁리窮理를 통하여 본성을 자각하는 방법으로, 경전을 버리고 수행하는 선불교적 전통과 경전의 연구를 통하여 본성을 자각하는 전통을 합덕合德시킨 방법이라고 할 수 있다.

그런데 경전을 연구하는 주체나 자신을 사고하고 언행言行하는 주체는 동일한 존재로, 모든 것이 본성의 작용일 따름이다. 본성의 자기 현현의 결과로 나타나는 변화일 뿐이다. 다만 경전의 연구를 피하고자 하는 것은 경전 자체에 구속되어 근원적 존재를 잊어버릴 가능성을 배제하기 위해서

---

119 《續藏經》〈江西馬祖道一禪師語錄〉, "示眾云 道不用脩 但莫汙染 何為汙染 但有生死心 造作趨向 皆是汙染 若欲直會其道 平常心是道 何謂平常心 無造作 無是非 無取捨 無斷常 無凡無聖 經云 非凡夫行 非聖賢行 是菩薩行 只如今行住坐臥 應機接物 盡是道 道即是法界 乃至河沙玅用 不出法界 若不然者 云何言心地法門 云何言無盡燈 一切法皆是心法 一切名 皆是心名 萬法皆從心生 心為萬法之根本."

다. 따라서 본래부터 교종敎宗과 선종禪宗이 둘이 아닐 뿐만 아니라 간화看話禪과 조사선祖師禪[120]이 둘이 아니다.

송대宋代의 대혜종고大慧宗杲에 의해 제시된 간화선과 더불어 제기된 수행의 방법이 굉지정각宏智正覺이 주장한 묵조선默照禪이다. 묵조선이 번뇌의 근원이 불성 자체임을 관조觀照하여 본성을 자각하고자 하는 방법이라면 간화선은 화두話頭를 통하여 불성을 자각하고자 하는 방법이다. 따라서 묵조선과 간화선 역시 구체적인 방법의 차이는 있을지라도 본성을 자각하려는 방향은 같다.

중국의 선불교를 보면 초조인 달마로부터 육조인 혜능慧能에 이르기까지 간화看話와 같은 방법이 사용되지 않다가 송대宋代에 이르러 비로소 이 방법이 사용되었다. 이를 통하여 불성의 자각自覺이라는 근본 문제는 변함이 없지만 시대에 알맞게 구체적인 수행 방법이 변화하였음을 볼 수 있다. 따라서 그로부터 오랜 세월이 흐른 지금 이 시대에는 지금에 알맞은 수행 방법이 제시되어야 할 것이다.

현대의 상황에 맞는 수행법을 찾는 것은 오늘날의 불교에 주어진 시대적인 과제라고 할 수 있다. 물론 이는 불교만의 문제가 아니라 이미 소수의 전공을 하는 사람들 사이에서만 존재하는 유학의 문제이기도 하며, 수많은 수련단체들의 창궐에도 불구하고 그 원리나 체계가 없이 난립해 있는 선도 또는 도교도 마찬가지이다.

첫째로 현대는 예전과 달리 오로지 선도를 수련하기 위해 또는 출가하여 불법을 닦기 위해 살아가거나 유학이 제시하는 이상적인 삶을 실천하는 것을 삶의 목표로 하는 사람은 거의 없다고 해도 과언이 아니다. 그렇기 때문에 출가자出家者뿐만 아니라 재가자在家者도 일상의 삶을 영위하면서 불교가 추구하는 성불成佛이 가능한 수행법이 제시되어야 한다.

120 宗浩, 〈선수행법의 비교고찰〉, 《韓國佛敎學》 第二十五輯, 韓國佛敎學會, 1999 참조.

둘째는 현대인들은 수많은 지식과 정보 속에서 살아가고 있다. 그 어느 때보다도 과학이 발달하였을 뿐만 아니라 정신문화도 발달하였다. 그렇기 때문에 오늘날의 지식과 정보를 활용할 수 있는 수행법이 필요하다. 예전의 지식만으로 현대인이 수행을 하도록 동기를 유발시키고 수행을 이끌기는 어렵다.

셋째는 현대인들은 다양한 직업을 통하여 수많은 일들을 하면서 살아가고 있다. 다양하고 복잡한 현대의 삶을 살아가다 보면 일상의 삶을 떠나서 별개의 수행 시간을 가질 수가 없다. 그러므로 일상의 삶 자체를 영위하면서도 그것이 그대로 수행이 될 수 있는 방법이 계발되어야 한다.

앞에서 살펴본 몇 가지의 문제를 중심으로 볼 때 열반한 노대행盧大行 선사가 제시한 수행 방법은 하나의 본보기가 될 수 있을 것이다.[121] 그의 수행법은 일생생활에서 이루어지는 생활수행이 특징이다. 실천궁행을 강조하면서 불교의 가르침을 한글화하고 음악을 수행에 적극적으로 활용하는 측면에서 보면 현대의 시대상황에 맞을 뿐만 아니라 경론經論이 수행의 장애가 되어서는 안된다는 것을 강조하는 측면에서 보면 자교오종藉敎悟宗이나 사교입선捨敎入禪 또는 선교일치禪敎一致와 다른 것으로 역대 불교의 일심一心사상을 계승하면서도 현대 한국사회라는 특수한 환경을 반영한 수행체계라고 할 수 있다.[122]

대행선사는 일심一心을 한마음 또는 주인공主人空으로 규정하고 한마음, 주인공을 중심으로 세 번 죽는 수행법을 제시하였다. 따라서 그의 수행법에서 세 단계를 제시하고 있지만 결국은 한마음으로 포섭된다.[123] 그

---

121 이는 그의 수행법에 대한 시비를 논하려는 것이 아니다. 단지 수행의 한 예로 든 것일 뿐이다. 그가 성취한 경지의 수준 문제는 별개이다.

122 李均熙(慧禪), 〈'한마음'思想과 禪修行體系硏究〉, 동국대학교 대학원 선학과, 박사학위 논문, 2005. 202쪽.

123 李香淑(慧敎), 〈妙空大行의 "主人空 思想과 觀法" 硏究〉, 동국대학교 대학원 석사학위

첫 단계는 참나를 보는 주인공의 출현 단계이며, 두 번째 단계는 전체와 더불어 죽는 자타불이自他不二의 단계이며, 세 번째 단계는 자유자재自由自在로 중생衆生을 제도하는 나툼의 단계이다.

대행선사의 수행법을 한마디로 요약하여 나타내면 그의 법명이 나타내듯이 크게 행하는 법이라는 의미의 대행선大行禪[124]이라고 할 수 있다. 대행大行은 보현보살普賢菩薩의 호號이기도 할 뿐만 아니라 대행大行선사의 수행법의 특성을 그대로 나타낸 개념이다. 그것은 불성을 자각하는 상구보리上求菩提와 중생을 제도하는 하화중생下化衆生을 함께 수행하는 점에서 대행大行이며, 일상의 모든 삶을 그대로 영위하면서 매 순간을 근원적 존재인 주인공主人空으로 돌리는 관법觀法을 통하여 삶 자체가 그대로 수행이라는 점에서 크게 행行하는 선禪이라는 의미로서의 대행선大行禪이라고 할 수 있다.

그것은 본체를 중심으로 그것을 자각하고자 하는 것이 아니라 작용을 중심으로 그것이 그대로 자신의 본성本性으로서의 본체本體의 현현顯現임을 확인確認해 가는 방법이라고 할 수 있다. 대행선의 관점에서 보면 이치를 연구하는 궁리나 직지인심直指人心 견성성불見性成佛하는 것이나 모두 근본 원리는 자신의 본성에서 이루어짐을 인식하고 방하착放下着하는 것, 마음을 내려놓는 것이다.

《주역》에서는 군자의 학문 원리를 두 방향에서 나누어서 손익괘損益卦를 통하여 나타내고 있다. 손익괘에서는 상하관계를 통하여 군자의 학문 원리를 밝히고 있다. 상하는 천도와 군자의 본래성을 나타내는 동시에 군자의 본래성과 마음을 나타낸다. 군자의 학문을 역생도성의 관점에서 살펴보면 개체 중심의 대상적 사고를 덜어냄으로써 본성을 밝히는 것으로,

---

논문, 2013. 86쪽에서 117쪽 참조.

124 대행大行선사의 수행법과 사상 그리고 수행체계에 관한 내용은 한마음선원에서 출판한 대행스님의 법어록인《한마음요전》을 비롯하여 법어집인《허공을 걷는 길》을 참고하기 바란다.

산택손괘山澤損卦䷨에서는 그것을 아래를 덜어서 위에 더하는 손하익상損下益上으로 규정하고 있다.[125]

그런데 도생역성의 관점에서 보면 군자의 학문은 천지에 의해 군자에게 주어지는 천지의 도이다. 천지가 군자에게 베풀어주는 은택이 군자에게는 학문으로 규정된 것이다. 그것은 본성의 자기 현현이며, 인간의 본래성은 천도가 주체화한 것이기 때문에 본래성의 자기 현현으로서의 군자의 학문은 곧 역도의 자기 현현이기도 하다. 그것을 풍뢰익괘風雷益卦䷩에서는 위를 덜어서 아래에 더해 주는 손상익하損上益下로 밝히고 효사爻辭를 통하여 십무극이 벗이 된다고 하여 천지의 도가 군자에게 은택으로 주어졌음을 밝히고 있다.[126] 역생도성의 관점에서 보면 학문은 자신을 버리는 것으로 그것을 선불교에서는 방하착放下着이라고 한다. 그러나 도생역성의 관점에서 보면 방하착이라는 것도 불성의 현현일 따름이다.

그러면 역도를 체용의 구조를 통하여 역수원리를 표상한 도서원리의 관점에서 대행선을 중심으로 선불교의 수행원리를 살펴보자. 선불교의 수행은 모든 학문의 과정이 그러하듯이 단계별로 나누어져서 존재하는 것은 아니다.

그러나 설명을 위하여 나누어서 나타내면 근본 성품에 돌리는 일심一心의 과정을 거쳐서 무심無心의 단계에 이르고 다시 진리의 모습을 드러내어 중생을 제도하면서 살아가는 나툼의 단계에 이르렀을 때 비로소 성불成佛이라고 할 수 있다. 그것은 낙서의 생수生數 가운데서 일수一數가 나타내는 태극太極으로의 귀의歸依를 통하여 일심一心이 이루어지고, 그것을 통하여 이二가 표상하는 근원적 존재와 만남이 이루어지며, 삼수三數가 표

125 山澤損卦䷨의 彖辭에서는 "損은 損下益上하야 其道上行이니."라고 하였고, 風雷益卦의 彖辭에서는 "益은 損上益下하니 民說无疆이오 自上下下하니 其道大光이라."라고 하였다.

126 《周易》 風雷益卦䷩ 六二爻 爻辭, "或益之니 十朋之龜도 弗克違리니 永貞이라야 吉하니 王用享于帝면 吉하리라."

상하는 장성원리를 통하여 천지와 만물과 만나는 무심無心이 이루어지고, 사수四數가 표상하는 성도成道를 통하여 나툼을 행할 수 있는 보살菩薩의 삶을 살아가는 것으로 이해할 수 있다.

견성성불하는 선수행을 사물과 나를 중심으로 나타내면 내 안의 마음과 밖의 사물이 둘이 아니기 때문에 그것을 회복하는 과정을 통하여 나타낼 수 있다. 견성을 하기 위하여 일심으로 몰아가는 과정은 나를 버리는 것으로, 그것을 통하여 진정한 나를 찾는 것이다. 견성을 하는 것을 불가에서는 석녀石女가 아이를 낳았다고 하기도 하는데, 지눌선사知訥禪師는 이를 돈오頓悟라고 하였다.

그런데 견성을 통하여 내 주장자를 찾았지만 남의 주장자가 있음을 알지 못하면 자신의 안에 갇혀 있게 된다. 그렇기 때문에 천하에 가득 찬 주장자를 찾아가는 과정이 필요하며, 그것을 출생한 아이를 키우는 보림保任[127]이라고 한다. 그러한 과정이 완성되면 부처가 되기 때문에 성불이라고 한다.

성불을 위한 두 번째 과정을 사물과 나를 중심으로 나타내면 사물과 내가 둘이 아니고 일체임을 알아가는 과정이라고 할 수 있다. 성불을 위한 보림의 과정에서 필요한 것은 무심이다. 무심을 통하여 사물과 내가 본래 하나임을 알게 됨으로써 내외가 두루 통하게 된다.

일심을 통하여 자신을 버림으로써 견성하고, 무심을 통하여 사물을 잊음으로써 성불하여 안팎이 두루 통하였지만 중생을 위하여 나투지 못하면 안 된다. 중생을 위하여 백천억 화신化身이 되어 그대로 중생을 제도하기 위해서는 생사를 벗어날 뿐만 아니라 생사를 자재할 수 있는 능력을 갖추어야 한다.

---

127 보임保任은 보호임지保護任持의 준말로, 자심自心에서 이법理法을 깨달은 후 그것을 현실에서 구현할 수 있도록 지혜를 증장시키고 뚜렷이 하여 익히는 과정이라고 할 수 있다. 그러나 도생역성倒生逆成의 측면에서 보면 일상의 삶 자체가 그대로 불성의 현현이라는 점에서 모든 言行이 그대로 보임保任이라고 할 수 있다.

완전히 번뇌가 끊어져 있어서 고요하면서도 중생을 위하여 나투는 자유로운 상태를 열반이라고 한다. 열반으로 가는 세 번째 과정에서는 나와 사물이 하나인 도의 세계에서 도와 하나가 되어 살아가는 삶을 나타낸 것이다. 그것은 나의 본래성을 매개로 도를 현현하며 살아가는 자유인의 삶이다.[128]

앞에서 살펴본 것과 같이 일심을 통하여 무심이 되고 무심을 본체로 하여 자재심自在心[129]으로 작용하는 구경열반究竟涅槃에 이르는 것이 불교라면 역학에서는 그것을 한마디로 나타내어 '역易'으로 규정하고 있다. '역'을 형이상과 형이하의 두 관점에서 나타낸 것이 역생도성과 도생역성이다. 이러한 양자의 관계를 중심으로 현상과 불법의 세계, 부처와 중생의 관계를 살펴볼 수 있다. 역생도성의 관점에서 보면 색즉시공이지만 도생역성의 관점에서 보면 공즉시색으로, 양자는 일체적이면서도 구분되는 관계이다. 그리고 일심을 통하여 무심이 되는 것이 역생도성의 관점이라면 무심이 자재심으로 작용하는 것은 도생역성의 관점이라고 할 수 있다.

일심에서 무심으로 그리고 자재심으로 이행하는 수행의 관점을 삼극의 도를 중심으로 나타내면 일심은 무극을 본체로 이루어지는 태극의 작용으로, 그것을 십일귀체十一歸體 작용이라고 한다. 십일귀체 작용의 내용은 무극이태극无極而太極의 천지의 도덕원리로, 그것을 수數로 나타내면 십이일十而一이 된다.[130]

---

128 비록 평상심平常心이 도道라고 할지라도 삶 자체를 돌아보고 그 주체인 불성佛性을 자각自覺하여 주체로 삼는 수행修行은 필요하다. 다만 그것이 모두 불성佛性의 현현顯現이라는 점에서 보면 삶 자체가 그대로 불수不修의 수修라고 할 수 있다.

129 마음을 실체적 존재로 여길 수 없는 점에서 일심이나 무심 그리고 자재심으로 구분할 수 없다. 다만 중생의 마음과 하나가 되어 모든 중생의 뜻에 응하여 제도하는 경지를 나타내는 개념으로 자재심이라는 개념을 사용하였을 뿐이다.

130 金恒, 《正易》 〈雷風正位 用政數〉, "己位는 四金一水八木七火之中이니 无極이니라. 无極而太極이니 十一이니라. 十一은 地德而천도(天道)니라. 천도(天道)라 圓하니 庚壬甲丙이니라. 地德이라 方하니 二四六八이니라."

일심의 내용을 나타내는 것이 무심이다. 그것은 군자의 본성과 천지의 본성이 합덕일체화된 것으로, 그것을 나타내는 것이 바로 황극이무극皇極而无極의 오십五十이다.[131] 따라서 오십五十을 본체로 하여 십일十一의 작용이 이루어진다. 이러한 내용을 한꺼번에 나타낸 것이 자재심으로, 그것은 십이일이오이십十而一而五而十의 삼재가 합덕성도된 세계를 나타낸다.[132]

2) 도가철학과 역학

도생역성의 관점에서 보면 모든 현상적 존재는 역도의 자기 현현이기 때문에 현상 만물은 일체적 존재이다. 따라서 역도가 현현된 현실을 중심으로 보면 분별과 집착의 대상이 하나도 없다. 대소大小, 미추美醜, 장단長短, 선악善惡 등의 모든 것들이 오직 역도의 현현이기 때문에 등가치적等價値的 존재이며, 오히려 현재적 존재인 나를 통하여, 나의 덕성을 통하여 과거적 존재에서 미래적 존재로 만들어야 할 대상일 따름이다. 도생역성의 관점에서 보면 인간 본래성은 천도가 주체화된 존재이기 때문에 인간 본래성을 주체로 살아가는 인간의 삶은 모두 도 자체의 현현이다. 그러므로 인간의 사고와 그에 따른 언행이 모두 도 자체의 현현인 것이다.

그러나 역생도성의 관점에서 보면 현상 세계를 초월하여 도의 세계에 도달하는 것이 필요하다. 그렇기 때문에 《노자》에서는 역생도성의 관점에서 현상 세계를 벗어나서 도의 세계에 도달하는 초월론超越論을 제기하고 있다. 《노자》의 여러 내용 중 그 중심 주제가 초월론임을 분명하게 살

131 金恒, 《正易》 〈雷風正位 用政數〉, "戊位는 二火三木六水九金之中이니 皇極이니라. 皇極而无極이니 五十이니라. 五十은 天度而地數니라. 地數라 方하니 丁乙癸辛이니라. 天度라 圓하니 九七五三이니라."

132 삼재三才가 합덕성도合德成道된 세계를 나타내는 것이 간지도수干支度數이다. 그러므로 간지도수를 통하여 표상된 신명원리神明原理는 양자兩者가 합덕合德된 근원적 세계를 나타낸다.

펴볼 수 있는 부분은 제1장이다.

제1장을 보면 도와 명名의 관계를 중심으로 도와 인간의 관계를 언급한 후에 개념화된 존재인 유有와 개념화되지 않은 무無를 중심으로 도를 밝히고 있다. 유와 무는 하나의 개념일 뿐이지 유와 무라는 각각의 존재 자체는 없다. 유와 무는 인간 자신을 중심으로 인간에 의해 자각된 존재와 자각되지 않은 존재를 가리킬 따름이다.

《노자》 제1장에서는 "도道를 말로 표현할 수도 있지만 그러나 그렇게 개념화된 도는 결코 본래적 도가 아니다. (왜냐하면 도를) 이름을 지어 부른다면 그렇게 지어진 이름은 실재의 존재 자체를 그대로 나타내는 이름이 아니기 때문이다."[133]고 하였다. 이는 언어와 도가 구분될 수밖에 없음을 나타내거나 언어가 무용無用함을 밝힌 것이 아니라 언어의 특성을 밝힘으로써 그것을 통하여 도를 밝히고자 하는 것이다. 근원적 존재는 언어를 통해 모두 나타낼 수 없기 때문에 개념을 비롯한 대상적 존재에 매달리지 말라는 뜻이다.

처음 부분에서 인간과 도의 관계를 언어와 개념을 중심으로, 다음 부분에서는 근원적 존재인 도와 천지 그리고 만물의 관계를 무와 유를 중심으로 밝히고 있다. 무와 유를 논하는 것은 도를 자각하는 주체인 인간을 중심으로 도와 천지 그리고 만물의 관계를 밝히고 있음을 뜻한다. 그 내용을 보면 "무명無名은 천지의 시초이며, 유명有名은 만물의 어머니이다."[134]라고 하였다.

《노자》의 제40장에서는 "천하의 만물이 유有로부터 생生하고, 유有는 무無로부터 생生한다."[135]라고 하였다. 여기서 무는 절대무絶對無를 나타내

---

133 《老子》 第一章, "道可道非常道, 名可名非常名."

134 《老子》 第一章, "無名天地之始, 有名萬物之母."

135 《老子》 第四十章, "天下萬物生於有, 有生於無."

는 것이 아니라 도道의 언표 불가능성을 나타내는 무명無名과 같으며, 유有는 인간의 자각을 통해 개념화된 존재를 나타내는 유명有名과 같다. 그렇게 되면 제1장의 내용은 제40의 내용과 같다. 제1장과 제40장의 내용을 종합하여 나타낸 것이 제42장이다.

제42장에서는 "도道가 일一을 낳고, 일一이 이二를 낳으며, 이二가 삼三을 낳고, 삼三이 만물을 낳는다."[136]고 하였다. 이는 도의 자기 현현 원리 자체를 나타내는 것이 아니라 인간이 자각하는 과정을 중심으로 도를 밝힌 것이다. 도가 일을 낳는다는 것은 자각의 주체인 인간에 의해 근원적 존재로 인식되었음을 뜻한다. 그리고 이와 삼은 각각 천지와 천지인의 삼재를 상징한다. 그렇기 때문에 삼三이 만물을 낳는다는 것은 인간의 본래성에 의해 만물의 존재 의의가 밝혀지게 되는 것을 뜻한다.

다음 부분은 무욕과 유욕을 통하여 도와 현상에 관계되는 것을 밝힌 것이다.[137] 무욕은 인간의 본래성 자체를 일컫는 것이며, 유욕은 본래성이 발현된 마음을 일컫는다. 그러므로 무욕에 의해 도를 관觀한다는 것은 본래성의 자각과 더불어 도가 자각되는 것을 밝힌 것이고, 유욕에 의해 현상세계의 차별상을 본다는 것은 본래성이 발현된 마음에 의해 현상 세계에 존재하는 만물의 본질을 알게 됨을 나타낸다.

다음에는 도를 자각하는 것과 만물을 인식하는 것이 둘이 아니라 하나이며, 도와 현상이 둘이 아니라 하나임을 밝힌 것이다. 그러므로 "이 둘은 본래 하나이지만 각각 나누어져서 다른 이름을 갖게 되었다."[138]라고 하였다. 그것은 도가 근거가 되어 현상이 전개되었음을 밝히는 것으로, 이를 인간의 문제를 중심으로 이해하면 인간 본래성과 그것이 발현된 마음

136 《老子》第四十章, "道生一, 一生二, 二生三, 三生萬物."

137 《老子》第一章, "故 常無欲以觀其妙, 常有欲以觀其徼."

138 《老子》第一章, "此兩者同出, 而異名."

이 본래 둘이 아니라 하나임을 뜻한다. 그러므로 "도가 현묘할 뿐만 아니라 그것이 나타난 현상 세계 자체가 현묘하다"[139]고 하였다. 그리고 온갖 오묘한 작용이 일어난 것이 바로 도임을 밝히는 것으로 끝맺고 있다.《주역》에서는 "신神으로 미래를 알고, 그것을 바탕으로 과거를 지식으로 갈무리한다."[140]라고 하여 인간 본래성을 통하여 밝혀지는 것이 미래를 앎으로서의 도를 자각함이며, 도를 근거로 현상 사물에 관한 지식이 형성됨을 밝히고 있다.

《노자》 제1장의 내용을 종합하여 한마디로 나타내면 '무위자연無爲自然'이라고 할 수 있다. 사실 그것은《노자》 전체의 내용을 요약하여 나타낸 것이라고 할 수 있다. '무위자연'은 그러함이 없이 스스로 그러하다는 의미로, 그것을 부연하여 나타내면 '함이 없으면서도 하지 않음이 없음(무위이무불위, 無爲而無不爲)'[141]이 된다. '무위이무불위無爲而無不爲'는 도를 작용원리를 중심으로 나타낸 것으로 '무위'는 본체원리를 중심으로, '무불위'는 작용 원리를 중심으로 밝힌 것이다.

본체의 관점에서는 본체 자체는 작용하지 않기 때문에 '무위'라고 할 수밖에 없으며, 작용의 관점에서는 온갖 작용이 이루어지기 때문에 '무불위'라고 할 수밖에 없다. 그런데 도의 내용을 체용적體用的 구조로 나타내면 체용이 일원一元이기 때문에 양자를 함께 나타내지 않을 수 없다. 그러므로 '무위'와 '무불위'를 '이而'라는 접속사로 연결하여 '무위이무불위'라고 하였다. '이而'는 합덕合德과 분생分生의 의미를 동시에 나타낸다.

무위자연을 인간의 문제로 주체화하여 이해하면 '무위無爲'는 인간 본래성 자체를 나타내며, '무불위無不爲'는 마음과 마음에 의해 이루어지는

---

139 《老子》 第一章, "同謂之玄. 玄之又玄, 衆妙之門."

140 《周易》 繫辭上篇 第十章, "神以知來코 知以藏往하나니."

141 《老子》 第三十七章, "道常無爲而無不爲."

언행을 나타낸다. 그런데 인간 본래성이 사고 작용으로 나타나고, 그것이 언행으로 드러나기 때문에 양자는 일체적 존재이다. 그러므로 '무위이무불위'라고 하는 것이다.

다음에는 《장자》를 역학의 관점에서 이해하여 보자. 《장자》는 내외편內外篇과 잡편雜篇으로 구성되지만 내편內篇이 장자의 철학을 가장 잘 드러내고 있기 때문에 내편을 중심으로 《장자》를 이해하여 보자.

《장자》의 내편은 모두 칠편七篇으로 구성되는데, 그 내용은 소요유逍遙遊와 제물론齊物論으로 집약된다고 할 수 있다. 소요유가 도와 계합契合되어 살아가는 존재의 경지를 나타내는 것이라면 제물론은 그 경지를 사물과의 관계를 중심으로 밝히고 있기 때문이다.

소요유의 내용은 처음 부분에서 그 대체가 밝혀져 있다. 그러므로 처음 부분을 중심으로 소요유를 이해하여 보자. 소요유는 다음과 같은 일화로 시작한다.

> 북명北冥이라는 바다에 물고기가 살고 있는데 그 이름이 곤鯤이다. 곤의 크기는 몇 천리나 되는지 알지 못한다. 이 물고기가 변하여 새가 되는데 그 이름을 붕鵬이라고 한다. 붕의 등이 몇 천리나 되는지 그 크기도 알 수 없다. 붕이 기운을 떨쳐 힘껏 날면 그 날개가 마치 하늘에 구름이 드리워진 듯하다. 이 새가 바다를 건너 장차 남명南冥으로 옮겨가고자 한다. 남명은 천지天池이다.[142]

위의 내용을 역생도성의 관점에서 나타내면 그대로 학문을 통하여 도달한 도의 경지를 나타내는 것이 된다. 북명北冥은 하늘과 땅이 제자리를

142 《莊子》 逍遙遊. "北冥有魚, 其名爲鯤. 鯤之大不知其幾千里也. 化而爲鳥, 其名爲鵬. 鵬之背不知其幾千里也. 怒而飛, 其翼若垂天之雲. 是鳥也, 海運則將徙於南冥. 南冥者, 天池也."

지킬 뿐 서로 작용하지 못하여 비색否塞된 천지비괘天地否卦䷋가 표상하는 선천先天을 상징하며, 남명南冥은 하늘이 땅으로 내려오고 땅이 하늘로 올라감으로써 서로 합덕하여 작용을 하는 지천태괘地天泰卦䷊가 표상하는 후천後天을 상징하는 개념이다. 그리고 곤鯤이라는 물고기는 장차 대붕大鵬이 되기 위하여 태어난 존재를 나타낸다. 그것은 장차 군자가 되기 위하여 태어난 소인을 가리키는 개념이다. 장차 하늘이라는 형이상적 세계에서 살아갈 존재이지만 물고기로 태어나 붕새가 되어 하늘을 나는 과정을 거치게 되는 것이다.

곤이라는 물고기가 붕이라는 큰 새가 되어 걸림이 없이 하늘을 날듯이 도를 자각하고 더불어 하나가 되어 자유인으로 살아가는 것은 모두 마음에서 일어나는 문제이다. 그렇기 때문에 제물론에서는 소요유의 방법을 나타내고 있다. 그것은 도를 자각하는 주체인 인간의 마음과 그 대상을 중심으로 논하면 사물과 내가 하나가 되는 경지이다.

나와 사물이 일체임은 나와 사물의 존재 근거인 도의 차원에서 비로소 밝혀진다. 그렇기 때문에 도와 계합된 경지를 나타내면 인간의 관점에서는 나라는 의식이 사라져서 사물과 내가 하나된 것으로, 그것을 망아忘我라고 할 수 있다. 그리고 사물의 관점에서는 사물을 인식하여 가치를 부여하고 집착하는 개체의식이 사라졌기 때문에 망물忘物이라고 할 수 있다. 망아와 망물을 제물론이라는 개념을 중심으로 나타내면 망아는 사물에 관한 다양한 의론인 물론物論을 가지런하게 하는 것이며, 망물은 만물을 가지런하게 하는 제물齊物에 관한 이론이다.

그런데 망아와 망물은 모두 대상 사물 자체의 관점에서 논하는 것은 아니다. 왜냐하면 나와 사물을 잊는 존재는 인간이지 사물 자체가 잊는 것은 아니기 때문이다. 따라서 망아와 망물은 모두 인간의 심성 내면에서 이루어지는 것이다. 그렇다고 하여 망아와 망물이 사물과 나를 구분하지 못하는 어리석은 상태를 나타내는 것은 아니다. 그것은 사물과 인간의 존재 근거가 되는 도의 차원을 나타내기 위하여 사물과 나를 중심으로 나타낸 것이다.

도는 인간 본래성을 통하여 밝혀진다. 따라서 망아와 망물을 인간을 중심으로 이해하면 대상적 사고의 차원을 넘어서는 것을 가리킨다. 대상적 사고를 초월하였을 때 밝혀지는 것이 인간 본래성이다. 그러므로 제물론을 통하여 말하고자 하는 것은 인간 본래성의 자각을 나타내는 것이라고 할 수 있다.

망아와 망물이 인간 본래성의 자각을 나타내는 것임을 확인할 수 있는 부분은 호접몽胡蝶夢으로 불리는 부분이다. 꿈속에서 장주莊周가 나비로 변하여 놀았는데 꿈을 깨고 나니 꿈속의 나비가 장주莊周인지 장주莊周가 꿈속의 나비인지 알 수 없다는 것이다.[143] 이는 꿈으로 나타나는 무의식과 본래의 의식이 둘이 아님을 나타낸 것이다. 의식과 무의식이 하나임은 인간 본래성을 자각하였을 때 비로소 밝혀진다. 따라서 이 내용은 인간 본래성이 자각된 상태를 인간의 사고의 차원에서 나타낸 것이다.

인간 본래성의 차원에서는 시간의 장단이 하나이며, 생사 역시 둘이 아니고, 선도 악도 하나임을 알게 된다. 그렇기 때문에 천지와 손가락도 하나이며, 만물이 일체임을 논하고 있으나[144] 그것은 인간이 자신의 본래성을 자각한 상태를 천지만물을 통하여 상징적으로 나타낸 것이다.

《노자》에서 밝히고 있는 내용을 요약하여 나타내면 앞에서 도덕경 제1장의 내용을 요약하여 나타낸 '무위자연'이라고 할 수 있다. 그것을《장자》의 내편에서는 제물론에 의해 형성된 소요유로 밝히고 있다.

그런데 도서상수 원리의 내용은 십오존공위체원리와 사역변화 원리를 내용으로 하는 구육합덕위용원리로, 양자는 체용의 관계이다. 그렇기 때

---

143 《莊子》 齊物論, "昔者莊周夢爲胡蝶,栩栩然胡蝶也,自喩適志與! 不知周也. 俄然覺,則蘧蘧然周也. 不知周之夢爲胡蝶, 胡蝶之夢爲周與. 周與胡蝶,則必有分矣. 此之謂物化."

144 《莊子》 齊物論, "天地一指也,萬物一馬也."

문에 십오가 존공하여 본체가 되고 구육이 합덕하여 작용하는 것이 도서원리의 내용이다.

십오존공위체와 구육합덕위용[145]은 군자에 의해 이루어지는 것으로, 군자가 천지의 본성인 도덕원리를 주체로 하여 자신의 본성인 지성知性과 인성仁性을 바탕으로 예의禮義를 실천하여 천공天工을 대행代行하는 것을 무위자연으로 규정하고, 소요유로 규정한 것이다.

본체의 관점에서 보면 군자의 삶은 천지의 마음을 현현顯現한 것일 따름이기 때문에 군자의 관점에서는 아무것도 함이 없는 무위無爲이지만 천지의 관점에서는 모든 것을 다하기 때문에 하지 않음이 없는 무불위無不爲이다. 그러므로 천지의 본성이 상징하는 십오十五와 그 작용을 상징하는 오五가 합덕合德된 본래의 세계를 나타내는 무위수无位數 이십二十의 관점에서 보면 무위자연無爲自然이며, 무위이무불위無爲而無不爲이고, 소요유逍遙遊인 것이다.

앞에서 역학은 한중철학의 연원으로 한국철학은 신도, 천도, 삼극의 도를 근본 문제로 형성되었으며, 중국철학은 인도, 지도, 삼재의 도를 근본 문제로 형성되었음을 살펴보았다.

한국철학과 중국철학을 그 연원인 역학을 중심으로 살펴보면 한국역학은 신도, 천도가 중심으로 그 내용은 간지도수를 통하여 표상된 신명원리, 도서상수를 통하여 표상된 역수원리가 그 내용이며, 중국역학은 괘효상수를 통하여 표상된 군자의 도가 그 내용이다.

역도 자체의 관점에서 보면 신도神道, 천지의 도, 인도人道 또는 삼극의 도와 삼재의 도가 별개의 존재가 아니지만 그러나 양자는 체용의 관계이다. 이로부터 한국철학과 중국철학을 일관하는 근본 원리는 역도이지만

---

145 柳南相,《周正易經合編》〈天之曆數原理圖說〉參照.

그것을 한국역학은 음양이 합덕된 신도와 음양으로 구분하여 나타낸 천지의 도를 중심으로 밝히고 있는 반면에 중국역학은 신도, 천지의 도에 근거하여 형성된 인도를 중심으로 역도를 밝히고 있다. 따라서 한국역학과 중국역학, 한국철학과 중국철학은 내외표리內外表裏, 음양합덕陰陽合德, 체용일원體用一源의 관계이면서 더불어 한국역학, 한국철학이 근본이 되어 중국역학, 중국철학이 형성되었음을 알 수 있다.

역학과 유불도 삼가철학의 관계를 살펴보면 삼재의 도를 중심으로 형성된 중국역학을 중심으로 살펴보면 천 중심의 철학이 중국유학이며, 인 중심의 철학이 중국불교이고, 지 중심의 철학이 중국도가라고 할 수 있다.

반면에 삼극의 도를 중심으로 형성된 한국역학을 중심으로 역학과 유불도 삼가철학의 관계를 살펴보면 무극 중심의 철학이 한국유학이며, 황극 중심의 철학이 한국불교이고, 태극 중심의 철학이 한국도가이다. 그런데 삼극의 근원은 무위수원리无位數原理이며, 그것이 역학의 근본 원리이다. 그리고 삼재를 일관하는 원리인 삼재의 도가 역도이다. 그러므로 유가와 불가 그리고 도가의 연원淵源은 역학易學이라고 할 수 있다.

그러나 역도 자체의 관점에서 살펴보면 한국역학과 중국역학의 구분이 없을 뿐만 아니라 그렇기 때문에 한국역학과 중국역학을 막론하고 역도를 천명하고 있는 점에서 그 존재 의의가 지대하다. 또한 유가와 불가, 도가를 막론하고 역도라는 진리 자체를 각각의 관점에서 밝혔다는 점에서 모두 각각의 존재 의의를 갖고 있을 뿐만 아니라 각각을 통하여 서로의 존재 의의가 더욱 분명하게 드러나는 관계이다. 따라서 역학과 유불도 삼가를 구분하여 보는 동시에 일체의 관점에서 보아야 하며, 유불도 삼가철학 역시 각각의 관점에서 그 특성을 중심으로 이해하는 동시에 서로의 관계를 중심으로 고찰할 때 비로소 그 전모를 모두 밝힐 수 있다.

도생역성의 관점에서 보면 한국역학과 중국역학이 일체적 존재이지만 역생도성의 관점에서 보면 신도, 천도 중심의 한국역학과 인도 중심의 중국역학은 체용의 관계이다. 마찬가지로 역학과 유불도 삼가철학의 관계도 도생역성의 관점에서 보면 일체지만 역생도성의 관점에서 보면 역학을 근거로 유가와 불가 그리고 도가 철학이 형성되었기 때문에 역학과 유불도 삼가철학은 체용의 관계이다.

한국역학을 바탕으로 형성된 한국철학, 한국유학 역시 중국역학을 바탕으로 형성된 중국철학, 중국유학의 근본이기 때문에 양자는 도생역성의 관점에서는 일체적 존재이지만 역생도성의 관점에서는 체용의 관계이다. 그러므로 본래 도생역성과 역생도성 자체가 일체적 존재이면서 구분되듯이 한국역학과 중국역학을 일체적이면서도 구분되는 관점에서 이해하여야 한다.

사실 모든 이론은 인간 본래성으로부터 나온다. 그렇기 때문에 유불도 삼가의 이론 역시 인간 본래성을 중심으로 이해하지 않을 수 없다. 인간 본래성은 사실 인간의 관점에서 언급한 도이다. 다시 말하면 보편적 관점에서 보면 도이고, 개체적 관점에서 보면 인간의 본성, 천지의 본성, 사물의 본질이다. 그렇기 때문에 유불도 삼가의 동이점同異點은 그 사람의 차원에 따라서 일어나는 현상이다.

대주大珠 혜해慧海 선사禪師는 "근기가 높은 사람이 활용하면 다름이 없으며, 도량이 작은 사람이 집착하면 서로 다르다. 모두가 본성이라는 하나의 성품으로부터 일어난 작용으로, 사람의 차원에 따라서 셋으로 구분된 것이다. 그러므로 깨닫지 못하고 깨닫는 것은 사람에게 있으며, 유불도 삼가의 가르침이 같고 다름에 있지 않다."[146]라고 하였다.

앞에서 살펴본 바와 같이 역도易道를 논하고, 역학易學을 논하면서 동양철학의 삼대三大 지주支柱라고 할 수 있는 유가儒家와 불가佛家 그리고 도

146 大珠慧海, 《大珠禪師語錄》 卷下, "又問 儒道釋三教 為同為異 師曰 大量者用之即同 小機者執之即異 總從一性上起用 機見差別成三 迷悟由人 不在教之異同."

가道家가 모두 역학에 의해 형성되었다고 하는 것은 도道라는 존재 자체에는 유가와 도가, 불가가 없음을 뜻하는 동시에 삼가에서 추구하는 도가 하나이며 그것이 바로 역학에서 역도易道로 규정된 존재임을 의미한다.

그러나 이러한 글 자체도 일종의 손가락과 같아서 달은 아니다.[147] 그러므로 손가락을 따라서 도의 세계를 보고, 도의 세계를 보는 자신을 보아 본성이 주체임을 알아서 본성을 주체로 살아가고자 하는 뜻을 세우고 그렇게 살아가면 그가 바로 군자君子이고, 대인大人이며, 신인神人이고, 진인眞人이며, 부처이고 보살菩薩이다.

---

147 《圓覺經》 清淨慧菩薩章, "修多羅教如標月指 若復見月 了知所標畢竟非月."

2부

역학과 역도

◇ ◇ ◇

앞에서 역학의 근본 문제인 신도神道, 천도天道가 근거가 되어 한국철학과 중국철학이 형성되었음을 살펴보았다. 역도의 근본 문제인 신도, 천도를 계승하여 발전시킨 것이 한국철학이며, 그것을 바탕으로 인도를 밝힌 것이 중국철학인 것이다. 이처럼 역학이 한중철학의 근원이기 때문에 그것을 문제의 중심으로 살펴보면 한중철학의 세 중심 학파인 유가와 불가 그리고 도가철학 역시 역학에 근원하여 형성된 것이다.

역학과 한중철학, 역학과 유불도 삼가철학의 관계를 중심으로 역학의 학문적 특성을 고찰하였기 때문에 다음에는 역학의 근본 문제인 역도가 어떤 존재인지 살펴보아야 할 것이다. 그러면 역도가 어떤 존재인지를 고찰하기에 앞서 역도의 고찰이라는 문제가 갖는 성격을 좀 더 구체적으로 살펴보자.

역도 자체는 형이상적 존재이기 때문에 그것을 고찰하는 자체가 불가능하다.[148] 다시 말하면 역도를 언행을 통하여 드러내고자 하여도 양자의

148 만약 인간을 마음과 몸이라는 두 요소를 중심으로 이해하면 양자가 모두 형이하적 존재이기 때문에 형이상적 존재인 역도의 본질을 파악할 수 없다. 그러나 역학에서는 인간의 본성이 곧 주체화한 역도임을 밝히고 있다. 따라서 인간은 자신의 본래성을 통하여 역도를 자각할 수 있다. 다만 일상의 사람들이 날마다 그것을 사용하면서도 모르는 까닭은 스스로 형이상의 세계를 알고자 하는 마음을 갖지 않기 때문이다. 그런 점에서 보면 역학의 입장은 근원적 존재 자체가 없다는 회의론懷疑論이나 설사 있다고 하여도 알 수 없다는 불가지론不可知論과는 다르다. 그렇다고 하여 역도易道라는 실체實體를 인정하는 실재론實在論이나 단지 관념적觀念的인 존재라는 관념론도 아니다. 이에 대하여서는 필자의 〈점사占事와 역도易道를 통해 본 역학易學의 세계관世界觀〉을 참조하기 바란다.

존재 특성 때문에 항상 괴리가 있게 되는 것이다. 그런 점에서 보면 역도 자체를 드러내고자 하는 행위 자체가 그대로 역도와는 벗어나는 행위가 된다. 그렇기 때문에 공자는 "글로는 하고자 하는 말을 다 나타낼 수 없고, 말로는 뜻을 다 나타낼 수 없다. 그러면 성인의 뜻을 알 수 없는가?"[149] 라고 하여 글과 말이 성인의 뜻을 모두 나타낼 수 없다는 것을 분명히 하였다.

그러나 모든 현상은 역도 자체의 자기 현현顯現이기 때문에 어떻게 드러내어도 모두 역도를 그대로 드러내는 것이 된다. 따라서 역도 자체의 관점에서 보면 역도를 모두 드러내는 것이 가능하다. 그렇기 때문에 공자는 역도를 자각의 주체인 성인을 중심으로 성인의 뜻으로 규정하였을 뿐만 아니라 성인의 뜻을 모두 드러낼 수 있음을 다음과 같이 밝히고 있다. "상象을 세워서 뜻을 다 드러내었으며, 괘卦를 베풀어서 정위情僞를 모두 밝혔고, 언사言辭를 부연敷衍하여 하고자 하는 말을 다하였다."[150]

상을 세워서 뜻을 다 드러내었다는 것은 육효六爻 중괘重卦라는 상징체계를 통하여 성인이 자각한 역도를 드러내었음을 뜻한다. 따라서 상징체계가 나타내는 상징의 의미를 파악함으로써 그 뜻을 알 수 있다. 그런 점에서 보면 성인에 의해 역경이라는 텍스트가 저작된 이상 역도를 연구하는 일차적인 방법은 바로 그 의미를 해석하는 것이다. 해석은 역학의 연구자 자신이 성인과 같이 본성의 자각을 통하여 역도를 자각한 후에 비로소 가능하다는 점에서 곧 인간을 매개로 한 역도 자체의 자기 개시開示이다.

이제 처음 문제로 돌아가서 역도의 내용이 무엇이지 살펴보자. 역학이라는 학문의 근본 문제는 역도이며, 역도의 의미를 파악하는 것으로부터

149 《周易》 繫辭上篇 第十二章, "子曰 書不盡言하며 言不盡意하니 然則聖人之意其不可見乎아."

150 《周易》 繫辭上篇 第十二章, "子曰 聖人이 立象以盡意하며 設卦以盡情僞하며 繫辭焉以盡其言하며 變而通之以盡利하며 鼓之舞之以盡神하니라."

역학의 이해를 시작하지 않을 수 없음은 이미 언급한 바와 같다.

역도라는 개념의 '역易'은 변화를 의미하기 때문에 역도는 곧 변화의 도다. 그렇기 때문에《주역》에서는 역도를 변화의 도로 규정하고 있다. 변화의 도의 내용을 이해하기 위해서는 변화라는 개념에 대한 이해가 선행되어야 한다. 예로부터 역도의 이해를 위하여 '역'을 중심으로 변화라는 개념에 대한 다양한 논의가 이루어져 왔던 까닭도 여기에 있다.

역이라는 개념에는 변화라는 의미를 중심으로 변화 원리와 변화 원리의 본성을 포함하고 있다. 즉, '역'에는 변화 원리를 나타내는 '불역不易'의 의미와 그러한 원리의 본성을 나타내는 '이간易簡' 그리고 변화 현상을 의미하는 '변역變易'의 세 가지 의미가 포함되어 있다.[151] 이는 변화라는 형이하적 존재와 변화 원리라는 형이상적 존재를 중심으로 이해한 것이다. 형이하적 변화 현상과 변화 현상의 근거로서의 형이상적 변화 원리 그리고 그러한 원리의 특성을 개념화하여 '변역'과 '불역', '이간'으로 규정한 것이다.

형이상과 형이하라는 구분의 기준은 겉으로 나타나는 무형無形과 유형有形이라는 형체가 아니라 그 본성에 관한 문제이다. 형이상과 형이하가 유형과 무형이라는 문제와 전혀 무관한 것이 아니지만 유형과 무형은 존재 양상으로 본성에 의해 나타나는 것이기 때문에 그 본성을 중심으로 이해해야 하는 것이다.

형이상적 존재의 본성은 도덕성道德性이다. 도덕성은 일반적으로 말하는 윤리, 도덕과 같은 의미가 아니다. 그것은 천도와 지덕을 하나로 합하여 나타낸 개념으로, 천지의 본성을 가리키는 개념이다.《주역》에서는 천지의 본성인 도덕성을 신명한 덕으로 규정하기도 하고, 신명神明, 신神으

151 《易緯乾鑿度》에서는 易에는 易, 變易, 不易의 세 가지 의미가 있다고 하였으며, 鄭玄은 易簡, 變易, 不易의 세 개념을 통하여 易의 의미를 논하였다. 그 후 易의 세 가지 의미를 중심으로 易道를 이해하려는 관점이 일반화되었다.

로 규정하기도 하였다.

《주역》의 계사상편繫辭上篇에서는 역도의 표상 체계인 하도河圖가 변화의 원리를 나타내는 동시에 신神의 행行하는 바를 나타내는 것[152]이라고 하여 변화의 도가 신도神道임을 밝히고 있을 뿐만 아니라 그렇기 때문에 변화의 도를 아는 사람은 신神이 하는 일을 알 수 있음[153]을 밝히고 있다.

역도가 형이상적 존재이며, 그 본성이 도덕성이라는 점에서 무형의 원리적 존재이면서도 역도와 그 존재 양상이 다른 물리적 존재의 변화 법칙과 구분되어야 한다. 그렇기 때문에 역학에서 논하는 변화는 물리적 존재의 유형적 변화를 의미하지 않는다.《주역》에서는 "생하고 생하는 것을 역이라고 한다."[154]고 하여 변화의 내용이 생성임을 밝히고 있고 역도의 내용인 음양원리에 의해 이루어지는 생성의 내용을 인지仁智의 성性을 내용으로 하는 인격적 존재의 생성으로 밝히고 있다.[155]

역도의 본성인 도덕성은 인격적 존재의 본성이다. 도덕성은 천지의 본성을 나타내는 개념으로, 그것이 인간의 존재 근거이기 때문에 인격성의 내용이 된다. 인격성은 인간의 속성이 아니라 인격적 존재의 본성인 것이다. 역도를 인격성을 중심으로 나타낸 개념이 상제上帝, 화옹化翁, 화화옹化化翁, 화무상제化无上帝로 그것을 원리를 중심으로 나타내면 신도神道가 된다.[156]

---

152 《周易》의 繫辭上篇 第九章에서는 易道의 表象形式이 曆數이며 曆數에 의해 구성된 易道의 表象體系가 圖書임을 논하고 이어서 圖書에 대하여 "此所以成變化 而行鬼神也"라고 하여 變化가 神의 所爲임을 논하고 있다.

153 《周易》 繫辭上篇 第九章, "知變化之道者는 其知神之所爲乎인저."

154 《周易》 繫辭上篇 第五章, "生生之謂易이오."

155 《周易》 繫辭上篇 第五章, "一陰一陽之謂道니 繼之者善也오 成之者性也라. 仁者見之謂之仁하며, 知者見之謂之知오 百姓日用而不知라 故로 君子之道鮮矣니라."

156 《正易》의 제십장第十張에서는 근원적 존재를 화무상제化无上帝, 화옹化翁으로 규정하고 있으며, 제십팔장第十八張에서는 화화옹化化翁으로 규정하고 있다.

역도의 본성이 인격성이라는 점에서 변화變化와 변화 원리에 대한 이해의 방향을 설정할 수 있다. 인격성은 의지적 작용으로 드러나기 때문에 인격성의 내용은 또한 의지성이라고 할 수 있다. 의지의 세계는 미래의 세계이며, 의지적 작용은 미래 시간에 대한 지향 작용으로 미래 의식의 작용이다. 그것은 인격성이 미래 의식으로 발현됨으로 인해 인격성이 시간 의식으로 드러남을 의미한다. 그런 점에서 인격성은 형이하적 존재인 시간의 존재 근거로서의 형이상적 시간인 시간성時間性이다.

《주역》에서는 시간성을 종시終始를 통하여 나타내고, 시간은 시종始終으로 구분하여 나타내고 있다. 계사하편繫辭下篇에서 시초始初에 근원을 두고 그 종말성終末性을 밝히는 것을 바탕으로 삼는 것이 《주역》이다. 《주역》에서 그 표상 체계인 육효六爻가 서로 섞여서 육십사괘六十四卦를 형성하는 것은 오직 시간적 위상에 의한 것[157]이라고 한 점이나 중천건괘重天乾卦䷀의 단사彖辭에서 종시성終始性의 자각을 통하여 그것을 시간적 위상에 의해 나타낸 것이 육효六爻[158]라고 밝힌 것은 역도의 내용이 종시성임을 의미하는 것이다. 따라서 변화의 도 내지 역도는 시간성을 중심으로 이해해야 한다는 것을 알 수 있다.

이에 본장에서는 시간성과 시간이 무엇이며, 그 관계는 어떤지를 고찰함으로써 역학에서 논하는 변화란 무엇을 의미하며, 변화 원리인 역도의 내용이 무엇인지 살펴보고자 한다. 먼저 시간과 이와 더불어 논하여지는 공간이 갖는 일반적 의미에 대하여 살펴보고, 이어서 본질적 시간과 본질적 공간에 대하여 고찰할 것이다. 다음에는 공간성과 시간성의 구조와 그 작용에 대하여 살펴보고, 시간성과 공간성의 관계, 시간성과 역도의 관계에 대해서도 살펴볼 것이다. 그리고 역도의 근본 원리가 무엇인지를 음양

---

157 《周易》 繫辭下篇 第九章, "易之爲書也 原始要終하여 以爲質也오 六爻相雜은 唯其時物也라 其初는 難知오 其上은 易知니 本末也라."

158 《周易》 重天乾卦䷀ 彖辭, "大明終始하면 六位時成하나니 時乘六龍하여 以御天하니라."

오행 원리를 중심으로 살펴보고자 한다. 이를 통하여 역도를 이해하는 방향이 제시될 것이며, 아울러 역도의 내용이 곧 음양오행 원리임이 밝혀질 것이다.

1장 역도와 음양오행陰陽五行

역학의 학문적 탐구 과제는 역도이다. 그렇기 때문에 역학이라는 학문은 역도에 관한 이론 체계라고 할 수 있다. 역도의 본래적 의의를 드러내어 밝히는 역도론易道論이 곧 역학易學인 것이다. 따라서 역학을 이해하려면 역도의 본래적 의의를 밝히는 문제를 중심으로 할 수밖에 없다.

역도는 변화의 의미를 나타내는 '역易'과 근원적 존재를 나타내는 '도道'가 하나가 되어 형성된 개념이다. 그렇기 때문에 《주역》에서는 역도를 변화變化의 도道로 규정하고 있다. 변화의 도로서의 역도는 두 관점에서 이해할 수 있다. 형이상적 관점과 형이하적 관점이 그것으로 형이하적 관점에서 역도易道는 변화라는 현상의 존재 근거가 되는 근원적 존재로서의 도道를 가리키며, 형이상적 관점에서는 근원적 존재가 변화라는 현상으로 자기自己를 현현顯現하는 원리가 된다. 그러므로 역도는 근원적 존재의 존재 원리이다.

그런데 형이상과 형이하적 관점을 막론하고 역도가 변화의 도라는 것은 역도의 내용이 시간과 관련이 있음을 의미한다. 왜냐하면 변화의 문제는 시간을 떠나서는 논의될 수 없기 때문이다. 시간은 시초始初와 종말終末을 잇는 간극間隙의 형태로 나타낸다. 그것은 비록 시간이 형체를 갖지 않지만 형이하적 존재임을 뜻한다. 시간 자체는 형이하적 존재이기 때문에 그 존재 근거인 형이상적 존재가 존재한다.

일반적으로 형이하적 존재의 존재 근거인 형이상적 존재를 나타낼 때 '성性'을 사용한다. 사람이 사람일 수밖에 없는 소이所以를 나타낼 때는 '인人'에 '성性'을 더하여 '인성人性'이라고 한다. 이와 같이 시간의 존재 근거인 형이상적 존재를 나타내면 시간성이 된다. 따라서 역학의 학문적 탐구 과제인 역도는 형이상의 근원적 존재이기 때문에 역학은 시간을 문제로 삼는 것이 아니라 시간성을 문제로 한다.[159]

다만 시간성이 존재 근거가 되어 시간이 전개되기 때문에 시간성을 논할 때는 시간을 매개로 하게 된다. 그렇기 때문에 《주역》에서는 "역경易經은 시초에 근원하여 종말을 밝히는 것을 근본 문제로 삼는다. 그렇기 때문에 육효六爻가 서로 섞여서 나타내는 것은 시간적 존재이다."[160]라고 하여 시종을 통하여 역도가 상징적으로 표상됨을 밝히고 있다.

본래 형이상과 형이하의 세계는 별개가 아니라 형이상의 세계를 근원으로 형이하의 세계가 존재하며, 형이상의 세계가 형이하의 세계로 드러난다. 그렇기 때문에 양자를 구분하여 나타내는 것은 본래 하나인 근원적 세계를 드러내고자 함이다. 형이하적 존재인 시간과 형이상적 존재인 시간성을 구분하는 것도 양자의 관계를 밝힘으로써 역도의 내용을 밝히고자 하기 때문이다.

시간성과 시간을 구분함으로써 시간성의 구조 원리와 작용 원리를 밝히는 동시에 양자의 관계를 밝히는 작업은 그 존재 근거인 역도를 중심으로 이루어져야 한다. 역도는 존재하는 모든 것들의 존재 근거가 되는 근

---

159 역학이 형이상적 존재인 시간성을 근본 문제로 삼기 때문에 물리적 시간을 문제로 삼는 천문학天文學과 같은 자연과학自然科學과는 전혀 다른 학문일 뿐만 아니라 인간의 미래를 점친다고 하는 운명론運命論과도 전혀 그 차원이 다르다.

160 《周易》 繫辭下篇 第九章, "易之爲書也 原始要終하여 以爲質也오 六爻相雜은 唯其時物也라."

원적 존재이기 때문이다. 《정역》에서 하도河圖와 낙서洛書를 통하여 표상하고 있는 역수원리를 중심으로 역도를 나타내면 본체원리와 작용 원리로 구분할 수 있으며, 작용 원리는 도생역성倒生逆成 원리와 역생도성逆生倒成 원리로 구분할 수 있다.[161]

역생도성의 관점에서 시간성을 고찰하는 것은 시간으로부터 그 존재 근거인 시간성을 추구하는 것으로, 이를 통하여 시간성의 특성이 밝혀지게 된다. 그리고 도생역성의 관점에서 시간성을 고찰하는 것은 시간성의 존재 구조와 작용 원리를 통하여 시간을 밝히는 것으로, 이러한 작업을 통하여 시간성과 시간의 관계가 밝혀지게 된다.

다만 역생도성의 관점에서 시간의 존재 근거를 찾아가는 과정에서 시간성과 만나게 되고, 그것을 통하여 시간성의 존재 특성이 드러나기 때문에 먼저 시간을 중심으로 그 존재 근거를 찾아가는 방법을 통하여 시간성에 관해 고찰하는 것이 필요하다.

1. 시간과 시간성

우리는 삶을 영위하는 터전을 우주宇宙로 규정하는데 그것은 시간과 공간이 하나된 세계를 의미한다. 《회남자淮南子》에서 상하사방上下四方의 공간空間을 '우宇'로 그리고 왕고래금往古來今의 시간을 '주宙'로 규정한 것[162] 은 바로 이 점을 나타내는 것이라고 하겠다. 이와 같이 시간은 공간과

161 도생역성倒生逆成과 역생도성逆生倒成은 체용體用의 관계이기 때문에 일체적 관계이면서 구분되는 관계이다. 이러한 관계를 공간적 관점에서 나타내면 도생역성은 형이상의 차원에서 형이하의 차원을 향하는 관점이며, 역생도성은 형이하의 차원에서 형이상의 차원을 향하는 관점이다.

162 《淮南子》 齊俗訓, "上下四方曰宇 往古來今曰宙."

더불어 논의되는 개념으로 우리의 일상적인 언어 사용에 있어서도 시간적 개념이 공간적 개념으로 사용되는 것은 물론 공간적 개념이 시간적 개념으로 사용되기도 한다. '선후先後'라는 개념이 시간적인 경우와 공간적인 경우에 두루 사용되는 것은 좋은 예이다.

시간과 공간이 함께 논의될 뿐만 아니라 하나의 개념이 시간적 상황과 공간적 상황을 나타내는데 두루 사용되는 것은 시간과 공간이 대대적對待的이면서도 상즉적相卽的인 관계이기 때문이다. 이처럼 시간과 공간이 서로 나누어질 수 없는 일체적 존재이면서도 서로 구분되는 관계이기 때문에 둘을 나누어서 고찰함과 더불어 상즉적相卽的 측면을 고찰함으로써 비로소 이해가 가능하다.

이 시간과 공간의 상즉적相卽的인 측면은 시간과 공간을 대대적 측면에서 나누어 고찰함으로써 시간과 공간의 특징을 파악하고, 그 관계를 살펴봄으로써 드러나게 될 것이다. 그러면 대대적對待的 측면에서 시간과 공간의 일반적 성격을 살펴보자.

《대학大學》에서는 존재하는 모든 것들은 시간적 사건事件과 공간적 물건物件으로 구분하고 그로부터 형이상적 존재인 도道를 자각하는 방법을 제시하고 있는데, 그 내용을 살펴보면 다음과 같다.

> 물物에는 본말本末이 있으며, 사事에는 종시終始가 있으니 그 선후先后하는 바를 알면 도道에 가까울 것이다.[163]

위의 내용을 보면 만물을 시간의 관점에서 사건事件과 공간의 관점에서 물건物件으로 구분하고 물건에는 본말이 있으며, 사건에는 종시가 있음을 밝히고 이어서 물건과 사건의 관계를 통하여 도를 자각할 수 있음을 밝히

---

163 《大學》 第一章, "物有本末 事有終始 知所先後 則近道矣."

고 있다.

이는 시간과 공간이라는 개념이 만물의 존재 방식을 나타내는 존재 범주範疇이자 그러한 존재를 자각할 수 있는 자각 범주임을 밝힌 것이다. 시간과 공간이 만물의 존재 방식 또는 존재 양상樣相이기 때문에 만물의 존재 근거가 되는 근원적 존재의 자각도 시간과 공간이라는 범주를 통하지 않을 수 없다.[164]

《주역》에서는 괘효卦爻를 통하여 표상하고자 하는 내용이 시간성의 원리임을 밝히고 있다. 중천건괘重天乾卦의 단사彖辭에서는 "종시원리終始原理를 크게 자각하여 그것을 표상함으로써 여섯의 위位가 시간에 따라서 이루어진다."[165]고 하였다. 이는 종시와 시종의 관계를 중심으로 육효六爻가 표상하는 내용이 여섯 시위時位임을 밝힌 것이다. 그리고 시종과 본말의 관계를 육효를 통하여 밝히고 있는데 그 내용을 살펴보면 다음과 같다.

> 역易의 글됨이 시초始初에 근원하여 그 종말終末을 밝히는 것을 그 바탕으로 삼는다. 그러므로 육효六爻가 서로 섞여서 나타내는 것은 시간성의 원리이다. 그 처음은 알기 어려우며, 그 끝(上)은 알기가 쉬우니 본말本末을 나타내기 때문이다. 그러므로 초효의 효사는 비겨서 상징적으로 나타내지만 마침내 종말의 세계를 완성시킨다.[166]

---

164 《대학》에서 보는 바와 같이 《주역》을 비롯한 유가儒家의 경전經典에서는 시간과 공간이라는 개념이 나타나지 않을 뿐만 아니라 시간성이라는 개념 역시 사용되지 않는다. 시간성에 상응하는 종시終始와 시간에 상응하는 시종始終 그리고 공간에 상응하는 본말本末이 사용되어질 따름이다. 다만 '시時'라는 개념은 자주 사용되고 있다. 이때 '시時'는 시간성과 시간의 의미를 함께 갖고 있다. 이는 '역易'이 변역變易과 불역不易 그리고 이간易簡의 의미를 함께 갖고 있는 것과 같다. 본래 형이상과 형이하의 세계는 일체이면서 서로 구분되는 관계이기 때문에 그렇게 사용할 수밖에 없다.

165 《周易》 重天乾卦䷀ 彖辭, "大明終始하면 六位時成하니 時乘六龍하여 以御天하니라."

166 《周易》 繫辭下篇 第九章, "易之爲書也 原始要終하여 以爲質也오 六爻相雜은 唯其時物也라 其初는 難知오 其上은 易知니 本末也라 初辭擬之하고 卒成之終하니라."

위의 내용을 보면 육효괘六爻卦가 시간성의 원리에 근거하여 형성되었으며, 그것이 시종始終의 여섯 시위時位를 나타내는 육효에 의해 본말로 표상됨을 알 수 있다. 초初와 상上은 초효初爻와 상효上爻를 가리키는 말이며, 시물時物은 종시終始원리를 여섯의 시위에 의해 시종으로 나타내는 시간성의 표상체임을 뜻한다. 그런데 시종의 여섯 시위를 나타내는 육효 가운데서 시초와 종말을 나타내는 초효와 상효를 본말로 규정하고 있다. 이를 통하여 시간성의 종시와 시간의 시종이 공간적 본말로 표상되었음을 알 수 있다. 그것은 시간이 공간보다 근본적임을 나타내는 것이다.

시간과 공간의 관계는 천지를 통하여 분명하게 밝혀진다. 일반적으로 천지를 나타내는 개념이 현황玄黃이다. 《천자문千字文》에서는 '천지현황天地玄黃'이라고 하여 천지天地를 현황玄黃으로 규정하고 있다. 이는 《주역周易》에서 언급된 것으로 중지곤괘重地坤卦䷁의 문언文言에서 '천현이지황天玄而地黃'[167]이라고 하였다. 천天은 시간의 세계이며, 지地는 공간의 세계이다. 그렇기 때문에 천天과 시간을 함께 사용하여 천시天時라고 하며 지시地時라고 하지 않을 뿐만 아니라 선천과 후천이라는 개념 역시 시간을 중심으로 언급된 것이다.[168]

천天이 시간의 세계이기 때문에 천도天道는 시간성의 원리이며, 지地가 공간의 세계이기 때문에 지도地道는 공간성의 원리라고 할 수 있다. 시간성의 원리를 시간을 중심으로 나타낸 것이 천현天玄이며, 공간성의 원리를 공간을 중심으로 나타낸 것이 지황地黃이다. 항구하여 그침이 없는 천도의 운행을 시간을 중심으로 시종이 상즉相卽하는 것으로 나타내는 개념이 바로 현玄이다. 이 현은 깊이를 알 수 없음을 나타낸다. 그리고 공간성의

167 《周易》 重地坤卦䷁ 五爻 文言, "夫玄黃者는 天地之雜也니 天玄而地黃하니라."

168 《周易》의 重天乾卦䷀ 五爻 文言에서는 "夫大人者는 與天地合其德하며 與日月合其明하며 與四時合其序하며 與鬼神合其吉凶하야 先天而天弗違하며 後天而奉天時하나니 天且弗違온 而況於人乎며 況於鬼神乎여."라고 하였다.

원리를 공간을 중심으로 나누어 분명하게 드러나는 성질을 중심으로 노란색으로 나타낸 것이다. 노란색은 다른 색에 비해 눈에 분명하게 드러나는 색이기 때문이다.

중천건괘重天乾卦䷀의 대상大象에서는 "천도의 운행이 강건剛健하므로 군자는 이를 주체적으로 자각自覺하여 스스로 힘쓰는 데 쉼이 없어야 한다."[169]고 하였다. 군자가 행하여야 할 자강불식自疆不息은 천도에 순응順應하는 것으로, 자강불식의 근거는 항구恒久하여 그침이 없는 천도의 작용성[170]에 있다. 바꾸어 말하면 중천건괘에 의해 표상된 천도는 항구불이恒久不已의 작용으로 나타나는 영원성인 것이다.

중지곤괘重地坤卦䷁의 대상大象에서는 "중지곤괘重地坤卦䷁는 지세地勢를 표상하니 군자는 이러한 지세를 본받아서 두터운 덕德으로 만물을 실어야 한다."[171]고 하였다. 이는 곤도坤道가 그 경계가 없는 무한의 확장성擴張性, 포용성包容性, 연장성延長性을 내용으로 한다는 것을 나타낸다.

결국 중천건괘와 중지곤괘에서 논하는 천도와 지도는 시간적 영원성과 공간적 연장성(無限性)을 내용으로 한다. 영원성이라는 본질적 시간 곧 시간성이 항구하여 그침이 없는 작용으로서의 시간으로 나타나며, 경계가 없는 무한성이라는 본질적 공간 곧 공간성이 만물을 싣는 무한한 공간으로 나타나는 것이다. 따라서 천도와 지도는 영원성과 무한성을 내용으로 하며, 천天과 지地는 그러한 영원성과 무한성이 나타난 시간과 공간의 표상체이다.

시간과 공간이 만물의 존재 범주範疇이자 사람이 역도를 자각할 수 있는 자각의 범주이기 때문에 만물의 존재 근거의 표상 역시 시간과 공간을

---

169 《周易》 重天乾卦䷀ 大象, "天行健하니 君子以하여 自疆不息하니라."

170 《周易》 雷風恒卦䷟ 象辭, "天地之道 恒久而不已也니라."

171 《周易》 重地坤卦䷁ 大象, "地勢坤이니 君子以하여 厚德으로 載物하니라."

범주로 하여 이루어진다. 그렇기 때문에 근원적 존재인 역도를 표상하고 있는《주역》에서는 시간과 공간을 역도의 표상 형식이자 자각의 범주이면서 내용으로 규정하고 있다. 그것은 "천도를 표상하는 중천건괘와 지도를 표상하는 중지곤괘에 역도가 온축되어 있다"[172]라고 하였을 뿐만 아니라 "역도가 근거가 되어 천지天地의 도道가 형성된다"[173]라고 하고 군자를 중심으로 "중천건괘와 중지곤괘는 역도의 세계에 들어가는 문이다."[174]라고 한 것을 보면 알 수 있다.

'천현이지황天玄而地黃'을 도상화圖象化하여 나타내면 '천원이지방天圓而地方'이 된다. 천원지방은 시간성의 원리를 표상하는 원도原圖를 바탕으로 그 가운데 공간성의 원리를 표상하는 방도方圖를 넣어서 만든 것이다. 원과 방의 관계는 시간성과 공간성의 관계를 나타내는 것으로, 이 둘은 체용體用의 관계이다. 원의 중심을 사방으로 늘리면 사각형이 형성되듯이 시간성이 본체가 되어 공간성의 세계가 작용하는 것이다.

시간성의 세계를 나타내는 원圓은 둥글어서 시작과 끝이 한 자리이기 때문에 원주圓周 상의 어느 점을 찍더라도 끝이 바로 시작점이 된다. 그러한 특징이 시간의 본성인 영원성을 그대로 드러내는 것이다. 그것이 이른바 '마친 즉 다시 시작함이 있는' 시종始終을 나타낸다.

반면에 정사각형은 그 모양이 모가 지면서도 반듯하여 네 선의 길이와 네 각도가 모두 같다. 이는 모든 것을 받아들일 수 있는 포용성을 지니면서도 바른 것을 나타낸다. 이러한 성질은 공간의 본성인 무한성, 확장성을 그대로 나타내는 것이다.

그러나 원도와 방도만으로는 천도와 지도, 시간성과 공간성의 관계와

---

172 《周易》 繫辭上篇 第十二章, "乾坤은 其易之縕耶인저 乾坤이 成列而易이 立乎其中矣니 乾坤이 毁則无以見易이오 易을 不可見則乾坤이 或幾乎息矣리라."

173 《周易》 繫辭上篇 第四章, "易이 與天地準이라. 故로 能彌綸天地之道하나니."

174 《周易》 繫辭下篇 第六章, "乾坤其易之門邪인저."

특성을 나타낼 수는 있으나 구체적인 내용을 모두 나타낼 수는 없다. 그렇기 때문에 《정역》에서는 간지도수干支度數와 정역팔괘도正易八卦圖를 결합하여 원도圓圖와 방도方圖를 통하여 그 대체를 밝히고 있다. 《정역》에서는 그 도상을 〈금화정역도金火正易圖〉[175]로 규정하고 있는데, 그 도상을 제시하면 다음과 같다.

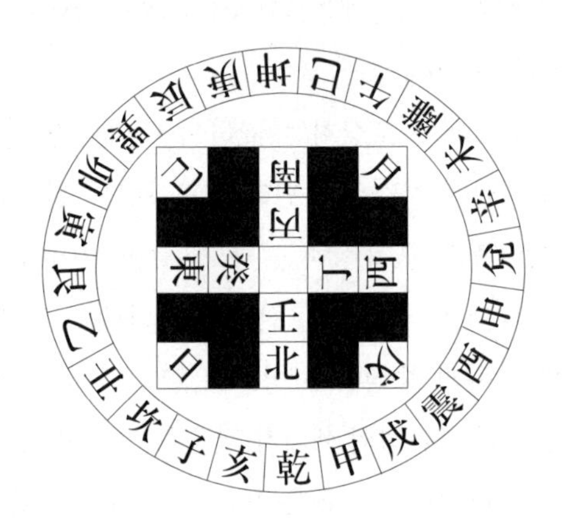

금화정역도

형이하적 존재인 시간과 공간은 형이상적 존재인 시간성과 공간성에 존재 근거가 있다. 따라서 시간과 공간에 대한 이해는 시간의 존재 근거가 되는 시간성과 공간의 존재 근거가 되는 공간성의 관계를 동시에 살펴봄으로써 가능하다.

일상적으로 우리가 시간이라고 부르는 존재는 대상적 사고[176]에 의해

175 金恒, 《正易》 〈十五一言〉 第二十一張.

176 역도를 작용 원리를 중심으로 나타내면 도생역성원리倒生逆成原理와 역생도성원리逆生倒成原理가 그 내용이다. 이러한 작용 원리를 중심으로 인간의 사고를 규정하면 역생도성逆生倒成의 대상적 사고對象的 思考와 도생역성倒生逆成의 주체적 사고主體的 思考로 구분할 수 있다. 대상적 사고는 이분법적 사고二分法的 思考이며, 주체적 사고는 일원론적

규정된 시간이다. 대상적 사고에 의해 시간을 규정할 때 우리는 두 가지 관점을 생각할 수 있다. 시간을 물리적 대상의 관점에서 규정하는 경우와 시간을 의식하는 주체인 인간 의식의 관점에서 규정하는 것이 그것이다. 시간을 객관적인 대상으로 규정하였을 때 그것을 물리적 시간이라고 부르며, 주관적 의식으로 규정하였을 때 그것을 심리적 시간이라고 부른다. 물리적 시간이란 인식 대상으로 규정된 존재를 의미한다.

물리적 시간은 시간 자체를 물리적 존재로 여기는 경우와 물리적 존재의 속성으로서의 운동으로 여기는 경우로 나누어 생각할 수 있다. 물리적 존재의 특징은 공간적 운동을 한다는 것이다. 그렇기 때문에 물리적인 시간도 역시 흐른다고 생각하는데 물리적 시간의 세 양상인 과거와 미래 그리고 현재라는 개념 자체가 이미 거래 그리고 거래가 정지된 현재라는 개념을 중심으로 이루어진 것이다.

그런데 시간이 운동을 하는 물체와 같은 물리적 존재가 아니라는 것은 약간만 사고를 하여도 금방 알 수 있다. 시간을 인식할 수 있는 시계 속에도, 낮과 밤이라는 시간을 인식 매개인 태양이나 달이 뜨고 지는 것과 같은 자연 현상 자체 그 어느 것에서도 물리적 존재로서의 시간은 발견되지 않는다. 그렇다면 시간이란 바로 대상이 아닌 대상의 속성으로서의 운동

사고一元論的 思考이다. 대상적 사고는 생장원리를 중심으로 사고를 규정한 것이며, 주체적 사고는 합덕성도원리合德成道原理를 중심으로 사고를 규정한 것이다. 그렇기 때문에 대상적 사고는 선천적 사고先天的 思考이며, 주체적 사고는 후천적 사고後天的 思考이다. 그런데 선천과 후천은 별개가 아니라 일체적 존재이다. 그렇기 때문에 대상적 사고와 주체적 사고는 일체적 관계이다. 따라서 역생도성의 관점에서 보면 대상적 사고를 버렸을 때 비로소 주체적 자각을 하게 되고 자각이 이루어짐으로써 주체적 사고를 할 수 있게 된다. 물론 이때의 주체적 사고는 단순하게 사고에 그치는 것이 아니라 그것이 그대로 도제천하道濟天下하는 유만물지정類萬物之情이다. 그러나 도생역성의 관점에서 보면 대상적 사고 역시 본성의 현현이기 때문에 버릴 것이 아니라 그것이 그대로 진실한 것이다. 이렇게 보면 물리적 시간 자체를 부정한 것이 아니라 그 존재 근거인 시간성이 배제된 물리적 시간은 인간의 사고에 의해 구성된 허구적 존재라는 점에서 부정한 것이다.

으로 생각할 수 있다. 따라서 시간이 흐른다는 것은 곧 시간이 물체의 운동과 같은 것임을 의미한다.

시간이 물체의 운동과 같은 것이라면 시간의 세 양상 가운데 미래未來는 글자 그대로 아직 오지 않아서 지금은 없으며, 과거過去는 이미 흘러갔기 때문에 지금은 없고 오직 존재하는 것은 현재現在뿐이다. 그러나 과거로 흘러가지 않는 현재의 연속은 시간이 아닌 영원이다. 이렇게 보면 시간 자체가 존재할 수 없는 논리적인 모순이 일어난다. 따라서 물체의 운동과 같은 시간이란 존재하지 않는 것이다.

시간이 대상적 존재가 아니라면 시간은 인간의 의식 내면에서 존재하는 것으로 생각할 수 있다. 이것이 이른바 인식 주체의 내면적 존재로서의 시간인 심리적 시간이다. 칸트는 《순수이성비판純粹理性批判》에서 시간과 공간을 대상 사물을 받아들이는 감성感性의 직관直觀 형식으로 규정하고 있다. 이러한 시간과 공간은 오직 대상을 받아들일 뿐이며, 그것을 오성悟性이 열두 범주範疇에 의해 사유함으로써 인식이 이루어진다.[177]

이러한 시간과 공간은 인식의 범주가 될 수는 있어도 존재의 범주가 될 수는 없다. 다시 말하면 인간의 의식 내면에만 존재하는 것이 시간과 공간이라면 그것이 대상 사물의 존재 범주가 될 수 없다는 말이다. 따라서 시간과 공간이라는 범주를 통하여 도道를 자각할 수는 없다.

시간이 인간의 사고의 형식과 같은 존재가 아니라고 할 때 의식의 흐름 자체를 시간으로 여길 수 있다. 시간이란 인간이 갖는 의식의 형태로 존재한다는 것이다. 일상적으로 동일한 시간이라도 그 사람이 처한 상황에 따라서 때로는 길게 느끼기도 하고 때로는 너무 짧게 느껴지기도 하는 점에서 보면 이러한 주장이 타당한 것으로 생각된다. 의식의 형태로 존재하는 시간도 결국 흐름이라는 점에서는 물리적 시간과 같다.

---

177 韓端錫, 《칸트 哲學思想의 理解》, 養英閣, 1985. 제3 칸트철학의 형성과 전개 참조.

의식 자체는 무형적인 존재이기 때문에 의식의 계기성繼起性을 흐름이라고 할 뿐 물체의 운동과는 다른 성격을 띤다. 만약 의식 자체가 단절된다면 그것은 이미 존재하지 않음을 상징하는 죽음이라는 현상으로, 생명을 가진 존재와는 그 양상이 달라지는 것이다. 따라서 단절된 그 어떤 것이 연속된다는 의미의 계기성繼起性은 아닌 것이다. 이러한 시간 의식에 있어서 미래 의식이란 아직 오지 않는 어떤 것의 세계로, 오직 뜻으로만 존재하는 무형적인 것이다. 물론 과거 의식도 그 점에서는 동일한데 이미 유형화되었다 다시 무형화된 존재이다. 그러한 미래 의식이란 일종의 기대期待 내지 소망所望의 형태로 존재하며, 과거 의식이란 기억記憶의 형태로 존재한다.

기대(所望)나 기억은 어떤 대상에 대한 의식의 지향志向 작용의 결과이다. 의식의 지향이란 어떤 것에 대한 마음이라는 뜻의 관심關心과 같은 의미이다. 기대는 아직 드러나지 않은 대상을 향한 관심인 반면에 기억은 이미 한 번 나타났다가 사라진 대상에 대한 관심이다.

기억은 현재의 기억이며, 기대도 현재의 기대이기 때문에 결국 과거와 미래는 현재 안에 있게 된다. 그렇다면 시간은 현재 의식意識의 연속이라는 양상으로 존재할 수밖에 없다. 현재 의식은 "나타나 있음"의 의식으로, 모든 존재를 공간적 점유 상태 자체로 보는 공간적이고 대상적인 의식을 의미한다. 그것은 관계로 나타나는 변화 속의 모든 존재들을 고정화하며 불변적 존재로 의식하는 것이다.

현재 의식에 의해 형성되는 세계는 실재 세계가 아닌 형이하의 사물만이 존재하는 관념적 세계이다. 이러한 현재 의식은 물리적 시간과 다를 바가 없다. 이처럼 시간이 의식으로 존재한다고 하여도 역시 동일한 현재 의식의 연속일 뿐 시간의 세 양상 자체가 이루어질 수 없는 모순은 여전히 존재한다. 그리고 인간의 시간 의식이 본질적인 시간이라면 인간의 시간 의식에 의해 규정된 물리적 시간인 역수曆數와 천체天體 현상現象이 서로 괴리乖離가 없어야 하지만 실제로는 그렇지 않다.

앞에서 살펴본 바와 같이 물리적 시간과 심리적 시간은 그 존재 자체가 증명될 수 없는 점에서 본질적 시간이 아닌 비본래적非本來的 시간이라고 할 수 있다. 그것은 물리적 시간과 심리적 시간이 본질적 시간이라기보다는 본질적 시간, 형이상적 시간의 작용에 의하여 나타난 현상에 불과함을 뜻한다. 그런 점에서 보면 형이상의 본질적 시간인 시간성을 배제한 물리적 시간이나 심리적 시간은 비실재적非實在的 존재라고 할 수 있다.

이제 시간의 분석을 통하여 시간성을 밝히는 방법의 한계가 드러난 이상 그러한 연구 방향과 방법 자체에 대하여 다시 생각하지 않을 수 없다. 시간의 분석을 통하여 시간성을 밝히고자 하는 역생逆生의 방향을 중심으로 하여 대상적 사고에 의해 시간을 드러내어 설명하고자 했던 방법, 곧 시간을 궁구하는 주체인 인간과 그에 의하여 설명되는 대상으로서의 시간을 구분하여 어느 일면을 중심으로 시간의 본질을 밝히려는 방법이 한계를 가진 이상 다른 방법을 추구해야 한다.

애초에 시간성을 밝히려는 목적으로 진행되었지만 시간을 중심으로 그 내용을 분석했던 방법은 형이하적 차원에서 형이상의 존재를 찾고자 했던 것이었다. 이제는 방향과 방법을 바꾸어야 한다. 그것은 형이하적 관점을 버리고 형이상적 관점에서 형이하를 향하는 방향을 따라야 함을 뜻한다.

형이상에서 형이하를 향하는 방향에서 시간의 본질인 시간성을 궁구하는 방법은 나와 시간이 구분되지 않는 하나의 차원에서 밝히는 것이다. 그것은 인간의 이성적 사고의 차원을 넘어서야 한다는 의미이다. 왜냐하면 이성적 사고의 특성은 이것과 저것을 분석하기 때문에 주객이 일체가 된 차원, 형이상의 차원에 도달할 수 없기 때문이다.

시간이 아닌 시간성의 차원, 즉 형이하가 아닌 형이상의 차원, 나와 만물이 하나인 차원은 곧 인간 본래성의 차원이다. 따라서 지금까지 마음에 의해 이루어지는 분별 작용, 사고 작용으로 시간과 시간성을 구분하고 분석하는 방법을 버리고 본래성의 차원으로 주체화하여 연구해야 한다.

그것은 역생에서 시작하여 도성으로 질적인 변화를 일으킬 수 있는 존재, 역생에서 시작된 일을 형이상의 관점에서 완성할 수 있는 존재가 바로 인간의 본래성임을 뜻한다. 인간 본래성의 차원에서 시간성을 고찰한다는 것은 시간의 의미를 분석하여 그 본질로서의 시간성을 밝히고자 하는 방향을 바꾸어서 시간성의 차원에서 시간의 의미를 밝히는 도생역성의 관점에서 양자를 고찰하는 것이다.

역생도성의 관점에서 도생역성의 관점으로 바꾸는 문제는 그 주체인 인간의 문제를 중심으로 살펴보면 대상적 사고에 의해 시간으로부터 시간성을 밝히려는 방법에서 주체적 자각을 통하여 시간성을 중심으로 시간의 존재 의의를 밝히는 것이다. 시간성은 시간과 존재 양상樣相이 다르기 때문에 형이하적 사물의 본질을 밝히는 방법인 대상적 사고를 통해서는 그 내용이 밝혀지지 않는다. 시간성은 그것을 문제로 삼아서 밝히는 주체인 인간 본래성 자체의 지평에서 자각되는 존재인 것이다.

주체적 자각은 대상적 사고의 차원을 넘어설 때 이루어지는 것으로, 인간의 주체 내면에서 이루어지는 자각을 가리킨다. 이때 자각의 주체는 인간 본래성이다. 따라서 주체적 자각이란 인간 본래성의 차원에서 이루어지는 시간성에 관한 깨달음이라고 할 수 있다.

인간 주체적 자각은 사고의 주체인 인간의 마음과 사고의 대상이 서로 나누어지지 않고 일체가 되었을 때 이루어지는 인간 본래성 자체의 자기自己 개시開示이다. 《주역》에서는 인간 주체적 자각을 "신명神明한 덕德에 통通함"이라고 하였다. 사고와 행위行爲의 차원을 넘어서서 고요한 상태에서 이루어지는 신명神明과의 감통感通,[178] 그것이 바로 인간 주체적 자각自

178 易道의 自覺에 대하여 繫辭上篇 第十章에서는 "易은 无思也하며 无爲也하여 寂然不動이라가 感而遂通 天下之故"라고 하여 감통感通을 논論하고 있으며, 繫辭下篇 第二章에서는 "於是에 始作八卦하여 以通神明之德하며 以類萬物之情하니라."라고 하여 신명神明에 통通함을 논論하고 있다.

覺이라는 것이다.

인간 주체적 자각을 통하여 밝힐 수 있는 것은 일차적으로 인간 본래성이다. 그런데 인간의 본래성을 자각하는 순간 본래성의 존재 근거인 천도天道 역시 자각할 수 있다. 이처럼 인간 본래성의 자각을 통하여 천도의 자각이 이루어지는 것은 인간 본래성 자체가 내재화한 천도이기 때문이다.

《주역》에서는 천도가 음양陰陽원리임을 밝힌 후에 그것이 인간 본래성으로 주체화하였음을 밝히고 있다.[179] 그리고 음양원리의 내용이 곧 역수원리曆數原理임을 밝히고 있다.[180] 《논어》와 《서경》에서는 역수원리가 천도이며, 그것이 인간의 본래성으로 주체화하였음[181]을 밝히고 있다.

시간성의 원리[182]인 역수원리를 역학에서는 역도로 규정하고 있다. 《정역》에서는 "역도는 역수원리이다."[183]라고 하여 이 점을 밝히고 있다. 이처럼 역도, 천도의 내용인 역수원리, 시간성의 원리가 인간 본래성으로 주체화하였기 때문에 인간 주체적 자각에 의해 밝혀지는 시간성은 천도의 내용인 동시에 내재화한 인간 본래성이다.

인간 본래성 자체가 바로 시간성인 까닭에 인간 본래성이 시간 의식으로 발현될 수 있다. 본래성이 발현한 시간 의식은 인간만이 갖는 고유한 존재 특성이다. 시간 의식이 인간의 존재 특성이라는 점과 그것이 인간 본

---

179 《周易》 繫辭上篇 第五章, "一陰一陽之謂道니 繼之者善也오 成之者性也라."

180 《周易》 繫辭上篇 第六章, "陰陽之義는 配日月하고."

181 《論語》의 堯曰篇에서는 "堯曰 咨爾舜 天之曆數 在爾躬 允執厥中 四海困窮 天祿永終"라고 하였으며, 《書經》의 大禹謨篇에서는 "天之曆數 在汝躬 汝終陟元后. 人心惟危 道心惟微. 惟精惟一 允執厥中. 無稽之言勿聽 弗詢之謀勿庸. 可愛非君 可畏非民. 衆非元后 何戴 后非衆 罔與守邦. 欽哉 愼乃有位 敬脩其可願. 四海困窮 天祿永終. 惟口出好興戎 朕言不再."라고 하였다.

182 시간성時間性의 원리原理는 시간성을 원리적 측면에서 규정한 것이다. 그렇기 때문에 시간성과 시간성의 원리는 동일한 존재를 가리키는 개념이다.

183 金恒, 《正易》 大易序, "易者曆也."

래성의 발현이라는 점에서도 인간 본래성이 시간 의식의 근거가 되는 시간성이라고 할 수 있다.

인간 본래성이란 인간이라는 개체가 갖는 속성이 아니라 보편성이다. 따라서 시간성도 오직 인간의 본래성만을 지칭하는 것은 아니다. 인간 본래성은 시간성을 인간의 측면에서 그 본성으로 규정함으로써 형성된 개념이다. 시간성은 역사에 있어서는 역사의 본성인 역사 정신이 되고, 시간에 있어서는 그 본성인 시간성이 되며, 사물에 있어서는 사물의 존재 근거가 된다.

시간성이 인간 본래성의 자각을 통하여 밝혀지는 존재라는 것은 중요한 의미를 갖는다. 첫째는 인간 본래성이 형이상적 존재이기 때문에 그 존재 근거인 시간성 역시 형이상적 존재이다. 형이상적 존재는 형이하적 존재의 존재 근거가 된다. 그렇기 때문에 형이상적 존재인 시간성을 존재 근거로 형이하적 존재인 시간이 형성되는 것이다.

둘째는 인간 본래성이 의지意志를 가진 인격성人格性을 내용으로 하는 것과 같이 시간성도 인격성을 내용으로 한다. 그것을 구체적으로 표현하면 과거 지향성과 미래 지향성이라는 지향성을 본성으로 한다.

셋째는 시간성은 그 본성인 지향성에 의해 작용을 한다. 시간성의 본성에 의해 시간으로 드러나는 것이다.

시간성과 인간 본래성의 관계는《중용中庸》의 성誠에 관하여 논한 부분을 통해 살펴볼 수 있다.《중용》에서는 시간성을 성誠과 만물 그리고 인간의 관계를 통해 다음과 같이 밝히고 있다.

> 성誠이라는 존재는 만물의 종시이니 성誠이 아니면 만물이 존재할 수 없다. 그러므로 군자는 성誠함을 가장 근본 문제로 여긴다. 성誠이라는 존재는 인간 자신을 완성시키는 데 그칠 뿐만 아니라 만물을 완성시키는 근거가 된다. 사람을 도덕적 존재로 완성시키는 것은 인仁이며, 사물을 도덕적 존재로 고양高

揚시켜서 완성하는 것은 지知이다. (그것은) 성性의 내용인 덕德으로 내외를 합덕合德시키는 도道이다. 그렇기 때문에 (인지仁知의 성性을 자각한 군자는) 때에 따라서 그 마땅함에 머문다.[184]

위의 내용을 보면 성이 만물의 종시라고 할 때의 종시가 시간성의 차원에서 언급된 것이 아니라고 할 수도 있다. 그런데《중용》의 다른 부분에서는 "성誠이라는 것은 천도天道이며, 성誠하고자 하는 것은 인도人道이다."[185] 라고 하였다. 시간성이 곧 천도이므로 시간성의 내용은 성誠이라고 할 수 있다. 그리고 이어서 성誠이 바로 성性임을 밝히고 있다. 인간 본래성의 내용인 인성仁性과 지성智性이 성물成物과 성기成己를 이루는 근거 곧 내외를 합덕시키는 도道[186]인 것이다. 이는 종시성이 인간 본래성을 이루는 동시에 그 본성이 바로 인성과 지성으로 드러나는 도덕성임을 나타내는 것이다. 또한 성誠(性)을 인간은 물론 사물을 완성시키는 도道로 규정하고 있다는 점에서 사물의 본성과 인간의 본성이 일체임을 알 수 있다. 그러면 이어서 공간과 공간성에 대하여 살펴보자.

일반적으로 공간은 시간에 비하여 그 존재를 의심할 수 없는 보다 분명한 것으로 생각한다. 누구나 감각 기관을 통하여 물리적 공간을 인식할 수 있기 때문에 시간처럼 그것이 인간의 의식 내면에만 존재하는 환상적인 것이 아닌가 하고 의심하는 경우는 거의 없다는 것이다.

엄밀하게 말하면 공간이라는 개념 자체가 나타내는 의미와 같이 사물

---

184 《中庸》第二十五章, "誠者物之終始 不誠無物 是故 君子誠之爲貴 誠者非自成己而已也 所以成物也 成己仁也 成物知也 性之德也 合內外之道也 故 時措之宜也."

185 《中庸》第二十章, "誠者 天之道也 誠之者 人之道也 誠者 不勉而中 不思而得 從容中道 聖人也 誠之者 擇善而固執之者也."

186 《中庸》第二十五章, "誠者 非自成己而已也 所以成物也 成己仁也 成物知也 性之德也 合內外之道也 故 時措之宜也."

과 사물 사이의 비어 있는 공간은 존재하지 않는다. 우선 사물과 사물 사이의 비어 있는 공간이라는 개념이 성립되기 위해서는 사물이 존재함이 전제되어야 한다.

사물이 존재하기 위해서는 인간이 전제되어야 한다. 사물을 사물로 인식하고 세계를 세계로 인식하며 그것을 사물과 세계로 규정하는 존재가 인간이기 때문이다. 다시 말하면 인간과 무관한 사물만의 세계는 존재하지 않는다. 따라서 아무리 객관적인 세계 자체라고 할지라도 사실은 인간에 의해 규정된 공간일 따름이다. 사물과 사물의 사이란 역시 인간의 관념에 의해 구성된 관념적 세계에 불과한 것이다.

공간은 그 본질로서의 공간성이 객체화한 것이다. 공간의 존재 근거로서의 공간성은 인격적 합덕을 내용으로 하는 관계성關係性이다. 그러한 관계성의 구조는 본성本性과 말성末性이기 때문에 관계성의 내용은 곧 본말성이라고 할 수 있다. 이 본말성이 본말 관계로 드러나게 되며 그것을 공간이라고 말한다.

본말 관계의 구체적인 내용은 인간과 신神, 인간과 인간 그리고 인간과 사물의 관계이다. 신神과 인간의 관계는 신본인말神本人末이며, 인간과 사물의 관계는 인본물말人本物末의 관계이다. 그리고 인간과 인간의 관계에 있어서는 본말 관계가 다양한 양상으로 나타난다. 이렇게 보면 공간을 나타내는 관계라는 개념은 사물과 사물의 사이와 같은 관념적인 관계가 아니라 인격성을 내용으로 하는 인격적 세계를 지칭하는 개념이다. 따라서 인격적 존재의 관계를 내용으로 하는 본래적 공간은 신과 인간은 물론 사물마저도 인격의 세계에서 하나가 된 인격적 합덕의 세계인 것이다.

《주역》에서는 이러한 본말 관계를 물리적 상하上下와 가치적 존비尊卑로 논하고 있다. 서괘序卦 하편下篇의 택산함괘澤山咸卦䷞의 서괘 부분을 보면 천지가 있은 연후에 만물이 있고, 만물이 있은 연후에 남녀가 있으며, 남녀가 있은 연후에 부부가 있고, 부부가 있은 연후에 군신이 있으며,

군신이 있은 연후에 상하가 있고, 상하가 있음으로써 예의禮義가 행해질 수 있는 바가 있다고 하였다.

연후然後라는 개념으로 연결되는 좌우 개념의 관계는 논리적 선후 관계이다. 천지로부터 만물이 생성되고, 만물은 남녀(陰陽)로 구분되며, 남녀가 합덕하여 부부가 되고, 부부에 의해 군신의 관계가 성립되고, 부부와 군신의 관계가 이루어짐으로써 인격적 상하 관계가 완성되는 것이다. 따라서 예의를 내용으로 하는 상하 관계 속에 앞의 모든 관계가 포섭되기 마련이다.[187]

만물과 남녀는 인간 본래성인 인격성이 드러남으로써 형성되는 인격적 관계를 나타내는 개념이 아니다. 남과 여 그리고 임금과 신하의 인격적 합덕을 전제로 한 부부와 군신의 관계가 바로 인격적 상하 관계이다. 그렇기 때문에 부부와 군신이라는 인격적 관계가 이루어짐으로써 상하의 관계가 이루어진다. 그것을 예의禮義가 교착交錯되는(行해지는) 바라고 한 것이다.[188]

또한 계사상편繫辭上篇에서는 천지의 존비성尊卑性에 의해 건곤乾坤이 정해진다[189]고 하였다. 이때의 존비는 공간적인 상하나 고저高低를 의미하는 것이 아니라 인격적인 존비성을 의미하는 것이다. 따라서 "하늘은 높고 땅

---

187 《周易》 序卦下篇, "有天地然後에 有萬物하고 有萬物然後에 有男女하고 有男女然後에 有夫婦하고 有夫婦然後에 有君臣하고 有君臣然後에 有上下하고 有上下然後에 禮義有所錯니라."

188 이 부분은 통시적通時的 관점觀點과 공시적共時的 관점觀點에서 이해理解가 가능하다. 통시적 관점에서는 만물과 남녀의 비인격적 존재가 부부와 군신의 인격적 존재로 변화 발전함으로써 비로소 예의禮義를 내용으로 하는 상하上下의 인격 세계가 이루어진다. 그러나 공시적 측면에서는 만물과 남녀의 비인격적非人格的 관계와 부부와 군신의 인격적 관계가 예의를 내용으로 하는 인격적 상하 관계를 이루는 구성 요소이다. 예를 들면 부부라는 인격적 관계를 구성하는 구성 요소의 측면에서 인격성을 제거하고 그 구성 요소를 논할 때 남녀라고 칭하는 것이다. 물론 두 관점의 이해가 동시에 이루어져야 그 본래적 의미를 파악할 수 있다.

189 《周易》 繫辭上篇 第一章, "天尊地卑하니 乾坤定矣오."

은 낮아서 건곤이 정해진다.(天尊地卑 乾坤定矣)"라는 문장은 천지의 인격성을 자각하고 그것을 표상하였음을 의미하는 것이다.

이상에서 살펴본 바와 같이 공간의 구조는 본말 관계이며 그 내용은 인격적 합덕으로, 그것이 공간의 본질인 공간성이 된다. 따라서 공간의 본질로서의 인격적 합덕의 내용을 본말 관계로 규정했을 때 비로소 천지인天地人의 삼재적三才的인 세계가 열리는 것이다. 이상에서 살펴본 내용을 도표화하여 나타내면 다음과 같다.

	존재양상	사건	물건
역생도성	형이하자	물리적, 심리적 시간	물리적 공간
	형이상자	시간성	공간성
도생역성	상하의 합덕일체	종시성終始性	도덕성

시공간성과 사물

2. 시간성時間性과 역도易道

앞에서 시간과 공간은 각각 시간성과 공간성을 본질로 하는 동시에 그것이 존재 근거이며, 시간성과 공간성의 본질이 도덕성임을 살펴보았다. 그러면 이어서 시간성과 공간성의 구조와 작용 그리고 시간성과 공간성의 관계, 시간성과 역도의 관계에 대하여 살펴보자.

먼저 시간성의 구조와 공간성의 구조를 살펴보고 그리고 양자의 관계를 밝힌 후에 이어서 양자와 역수원리의 관계를 논하고자 한다. 앞에서 논한 바와 같이 시간성은 인격성을 가진 형이상적 존재인 동시에 이법성

理法性과 작용성을 갖는다. 시간성의 활동성과 이법성에 의해 작용이 이루어지며, 인격성이 그러한 작용의 본질로 내재화하는 것이다.

시간성의 구조와 그 구조 간의 관계인 작용 원리를 중심으로 살펴보면 시간성은 미래 시간의 본질로서의 미래성未來性(終末性)과 과거 시간의 본질로서의 과거성過去性(太初性) 그리고 현재 시간의 본질로서의 현재성現在性(現存性)의 구조[190]로 나타낼 수 있다. 이를 《정역》에서는 각각 무극无極과 태극太極 그리고 황극皇極의 삼극三極[191]으로 규정하고 있다.

미래시의 근거로서의 미래성 내지 무극은 이상, 가치의 세계를 의미하며, 과거시의 근거로서의 과거성 내지 태극은 본질을 의미한다. 무극이 형이상적 의지라면 태극은 그것이 유형화된 설계도設計圖에 비유하여 나타낼 수 있다. 이를 유가儒家 철학에서 사용하고 있는 개념을 중심으로 나타내면 천명天命은 시간적 측면에서 미래성의 세계를 나타내며, 천도天道는 과거성의 세계를 나타내고, 천성天性은 현재성의 세계를 나타낸 것이라고 할 수 있다. 이렇게 보면 천명과 천도 그리고 천성은 삼극을 객관적으로 표현한 것으로, 천명天命은 현재적 시위에서 미래적 이상으로 존재하고 천도天道는 과거적 본질로 존재하면서 현재성의 내용이 된다.

시간성의 세 요소인 삼극은 그 본성인 인격성, 도덕성에 의하여 의지 작용 내지 지향 작용을 한다. 미래성은 과거 지향성을 본질로 하며, 과거성은 미래 지향성을 본질로 한다. 이러한 과거성과 미래성의 본질에 의해 과거적 시간성이 미래적 시간을 지향하고, 미래적 시간성이 과거적 시간을 지향하게 된다. 이 지향 작용이 미래시와 과거시의 기준이 되는 현재적 시간성을 지향함으로써 미래적 시간성과 과거적 시간성이 현재적 시간성으로 하나가 되어서 나타나는 것이다.

---

190 柳南相, 〈圖書易學의 時間觀序說〉, 67쪽 참조.

191 金恒, 《正易》 第一張, "擧便无極이시니 十이니라. 十便是太極이니 一이니라. 一이 无十이면 无體요 十이 无一이면 無用이니 合하면 土라 居中이 五니 皇極이니라."

시간성이 나타난다는 것은 곧 시간성이 시간으로 전개되었음을 의미한다. 시간성이 자기 개시에 의해 나타난 그 시간을 한마디로 표현하면 영원한 현재이다. 시간성으로서의 종시성이 현재적 시위에서 하나가 되어서 나타난 시간이란 뜻이다. 영원한 현재는 시간성을 나타내는 영원과 시간을 나타내는 현재가 하나가 되어 형성된 것이다. 그것은 영원을 구성하는 단위로서의 짧은 시간이나 심리적 시간의 측면에서 논의되는 일념一念 혹은 현재 의식과 다르다. 영원한 현재는 단순한 현재의 무한한 연속이 아니라 과거와 미래를 하나로 하였기 때문에 언제나 새로운 현재이다.

종시성에 의해 나타난 영원한 현재를 인간의 시간의식에 의해 객관화 내지 객체화하였을 때 비로소 물리적 시간이 형성된다. 왜냐하면 본래적 시간으로서의 영원한 현재는 인간에 있어서는 인간 본래성의 현현顯現을 가리키는 것으로, 본래성이 발현된 마음 그 자체이기 때문이다.

과거시의 미래 지향 작용이 근원적 존재인 도에 대한 관심으로 나타나고, 미래시의 과거 지향 작용이 대상 사물에 대한 관심으로 나타난다. 미래적 관심이 미래성의 대상화를 통하여 미래적 시간을 형성하며 과거적 관심이 역사라는 과거적 시간을 형성한다. 영원한 현재를 현재 의식으로 공간화하여 구분하고 나눔으로써 시종의 시간이 형성되는 것이다. 그런데 구분이란 결국 계량計量을 의미하며, 계량은 수數에 의해 이루어지기 때문에 물리적인 시간은 역수曆數의 형태로 나타내게 된다.

공간성이란 시간성이 객체화 내지 객관화한 현존성現存性을 의미하며 그 내용은 본말성이다. 이러한 본말성을 구분하면 본本과 말末을 나타나는 신성神性과 물성物性 그리고 인성人性의 삼재적三才的 구조를 갖는다.

시간성에 있어서 종말성과 시초성의 관계가 체용의 관계이듯이 신성과 물성의 관계도 체용의 관계이다. 신성은 물화 지향성을 본질로 하며, 물성은 신화 지향성을 본질로 한다. 이러한 신성과 물성의 본질에 의해 각각 신화 지향 작용과 물화 지향 작용이 이루어진다. 이러한 신성의 물화 작용과 물성의 신화 작용은 인간에 의해 하나가 된다.

신화 작용과 물화 작용이 인간의 본래성으로 합덕일체화됨으로써 형성된 인간 본래성의 내용이 곧 신성과 물성이다. 신성과 물성이 인성人性으로 하나가 된다는 것은 현존성이 공간적 구조에 의해 인간의 본래성으로 드러난다는 것을 의미한다. 공간성의 공간화에 의해 본말의 관계가 상하의 구조로 나타나는데, 그것이 이른바 천지인의 삼재적 공간 세계이다. 신과 인간의 관계가 상하의 관계이며, 인간과 사물의 관계가 상하의 관계이고, 인간과 인간의 다양한 관계도 모두 상하의 관계에 의해 이루어진다. 이 본말 관계를 내용으로 하는 것이 바로 공간의 세계이다.

시간성을 객체화하면 공간성이 되며 이 공간성이 시공으로 나타난다. 시간성은 종시성을 내용으로 하며, 그것이 합덕일체화되면서 현존성으로 집약된다. 이 현존성이 공간성으로, 공간성은 본말성을 내용으로 한다. 공간성의 내용으로서의 본말성은 그 본질에 의해 합덕일체화되면서 인간의 본래성으로 집약된다.

인간 본래성의 내용은 도덕성으로, 이 도덕성이 합덕일체화되면서 예禮와 의義로 나타난다. 이렇게 보면 시간성은 공간성을 포섭하고, 공간성은 인간 본래성을 포섭하기 때문에 결국 시간성에 인간 본래성과 공간성이 포함된다고 할 수 있다.

과거성과 미래성이 현존성으로 집약되면서 그것이 공간의 존재 근거인 공간성이 되고, 그것이 인간 본래성을 이루기 때문에 시간성과 공간성 그리고 인간 본래성은 하나의 존재를 각각 다른 관점에서 나타낸 것에 불과하다. 다시 말하면 시간성이나 공간성도 시간과 공간이라는 현상적 구조를 통하여 구분하여 나타낸 것이며, 천도와 지도 그리고 인도로서의 삼재의 도 역시 삼재적 현상의 구조를 중심으로 도를 구분하여 나타낸 것에 불과하다.

인간의 본래성은 시간성과 공간성을 내용으로 하는 도덕성이 본질이기 때문에 시간성과 공간성의 객체화 내지 객관화는 인간 본래성의 발현으로 이루어진다. 인간 본래성이 시간 의식과 공간 의식으로 나타나고, 그것을 다시 객체화하여 시간과 공간의 세계가 전개되는 것이다. 여기서 시간과 공간의 세계는 물리적인 세계가 아님을 명심하자.

시간의 세계는 인간의 본질로서의 천지의 성정性情인 도덕성道德性을 본질로 하는 것이기 때문에 시간에는 그 본질인 시의성時義性이 내재內在되어 있다. 마찬가지로 공간의 세계도 단순한 사물과 사물 사이에 비어 있는 공空의 세계가 아니라 도덕성을 본질로 하는 상하 내지 본말성이 공간 안에 내재되어 있다. 그렇기 때문에 인간의 본래성이 나타난 시간 의식 또는 공간 의식의 내용은 각각 예禮와 의義라는 도덕성이다. 다시 말하면 예禮가 시간 의식을 형성하고, 의義가 공간 의식을 형성한다고 하겠다.

이를 좀 더 구체적으로 나타내면 예禮에 의해 물리적 시간상의 선후 관계 또는 시종 관계가 형성된다. 여기서 시始와 종終 또는 선先과 후後는 시간상의 과거와 미래의 관계이다. 이와 마찬가지로 의義에 의해 물리적 공간상의 상하 관계 내지 본말 관계가 형성된다. 천과 지는 상하 혹은 본말의 관계이다.

《주역》에서는 "예와 의에 대하여 사람과 사람의 아름다운 모임 즉 인격적인 관계를 통하여 족히 예에 부합하며, 사물을 이롭게 함으로써 족히 의와 조화될 수 있다"[192]고 하여 예와 의를 시간과 공간의 측면에서 각각 구분하여 논하고 있다. 이는 시간적 측면에서 가회嘉會라는 사건(會)을 통하여 예를 논한 것이며, 공간적 측면에서 이물利物이라는 물건을 통하여 의에 대하여 논한 것이다.

《서경書經》에서도 "의로써 사건을 처리하고 예로 마음을 다스린다."[193]

---

192 《周易》 重天乾卦䷀ 文言, "嘉會 足以合禮, 利物 足以和義."

193 《書經》 商書 仲虺之誥, "以義制事 以禮制心."

라고 하였다. 이는 의義가 객관적 존재를 다스리는 대물적 원리이며, 예는 주체적 존재인 마음心을 다스리는 대심적對心的 원리임을 논한 것이다. 인간 본래성으로서의 인성仁性과 지성智性의 관계가 각각 체용의 관계이면서 동시에 구분될 수 없는 하나이듯이 예禮와 의義의 관계도 그러한 관계임을 주목해야 한다. 그렇기 때문에 시간과 공간의 관계도 상즉相卽의 관계이다.

인간의 본래성은 천성天性과 지성地性 즉 지성智性과 인성仁性을 내용으로 하며 그것이 도덕道德이다. 이처럼 인간 본래성은 천지의 본질로서의 도덕성을 본질로 하는데, 그 도덕성이 예의로 드러난다. 시간적 측면에서 보면 인성과 지성은 과거적 본질이며 예의는 미래적 이상이자 장차 행하여야 할 사명이다. 그러므로 인성과 지성을 성性, 예와 의를 명命이라고 한다.

인간 본래성의 내용으로서의 도덕성은 성명을 내용으로 하기 때문에 인도의 내용은 도덕원리 곧 성명의 이치이다. 여기서 삼극의 도가 객체화하여 삼재의 도가 되며, 삼재의 도는 결국 인간 본래성에 집약되기 때문에 도덕원리로서의 성명지리性命之理에 천도와 지도가 집약된다고 하겠다.

지도를 포함한 천도는 인도에 그 최종 목표가 있으며, 반대로 인도는 천지의 도덕성에 그 근거가 있는 것이다. 그렇기 때문에 《주역》에서는 동일한 육효六爻에 대하여 그 작용을 나타내는 측면에서는 삼극의 도를 표상하고 있다고 논하고, 그 위位를 나타내는 측면에서는 삼재의 도를 나타내는 것[194]으로 규정하고 있다. 이는 삼극의 도와 삼재의 도가 둘이 아니며 하나임을 나타낸다. 사실 인간 본래성의 내용인 도덕성이 바로 삼극의 도와 삼재의 도를 내용으로 하는 것이다. 지금까지 살펴본 내용을 도표로 나타내면 다음과 같다.

---

194 《周易》의 繫辭上篇에서는 "六爻之動은 三極之道也"라고 하였으며, 繫辭下篇에서는 "六者는 非他也니 三才之道也라."라고 하였다.

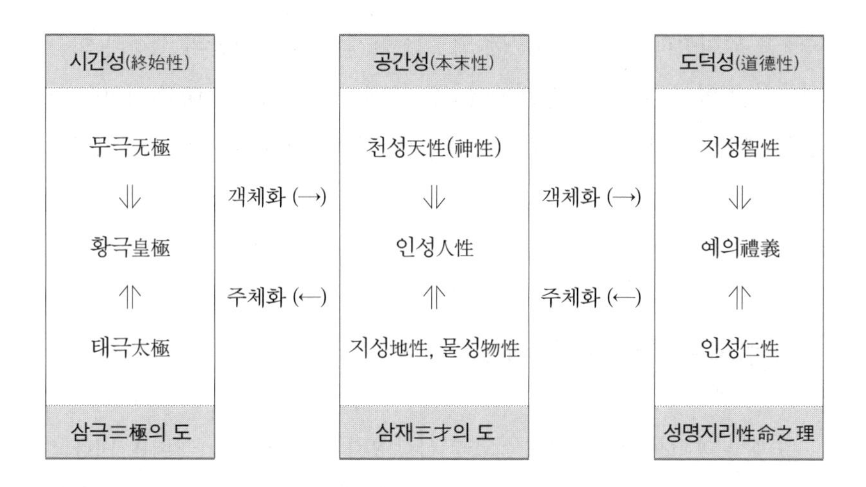

시간성과 공간성 그리고 도덕성

이상에서 살펴본 바와 같이 변화의 도를 내용으로 하는 역도에 있어서 변화의 의미는 시간성의 시간화 내지 공간성의 공간화 또는 주체성의 객체화와 시간의 시간성화, 공간의 공간성화, 객체의 주체화를 의미한다.

천지와 인간의 관계를 중심으로 변화를 살펴보면 천지의 도를 주체화(內面化)하는 인간의 탄생이 변화이며, 인간이 삶을 영위하는 과정에서 학문을 통하여 자신의 본성을 자각하여 그것을 시공時空 상에서 언행言行으로 구체화하는 실천으로서의 객체화 역시 변화이다. 따라서 인간의 삶 자체가 곧 변화라고 할 수 있다.《논어》와《서경》에서 천의 역수가 인간의 본래성으로 내재화되었음을 밝히고 있는 '천지역수재이궁天之曆數在爾躬'이나 천도의 인간 주체적 자각을 논하고 있는 '윤집기중允執基中'이 모두《주역》에서 밝히고 있는 변화의 구체적인 내용이다.

천지와 인간의 관계를 통하여 살펴보았듯이 천지와 만물의 관계를 중심으로 변화를 살펴보면 시간성의 시간화 또는 공간성의 공간화로서의 변화는 만물의 생生과 화化를 의미하며, 내면화, 주체화는 만물의 성成과

육育을 의미한다. 그렇기 때문에 역도는 다시 말하면 만물의 생성과 화육 원리라고 할 수 있다. 이에 대하여《주역》에서는 천지의 위대한 덕성은 만물의 생성이라고 논하고 그 생명의 끊임없는 생성을 변화라고 규정하고 있다.[195]

3. 역도와 음양오행陰陽五行

앞에서 살펴본 바와 같이 역도는 시간성의 구조와 작용 원리를 내용으로 한다. 그리고 시간성의 작용은 시간성의 자기 개시로 그것은 시간성의 시간화이다. 그러면 역도인 시간성의 자기 개시에 관하여 살펴보자.

《주역》에서는 역도의 내용을 삼재의 도로 규정하고 있다. 그리고 삼재의 도의 내용을 천도와 지도, 인도로 밝히고 있다. 또한 "천도를 세워서 음陰과 양陽이라고 말하며, 지도를 세워서 유柔와 강剛이라고 말하고, 인도人道를 세워서 인仁과 의義라고 한다."[196]라고 하여 천도의 내용이 음양원리이며, 지도의 내용이 강유원리이고, 인도의 내용이 인의원리라고 하였다. 그리고 "음양이 합덕하여 강유의 본체가 존재한다."[197]라고 하여 음양과 강유가 체용體用의 관계임을 드러냈다. 따라서 천도와 지도는 체용의 관계이기 때문에 천도의 내용을 파악하기 위해서는 음양원리를 이해하는 것이 필요하다.

기존의 학자들은 음양원리를 오행五行원리와 더불어 논하면서 형이상

---

195 《周易》繫辭上篇, "天地之大德曰 生" 및 "生生之謂易."

196 《周易》說卦 第二章, "昔者聖人之作易也는 將以順性命之理니 是以立天之道曰陰與이오 立地之道曰柔與剛이오 立人之道曰仁與義니."

197 《周易》繫辭下篇 第六章, "子曰乾坤은 其易之門邪인저 乾은 陽物也오 坤은 陰物也니 陰陽이 合德하여 而剛柔_有體라 以體天地之撰하며 以通神明之德하니."

적 존재의 존재 원리인 천도로 이해하지 않았다. 양계초가 "음양오행설은 이천년 동안 온갖 미신迷信을 낳은 본거지였으며, 오늘날에 이르기까지도 사회적으로 여전히 막강한 세력을 떨치고 있다. 이제는 마땅히 그것을 극복해야하기 때문에 이제 그 역사를 밝히려고 한다.[198]라고 말한 점을 보면 알 수 있다.

《주역》에서는 천도가 음양원리이기 때문에 음양원리를 근거로 괘卦가 형성되었음[199]을 밝히고 있을 뿐만 아니라《주역》이 육획六畫에 의해 괘를 이룬다고 말하고, 이어서 음으로 나누어지고 양으로 나누어져서 유와 강으로 질운迭運 작용을 함[200]을 밝히고 있다. 그리고 "한번은 음陰으로 작용하고 한번은 양陽으로 작용하는 것을 일러 도라고 한다."[201]라고 하여 음양원리가 천도임을 분명하게 밝히고 있다.

음양원리는 시간성의 원리이다. 시간성의 원리는 시간성의 자기 전개원리로 그것이 일월日月에 의해 시간이 전개되는 작용으로 드러난다.《주역》의 수택절괘水澤節卦䷻에서는 "천지가 마디를 지어서 사시四時가 이루어진다."[202]고 하였다. 이때 천지를 마디 짓는 존재는 일월이다. 그렇기 때문에《정역》에서는 연월일시年月日時의 시간을 논하면서 그것이 "일월의 덕이며, 천지의 분分이다."[203]고 하여 일월의 운행에 의해 시간이 전개됨을 밝히고 있다.

---

198 양계초, 풍우란외 지음 김홍경 편역, 〈음양오행설의 역사〉,《음양오행설의 연구》, 서울, 신지서원, 1994년, 3쪽.

199 《周易》說卦 第一章, "觀變於陰陽而立卦하고 發揮於剛柔而生爻하니."

200 《周易》說卦 第二章, "兼三才而兩之라 故로 易이 六畫而成卦하고 分陰分陽하며 迭用柔剛이라 故로 易이 六位而成章하니라."

201 《周易》繫辭上篇 第五章, "一陰一陽之謂道니 繼之者善也오 成之者性也라."

202 《周易》水澤節卦䷻ 彖辭, "天地節而四時成하니."

203 金恒,《正易》第六張, "嗚呼라 日月之德이여 天地之分이니 分을 積十五하면 刻이오."

《주역》의 계사상편繫辭上篇에서는 "일월이 운행하여 한 번은 덥고 한 번은 춥다.[204]"라고 하여 일월의 운행에 의해 한서寒暑가 이루어짐을 밝히고 있을 뿐만 아니라 한서에 의해 일 년 一年이라는 시간이 이루어지는 것을 다음과 같이 밝히고 있다.

> 해가 가면 달이 오고 달이 가면 해가 와서 일월이 서로 작용하여 밝음이 나타나며, 추위가 가면 더위가 오고, 더위가 가면 추위가 와서 한서가 서로 작용하여 세歲가 이루어진다.[205]

위의 내용을 보면 일월의 운행에 의해 한서가 이루어지고, 한서의 운행에 의해 사시가 형성되며, 사시에 의해 일 년이 이루어짐을 알 수 있다. 천지를 구분하여 사시로 나누는 존재가 일월인 것이다. 그렇기 때문에 뇌지예괘雷地豫卦䷏의 단사彖辭에서는 "천지는 천도에 순응하여 작용하기 때문에 일월이 지나침이 없어서 사시가 어긋나지 않는다."[206]라고 하여 천지의 작용이 일월을 통하여 이루어짐을 밝히고 있다.

《정역》에서는 "수토水土가 성도成道하여 천지가 형성되며, 천지가 합덕合德하여 일월이 형성된다."[207]라고 말하고, "천지가 일월이 없으면 빈껍데기와 같다."[208]라고 하여 천지와 일월이 일체적 존재임을 밝히고 있다.《주역》에서는 "음양원리는 일월원리와 짝한다."[209]라고 하여 천도는 일월에

---

204 《周易》 繫辭上篇 第一章, "鼓之以雷霆하며 潤之以風雨하며 日月이 運行하며 一寒一暑하야."

205 《周易》 繫辭下篇 第五章, "日往則月來하고 月往則日來하야 日月이 相推而明生焉하며 寒往則暑來하고 暑往則寒來하야 寒暑 相推而歲成焉하니."

206 《周易》 雷地豫卦䷏ 彖辭, "天地以順動이라 故로 日月이 不過而四時不忒하고."

207 金恒,《正易》 第八張, "水土之成道가 天地요 天地之合德이 日月이니라."

208 金恒,《正易》 第八張, "天地는 匪日月이면 空殼이오 日月은 匪至人이면 虛影이니라."

209 《周易》 繫辭上篇 第六章, "陰陽之義는 配日月하고."

의해 작용하는 일월원리임을 밝히고 있다.

《서경》과 《논어》에서는 천도의 내용을 역수원리로 규정하고 있다. 《논어》에서는 "천의 역수원리가 인간의 본래성으로 주체화되었다."[210]라는 구절로 천도의 내용이 역수원리임을 밝히고 있다. 따라서 음양원리의 내용인 일월원리는 역수원리이다. 《정역》에서는 "역도는 역수원리이다."[211] 라고 하여 역도가 역수원리임을 밝히고 있다.

역수원리는 시간성의 원리이며, 시간성의 원리는 형이상적 존재의 존재원리이다. 역도가 역수원리이며, 역도가 형이상적 존재이기 때문에 역수원리 역시 형이상적 존재일 수밖에 없는 것이다. 역수원리가 형이상적 존재라는 것은 그것이 시간의 운행법칙과 같은 자연과학의 법칙이 아님을 뜻한다.

그럼에도 불구하고 음양원리를 미신으로 규정하는 일은 그것을 형이하적 관점에서 이해하고 있음을 보여주는 것이다. 사실 지금까지의 음양원리를 연구하는 사람들이 그것을 오행과 결합하여 특정한 존재의 사주四柱팔자八字를 운명론적運命論的 관점에서 개인의 이해타산利害打算을 헤아리는 데 사용하였기 때문에 음양오행이 미신이라는 오해를 갖게 된 것이다.

역수원리는 천간天干과 지지地支에 의해 구성된 간지도수干支度數와 천지天地의 수數에 의해 구성된 하도河圖와 낙서洛書를 통하여 표상된다. 하도와 낙서는 역수원리를 체용의 구조를 통하여 본체원리와 작용 원리를 중심으로 표상하였다. 그것은 역수원리를 음과 양으로 구분하여 양자의 관계를 중심으로 나타낸 것으로, 본체와 작용을 음양이 합덕된 관점에서

---

210 《書經》의 大禹謨篇에서는 "天之曆數 在汝躬 汝終陟元后 人心惟危 道心惟微 惟精惟一 允執厥中四海困窮 天祿永終."라고 하였으며, 《論語》의 堯曰篇에서는 "天之曆數 在爾躬 允執其中 四海困窮 天祿永終."이라고 하였다.

211 金恒, 《正易》 〈大易序〉, "聖哉라 易之爲易이여 易者는 曆也니 無曆이면 無聖이오 無聖이면 無易이라."

표상한 것이 간지도수이다.

《주역》에서는 선갑삼일先甲三日 후갑삼일後甲三日 도수度數와 선경삼일先庚三日 후경삼일後庚三日 도수를 통하여 간지도수가 천도의 표상체계임을 밝히고 있다.[212] 그런데 간지도수의 구조를 보면 음양과 오행이다. 이로부터 음양오행원리는 간지도수가 표상하는 내용임을 알 수 있다.

그러나 《주역》에서 음양이 나타나는 것과 달리 오행이라는 개념은 전혀 나타나지 않는다. 뿐만 아니라 유가儒家 계통의 다른 전적에서도 음양陰陽뿐만 아니라 오행五行이라는 개념이 나타나지 않는다. 오행이 나타나는 것은 《서경》의 감서甘誓와 홍범洪範이다.[213] 이처럼 음양과 오행이 함께 사용되지 않을 뿐만 아니라 오행이라는 개념이 《주역》에서 나타나지 않는 점을 들어서 많은 사람들이 역도와 오행은 무관하다고 말한다.

《주역》은 음양원리 오행원리를 밝히는 데 그 관점이 있지 않다. 다시 말하면 《주역》은 천도를 밝히는 데 목적을 두지 않기 때문에 천도의 내용이 음양원리임을 밝히면서도 음양원리, 오행원리의 구체적인 내용을 밝히지 않았던 것이다. 그것은 역경易經을 저작한 성인이 부여받은 천명天命과 관련된 것이다.[214] 그럼에도 불구하고 오행이 《서경》의 홍범洪範을 통하여 언급되고, 음양이 《주역》을 비롯한 경전에서 언급되었기 때문에 음양과 오행을 결합시켜서 음양오행원리를 언급하게 된 것이다.

음양원리, 오행원리가 천도의 내용이기 때문에 오행이라는 개념을 사용하지는 않지만 《주역》에서는 오행적 구조를 밝히고 있다. 계사상편繫辭上

---

212 《周易》의 山風蠱卦䷑의 彖辭에서는 "先甲三日後甲三日은 終則有始天行也라."라고 하여 干支度數原理가 天道의 표상체계임을 밝히고 있고, 重風巽卦의 九五爻 爻辭에서는 "无初有終이라 先庚三日하며 後庚三日이니 吉하니라."라고 하였다.

213 《書經》의 〈甘誓〉에서는 "有扈氏威侮五行."라고 하였고, 〈洪範〉에서는 "我聞 在昔鯀陻洪水, 汨陳其五行."이라고 하였다.

214 金恒, 《正易》 第六張, "聖人所不言이시니 豈一夫敢言이리오마는 時오 命이시니라."

篇 제구장第九章에서 천지의 수를 중심으로 논할 때 오五를 중심으로 천지의 수가 합덕하는 것은 오행적 구조를 그대로 반영한 것이다.[215] 《서경》의 대우모大禹謨를 보면 "덕은 오직 선정善政에 있으며, 정치는 백성들을 기르는 데 있다. 수화목금토水火木金土와 곡穀을 오직 닦는다."[216]라고 하였다. 그리고 감서甘誓에는 "유호有扈씨가 오행五行을 능멸淩蔑하였으며, 삼정三正을 게을리 하였다."[217]라고 하였다. 《서경》의 홍범洪範에서는 오행의 성격을 분명하게 밝히고 있는데, 그 내용을 살펴보면 다음과 같다.

> 내가 듣건대 옛날 곤鯀이 홍수를 다스릴 때 오행五行을 거슬렀기 때문에 제帝가 진노震怒하여 홍범구조洪範九疇를 내려서 떳떳한 윤리倫理를 펴게 하지 않았습니다. (그렇기 때문에) 곤은 죽임을 당하였습니다. 우禹가 뒤를 잇자 천天이 우禹에게 홍범구주洪範九疇를 내려주어 떳떳한 윤리倫理를 펴게 하였습니다.[218]

위의 내용을 보면 오행을 거스른 곤에게는 홍범구주를 내려주지 않았고, 오행에 순응한 우에게는 홍범구주를 내려준 것을 알 수 있다. 이를 통하여 홍범구주가 오행원리에 근거하여 형성되었음을 알 수 있다.

홍범에서는 제일第一 범주範疇에서 오행을 논하고 제사第四 범주範疇에서 오기五紀를 논하여 오행을 오기와 함께 논하고 있다. 오기의 내용을 보면 세월일성신歲月日星辰과 역수원리이다. 세월일성신은 연월일시를 나타

---

215 《周易》 繫辭上篇 第九章, "五位相得 而各有合하니."

216 《書經》 大禹謨, "德惟善政, 政在養民, 水火金木土穀惟修, 正德利用厚生惟和."

217 《書經》 甘誓, "有扈氏威侮五行, 怠棄三正. 天用勦絶其命. 今予惟恭行天之罰."

218 《書經》 洪範, "我聞, 在昔, 鯀陻洪水, 汨陳其五行, 帝乃震怒, 不畀洪範九疇, 彝倫攸斁. 鯀則殛死, 禹乃嗣興, 天乃錫禹洪範九疇, 彝倫攸敍. 初一曰五行, 次二曰敬用五事, 次三曰農用八政, 次四曰協用五紀, 次五曰建用皇極, 次六曰乂用三德, 次七曰明用稽疑, 次八曰念用庶徵, 次九曰嚮用五福威用六極."

내는 것으로, 그것은 역수의 구체적인 구성단위이다. 따라서 오행을 통하여 나타내는 내용은 오기에서 밝힌 역수원리임을 알 수 있다. 홍범구주의 제사범주에서 오기를 논하고 제일범주에서 오행을 논한 것은 오기가 작용 원리를 중심으로 오행원리를 밝힌 것임을 나타내고자 하는 것이다.

오행과 오기의 관계는《정역》에서 밝히고 있는 하도와 낙서가 표상하는 역수원리를 중심으로 살펴보면 분명하게 드러난다. 제일범주에 해당하는 낙서의 용일도수用一度數는 용구도수用九度數와 상응하는데, 용구도수는 음양이 합덕된 중정역中正曆으로서의 원역原曆을 상징하며, 제사범주에 해당하는 낙서의 용사도수用四度數는 용육도수와 상응하며, 음양이 합덕된 중정역中正曆인 정역正曆을 표상한다. 따라서 용사도수와 용일도수가 표상하는 내용은 정역으로 서로 같지만 용일도수가 표상하는 내용은 정역에 본체도수가 합하여진 원역도수를 상징하는 점에서 서로 다를 뿐이다.

《정역》에서는 천지의 수가 일월원리를 천명闡明한다고 밝히고 있을 뿐만 아니라 그 내용을 간지도수를 통하여 밝히고 있는데, 먼저《정역》에서 역도의 내용을 요약하여 설명한 부분을 살펴보면 다음과 같다.

> 역易은 역逆으로 극極에 이르면 되돌아오게 된다. 토土가 궁극에 이르면 수水를 낳고, 수가 궁극에 이르면 화火를 낳으며, 화가 궁극에 이르면 금金을 낳고, 금이 궁극에 이르면 목木을 낳고, 목이 궁극에 이르면 토土를 낳으며, 토는 화를 낳는다.[219]

위의 내용을 보면 처음 부분은 역도의 내용을 역逆으로 요약하여 나타낸 후에 다음 부분에서 목화토금수木火土金水의 관계를 통하여 그 구체적

219 金恒,《正易》第二張, "易은 逆也니 極則反하나니라. 土極하면 生水하고 水極하면 生火하고 火極하면 生金하고 金極하면 生木하고 木極하면 生土하니 土而生火하나니라."

인 내용을 밝히고 있다. 처음 부분에서 "역易은 역逆으로 궁극에 이르면 반反한다."라고 하였다. 이는 변화의 현상들이 궁극에 이르면 다른 방향으로 방향을 바꾸어 전개됨을 밝힌 것이다. 다시 말하면 역생의 관점을 중심으로 그것이 궁극에 이르면 도성함을 나타낸 것이라고 할 수 있다. 그 가운데는 도생倒生이 궁극에 이르러 역성逆成하게 됨을 포함하고 있다.

《주역》에서는 도생과 역생의 관계를 군자를 중심으로 밝히고 있는데, 그 내용을 살펴보면 다음과 같다.

> 지나간 것을 헤아림은 순順이며, 다가올 것을 아는 것은 역逆이다. 그러므로 역易은 역逆으로 헤아린다.[220]

순順은 도생역성倒生逆成을 가리키며, 역逆은 역생도성逆生倒成을 가리킨다. 그렇기 때문에 역학이라는 학문은 군자가 역생逆生의 관점에서 학문하여 역도를 자각하는 지래知來의 문제인데, 여기서는 그것을 역逆으로 헤아린다고 한 것이다.

다음 부분에서는 '극즉반極則反'의 내용을 밝히고 있는데, 그 내용은 목화토금수木火土金水의 관계를 중심으로 하고 있다. 목화토금수木火土金水는 《서경》에서 오행五行으로 규정하고 있는 개념이다. 따라서 이 부분에서는 역도의 내용을 오행원리로 밝히고 있음을 알 수 있다.

오행원리의 구체적인 내용은 목화토금수의 오행을 중심으로 밝히고 있는데, 오행의 양자를 '극생極生'으로 규정하고 있다. 그런데 《정역》의 다른 부분에서는 위에서 밝히고 있는 것과 동일한 순서로 언급하면서 그것을 '성成'으로 규정하고 있다. 따라서 '극생極生'은 성成의 의미를 담고 있음을 알 수 있다.

---

220 《周易》 說卦 第三章, "數往者는 順하고 知來者는 逆하니 是故로 易은 逆數也라."

그리고 이와 더불어 오행의 관계를 논하면서 생을 논하고 있다. 《정역》에서는 기존의 오행관계를 생극生克으로 규정하고 있는 것과 달리 오행원리를 생성원리로 밝히고 있다. 생극은 대립과 갈등의 부조화를 낳지만 생성은 합덕하여 하나가 되는 조화의 관계를 낳는다.

앞의 내용을 통하여 도역倒逆의 생성원리가 오행원리의 내용임을 알 수 있다. 결국 《주역》에서 선갑삼일先后甲三日과 후갑삼일先后庚三日의 도수度數를 중심으로 그것이 표상하는 내용을 천도라고 규정한 것은 오행원리가 천도의 내용이며, 그것이 바로 역도이자 역도의 내용이 역수원리임을 밝힌 것이라고 할 수 있다.

《정역》과 《주역》 그리고 《서경》의 내용을 종합하여 이해하면 음양원리와 오행원리의 내용이 역수원리임을 알 수 있다. 그럼에도 불구하고 지금까지는 음양오행을 형이상적 관점에서 연구하지 않고 오로지 형이하적 관점에서 점술占術이나 한의학韓醫學의 이론과 함께 연구하였다.

특히 오행원리가 사주팔자四柱八字를 중심으로 개인의 미래를 점占치는 운명론運命論과 결부되면서 그 본래 면목을 완전히 상실하게 되었다. 음양오행을 언급하는 대부분의 학자들이 오행을 오원소五元素나 오사五事 정도로 이해하는 것은 그 점을 단적으로 보여주는 예이다.

음양원리도 천도의 내용이며, 오행원리도 천도의 내용이고 양자가 모두 역수원리를 표상한다면 음양원리와 오행원리는 어떤 관계인가가 문제이다. 《정역》에서는 음양을 태음太陰과 태양太陽으로 규정하고 있다. 그리고 태음과 태양의 근거를 천지로 규정하고 있다. 천지의 합덕에 의해 존재하는 것이 태양과 태음인 것이다. 따라서 천지와 음양은 본체와 작용의 관계와 같다. 따라서 천도의 내용이 음양원리라고 할 수 있다. 음양원리의 구체적인 내용을 본체와 작용의 관점에서 밝힌 것이 오행원리이다. 그러므로 음양원리와 오행원리는 같은 내용을 각각 다른 관점에서 언급한 것에 불과하다.

역도의 내용이 음양오행원리이면서 역수원리라는 것은 음양오행원리가 곧 역수원리임을 뜻한다. 음양오행원리를 작용 원리를 중심으로 나타내면 시간성의 시간화 원리이다. 음양오행원리를 체용의 구조를 중심으로 나타내면 삼극三極의 도道가 된다. 삼극의 도는 삼극의 도역생성 원리를 나타낸다.

삼극은 본체를 중심으로 나타낸 것이며, 그 작용 원리가 도역생성 원리이다. 시간성의 시간화는 작용을 중심으로 음양오행원리를 나타낸 것으로, 삼극 가운데서 무극의 태극지향 작용과 태극의 무극지향 작용에 의해 이루어진다. 무극의 태극지향 작용을 순작용順作用 그리고 태극의 무극지향 작용을 역작용逆作用이라고 한다. 따라서 시간성의 시간화는 순역작용順逆作用이다.

《주역》에서는 순역작용을 황극을 중심으로 자각自覺의 측면에서 논하여 지나간 과거의 일을 헤아리는 것은 순작용에 의하며, 미래를 미리 아는 것은 역작용에 의해 가능하기 때문에 미래의 일을 알고자 하는 "역易은 역逆으로 헤아린다."[221]라고 하였다. 여기서 '수왕數往'과 '지래知來'의 주체는 인간이다. 그러므로 '수왕'이란 개체적 측면에서는 인간의 과거적 본성을 자각하는 것이며, '지래'는 미래적 이상이자 역사적 사명(天命)을 자각하는 것을 의미한다.

반면에 인류사적 측면에서 '수왕'은 지나간 역사의 가치를 자각하는 것을 의미하며 '지래'는 인류의 이상사회를 자각함을 의미한다. 따라서 "그런 까닭에 역易은 역逆으로 헤아리는 것"이라고 논한 것은《주역》의 관점이 장차 인류 사회가 지향해야 할 이상사회[222]를 제시하는 데 있음을 나타내는 것이다.

---

221 《周易》說卦 第三章, "數往者는 順하고 知來者는 逆하니 是故로 易逆數也니라."

222 《周易》에서 제시하는 이상 사회는 건곤乾坤이 합덕合德된 360의 정역正曆이 행하여지는 세계이며 그 세계는 예의禮義가 행하여지는 인격의 세계이다.

《주역》의 계사상편繫辭上篇 제구장第九章에서는 순역順逆(陰陽) 작용을 천지의 수數에 의해 논하고 있다.[223] 천지의 수는 일월의 운행도수를 나타내는 역수[224]로, 일一, 삼三, 오五, 칠七, 구九의 천수天數와 이二, 사四, 육六, 팔八, 십十의 지수地數를 가리킨다. 이러한 열 개의 천수와 지수 간의 관계를 통하여 순역 작용이 표상되는 것이다.

순역 작용을 수의 관계를 통하여 나타내고자 할 때는 수의 증감增減으로 나타낼 수밖에 없다. 그렇기 때문에 순역 작용을 나타내는 수의 증감 작용을 연衍으로 규정하고, 그 기준이 되는 수를 대연지수大衍之數라고 규정하고 있다. 연은 "윤閏" 또는 "윤潤"의 의미로 역수의 측면에서는 윤도수閏度數의 생성을 의미하며, 공간적 측면에서는 만물의 성장을 의미한다.

대연의 수는 오십五十으로, 그것은 오와 십을 상승相乘 합덕合德시킨 수이다. 상승 합덕이란 단순한 산술적인 승산乘算을 의미하는 것이 아니라 양자兩者의 합덕일체화를 의미한다. 그런데 십十과 오五는 각각 천과 지의 본성을 나타내는 수이다. 따라서 오십五十이라는 수는 천지가 하나가 된 합덕체合德體를 나타낸다. 그리고 오五가 인간의 본래성을 표상하는 수이기 때문에 오십五十은 천인天人의 합덕체合德體를 나타내기도 한다.

대연지수가 본체本體가 되어서 대연大衍의 작용이 이루어짐은 대연의 작용이 십오十五의 천지 합덕체 또는 천인 합덕체에 의해 이루어짐을 의미한다. 천지의 합덕체인 십오十五가 본체가 되어 이루어지는 작용을 지천태괘地天泰卦☷가 표상하는 후천의 관점에서 나타낸 것이 오십五十인 것이다. 이를 통하여 천지의 합덕체가 우주의 근본이 되어 오십五十의 인간의 삶, 인간 세계가 전개됨을 나타내는 것이 대연지수의 내용임을 알 수 있다.

대연지수 오십에 의한 대연의 작용은 오십에서 수가 감소減少하는 작용

---

223 《周易》繫辭上篇, 第九章.

224 金恒,《正易》第二十張, "天地之數는 數日月이니."

을 통하여 나타난다. 오십에서 사십구四十九, 사십팔四十八, 사십칠四十七, 사십육四十六, 사십오四十五로 감소하는 과정을 통하여 대연의 작용이 표상되는 것이다. 이러한 수의 감소에 의해 드러나는 수는 사십오로, 이는 오십을 중심으로 보면 오십에서 오가 감소한 것이다.

그런데 대연지수의 성격을 천지의 수라는 역수로 규정하고 있는 부분을 보면 천지의 수의 합은 오십오이다. 이는 대연지수 오십과 비교하면 오수五數가 증가한 것으로, 대연지수를 기준으로 양자를 비교하면 오십오와 사십오는 각각 오수가 증가하고 감소한 것이다. 이처럼 오십으로부터 사십오로 감소하는 작용은 순작용順作用을 상징하며, 오십으로부터 오가 증가하는 것은 역작용逆作用을 상징한다.

그리고 대연지수로부터의 증가 작용과 감소 작용이 오수에 의해 이루어진다는 것은 시간성의 시간화 작용이 다섯 마디를 거치는 양상으로 나타남을 상징한다. 이와 같이 시간화 작용이 다섯 마디로 이루어지는 것을 오행 작용이라고 한다. 천지의 수도 음양의 오행 작용을 합하여 천수天數 오五와 지수地數 오五가 더해져서 십수十數가 된 것이다.

오십오와 사십오의 사이는 십으로, 오십오에서 사십오까지의 간격도 십이며, 사십오에서 오십오까지의 간격도 역시 십이다. 따라서 오십오와 사십오 사이의 대연작용을 천지의 수에 의해 나타내면 오십오에서 사십오까지의 십, 구, 팔, 칠, 육, 오, 사, 삼, 이, 일의 순수 작용과 사십오에서 오십오까지의 일, 이, 삼, 사, 오, 육, 칠, 팔, 구, 십의 역수 작용으로 구분된다.

앞에서 논한 순역 작용을 그 시종始終의 측면에서 논하면 순수順數 작용은 십에서 시작하여 일에서 완성되는 작용이며, 역수逆數 작용은 일에서 시작하여 십에서 완성되는 작용이다. 여기서 시작은 생의 작용이며, 끝은 완성의 작용으로, 작용의 방향과 질質을 동시에 나타내면 순수 작용은 십수에서 나서(生) 일수에서 완성되는 것이며, 역수 작용은 일수에서 시작하여 십수에서 완성되는 것이다. 이것을 《정역》에서는 도생역성

倒生逆成과 역생도성逆生倒成으로 규정하고 있다. 이때 도역倒逆은 순역을 의미한다.[225]

도역생성 작용을 시간성의 구조에 의해 나타내면 미래적 시간성에서 시작하여 그 작용이 완성되어 나타난 것이 태초성太初性이며, 태초성에서 시작하여 그 작용이 완성되면서 나타난 것이 종말성終末性이다. 인간에 있어서도 미래적 이상인 명命에서 시작하여 그 작용이 완성된 결과로 나타난 것이 인간의 과거적 본질로서의 성性이며, 과거적 본성에서 시작하여 그 작용이 완성된 결과로 나타난 것이 미래적 이상으로서의 명命이다. 그러므로 인간 본래성의 자각을 통하여 천명天命을 자각하고 자각한 천명을 봉행한다는 것은 과거적 본질 자각을 통하여 미래적 사명을 자각하고 그 사명을 현재적 시위에서 구체화하는 역작용이라고 할 수 있다.

앞에서 순역 작용이 다섯 마디에 의해 이루어지며, 그것이 오행 작용임을 살펴보았다. 이 오행을 객체화하여 고정시킴으로써 사시와 사방의 시간과 공간이 형성된다. 사시와 사방의 작용에 그 중심 본체를 더하면 오위五位가 된다. 《주역》의 계사상편繫辭上篇에서 천지의 수가 서로 오위를 얻었다고 논한 것은 천지의 수가 표상하는 오행원리의 객관적 표상[226]이 오위임을 뜻한다. 천지의 수를 음양의 오행 작용을 나타내는 사방과 중앙에 음양으로 배치함으로써 오위가 형성되는 것이다.

이때 오위에 놓이는 수의 본질을 나타내기 위하여 각 수가 표상하는 내용인 시의성時義性을 객체화하여 나타낸 것이 목·화·토·금·수라는 개념이다. 이러한 오위와 오행을 고찰할 때 유의해야 할 문제는 그것이 단순하게 형이하적인 물질을 나타내는 것이 아니기 때문에 감각기관에 의해 포착되지도 않고 사고에 의해 드러나지 않는다는 점이다. 오위와 오행이

---

225 金恒, 《正易》 第二張, "龍圖는 未濟之象而倒生逆成하니 先天太極이니라. 龜書는 旣濟之數而逆生倒成하니 后天无極이니라."

226 《周易》 繫辭上篇, 第九章 "五位相得 而各有合."

표상하고자 하는 것은 형이상적인 천도, 역도이다. 역도, 천도는 형이상적인 존재이기 때문에 오직 인간의 자각에 의해 밝혀질 뿐 사고를 통해 드러날 수 없는 것이다. 그렇기 때문에 역도, 천도를 객관화하여 작용의 관점에서 그 구조를 밝힘으로써 비로소 그 내용을 이해할 수 있다. 이러한 구체화의 과정에서 오행과 오위가 나타나게 된 것이다.

천지의 수는 역수로 그것을 객체화하였을 때 오위라는 개념이 성립되기 때문에 오위는 공간화된 시간인 위位일 따름이다. 다시 말하면 오행의 공간적 위를 나타내는 오위나 오위의 본질을 나타내는 오행이라는 개념의 성격은 역수라는 것이다. 오행이라는 개념 자체를 보아도 글자 그대로 다섯 유형의 운행 내지 다섯 마디의 작용을 의미하는 것이다.

《서경》의 홍범편을 중심으로 오행원리를 살펴보면 홍범 구주는 오황극五皇極을 중심으로 오행五行, 오사五事, 팔정八政, 오기五紀와 삼덕三德, 계의稽疑, 서징庶徵, 오복五福·육극六極의 여덟 가지이다. 여기서 오행과 오기는 천도의 내용으로 그것을 근거로 한 인도를 나타내고 있는 것이 오사와 팔정이다. 이와는 반대로 삼덕과 오복·육극의 인도를 중심으로 천도를 논하고 있는 것이 계의와 서징이다. 전자는 천도 안의 인도를 논하고 있으며, 후자는 인도 안의 천도를 논하고 있는 것이다. 오기는 세월일시歲月日時의 역수曆數이며, 오행은 목木·화火·토土·금金·수水이다.

이때 오복·육극은 삼덕의 결과를 나타내는 것이므로 삼덕과 오복·육극은 체용體用의 관계라고 할 수 있다. 마찬가지로 오행과 오기의 관계도 역시 체용의 관계라고 할 수 있다. 오행은 천의 운행원리이며, 이를 인간에게 보여주는 것이 오기이다. 따라서 오행은 오기의 원리를 나타내기 때문에 그 관계는 체용의 관계인 것이다.

그런데 휴징休徵에 관하여 논한 부분을 보면 세월일성歲月日星이 각각 왕과 경사卿士, 사윤師尹, 백성이 반성해야 할 것이라고 하여 세월일성(時)의 관계를 논하고 그것이 때에 맞게 잘 이루어짐으로써 백곡이 풍성하고 가정이 평강하다[227]고 하였다. 이는 구주를 처음 논한 부분에서 "천과 합덕하기 위하여 오기를 통하여 화합和合한다"[228]라고 한 내용을 구체적으로 언급한 것이다. 세월일성(時)을 반성한다는 것은 역수의 구성을 바르게 하여 백성들이 그 때를 어기지 않도록 해주는 것이다. 이처럼 작용으로 나타난 오기가 역수의 구성 법칙에 관한 내용이라면 그 체의 내용은 당연히 역수 구성법칙의 원리가 되는 역수원리라고 할 수밖에 없다. 그러므로 오행은 역수원리의 표상 형식이고, 오행원리는 역수원리라고 할 수 있다.

오행원리의 이해를 위하여 목·화·토·금·수가 갖는 각각의 의미인 시의성에 대하여 살펴보자. 오행은 시간성의 시간화, 시간성의 객체화 작용에 있어서 그 다섯 양상을 의미한다. 토는 오행에 있어서 본체이며 시간성 자체를 나타낸다. 그리고 목·화·금·수는 시간화 작용을 나타낸다. 그러므로 토와 목·화·금·수는 체용의 관계이다.

목·화·금·수를 《주역》의 개념으로 나타내면 천도의 사상四象 작용을 표상하는 개념이라고 할 수 있다. 사상 작용을 《정역》의 관점에서 이해하면 태음太陰과 태양太陽의 음양 작용으로 구분할 수 있다.[229] 목화는 태양 작용이며, 금수는 태음 작용이다. 태음과 태양 작용은 토의 음양 작용이 나타난 것으로, 태음과 태양의 작용에 의해 역수의 생성 변화가 이루어진다. 따라서 목화금수는 사시四時로 드러나는 시의성을 표상하는 동시에

---

227 《書經》 洪範, "八, 庶徵, 曰雨, 曰暘, 曰燠, 曰寒, 曰風, 曰時, 五者來備, 各以其敍, 庶草蕃廡. 一極備凶, 一極無凶. 曰休徵, 曰肅, 時雨若, 曰乂, 時暘若, 曰晳, 時燠若, 曰謀, 時寒若, 曰聖, 時風若. 曰咎徵, 曰狂, 恒雨若, 曰僭, 恒暘若, 曰豫, 恒燠若, 曰急, 恒寒若, 曰蒙, 恒風若. 曰, 王省惟歲, 卿士惟月, 師尹惟日. 歲月日, 時無易, 百穀用成, 乂用明, 俊民用章, 家用平康. 日月歲, 時旣易, 百穀用不成, 乂用昏不明, 俊民用微, 家用不寧. 庶民惟星, 星有好風, 星有好雨. 日月之行, 則有冬有夏, 月之從星, 則以風雨."

228 《書經》 洪範, "協用五紀."

229 기존의 학자들은 사상四象을 논할 때 노음老陰과 노양老陽, 소음少陰과 소양少陽을 논한다. 그러나 《정역》에서 오로지 태음太陰과 태양太陽만을 언급하고 있다. 이는 기존의 음양오행론과 《정역》의 음양오행론의 의미가 서로 다름을 뜻한다.

공간적 측면에서는 사방으로 드러나는 공간성을 표상한다고 하겠다.

목화금수는 춘하추동의 사시가 갖는 의미인 시의성을 나타내며, 그러한 시의성이 만물의 생성에 있어서는 생성의 마디로 나타나는 것이다. 봄이라는 시간이 갖는 의미는 시생始生으로, 땅속에 있던 씨가 지표를 뚫고 올라오면서 시생이 이루어진다. 그렇기 때문에 시생은 약동하는 생명력의 분출로 비유될 수 있고, 그러한 성질을 곡진한 곧음이라고 논하고 그것을 목木이라고 규정한 것이다.

하夏라는 시간의 의미는 성장에 있다. 봄에 싹이 튼 생명이 자꾸만 번성하는 때가 여름이다. 따라서 성장은 생명력의 확산으로 비유될 수 있다. 홍범에서는 이를 불꽃이 위로 타오르는 현상에 비유하여 화火라고 규정하고 있다.

추秋는 아래에서 위로의 작용, 안에서 겉으로의 작용이 그 방향을 바꾸어서 위에서 아래로의 작용, 밖에서 안으로의 작용으로 질이 변화하는 때이다. 다시 말하면 생명체에 있어서는 화려한 꽃과 무성한 잎사귀를 벗어던지고 열매를 맺음으로써 향외적 작용이 향내적 작용으로 바뀌는 때이다. 이를 홍범에서는 종혁從革으로 나타내고 있는데, 종혁은 그 작용의 방향을 바꾼다는 의미로 그것을 금金으로 나타낸 것이다.

동冬은 추秋에서 시작된 내면 작용의 완성으로 열매를 감추어 보관하는 때이다. 감추어 보관한다는 것은 다시 올 봄을 위하여 생명력을 비축한다는 의미이기도 하다. 홍범에서는 이것을 아래를 윤택하게 해주는 성질이라고 하였는데, 곡직曲直과 염상炎上이 위로의 작용인 반면에 종혁從革과 윤하潤下는 아래로의 작용이다. 윤하는 아래를 윤택하게 한다, 살찌게 한다는 것으로 그것은 내면의 생명력을 비축하는 완성 작용을 의미한다. 그런데 윤하 작용을 하는 전형적인 예가 물이기 때문에 수水라고 지칭한 것이다. 이와 같이 오행은 토와 그 작용을 나타내는 목·화·금·수를 가리키며 이는 토를 체로 하여 목·화·금·수의 사상 작용이 이루어지는 것이다.

우리는 앞에서 역도를 이해하기 위하여 시간성에 대하여 고찰하였다. 그 과정에서 시간성의 객체화에 의해 드러난 공간성과 시간 그리고 공간의 문제도 동시에 살펴보았다. 시간은 공간과 더불어 논의될 수밖에 없는 존재 범주이자 자각 범주이다. 그런데 시간과 공간은 형이상적 본질인 시간성과 공간성을 그 존재 근거로 한다. 다시 말하면 형이상의 시간성과 공간성이 각각 형이하적 존재인 시간과 공간으로 객체화하는 것이다. 이러한 시간성의 시간화 내지 시간성의 시간으로의 변화 원리가 역도의 본질적 내용이다. 시간성의 객체화에 의한 시간의 생성, 시간의 주체화에 의한 시간성의 자각이 변화의 내용이며, 그 변화 원리가 역도인 것이다.

역도는 시간성이 시간화하는 과정에 따라서 천도天道와 지도地道 그리고 인도人道로 나누어진다. 시간성의 시간화 원리가 천도이며, 그것을 객체화하여 다시 공간성의 공간화 원리로 나타낸 것이 지도이다. 그리고 천도와 지도를 합덕일체화하여 나타낸 것이 인도이다. 시간성의 시간화 원리를 내용으로 하는 천도를 그 구조의 측면에서 삼극의 도라고 부른다. 삼극의 도는 시간성의 구조를 삼극으로 규정하고 삼극의 관계를 통하여 그 작용 원리를 나타내는 것이다. 따라서 삼극의 도는 시간성의 구조와 작용 원리를 내용으로 한다고 하겠다.

공간성의 공간화 원리를 내용으로 하는 지도를 그 구조를 중심으로 삼재의 도라고 부른다. 삼재의 도는 공간성의 구조를 삼재로 규정하고, 삼재의 관계를 통하여 그 작용 원리를 나타내는 것이다. 따라서 삼재의 도는 공간성의 구조와 작용 원리를 내용으로 한다고 하겠다. 인도의 내용은 성명지리性命之理로 천도와 지도의 합덕에 의해 이루어지는 인간의 본래성을 성명적 구조에 의해 나타낸 것이다. 천도와 지도의 내재화, 합덕일체화에 의해 인간 본래성이 형성되는데, 그 구조가 성명性命의 사덕적四德的 구조인 것이다.

시간성의 시간화 내지 천지의 도의 인간 주체화는 삼극의 작용에 의해 이루어지는데, 삼극의 작용은 순역 작용으로 나타난다. 시간성의 시간화는 순역의 두 방향으로 이루어지는데, 무극의 태극지향 작용과 태극의 무극지향 작용이 바로 그것이다. 이러한 순역 작용을 객체화하여 표현한 것이 음양이다. 음양은 역도 자체의 자기 전개 양상으로, 이 음양 작용에 의해 만물의 생성이 이루어진다. 다시 말하면 존재의 자기 개시가 음양 작용에 의해 이루어지는 것이다. 음양 작용의 구체적인 내용을 규정한 것이 오행원리이다. 따라서 음양오행원리는 역도의 본질적인 내용을 나타내는 것이라고 하겠다. 오행은 시간성 자체와 그 작용으로서의 사상四象의 구조를 나타내는 개념으로, 구조상 체와 용을 동시에 지칭하는 개념인 동시에 작용상으로는 시간성의 시간화 원리를 네 마디에 의해 규정하는 원리인 것이다.

그런데 근원적 존재의 자기 분화, 자기 전개가 음양 작용이고, 그 구체적인 내용이 사상 작용으로서의 오행원리라고 할 때 그 내용은 분합分合 작용이다. 존재가 자기를 분화하여 개체를 내는 작용을 양陽의 작용이라고 하며, 개체가 다시 자신의 본질을 찾아서 하나가 되는 합일 작용을 음陰이라고 한다.

2장 음양오행과 선후천변화

앞에서 음양陰陽은 근원적 존재의 자기自己 분화 작용을 나타내며, 오행五行은 본체와 작용의 구조를 통하여 존재의 자기 분화 작용을 나타낸 것임을 살펴보았다.

음양 작용 또는 오행 작용으로 나타나는 존재의 자기 전개를 한마디로 표현하면 변화이다. 변화는 어떤 것이 변하여 다른 어떤 것으로 화化한다는 뜻으로, 이 역시 순역順逆의 두 측면에서 고찰할 수 있다. 순의 관점에서 변화는 근원적 존재가 변하여 개체적 존재로 화하는 것으로 그것을 만물의 시생始生이라고 할 수 있다. 반면에 역逆의 관점에서는 시생된 만물이 근원적 존재를 향하여 진화進化, 발전하는 것으로 개체적 존재가 변하여 근원적 존재로 화化하는 것이다. 순의 관점에서 변화를 나타내는 것이 후천에서 선천으로의 변화이며, 역의 관점에서 변화를 나타내는 것이 선천에서 후천으로의 변화이다. 따라서 변화의 도를 내용으로 하는 역도의 내용은 선후천변원리라고 할 수 있다.

음양원리가 선천에서 후천으로의 변화와 후천에서 선천으로의 변화를 통하여 표상된다는 것은 그것이 형이상의 세계에 고정되거나 형이하의 세계에 고정되지 않음을 뜻한다. 다시 말하면 있음과 없음, 옳음과 그름, 아름다움과 추함, 형이상과 형이하, 선善과 불선不善, 영원과 순간 등과 같은 모든 대립적인 세계를 벗어나 있음을 뜻한다. 이처럼 모든 대립적인 것을 벗어나 있는 존재가 바로 도道이다. 또한 도의 그러한 성격을 나타내는 것이 중도中道이다.

도가 형이상과 형이하를 벗어나 있다는 것은 양자를 포괄하고 있다는 뜻으로, 그것은 때로는 형이상으로 때로는 형이하로 드러난다는 것을 뜻한다. 그것은 중도中道가 양면의 초월적인 특성만을 갖고 있는 것이 아니라 시의성時義性에 따라서 드러남을 뜻한다. 이러한 도의 특성 곧 작용을 중심으로 나타낸 것이 정도正道이다. 중도가 시의성에 따라서 정도로 드러나는 것이다. 그러므로 중도와 정도는 각각 도를 본체와 작용의 관점에서 나타낸 것이다. 그렇기 때문에 《주역》에서는 중中과 정正 또는 중정中正을 매우 중요하게 여기고 있다.

중정의 도를 작용을 중심으로 나타내면 역도, 변화의 도가 된다. 근원적 존재의 끊임없는 작용 그것이 바로 변화인 것이다. 그렇기 때문에 중도, 정도, 변화의 도, 역도는 같은 존재를 다양한 관점에서 표현한 개념이라고 할 수 있다.

본장에서는 역도의 구체적인 내용을 살펴보기 위하여 선후천변화에 대하여 살펴보고자 한다.

1. 역수원리와 선후천 변화

앞에서 살펴본 바와 같이 음양오행은 근원적 존재의 자기 개시, 자기 분화 작용을 상징적으로 나타내는 개념들이다. 근원적 존재 자체는 신神이라는 개념이 표상하듯이 음과 양 또는 오행五行으로 구분하여 나타낼 수 없다. 그것은 결코 인간의 분별심分別心에 의해 드러낼 수 없는 존재가 근원적 존재로서의 도道, 신神임을 뜻한다.

그러나 개념으로 규정하여 드러낼 수 없는 존재를 개념화하여 나타내고, 개념화할 수 없는 세계를 개념화하여 드러내는 존재는 인간이다. 이것이 인간이 다른 존재와 구별되는 존재 특성이라고 할 수 있다.

물론 인간은 스스로 규정한 개념의 세계와 실제의 세계를 혼동할 수도 있고, 그로 인하여 자신의 의식 속에 갇혀서 살아갈 수도 있다. 그러나 그것도 인간 자신의 입장에서 의식의 작용에 불과한 것으로 생각할 뿐 그 근원은 여전히 본성, 도, 본체라는 점에서 존재적 행위라고 할 수 있다.

역도, 변화의 도의 내용인 음양오행원리 역시 그것을 규정한 인간을 중심으로 고찰하지 않을 수 없다. 《주역》에서는 인간을 두 부류로 나누어서 설명을 하고 있다. 그것은 천天, 형이상, 도체적道體的 인간과 지地, 형이하, 작용적 인간으로, 그에 대하여 다음과 같이 밝히고 있다.

성인이 흥작하여 만물의 본질이 드러난다. 천天에 근본을 둔 사람은 형이상의 세계와 친하고, 지地에 근본을 둔 사람은 형이하와 친하다. 각각 그 종류에 따른 것이다.[230]

위의 내용을 보면 하늘에 근본을 둔 사람은 성인으로 성인이, 형이상의 세계와 친하다는 것은 성인의 역할이 진리를 드러내어 밝히는 것임을 알 수 있다. 그리고 중지곤괘重地坤卦☷의 괘사卦辭와 중천건괘重天乾卦☰의 효사爻辭에서 언급하고 있듯이 땅에 근본을 둔 사람은 군자를 지칭한다. 군자가 형이하의 세계와 친하다는 것은 천하를 다스리는 것이 그의 역할임을 뜻한다. 천지가 만물을 낳고 길러주듯이 성인이 군자를 길러서 그를 통하여 천지의 혜택이 백성들에게 이르게 하는 것이다.

성인과 군자의 역할이 다르기 때문에 둘의 삶은 역사적 측면에서는 서로 구분된다.《주역》에서는 하늘보다 앞서도 하늘이 어기지 않는 것이 성인의 역할이며, 하늘보다 뒤에 하면서 하늘의 때를 따르는 것이 군자의 역할이라고 했다. 그것은 성인이라는 선각자先覺者가 인류의 미래, 이상을 제시하면 그것을 바탕으로 인류의 역사가 성장하는 때와 성인이 제시한 역도가 군자를 통하여 현실에서 실천되는 때가 서로 다르다는 것을 알려준다.

《주역》에서는 성인을 언급할 때는 '옛날'이라고 하여 과거 시제를 통하여 나타내고, 군자를 언급할 때는 '장차'라고 하여 미래를 언급하고 있다. 또한《주역》이 군자를 위하여 쓰였음을 밝히고 있을 뿐만 아니라 과거와 미래를 논하면서도 미래를 아는 것이 목표임을 밝히고 있다.

공간적 측면에서 하늘과 땅을 중심으로 하늘적 존재와 땅적 존재로 구

230 《周易》重天乾卦☰ 五爻 文言, "子曰 同聲相應하며 同氣相求하여 水流濕하며 火就燥하며 雲從龍하며 風從虎라 聖人이 作而萬物이 覩하나니 本乎天者는 親上하고 本乎地者는 親下하나니 則各從其類也니라."

분하여 인간을 성인과 군자로 분류하였는데, 이를 시간적 관점에서 나타내면 과거적 존재와 미래적 존재로 구분하여 나타낼 수 있다. 성인은 군자를 중심으로 이해하면 군자보다 먼저 살아간 선각자인 점에서 과거적 존재이며, 군자는 성인의 뒤에 태어나서 성인의 가르침을 바탕으로 후각後覺한다는 점에서 미래적 존재이다.

성인이 중심이 되어 흘러가는 세계를 선천이라고 할 수 있으며, 군자가 중심이 되어 흘러가는 세계를 후천이라고 할 수 있다. 역수원리의 측면, 천도의 측면에서 보면 세계는 선천과 후천으로 구분하여 나타낼 수 있다.

《정역》에서는 음력과 양력이 서로 구분되어 생장하는 윤역閏曆의 시대를 선천先天으로 규정하고 음력陰曆과 양력陽曆이 성장하여 합덕하여 하나의 역曆인 정역正曆으로 운행하는 시대를 후천後天으로 규정하면서 선천에서 후천을 향하여 흐르는 것이 우주의 역사임을 다음과 같이 밝히고 있다.

> 천지의 수는 일월의 운행도수를 나타낸다. 일월이 바르지 않으면 역易이 역易이 아니다. 역易이 정역正易이 되어야 역易이 역易이니 원역原易이 어찌 항상 윤역閏曆만을 쓰겠는가![231]

위의 내용을 보면 그 내용상 세 부분으로 구분하여 이해할 수 있다. 첫째는《주역》의 계사상편繫辭上篇 제구장第九章에서 밝히고 있는 천지의 수가 바로 일월의 운행역수를 나타내는 도수임을 밝히고 있다.

두 번째는 일월의 운행도수가 바르게 되는 것이 역의 내용이며 그것이 바로 정역正曆임을 밝히고 있다. 이를 통하여 우주의 역사는 정역을 향하여 운행됨을 밝히고 있다.

---

231 金恒,《正易》正易詩, "天地之數는 數日月이니 日月이 不正이면 易匪易이라 易爲正易이라사 易爲易이니 原易이 何常用閏易고."

세 번째는 정역의 시대로 변화하는 과정에 있는 것이 윤역의 시대이며, 윤역과 정역의 본체가 원역임을 밝히고 있다.

원역原易은 원역原曆을 가리키는 개념이다. 원역原曆은 음력과 양력으로 구분되어 운행하는 윤역閏曆의 본체일 뿐만 아니라 음양이 합덕된 역인 정역正曆의 본체이다. 그리고 윤역이 운행되는 세계가 선천이며, 정역이 운행되는 세계가 후천이다. 또한 현상의 세계는 선천에서 후천으로 변화하며 그것이 천지의 역사가 된다.

천도의 측면에서 선천에서 후천으로의 변화를 인도를 중심으로 살펴보자. 《정역》에서는 심법을 통하여 학문을 하는 시대, 자신을 성장시켜 가는 때가 선천이며, 성즉리性卽理가 되어 삶이 그대로 성품의 작용이 되는 때를 후천으로 규정하고 있다.

> 음을 억누르고 양을 받드는 것은 선천의 심법心法의 학문이고, 음과 양이 조율調律되는 것은 후천의 성리性理의 도道이다.[232]

위의 내용을 보면 음양을 중심으로 음과 양이 각각 과부족이 있어서 고른 상태로 가는 과정에 있는 것이 선천이며, 음양이 조율이 되어 하나가 된 세계가 후천임을 알 수 있다.

선천은 군자가 학문을 하는 때로 그 방법은 심법을 통하는 것이다. 심법의 내용은 음을 억제하고 양을 받들어서 음양이 하나가 되게 하는 것이다. 이때 음陰은 분별심分別心, 욕심慾心이라면 양은 무분별심無分別心, 무심無心, 공심空心이라고 할 수 있다.

232 金恒, 《正易》 第八張, "天抑陰尊陽은 先天心法之學이니라. 調陽律陰은 后天性理之道니라."

그런데 후천의 세계를 음양이 조율된 세계로 규정하면서 성리性理의 도로 밝히고 있는 것을 통하여 음양의 조율調律은 곧 본성이 그대로 발현되어 그대로 도와 부합하는 상태를 가리킴을 알 수 있다. 즉, 억음존양의 심법은 본성을 자각하여 그것을 주체로 하는 것이다. 맹자가 말한 "그 마음을 다하여 성품을 알고 성품을 알면 곧 하늘을 안다."[233]라고 한 것이 그것이다.

천도의 관점에서 보면 선천과 후천은 다른 것이 아니라 일체이다. 《정역》에서는 "선천은 후천에서 정사를 하고, 후천은 선천에서 정사政事를 한다."[234]라고 하였을 뿐만 아니라 선천은 역으로 그리고 후천은 순으로 규정하고 있다. 이는 선천과 후천이 서로 작용할 뿐만 아니라 선천의 시대가 역逆으로 성장하는 시대이며, 후천의 시대가 순順으로 완성된 작용의 시대임을 밝히고 있다.

《정역》에서는 선천과 후천을 원방을 중심으로 체용으로 구분하여 나타내고 있다. 선천의 시대는 체방용원體方用圓이며, 후천의 시대는 체원용방體元用方이라는 것이다. 원圓은 음양이 조율된 세계로 곧 천을 가리키며, 방方은 음양이 분리된 세계로 곧 지를 가리킨다. 그러므로 선천은 땅, 군자, 형이하의 만물이 중심이 되어 생장하는 시대로, 그것이 윤역의 시대이다. 윤역의 시대에는 성인의 가르침을 통하여 군자가 성장하는 때이다.[235]

반면에 후천은 하늘, 성인, 형이상의 도의 세계로, 성인이 밝힌 도가 군자에 의해 현실에서 구현되는 때이다. 그렇기 때문에 군자가 중심이면서도 성인의 도가 행하여지는 성인의 시대라고 할 수도 있다.

---

233 《孟子》 盡心章句上, "孟子曰 盡其心者, 知其性也. 知其性, 則知天矣. 存其心, 養其性, 所以事天也. 殀壽不貳, 修身以俟之, 所以立命也."

234 金恒, 《正易》 第四張, "后天은 政於先天하니 水火니라. 先天은 政於后天하니 火水니라."

235 金恒, 《正易》 先后天正閏度數, "先天은 體方用圓하니 二十七朔而閏이니라. 后天은 體圓用方하니 三百六旬而正이니라. 原天은 无量이니라."

천도의 측면에서 보면 선천과 후천이 모두 원천原天의 작용이다. 원천을 구분하여 선천과 후천으로 나타낸 것으로, 그것은 원천의 세계가 선천과 후천으로 드러남을 뜻한다. 선천에서 후천으로의 작용도 후천에서 선천으로의 작용도 모두 원천의 작용인 것이다. 그러므로 원천의 관점에서 보면 선천과 후천 모두 영원한 것이다.

앞에서 선천과 후천을 언급하면서 원역과 윤역 그리고 정역을 언급하였다. 선천의 시대를 규정하는 근거가 되는 윤역도 역시 원역을 근거로 형성되며, 후천의 시대를 규정하는 근거가 되는 정역 역시 원역을 근거로 형성된다. 다시 말하면 윤역에서 정역으로서의 선천에서 후천으로의 변화가 모두 원역을 본체로 하여 이루어지는 작용인 것이다.

역수의 변화를 중심으로 살펴보아도 윤역과 정역이 모두 원역의 작용인 것처럼 비록 선천과 후천을 구분하여 나타낼지라도 그 본질은 하나이다. 다만 그것을 구분한 것은 그에 따라서 천시에 순응하는 인간의 삶을 나타내기 위한 것이다. 앞에서 살펴본 심법을 통하여 학문하는 것을 선천으로 규정하고, 성리의 도가 저절로 드러나는 세계를 후천으로 규정한 것 또한 그러하다.

선천에서 후천으로의 변화는 원천의 작용일 뿐이며, 윤역과 정역의 생성 역시 원역原曆에 의해 이루어진다. 마찬가지로 선천의 심법을 통하여 학문 역시 그 본체인 성품이 주체가 되어 이루어지며, 후천의 성즉리性卽理가 되어 도를 그대로 드러내는 것도 역시 성품이 주체가 된 것이다.

역수원리를 중심으로 선후천 변화를 살펴보면 선천과 후천이라는 변화가 모두 하나의 근원의 작용이라는 점에서 선천과 후천이라는 구분을 할 수 없을 뿐만 아니라 선천에서 후천으로의 작용의 이면에는 후천에서 선천으로의 작용이 전제가 되어 있다. 그런 점에서 보면 그 어떤 것도 변화하면서 변화하는 것이 아니고 변화하지 않으면서 변화하는 것이 바로 세계이며 세상임을 알 수 있다.

세계, 우주는 도라는 근원이 있다고 할 수도 없고, 없다고 할 수도 없으며, 있으면서 없다고 할 수도 없다. 또한 있는 것도 아니고 없는 것도 아닌 것이 아니다(非有而無 非有, 非無非 非有非無). 그렇기 때문에 무엇이라고 규정하여도 옳으며 무엇이라고 규정하여도 옳지 않다.

그렇다면 왜《주역》이나《정역》의 저자들은 굳이 저작을 통하여 그러한 내용들을 규정한 것일까?

그것은 모든 것이 일체이고 변화가 없어서 무엇을 하는 행위가 의미가 없음을 뜻하지 않는다. 세상에 그 어떤 것도 고정되지 않고 그래서 규정될 수 없다는 것은 그렇기 때문에 세상을 일부러 힘써 하지 않으면서 아름답게 만들 수 있음을 뜻한다.

인간은 수동적이고 피동적으로 세상을 수용하고 살아가는 것에 그치는 것이 아니라 천지와 더불어 우주와 함께 하면서 서로를 만들고 가꾸어 가는 존재이다. 그렇기 때문에《정역》과《주역》의 저작자들이 자신들의 저작행위를 통하여 그러한 세계를 드러내 보인 것이며, 오늘날 우리가 그것들을 연구함으로써 나라는 존재의 본질, 정체성을 파악하고 그것을 바탕으로 자유자재하게 살아갈 수 있는 것이다.

2. 괘효원리와 내외·상하 변화

앞에서 천도의 내용인 역수원리를 시간성을 중심으로 고찰하였다. 이는《정역》에서 밝히고 있는 천도 곧 역수원리를 중심으로 그 내용인 선후천변화를 살펴본 것이다. 이를《주역》의 관점에서는 괘효원리를 중심으로 고찰할 수 있다.

역수원리를 본체를 중심으로 나타내면 무극, 태극, 황극의 삼극으로 삼극의 도가 역수원리의 내용이다. 그리고 삼극을 객관화하여 공간적 측면에서 나타내면 천지인의 삼재가 되며, 삼극의 도를 공간적 관점에서 나타내면 삼재의 도가 된다.

삼극의 관점에서 살펴본 선후천변화는 천지인의 삼재를 나타내는 삼효三爻 단괘單卦를 중심으로 살펴볼 수 있다. 삼효 단괘가 중첩되어 형성된 육십사괘를 중심으로 삼재의 변화를 살펴보면 상괘上卦와 하괘下卦 그리고 내괘內卦와 외괘外卦의 변화가 된다.

반면에 64개의 중괘重卦를 나열하면《주역》의 구성 요소인 육십사괘가 된다. 64괘는 중천건괘重天乾卦䷀에서 중화이괘重火離卦䷝까지의 삼십괘와 택산함괘澤山咸咸卦䷞로부터 시작하여 화수미제괘火水未濟卦䷿에서 끝나는 삼십사괘를 구분하여 전자를 중심으로 형성된 괘효와 괘효사를 상경上經이라고 하고, 후자를 중심으로 형성된 괘효와 괘효사를 하경下經이라고 한다. 그러므로 상경과 하경의 삼십괘와 삼십사괘를 중심으로 그 변화를 고찰할 수 있다.

삼효의 팔괘가 중첩하는 다른 하나의 방법은 팔괘 가운데 두 괘를 중첩시켜서 나타내는 것이 아니라 팔괘 전체를 구성 요소로 하여 하나의 도상을 구성하는 것이다. 그것을 역학자들은 팔괘도八卦圖라고 한다. 따라서 팔괘도를 통하여 역도의 변화원리를 고찰할 수 있다. 이에 먼저 육효 중괘를 중심으로 변화를 고찰한 후에 팔괘도를 중심으로 변화를 고찰하고 이어서 64괘 괘서를 중심으로 변화를 고찰하기로 한다.

1) 중괘重卦와 변화

《주역》은 64개의 중괘로 구성되어 있다. 그리고 하나의 중괘는 여섯의 효로 구성되어 있다. 먼저 중괘를 구성하는 육효六爻를 중심으로 선후천 변화를 살펴보면 두 방향에서 고찰이 가능하다. 하나는 순順의 방향이며, 나머지는 역逆의 방향이다.

순順의 방향은 괘체卦體의 관점이며, 역의 방향은 효용爻用의 관점이다.

이는 괘와 효를 체용의 관점에서 살펴본 것이다. 64개의 중괘를 구성하는 기본 요소는 음효陰爻와 양효陽爻로, 한 괘가 육효로 구성되어 있으니 모두 384효爻이며 이는 음효 192효와 양효 192효로 구성되어 있다. 그런데 각각의 음효와 양효의 성격을 규정하면서 음효는 용육用六으로 규정하고 양효는 용구用九로 규정하고 있다. 이 구분을 통하여 효는 곧 작용의 관점임을 알 수 있다.

설괘說卦 제일장에서는 "음양의 변화를 보고 괘를 세웠으며, 강유剛柔로 발휘되어 효를 낳았다."[236]라고 하였다. 이는 음양의 효에 의하여 구성된 하나의 중괘가 표상하는 내용이 강유 작용임을 나타내고 있다. 그러므로 설괘 제이장에서는 "역易은 6획畫에 의하여 괘가 이루어진다. 음과 양으로 나누어져서 강剛과 유柔가 질운迭運 작용을 한다."[237]라고 하여 음양이 강유로 작용함을 밝히고 있다. 계사하편 제육장에서는 "음양이 합덕함으로써 강유의 체體가 존재한다."[238]라고 하여 음양의 합덕체가 본체가 되고 그것이 강유의 작용으로 나타남을 밝히고 있다. 음양의 합덕체는 음효와 양효에 의하여 구성된 중괘들이다. 그러므로 하나의 중괘는 본체가 되고, 그것을 구성하는 음양의 효에 의하여 이루어지는 것이 강유의 작용임을 알 수 있다. 이렇게 보면 하나의 중괘에 있어서 괘체효용卦體爻用의 관계가 됨을 알 수 있다.

괘체는 상하 관계를 통하여 나타나고, 효용은 내외 관계를 통하여 나타난다. 먼저 내괘와 외괘를 중심으로 내괘에서 외괘로의 변화를 살펴보자. 내괘는 초효初爻에서 삼효三爻까지의 세 효에 의해 구성된 팔괘八卦를 가리키며, 외괘는 사효四爻에서 상효上爻까지의 세 효爻에 의해 구성된 팔괘를

236 《周易》說卦 第一章, "觀變於陰陽而立卦하고, 發揮於剛柔而生爻하니."

237 《周易》說卦 第二章, ",故로 易六畫而成卦하고 分陰分陽하며 迭用柔剛이라."

238 《周易》繫辭下篇 第六章, "子曰 乾坤은 其易之門邪인저 乾은 陽物也요 坤은 陰物也니 陰陽이 合德하여 而剛柔有體라."

가리킨다. 그러므로 효용의 관점에서 초효에서 상효까지의 변화는 내괘에서 외괘로의 변화라고 할 수 있다.

괘체와 효용의 관계는 성인과 군자의 관계, 하늘과 인간의 관계를 중심으로 이해할 수 있다. 그것을 인간 자신을 중심으로 살펴보면 괘체는 본성이라는 주체를 나타내고 효를 통하여 표상되는 작용은 본성에 의하여 이루어지는 여러 작용으로, 곧 마음과 몸을 중심으로 이루어지는 여러 가지 사고, 감각, 지각, 의지, 언행 등을 언급한 것으로 이해할 수 있다.

64괘 가운데서 중천건괘와 중지곤괘는 가장 중요한 괘이다. 계사상편 제십이장에서는 "건곤은 역도가 온축되어 있는 곳이다. 건곤이 열을 이룸으로써 역이 그 가운데서 세워진다. 건곤이 훼손되면 역을 볼 수 없으며, 역을 볼 수 없으면 건손이 혹 거의 멈춰질 것이다."[239]고 하여 64괘가 표상하는 역도가 건곤괘로 집약됨을 밝히고 있다. 그렇기 때문에 두 괘를 중심으로 역도를 고찰하는 것이 필요하다. 다만 건괘와 곤괘 역시 체용의 관계이기 때문에 중천건괘의 괘효사를 중심으로 변화를 살펴보고자 한다.

중천건괘의 효사를 보면 초효에서 삼효 그리고 사효에서 상효까지 모두 용龍으로 언급하고 있다. 초효를 잠용潛龍으로, 이효를 현룡見龍으로, 삼효를 군자로, 사효를 약룡躍龍, 오효를 비룡飛龍, 상효를 항룡亢龍이라고 하였다. 이는 육효의 성격을 상징적으로 나타낸 것이라고 할 수 있다.

여기서 삼효三爻를 용으로 규정하지 않고 군자로 규정하고 있는 것을 통하여 용龍이 군자의 본성을 상징하고 있음을 알 수 있다. 용은 천상의 동물로 천변만화를 하는 신묘神妙막측莫測한 동물이다. 이는 군자의 본성이 하늘로부터 부여받은 존재 곧 선천적先天的이며 고유固有하고 본유本有한 존재로 인간의 모든 삶을 영위하는 주체임을 나타내는 것이다.

---

239 《周易》繫辭上篇 第十二章, "乾坤은 其易之縕邪인저 乾坤成列이 而易立乎其中矣니 乾坤이 毁則无以見易이요 易을 不可見則乾坤이 或幾乎息矣이라."

또한 내괘의 상효인 삼효에서 군자로 표상한 후에 외괘의 중효인 오효에서는 대인大人, 성인聖人으로 규정하고 있다. 이를 통하여 내괘에서 외괘로의 변화는 군자에서 성인으로의 변화임을 알 수 있다.

그것은 군자가 타고난 본성을 바탕으로 수기修己의 과정, 진덕進德의 과정을 통하여 자신의 본성을 자각하여 주체화함으로써 천지와 더불어 병립하여 살아가는 성인이 되는 과정을 상징적으로 나타낸 것이다.

만약 초효에서 상효의 방향으로 이루어지는 변화 곧 내괘에서 외괘로의 변화를 통하여 표상하는 군자에서 성인으로의 변화만이 있다면 그것은 현상적인 변화일 뿐이다. 이러한 현상적인 변화를 중심으로 보면 그 본질이 드러나지 않는다. 중천건괘의 경우 비록 시위時位가 초효에서 상효로 각각 다르지만 모두 양효陽爻이며 그것을 효사爻辭에서 모두 용으로 나타내고 있다. 시위에 따라서 각각 잠용, 현룡, 비룡으로 달리 나타나지만 모두 동질적인 존재로서의 용龍에 불과함에도 불구하고 현상에 치중하면 그것을 놓치게 되는 것이다.

수기修己의 관점에서 보면 군자가 본성을 자각하기 위하여 학문을 통하여 수기를 하고 그 결과 성인과 같은 덕위德位에 이르게 되지만 그렇다고 하여 그 본질이 변하는 것은 아니다. 본성을 깨닫기 이전에도 여전히 본성을 갖고 있으며, 깨달아서 그것을 주체로 살아가는 후에도 본성은 더해지는 것이 없다.

그런 점을 분명하게 드러내기 위해서는 괘체卦體의 관점, 순順의 관점에서 고찰하는 것이 필요하다. 중천건괘의 상괘와 하괘를 중심으로 살펴보면 상괘에서 하괘로의 작용 곧 상효에서 초효로의 작용이 바로 초효에서 상효로의 작용이 가능하게 하는 바탕이 된다. 그것은 본성을 자각하기 이전의 수기의 과정도 본성이 주체이고, 자각한 후의 삶도 본성이 주체임을 뜻한다.

상괘에서 하괘로의 작용은 곧 괘체의 관점으로 그것이 본체가 되어 효용爻用으로서의 초효에서 상효로의 변화가 이루어진다. 다시 말하면 선천적으로 타고난 본성이 있기 때문에 그것이 주체가 되어 생로병사生老病死로 이어지는 현상적인 삶이 이루어지는 것이다.

중천건괘重天乾卦䷀의 괘사에서는 "건은 원형이정元亨利貞하다."[240]라고 하였다. 건乾은 건도, 천도를 나타내며, 원형이정은 건도, 천도의 작용이 사상四象 작용임을 나타낸다. 그러므로 건이라는 개념은 본체를 나타내고 원형이정은 작용을 나타낸 것이다. 이러한 구조는 본체를 나타내는 토土와 사상 작용을 나타내는 목화금수木火金水의 오행적五行的 구조라고 할 수 있다.

중천건괘의 괘사에 나타난 체용의 구조는 육효 중괘의 관점에서는 상괘에서 하괘로의 작용을 통하여 표상된다. 상괘에서 하괘로의 작용은 육효의 효사爻辭 가운데서 공통적으로 용으로 규정하고 있다. 그것은 본체의 측면, 주체의 측면에서 보면 내괘에서 외괘로의 작용이 모두 괘체가 표상하는 용에 의해 이루어진다는 것을 뜻한다. 그렇기 때문에 "여러 용을 보더라도 머리가 없다고 여기면 길吉하다."[241]라고 하였다. 이는 어떤 시위에 있는 용이라도 그 현상에 나타난 모습을 중심으로 수미首尾를 분별하지 말고 본질을 보아야 한다는 의미이다.

상괘에서 하괘의 괘체의 관점은 형이상적 측면이며, 내괘에서 외괘로의 효용적 관점은 형이하적 측면이다. 그런데 양자가 둘이 아니라 단지 하나의 육효에 의해 구성된 중괘일 뿐이다. 이를 통하여 형이상의 역도와 형이하의 변화 현상이 일체이면서도 구분되는 관계임을 알 수 있다.

상괘에서 하괘로의 변화가 전제가 되어 하괘에서 상괘 곧 내괘에서 외괘로의 변화가 이루어진다는 것은 상괘의 천지인이 하괘의 천지인으로

---

240 《周易》 重天乾卦䷀ 卦辭, "乾은 元하고 亨하고 利하고 貞하니라."

241 《周易》 重天乾卦䷀, "用九는 見羣龍호대 无首하면 吉하리라."

변화하고, 내괘의 천지인이 외괘의 천지인으로 변화함을 뜻한다. 이처럼 세계를 구성하는 요소인 천지인이 변화한다는 것은 그것이 고정되어 있지 않음을 뜻한다.

비록 삼재三才라고 규정하지만 그 세계가 끊임없이 변화하기 때문에 그것을 있다거나 없다거나 있으면서 없다고 하거나 있는 것도 아니고 없는 것도 아니라고 할 수 있다. 결국은 모든 것이 인간에 의해 방편적으로 규정된 존재라는 의미인 동시에 그것이 인간의 존재론적 의의, 기능, 작용이라고 할 수 있다.

2) 삼역팔괘도三易八卦圖와 변화

앞에서는 하나의 중괘를 중심으로 괘체와 효용의 관점에서 변화의 내용이 무엇인지를 살펴보았다. 이때 중괘를 구성하는 내괘와 외괘 또는 상괘와 하괘는 모두 삼효에 의하여 구성된 괘이다. 삼효에 의하여 구성된 괘의 종류가 모두 여덟 가지이므로 팔괘八卦라고 한다.

그런데 팔괘로는 역도의 내용을 표상할 수 없기 때문에 그것을 중첩重疊하여 형성된 육효 중괘를 구성함으로써 비로소 역도가 표상된다. 계사하편 제일장에서 "팔괘八卦가 열을 이룸으로써 상象이 그 가운데 있으며, 인하여 거듭함으로써 효爻가 그 가운데 있다."[242]라고 하여 그 점을 밝히고 있다.

팔괘의 중첩은 팔괘를 상하로 겹쳐서 64괘를 구성하여 그것을 평면적으로 나열하여 역도를 표상하는 방법뿐만 아니라 팔괘를 하나의 도상으로 입체적으로 만들어서 역도를 표상하는 경우도 있다.

팔괘를 겹쳐서 하나의 입체적인 도상으로 제시한 것은 소강절邵康節이 설괘說卦의 내용을 도상화圖像化한 것으로 추측되는 복희선천팔괘도伏犧先天八卦圖와 문왕후천팔괘도文王後天八卦圖이다. 흔히 이를 바탕으로 선천

242 《周易》繫辭下篇 第一章, "八卦成列하니 象在其中矣오 因而重之하니 爻在其中矣오."

역학과 후천역학을 논한다.

소옹邵雍의 선후천도와 달리 《정역》에서는 하나의 팔괘도를 더하여 셋으로 나타내고 있다. 그리고 그 각각의 성격을 규정하면서도 복희팔괘도, 문왕팔괘도, 정역팔괘도正易八卦圖라고 규정하고 각각의 도상을 구성하는 팔괘의 수와 모습도 달리하고 있다.

《정역》에서 밝히고 있는 복희팔괘도와 소강절이 그린 복희팔괘도의 도상은 구조가 같을 뿐만 아니라 각 괘에 상응하는 수도 같다. 다만 소강절이 그것을 선천팔괘도로 규정한 것과 달리 《정역》에서는 선천으로 규정하지 않고 복희팔괘로 규정하고 있다.

소옹이 제시한 문왕팔괘도와 《정역》에서 제시한 문왕팔괘도 역시 도상의 구조는 같다. 그러나 소옹의 문왕팔괘도에는 수가 제시되어 있지 않는 것과 달리 《정역》에서는 수를 도상과 함께 제시하고 있다. 《주역》의 설괘 제5장을 보면 팔괘와 방위를 제시하고 있어서 그것을 그대로 하나의 도상으로 나타낼 수 있다. 다만 수가 언급되고 있지 않기 때문에 복희팔괘도의 수와 비교하여 추수推數할 수 있다. 《정역》에서는 도상과 수를 함께 제시하고 있으나 그것을 후천팔괘도로 규정하지 않는다는 점에서 소강절의 관점과 다르다.

반면에 정역팔괘도는 《정역》에서 처음으로 제시된 팔괘도이다. 그러므로 도상의 구조와 그에 상응하는 수 역시 기존의 두 도상과는 다르다. 정역팔괘도는 그 근거가 설괘 제육장의 내용을 근거로 형성되었음을 추론할 수 있다. 그러면 소강절에 의해 선천과 후천으로 규정된 두 도상의 내용이 어떤 것인지를 살펴보자.

세 팔괘도가 근거로 하는 설괘 제3장과 제5장 그리고 제6장을 보면 그 내용이 서로 다르다. 먼저 복희팔괘도의 근거가 되었던 설괘 제3장의 내용을 보면 천지가 제자리를 잡고 소남少男소녀少女로 비유할 수 있는 산택山澤이 기운을 통하고 있으나 장남장녀로 비유할 수 있는 뇌풍雷風이 상호

작용을 하지 않을 뿐만 아니라 건곤의 중정中正을 나타내는 수화水火가 작용을 하지 않아서 팔괘가 서로 어그러져 있다.[243]

이는 천지와 만물이 시생하여 아직은 완성된 상태가 아니기 때문에 각각 충분한 성장을 필요로 하는 상태를 나타낸 것이다. 그렇기 때문에 수화水火도 작용하지 않을 뿐만 아니라 수화의 작용에 의해 새로운 생성도 할 수 없는 상태이다. 따라서 이 부분을 도상화한 복희팔괘도는 우주의 시생상태를 나타낸 것이라고 할 수 있다.

복희팔괘도의 도상에 제시된 수를 보면 일一에서 팔八까지의 수이다. 이는 문왕팔괘도에서 제시된 일一에서 구九까지의 수와도 다르며 정역팔괘도에서 제시된 일一에서 십十까지의 수와도 다르다. 나머지 두 괘도와의 차이는 오五와 십十이 없기 때문에 결국은 구九수도 없다. 《정역》에 수록된 복희팔괘도의 도상을 제시하면 다음과 같다.

복희팔괘도

243 《周易》說卦 第三章, "天地定位하며, 山澤通氣하며, 雷風相薄하고, 水火不相射하여 八卦相錯하니 數往者順하고 知來者逆하니 是故로 易은 逆數也라."

문왕팔괘도의 근거가 되는 설괘 제5장을 보면 "제帝가 진괘震卦로부터 나타난다."고 하고 "만물이 진괘로부터 나온다."고 하여 만물이 제帝에 의하여 시생됨을 밝힌 후에 "간괘艮卦에서 완성을 말한다.", "간은 동북의 괘로 만물이 끝을 이루는 바이면서 만물의 시생을 이루는 바이다."라고 하여 그 내용이 만물의 생성원리를 표상하고 있음을 밝히고 있다.

그런데 설괘 제5장의 앞 부분에서 진괘로부터 시작하여 손괘, 이괘, 곤괘, 태괘, 건괘 감괘를 거쳐서 간괘에서 끝나는 순서로 각 괘가 표상하는 내용을 밝히고 있는 것과 달리 그 다음 부분에서는 다시 반복하여 그 내용을 밝히고 있다. 이때 시작하는 진괘와 관련하여 만물을 논하고 끝부분의 간괘에서 역시 만물을 논하고 있다. 그리고 이괘를 언급하면서 성인이 남면을 하고 천하를 다스리는 정치를 밝히고 있다.[244] 이는 만물의 시생과 장성이 인간의 본래성을 매개로 하여 이루어짐을 나타낸 것이다.

설괘 제오장의 성격이 분명하게 나타내는 것은《정역》에서 제시하고 있는 문왕팔괘도이다. 문왕팔괘도를 보면 소옹의 팔괘도에 수가 없는 것과 달리 수를 제시하여 그 성격을 분명하게 밝히고 있다. 문왕팔괘도를 구성하는 수는 일一에서 구九까지로 복희팔괘도에서 나타나지 않았던 오수五數가 제시되고 있다. 오수는 생장의 중심이 되는 수이다. 그것을 인간의 입장에서 이해하면 본성을 상징하는 수이다. 오五가 주체가 되면서 비로소 생장의 극한을 나타내는 구九수가 나타난다. 이렇게 보면 문왕팔괘

---

244 《周易》說卦 第五章, "帝出乎震하야 齊乎巽하고 相見乎離하고 致役乎坤하고 說言乎兌하고 戰乎乾하고 勞乎坎하고 成言乎艮하니라. 萬物이 出乎震하니 震은 東方也라 齊乎巽하니 巽은 東南也니 齊也者는 言萬物之潔齊也라 離也者는 明也니 萬物이 皆相見也할새니 南方之卦也니 聖人이 南面而聽天下하야 嚮明而治하니 盖取諸此也라 坤也者는 地也니 萬物이 皆致養焉할새 故로 曰致役乎坤이라 兌는 正秋也니 萬物之所說也일새 故로 曰說言乎兌라 戰乎乾은 乾은 西北之卦也니 言陰陽相薄也라 坎者는 水也니 正北方之卦也니 勞卦也니 萬物之所歸也일새 曰勞乎坎이라 艮은 東北之卦也니 萬物之所成終而所成始也일새 故로 曰成言乎艮이라."

도는 수로 볼 때 생장을 나타내는 괘라고 할 수 있다.

복희팔괘도가 상하로 건괘와 곤괘가 주축이 되어 천지의 부모에 의해 만물이 시생하는 원리를 표상하는 것과 달리 문왕팔괘도는 감리坎離가 주축이 된다. 감리는 건곤의 중정의 기운으로 그것이 작용하여 천지의 작용이 이루어진다. 그렇기 때문에 이 팔괘도는 성장이 위주라고 할 수 있다. 《정역》에서 밝히고 있는 문왕팔괘도를 제시하면 다음과 같다.

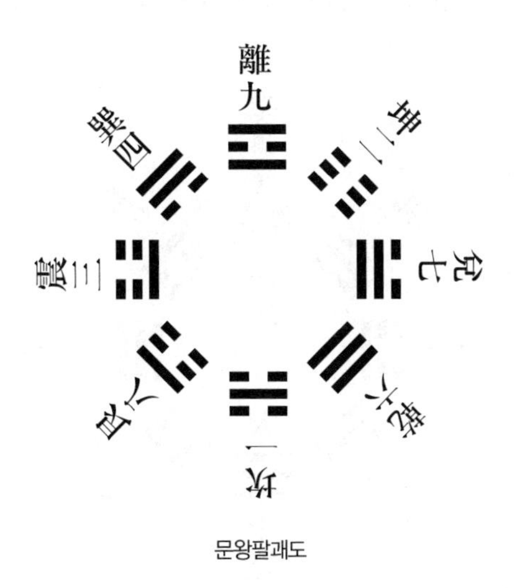

문왕팔괘도

정역팔괘도를 보면 앞의 두 팔괘도가 모두 밖을 향하여 있는 것과 달리 모두 안을 하고 있다. 밖을 향하는 것은 생장을 상징하며, 안으로 향함은 완성을 의미한다. 그리고 정역팔괘도에 이르러서 비로소 완성을 나타내는 십수十數가 나타난다. 뿐만 아니라 건괘乾卦와 곤괘坤卦에 이천二天과 칠지七地가 결합하여 중천건괘와 중지곤괘의 세계를 나타내는 동시에 곤상건하坤上乾下의 상태로 지천태괘地天泰卦䷊가 표상하는 후천後天의 세계를 상징하고 있다.

정역팔괘도의 근거가 되었던 설괘 제육장을 보면 "신神이라는 것은 만물을 오묘하게 하는 것이 말씀이 된 것이다."라고 하여 신에 의하여 만물의 완성이 이루어짐을 밝히고 이어서 "수화가 서로 미치고, 뇌풍이 어그러지지 않으며, 산택이 통기한 연후에 능히 변화하여 만물이 이미 완성된다."[245]고 하여 건곤괘가 합덕하고 나머지 모든 괘에 합덕함으로써 만물이 완성됨을 밝히고 있다. 그것은 이미 장성하여 부모 역할을 함으로써 새로운 생명을 창조하는 공능, 작용을 상징적으로 나타낸 것이라고 할 수 있다.《정역》에서 밝히고 있는 정역팔괘도의 도상을 제시하면 다음과 같다.

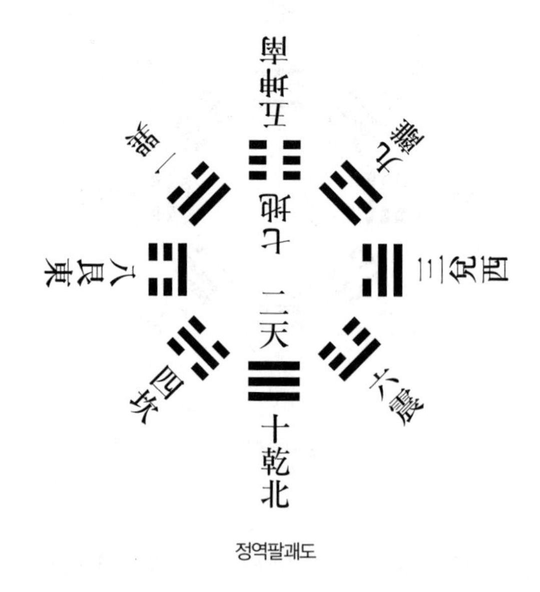

정역팔괘도

앞에서 간략하게 팔괘의 중첩에 의해 구성된 세 괘도를 중심으로 변화에 대하여 살펴보았다. 이를 통하여 세 괘도가 표상하는 내용이 생장성生

245 《周易》說卦 第六章, "神也者는 妙萬物而爲言者也니 動萬物者는 莫疾乎雷하고 撓萬物者는 莫疾乎風하고 燥萬物者는 莫熯乎火하고 說萬物者는 莫說乎澤하고 潤萬物者는 莫潤乎水하고 終萬物始萬物者는 莫盛乎艮하니 故로 水火가 相逮하며 雷風이 不相悖하며 山澤이 通氣然後에야 能變化하야 既成萬物也하니라."

長性의 과정을 통하여 변화원리를 표상하고 있음을 알 수 있다.

세 괘도의 관계를 살펴보면 정역팔괘도가 표상하는 내용은 천지가 합덕하여 하나가 됨으로써 음양의 작용이 이루어지는 내용을 팔괘를 통하여 드러낸 것이다. 그러므로 정역팔괘도가 표상하는 내용을 바탕으로 천과 지가 각각 제자리를 잡고 있는 복희팔괘도의 도상이 표상하는 내용이 된다. 그리고 복희팔괘도가 표상하는 시생의 우주가 문왕팔괘도가 표상하는 생장의 과정을 거쳐서 다시 정역팔괘도가 표상하는 내용으로 완성이 된다. 그렇기 때문에 정역팔괘도에서 복희팔괘도로의 방향이 괘체卦體의 방향, 순順의 방향이라면 복희팔괘도에서 문왕팔괘도, 정역팔괘도로의 방향은 역逆의 방향, 효용爻用의 방향이다.

순과 역, 체와 용, 괘와 효의 관계가 일체이듯이 세 괘도의 관계 역시 일체적이면서 셋으로 변화한다. 이렇게 보면 정역팔괘도가 표상하는 이상의 세계, 미래의 세계, 완성의 세계가 복희팔괘가 표상하는 시생의 세계로 나타나고, 그것이 문왕팔괘도가 표상하는 생장의 세계로 변화하며, 다시 정역팔괘도가 표상하는 완성의 세계로 변화하는 것을 알 수 있다.

복희팔괘도에서 문왕팔괘도, 정역팔괘도로 이어지는 과정이 변역變易의 현상이라면 정역팔괘도에서 복희팔괘도로 이어지는 것은 불역不易, 이간易簡의 역도, 변화의 도의 관점이다. 이 세 관점은 하나의 체계를 형성함으로써 변역變易, 불역不易, 이간易簡이 하나의 역易이라는 개념으로 표현되는 것과 같이 일체적이면서도 구분된다.

3) 육십사괘 괘서卦序와 변화

십익의 구성 요소 가운데는 중괘를 구성하는 팔괘의 구성원리와 그것이 표상하는 내용을 밝히고 있는 설괘와 더불어 중괘가 구성하는 원리를 밝히고 있는 서괘가 있다. 먼저 서괘원리를 밝히고 있는 부분을 중심으로 그 내용이 무엇인지 살펴보자.

천지가 있은 연후에 만물이 시생하나니 천지의 사이를 가득 채운 것은 오직 만물이다. 그러므로 둔괘屯卦로 받는다.[246]

위의 내용은 서괘를 상경과 하경을 중심으로 상하로 나눈 가운데 상경에 대응하는 서괘의 내용이다. 그중 중천건괘重天乾卦䷀에서 중지곤괘重地坤卦䷁로 그리고 중지곤괘에서 수뢰둔괘水雷屯卦䷂로 이어지는 괘서에 대하여 그 내용을 밝힌 것이다.

이때 천지를 언급한 이후에 연후然後라는 개념을 사용하고, 이어서 고故라는 개념을 사용하여 설명하고 있기 때문에 양자가 논리적으로 필연적인 관계로 연결되었음을 나타내는 것이라고 할 수도 있다.

천지가 있은 연후에 만물이 있으며, 천지간을 가득 채운 것이 만물이라는 문장의 의미를 보다 자세하게 언급하고 있는 부분은 하편의 내용이다. 서괘의 내용을 올바로 이해하기 위하여 하편의 내용을 함께 살펴보자.

천지가 있은 연후에 만물이 있고, 만물이 있은 연후에 남녀가 있으며, 남녀가 있는 연후에 부부가 있고, 부부가 있은 연후에 부자가 있으며, 부자가 있은 연후에 군신이 있고, 군신이 있은 연후에 상하가 있으며, 상하가 있은 연후에 예의를 둘 바가 있다.[247]

위의 내용을 살펴보면 천지, 만물, 남녀, 부부, 부자, 군신, 상하를 언급하고 있음을 볼 수 있다. 그 내용을 살펴보면 천지와 만물 그리고 남녀는 생물학적인 차원이며, 부부, 부자, 군신, 상하는 형이상적 차원, 인격적 차원이다.

---

246 《周易》 序卦上, "有天地然後萬物生焉. 盈天地之間者唯萬物, 故受之以屯, 屯者盈也, 屯者物之始生也."

247 《周易》 序卦下, "有天地然後有萬物, 有萬物然後有男女, 有男女然後有夫婦, 有夫婦然後有父子, 有父子然後有君臣, 有君臣然後有上下, 有上下然後禮義有所錯."

역적逆的인 관점, 형이하적인 관점에서 보면 천지, 만물, 남녀로부터 부부, 부자, 군신으로 변화한다. 그렇기 때문에 하나의 중괘를 중심으로 이해하면 천지, 만물, 남녀가 내괘가 표상하는 세계라면 부부, 부자, 군신은 외괘가 표상하는 세계라고 할 수 있다. 내괘와 외괘는 하나의 괘를 구분하여 나타낸 것으로 양자가 분리될 수 없다. 따라서 양자의 일체적인 관계를 나타내기 위해 고故, 연후然後라는 개념을 사용한 것으로 이해할 수 있다.

그런데 이처럼 하나의 괘와 이어지는 괘의 관계를 현상적 측면에서 이해할 때 그것이 곧 형이하적인 관계 다시 말하면 인과因果, 시간상의 선후先後와 같은 차원에서 이해하게 된다. 역도는 형이상적 존재로 그것을 표상하는 것이 괘효이기 때문에 괘서 역시 형이상적 측면에서 이해하지 않을 수 없다. 그러면 괘서를 어떻게 이해할 것인가?

마지막 부분에서 결론으로 제시한 여섯 효가 갖추어짐으로써 비로소 예의가 착종될 바가 있다는 말에 주목할 필요가 있다. 이때 예의는 십익十翼에서 성명性命, 성명性命의 이치의 내용으로 제시하고 있는 인예의지仁禮義智의 사덕四德을 가리키는 말이다. 따라서 이 부분은 육효 중괘가 형성됨으로써 비로소 성명의 이치가 밝혀진다는 의미로 이해할 수 있다.

그렇다면 천지로부터 상하에 이르기까지의 과정을 일관하는 원리가 바로 성명, 성명의 이치라고 할 수 있다. 순적順的인 관점에서 보면 상하로부터 군신君臣, 부자父子, 부부夫婦, 남녀男女, 만물萬物, 천지天地로 이어지는 성명의 작용에 의해 천지가 조판되고 만물이 생성되며, 이로부터 남녀가 탄생하고 성장을 하여 부부, 부자, 군신을 형성하면 상하의 관계가 형성되는 것이다.

앞에서 살펴본 바와 같이 64괘의 괘가 놓이는 차례로서의 괘서卦序, 서괘序卦가 표상하는 내용은 한마디로 나타내면 변화變化이다. 이는 건곤乾坤으로부터 시작하여 수화기제괘水火旣濟卦䷾에서 끝을 맺고 다시 화수미제괘火水未濟卦䷿로부터 시작하여 하나의 원처럼 시종始終의 간극間隙이 없이 계속 작용한다.

미제괘로부터 시작하여 천지를 상징하는 건곤괘로부터 시생된 만물을 상징하는 수뢰둔괘水雷屯卦䷂로 이어지면서 현상적 세계의 변화가 기제괘에서 마무리되는 동시에 다시 미제괘로 돌아감으로써 변화가 무궁한 것이다. 이를 십익에서는 "역이 궁극에 이르면 변화하고 변화하면 통하며, 통하면 영원하다."[248]라고 하였다.

괘서, 서괘를 이해함에 있어서 오해를 일으킬 수 있는 부분은 서괘序卦편 뿐만 아니라 십익十翼의 다른 편에도 산재散在한다. 계사상편 제2장에서는 군자가 역학易學을 연구하는 방법을 괘효卦爻 및 괘효사卦爻辭와 관련하여 논하고 있는데, 그 내용은 다음과 같다.

> 그러므로 군자가 거주하여 편안하게 여겨야 할 것은 역易의 차례이며, 즐겨하여 완미玩味해야할 것은 효사爻辭이다. 그러므로 군자는 거처할 때는 그 상象을 보고 사辭를 완미하며, 움직일 때는 변화를 보고 그 점占을 완미한다.[249]

위의 내용을 보면 군자가 평상시에는 괘상卦象을 통하여 표상된 변화의 차례를 보고, 그에 따라서 부연敷衍된 괘사卦辭를 완미하며 움직일 때는 효爻의 변화를 보고 그에 부연된 점사를 완미해야 하는 것을 알 수 있다.

이 부분에서도 군자가 안주해야 할 것을 역서易序로 제시하고 있다. 위의 내용을 보면 괘상과 효사를 중심으로 언급되고 있기 때문에 역서는 곧

---

248 《周易》 繫辭下篇 第二章, "易이 窮則變하고 變則通하고 通則久라 是以自天祐之하여 吉无不利니."

249 《周易》 繫辭上篇 第二章, "是故로 君子所居而安者는 易之序也오 所樂而玩者는 爻之辭也니 是故로 君子居則觀其象而玩其辭하고 動則觀其變而玩其占하니 是以自天祐之하여 吉无不利니라."

괘서라고 할 수 있다. 그렇다면 이 부분에서도 괘서를 통하여 밝히고 있는 내용이 군자가 평상시에 안주해야 할 곳임을 알 수 있다.

그런데 괘상卦象의 변화를 보고 그에 따른 괘사卦辭를 읽고, 효의 변화를 보고 그에 따르는 길흉을 판단한 효사爻辭를 보라는 것은 어떤 상황이나 어떤 존재도 고정되지 않고 항상 변화함을 뜻한다. 그것은 사건이나 물건을 막론하고 그 어떤 것도 실체로 존재할 수 없음을 나타낸다. 역도가 형이상적 존재인 점에서 없는 것은 아니지만 그러나 실체적인 존재가 아니기 때문에 있다고 할 수도 없다. 결국 역도는 실체적 존재도 아닐 뿐만 아니라 관념적 존재도 아니다. 그렇기 때문에 유有와 무無, 비유비무非有非無, 유이무有而無를 벗어나 있다.

역도의 고정됨이 없는 성질을 괘서의 변화를 통하여 나타내고, 각 괘에서는 내괘와 외괘, 상괘와 하괘의 변화 및 각 효의 변화를 통하여 상징적으로 나타내고 있다. 그러므로 역서易序는 변화로 드러나는 근원, 실마리로서의 역도를 시간적 관점에서 상징적으로 나타낸 것임을 알 수 있다.

괘서, 서괘가 역도를 표상하는 하나의 수단이라고 할 때 육십사괘의 괘서에 너무 집착할 필요는 없다. 만약 괘서를 중심으로 이해하고자 하면 그것이 시간상의 순서를 나타내어 미래의 특정한 사건이 일어나는 시점을 가리키는 것으로 오해할 수 있다.

《주역》을 신비로운 전적으로 이해하는 대부분의 사람들이 철학적 의미나 형이상적 가치를 바탕으로 접근하는 것이 아니라 미래에 관한 예언豫言으로 접근을 한다. 그렇기 때문에 《주역》이 장차 일어날 선후천 변화의 시기를 미리 밝혀놓은 전적이라고 생각하고 그때가 언제인지를 풀고자 하였다.

본래 시간이라는 것은 존재하지 않으며 인간의 사유에 의해 형성된 것이다. 불교의 유식학唯識學에서 삼계三界가 모두 인간의 식識에 의해 형성되었다는 만법유식萬法唯識이나 유식무경唯識無境을 강조하는 것이 바로 이러한 의미이다. 또한 미래의 사건이 아무리 크다고 하여도 설사 천지가 변화한다고 하여도 그것은 해가 뜨고 달이 뜨는 것과 다름이 없는 물리적인 변화일 뿐이며 역도의 현현일 뿐이다.

그리고 현상적인 변화 역시 시종始終이 있어서 어떤 것이 끝나면 반드시 새로운 것이 나타나게 된다. 그렇기 때문에 그냥 사라지는 완벽한 종말이라는 것은 없다. 종말은 곧 새로운 시작의 조건이므로 새로운 시작이 없는 종말은 없다.

시종으로 나타나는 현상의 변화는 끝나면 다시 시작하여 끝이 없이 영원한 것이다. 그것을 나타내는 것이 괘서이다. 그러므로 괘서에서 밝히고자 하는 내용은 역도의 내용인 성명, 성명의 이치이다. 역도를 괘서를 중심으로 하나의 괘에 담긴 본성으로 이해할 때 그것이 성명이 되는 것이다.

64괘를 통하여 역도를 다양한 관점에서 나타내는 것은 불교의《화엄경華嚴經》이나《법화경法華經》,《유마경維摩經》등에서 다양한 보살菩薩을 등장시켜서 불법佛法을 설명하고 있는 것과 유사하다고 할 수 있다. 불성佛性이라는 근원적 존재를 각 방면에서 여러 특성을 중심으로 인격화하여 나타낸 것이 보살이다. 그러므로 하나의 괘상卦象이 표상하는 내용이나 괘서卦序가 표상하는 내용을 특정한 사건이나 물건에 한정하여 천착穿鑿하면 그것에 얽매여서 통하지 않게 된다.

십익의 도처에서 역도의 표상이 천지의 도를 표상하는 중천건괘와 중지곤괘로 집약되는 것에 대해 끊임없이 논하고 있는 것을 보아도 이 점을 알 수 있다. 비록《주역》이 64괘에 의해 구성되었지만 그것은 건곤괘로 집약된다. 그것은 다시 말하면《주역》을 연구하면서 괘서를 시간적 관점에서 연구하여 미래의 한 시점을 나타내는 것으로만 파악해서는 안 된다는 것을 뜻한다.

역학에서 언급되고 있는 모든 내용은 형이상적 측면에서의 도道와 형이하적 측면에서의 만물의 관계일 뿐이다. 이러한 양자의 관계를 나타내는 것이 변화라는 개념이다. 변화 가운데는 변화하지 않는 의미와 더불어 변화하지 않는 세계의 특성인 이간易簡함의 의미가 함께 포함되어 있다.

《주역》에서는 형이상적 존재를 도라고 하고 형이하적 존재인 만물을 양자의 관계를 중심으로 기器라고 하였다. 그리고 기器의 세계, 형이하의 만물의 세계를 공간의 관점에서는 천과 지地 그리고 인이라는 삼재三才로 나타내고, 시간의 관점에서는 과거와 미래 그리고 현재라는 삼세三世로 나타내고 있다. 그러면 도와 기器, 그릇과 그 안의 내용물의 관계를 중심으로 하늘과 땅 인간이라는 세계의 관계를 살펴보자.

공간적 측면에서 삼재라는 세계는 그릇과 같아서 도라는 내용물을 담는 존재이다. 그것은 도라는 근원적 존재가 그 그릇에 따라서 때로는 하늘, 땅, 인간으로 구분되어 불리지만 그 내용은 하나임을 뜻한다.

그릇에 따라서 보면 하늘, 땅, 인간이라는 세계로 변화하지만 내용물 자체의 측면에서 보면 하늘이나 땅이나 인간을 막론하고 변화하지 않을 뿐만 아니라 셋이라고 할 수 없다. 그런 점에서 보면 그릇으로서의 하늘과 땅, 인간을 실재實在한다고 할 수 없다. 그렇지만 아무것도 없는 허무는 아니라는 점에서 이 셋은 또한 단순한 관념적 존재는 아니다.

이제 인간을 중심으로 생각하여 보자. 만약 사람이 자신을 그릇의 관점에서 인간으로만 인식한다면 그것은 자신을 올바로 보는 것이 아니다. 왜냐하면 자신이 하늘과 땅으로부터 구분되는 측면만을 보게 되면 하늘, 땅과 자신을 구분할 수 없는 본성이라는 본질적인 요소를 보지 못하게 되기 때문이다.

사실 그릇이라는 것은 시간적 관점에서 보면 일정한 기간 동안의 모습일 뿐이며 인간의 모습이나 천상天上의 신神의 모습 역시 일정한 시간 동안의 모습일 뿐이다. 예를 들면 어떤 존재가 천상으로부터 인간의 모습을 띠고 지상으로 내려왔다는 것은 그에게 인간으로 살아가야 할 사명이 주어졌음을 뜻한다. 다시 말하면 우주 속에서 일정한 시간 동안 해야 할 역할이 인간이기 때문에 인간의 모습을 갖게 되었음을 뜻한다. 그러므로 인간의 모습은 잠시일 뿐 그 역할이 끝나면 다시 새로운 모습으로 변화한다.

그런 점에서 보면 인간으로 태어났다거나 천상에서 내려왔다고 하거나 수련이나 수행을 통하여 천상으로 올라간다는 생각도 역시 하나의 생각일 뿐으로 그냥 본래 그 자리일 뿐이다. 하늘과 땅 그리고 인간을 구분할 수 없는 근원의 자리 곧 도道, 법계法界에서 보면 천상도 없고 지상도 없으며, 인간도 없다. 그런데 어디에서 내려오고 어디로 올라간다고 할 수 있겠는가!

결국 64괘의 괘와 괘의 사이를 연결하면서 고故, 연후然後와 같은 개념을 사용하여 마치 선후의 두 괘가 인과관계인 것처럼 나타낸 것은 비록 64괘로 구분되어 나타내지만 그 내용이 일체임을 알리기 위해서이다. 64괘가 나타내는 내용이 모두 하나의 역도, 인간의 입장에서는 성명임을 나타내기 위함인 것이다.

그렇다면 괘서의 변화를 통하여 나타내는 내용은 전혀 없는 것일까? 중천건괘의 육효에서 잠용, 비룡으로 나타내고 있듯이 64괘는 각각의 시위時位에서 성명性命을 나타낸다. 그러므로 각각의 괘상卦象이 다를 뿐만 아니라 괘의 이름도 다르다. 마치 인간의 본성은 같지만 자식을 만나서 부모로 발현되고, 부모를 만나서 자식으로 발현되며, 스승을 만나면 제자로 발현되고, 제자를 만나면 스승으로 발현되는 것과 같다. 때에 따라서 다양하게 나타나는 도道, 성명性命이 중괘重卦의 변화로서의 괘서卦序에 담겨 있는 것이다.

3부

역도의 천명과 형식

◇◇◇

지금까지 천지의 관점에서 역도를 중심으로 그 내용이 무엇인지를 살펴보았다. 이러한 논지의 전개 과정을 보면서 독자들은 역도 또는 변화의 도라는 객관적인 존재가 있어서 그것을 인간이 깨달아서 드러내어 밝힌다고 생각할 수도 있다.

물론 지도地圖가 현지現地를 대상화하여 나타낸 것과 같이《정역》이나《주역》과 같은 역도를 밝히고 있는 전적이 있는 것은 사실이다. 그렇지만 그것이 복사기가 복사를 하듯이 역도를 그대로 깨달아서 나타낸 것을 뜻하지는 않는다.

역도라는 개념 자체가 나타내고 있는 것처럼 비록 도라고 규정하였지만 끊임없이 변화하여 무엇이라고 규정할 수가 없기 때문에 역도라고 한 것이다. 그러므로 역도는 있는 것도 아니고, 없는 것도 아니며, 있으면서 없는 것도 아니고, 있는 것도 아니고 없는 것도 아닌 것도 아니다.

역도를 전적을 통하여 상징적으로 나타낸 존재는 인간이다. 따라서 인간에 의해 역도라고 규정되고 일정한 형식에 의해 표상되는 순간 비로소 역도라는 존재가 드러나게 된다는 점에서 역도의 자각과 천명闡明은 역도 자체의 자기 전개인 동시에 인간에 의해 개시된 창조적 존재라고 할 수 있다.

그런 점에서 보면 인간은 역도를 드러내어 밝히는 존재와 이미 밝혀진 것을 연구하고 익혀서 그 내용을 현실에서 구현하는 존재로 구분할 수 있다.《주역》에서는 역도를 표상한 존재를 하늘적(天的) 존재로 규정하면서 그를 일컬어 형이상의 세계와 친하다고 하였고, 역도를 실천하는 존재를 땅적(地的) 존재로 규정하면서 그는 형이하의 세계와 친하다고 하였다.

역도를 표상하는 존재는 성인이며, 그것을 실천하는 존재는 군자이다. 성인과 군자는 본성에서 차이가 없을 뿐만 아니라 삶 자체에도 가치적 우열이 없다. 단지 삶의 양상에 따라서 인류 세상에 먼저 나타난 존재가 성인이며, 뒤에 나타난 존재가 군자이기 때문에 군자는 성인을 스승으로 학문을 하고, 성인은 군자를 통하여 자신의 뜻을 완성하는 차이가 있을 뿐이다.

1장 역도의 자각과 천명闡明

앞에서 역도易道 자체는 형이상의 근원적 존재인 천지의 존재 원리임을 살펴보았다. 역도가 하늘과 땅 그리고 인간을 구성 요소로 하는 우주, 세계의 존재 근거이기 때문에 인간 역시 역도를 존재 근거로 살아간다.

인간의 본성은 본래 주체화한 도, 내재화한 도이다. 그렇기 때문에 본래 완전하고 완성된 존재로, 부족함이 없기 때문에 더하거나 덜 수 있는 존재가 아니다. 따라서 학문을 통하여 그것을 깨닫는 수기修己의 과정이 필요하지 않다.《주역》에서 "완전한 성품을 보존하고 보존하는 것이 도의道義의 문이다."[250]라고 하여 그 점을 밝히고 있다.

또한 만약 학문을 통하여 얻을 수 있는 것이라면 그것은 모두 유위적인 것으로 결코 형이상의 도, 무위법無爲法은 아니다. 수행도 수기도 몸이나

---

250 《周易》繫辭上篇 第七章, "天地設位, 而易行乎其中矣니 成性存存이 道義之門이라."

마음으로 하는 것이다. 몸이나 마음은 모두 형이하자이다. 따라서 몸이나 마음을 통하여 얻을 수 있는 것은 형이상적 존재가 아닌 점에서 모두 유위적有爲的인 것이다. 그렇기 때문에 역도를 자각한다는 것은 있을 수 없다.

그런데 중천건괘의 문언에서는 "스스로 자신을 강하게 하는 데 그침이 없어야 한다."[251]라고 하였을 뿐만 아니라 "군자가 종일 부지런하고 부지런하면서도 저녁에는 하루를 반성하여 부족한 듯 여기면 위태롭지만 허물이 없다."[252]라고 하여 무엇인가를 끊임없이 할 것을 주문하고 있다. 뿐만 아니라 "스스로 밝은 덕을 밝힌다."[253]라고도 하고, "군자가 진덕수업進德修業을 해야 함"[254]을 강조하고 있다.

그러면 역학을 학문하여 자신이 어떤 존재인지, 역도가 무엇인지, 그리고 인간의 성명이 무엇인지를 자각하는 것이 필요한가? 만약 학문을 통하여 성명을 자각한다고 하면 그는 역도를 부정하는 것이 된다. 이미 역도가 내 본래성이 되어 그것을 주체로 내 삶이 이루어지고 있는데 그것을 다시 찾는다면 마치 말을 타고 다니면서 말을 찾는 것과 같기 때문이다.

그러면 학문은 필요하지 않은 걸까? 도는 형이상적 존재로 형이하적 존재인 만물과 서로 구분되면서도 둘이 아니다. 도가 만물의 존재 근거이기 때문에 만물과 존재 양상이 다르면서도 만물을 벗어나지 않음을 나타내기 위하여 중도中道라는 개념을 사용한다. 어느 한쪽에 치우침이 없는 존재가 도라는 점에서 중도라고 한 것이다.

반면에 중도로서의 도는 그대로 항상 있는 것이 아니라 자신의 본성에 의해 때에 맞게 작용을 한다. 다시 말하면 끊임없이 자신의 위상에서 벗어

251 《周易》 重天乾卦䷀ 大象, "象曰 天行健이니 君子以自强不息이라."

252 《周易》 重天乾卦䷀ 三爻 爻辭, "九三은 君子가 終日乾乾하여 夕惕若이면 厲하나 无咎리라."

253 《周易》 火地晉卦䷢ 大象, "象曰 明出地上이 晉이니 君子 以하야 自昭明德하나니라."

254 《周易》 重天乾卦䷀ 文言, "九三曰 君子終日乾乾, 夕惕若, 厲无咎는 何謂也오 子曰, 君子는 進德脩業하나니 忠信이 所以進德也오 脩辭立其誠이 所以居業也라."

나서 만물을 생성하는 것이다. 그것을 나타내는 개념이 바로 정도正道이다. 그것은 중도가 때에 맞게 작용하여 만물을 생성한다는 의미이다.

중도는 본체의 측면에서 도를 나타낸 것으로, 그것을 작용을 중심으로 나타내면 정도가 된다. 그렇기 때문에 도를 체용의 관점에서 나타내면 중정中正의 도가 된다. 이처럼 중정의 도를 한마디로 나타내면 역도, 변화의 도가 된다.

중도中道가 정도正道로 작용하는 것은 인위적인 요소나 외재적인 요소에 의해 그러한 것이 아니라 스스로 그러하다는 면에서 무위無爲이다. 스스로 대상화하여 자기를 드러내는 것이 바로 중도中道의 정도正道로의 작용이며, 그것을 현상의 측면에서 나타내면 역도, 변화의 도가 되는 것이다.

인간의 삶 역시 역도, 중정의 도 안에서 이루어진다. 그렇기 때문에 역도를 자각한다고 하였지만 역도와 내가 둘인 상태에서 이루어지는 인위적인 것이 아니다. 그런 점에서 보면 학문을 통하여 무엇을 얻었다거나 자각했다고 하는 것은 어불성설語不成說이다. 그렇지만 학문이 필요하지 않은 것은 아니며 학문을 통하여 결과가 없는 것도 아니다. 함(爲)이 없이 학문을 하고, 자각을 하기 때문에 하는 것이 아니지만 그렇다고 하여 하지 않는 것도 아니다.

《주역》에서는 역도의 자각을 생각해도 생각 자체에 얽매임이 없는, 그래서 집착하지 않고 고집하지 않는 무사無思의 상태, 무사의 상태에서 무엇을 하여도 함에 집착하지 않아서 함이 없는 무위無爲의 상태에서 하기 때문에 고요하여 움직임이 없는 상태에서 이루어지는 감통感通으로 규정하고 있다.

감통이란 대상과 하나가 되어 나와 대상을 잊고 일체가 되는 것이다. 역도를 공부하는 것도 그것을 통하여 자각하는 것도 그리고 자각한 역도, 본성을 주체로 살아가는 것도 단지 그러할 뿐으로 무엇을 한다거나 했다는 의식이 없을 뿐만 아니라 그렇기 때문에 한 것이 없다.

인간의 삶 자체가 중정의 도, 역도에 근거하여 이루어지기 때문에 본래

함이 없이 모든 것을 다한다. 그렇기 때문에 인간의 삶을 구성하는 모든 요소들을 유위有爲라고만 할 수도 없고, 그렇다고 하여 무위無爲라고만 할 수도 없다.

인간의 삶의 과정에서 이루어지는 학문, 역도의 자각 그리고 그 내용을 밝히는 천명闡明과 그것의 실천이 모두 개념에 의해 표현한 것일 뿐 내가 했다거나 내가 얻었다고 할 수 없는 것이다.[255]

앞에서 인간이 학문을 해야 할 필요성에 대하여 살펴보았다. 그러면 이어서 학문을 하는 것의 성격, 의의에 대하여 살펴보자.

역학이라는 학문의 주체는 인간이다. 그것은 여러 존재 가운데 오로지 인간만이 학문을 할 수 있다기보다는 학문을 가장 효과적으로 수행할 수 있는 존재가 인간임을 뜻한다. 인간의 상태일 때가 학문하기가 가장 좋은 때인 것이다. 그렇기 때문에 학문을 하는 것은 인간의 다양한 삶의 양상 가운데 하나가 아니라 삶 그 자체이다.

인간은 학문을 통하여 자신의 본성을 자각함으로써 자신이 어떤 존재인가를 알게 되고, 더불어 자신의 존재 근거인 천지의 본성과 하나가 됨으로써 비로소 사람다운 사람으로 살아가게 된다.

인간의 삶은 천지의 삶과 일체이기 때문에 인간이 학문하는 대상은 인간 자체의 문제에 국한되지 않는다. 인간이 학문을 함으로써 천지의 뜻이 밝혀지고, 인간을 통하여 천의天意가 현실에서 실천·구현된다. 천지의 뜻인 역도가 그것을 주체적으로 자각하여 천명闡明할 수 있는 유일한 존재인 인간에 의해 밝혀지고 실천되는 것이다. 《주역》에서는 "진실로 인간이

---

255 그런 점에서 보면 지금 이 책을 저작하는 일도 나라는 누군가가 있어서 무엇을 하는 것이 아니기 때문에 지은이라고 할 사람이 없으며, 그가 무엇을 했다고 할 수도 없다. 따라서 이 책의 완성을 통하여 무엇을 얻고자 하거나 바라는 것이 아니라 그냥 본성의 현현일 뿐이다.

아니면 도는 헛되이 행하여지지 않는다."[256]라고 하였을 뿐만 아니라 《서경》에서는 "천지의 만물을 생성 화육하는 사업을 인간이 대신한다."[257]라고 하여 인간이 천지의 도를 대행代行하고 있음을 밝히고 있다.

인간이 천지의 도를 대행하기 위해서는 그것을 인간 주체적으로 자각하는 문제가 선결과제이다. 왜냐하면 인간이 천도를 주체적으로 자각하여 인도로 천명闡明하였을 때 비로소 그것을 현실에서 실천·구현할 수 있기 때문이다.

천지의 도를 인간 주체적으로 자각하여 그것을 밝히는 존재는 성인이며, 성인이 밝힌 천지의 도를 역시 주체적으로 자각하여 실천 구현하는 존재가 군자이다. 성인이 역도를 규명함으로써 역학이라는 학문이 형성되었고, 역학을 통하여 군자가 존재하게 되는 것이다. 따라서 성인에 의한 역도의 천명闡明은 역학의 형성 근거일 뿐만 아니라 군자의 존재 근거인 군자의 도의 확립이다.

성인에 의한 역도의 천명闡明은 후세의 군자로 하여금 성명의 이치에 순응하게 하려는 우환의식에 의해 역도를 여러 이치로 풀어 나누어서 그것을 상징적으로 드러내는 것을 말한다. 성인의 우환의식[258]에 의해 역도가 여러 이치로 풀어헤쳐지고(理解), 그것이 다시 상징화되어 나열됨(說明)으로써 역도가 현상現象하게 되는 것이다. 그러므로 역도는 자각의 주체인 성인의 뜻[259]으로 존재하는 동시에 그러한 성인의 뜻이 해석되고 현상

---

256 《周易》 繫辭下篇 第八章, "苟非其人이면 道不虛行하나니라."

257 《書經》 皐陶謨篇, "天工人其代之."

258 《周易》의 繫辭下篇 第七章에서는 "作易者이 其有憂患乎인저."라고 하였으며, 繫辭上篇 第五章에서는 군자를 성인과 관련하여 논하면서 "鼓萬物而不如聖人同憂하나니."라고 하였다. 이를 보면 성인이 역易을 지은 까닭이 후세를 걱정하는 우환의식憂患意識 때문임을 알 수 있다. 그것은 천지의 만물을 사랑하는 덕성德性이 성인에 의해 후세를 걱정하는 우환의식으로 나타난 것이다.

259 《周易》의 繫辭上篇 第十二章에서는 "子曰書不盡言하고 言不盡意하니 然則聖人之意를 其不可見乎아."라고 하여 성인이 자각한 역도易道를 성인지의聖人之意로 규정하고 있다.

되어 형성된 상징체계에 담긴 뜻으로 존재한다고 할 수 있다.

군자에 의한 역도의 현실적 실천은 성인이 이미 밝힌 역도가 군자에 의해 구체적인 언행言行으로 드러남을 뜻한다. 성인의 뜻으로 드러난 역도가 군자의 언행을 통하여 현실에서 실천되는 것이다.

군자가 역도를 현실에서 실천·구현한 것은 성인과 군자, 하늘과 땅, 신神과 인간이 하나가 됨을 뜻한다. 군자에 의해 천도가 주체적으로 자각되고 구현됨으로서 천지가 하나가 되고, 신인神人이 하나가 되며, 신물神物이 하나가 되고, 인물人物이 하나가 됨으로써 천지인의 삼재가 하나가 되고, 그렇게 해서 성도成道가 되는 것이다.

성인에 의한 역도의 천명과 군자에 의한 역도의 실천은 존재 근거가 역도 자체이기 때문에 역도의 천명원리와 실천원리는 같다. 성인에 의한 역도의 천명원리가 군자가 역도를 연구하는 학역원리學易原理인 동시에 역도를 실천하는 원리이다. 성인에 의해 역도가 천명闡明되는 형식과 체계, 방법이 군자에게는 역학을 연구하는 방법이 되는 동시에 역도를 실천하는 방법이 되는 것이다.

성인에 의해 역도가 주체적으로 자각되고 천명闡明됨으로써 비로소 군자가 역도를 자각할 수 있는 근거인 역학이 형성되었다. 그렇기 때문에 성인에 의하여 역도가 자각되고 천명되는 과정을 고찰하면 역도를 표상하는 형식과 역도의 내용이 무엇인지가 드러나게 될 것이다.

1. 통신명지덕通神明之德과 유만물지정類萬物之情

역도는 시공을 점유하는 사물적 존재와는 달리 사물을 초월한 형이상적 존재이다. 그것은 역도가 현상 사물과 그 존재 양상이 다름을 뜻한다. 현상적 존재인 사물은 존재 근거가 역도에 있기 때문에 역도와 사물의 존재 양상이 다른 것이다. 역도가 사물의 존재 근거이며 그것이 사물로 현상懸象한다는 측면에서는 사물이 존재하는 그 자체가 그대로 역도의 현상現狀을 증거한다. 그러나 사물 자체는 역도가 아니기 때문에 사물의 측면에서는 오히려 역도는 자신을 은폐하는 것이 된다.

역도는 현상적 존재인 사물을 생성시키지만 자신이 그대로 사물로 변화하는 것이 아니다. 따라서 현상 사물을 대상으로 그 본질을 추구하는 방법으로는 결코 역도를 밝힐 수 없다. 역도는 대상 사물을 지향하여 이루어지는 대상적 사고를 통하여 사물의 속성을 밝히는 방법으로는 드러날 수 없는 존재인 것이다. 이처럼 사물의 근저에 은미하게 자신을 감추고 있는 역도의 특성 때문에 역도를 드러내어 밝히는 천명이 필요하다.

성인은 천의가 인신人身된 존재이기 때문에 현상 사물의 관찰을 통해서도 그 근저에 존재하는 역도를 자각하여 밝힐 수 있다. 《주역》에서 "역도를 자각한 성인인 복희伏羲가 천지와 만물을 관찰하여 본성인 역도를 자각하고 그것을 괘효로 표상하였다."[260]라고 규정한 까닭이 여기에 있다.

군자는 직접 현상 사물을 관찰하여 역도를 자각하기가 어렵다. 그렇기 때문에 성인이 역도를 천명闡明한 역경易經을 통하여 역도를 주체적으로 자각하게 된다.[261] 《주역》에서 역경을 저작한 주체가 성인[262]이며, 그 대상

260 《周易》 繫辭下篇 第二章, "古者에 包犧氏之王天下也에 仰則觀象於天하고 俯則觀法於地하며 觀鳥獸之文與地之宜하여 近取諸身하고 遠取諸物하여 於是에 始作八卦하여 以通神明之德하여 以類萬物之情하니라."

261 성인과 군자의 본성은 같다. 그것은 본성의 측면에서는 성인과 군자라는 구분이 없음을 뜻한다. 본성에는 하늘도 없고 땅도 없으며 사람도 없어서 그 어떤 분별도 없는 자리이다. 그러므로 성인과 군자의 구분은 오로지 우주 역사상에 해야 할 일인 사명의 차이에서 이루어지는 것이다.

262 《周易》의 繫辭上篇 第二章에서는 "聖人이 設卦觀象繫辭焉하여 而明吉凶"이라고 하였을 뿐만 아니라 說卦篇 第一章과 第二章에서는 "昔者에 聖人之作易也에"라고 하여 주역을 저작한 주체主體가 성인聖人임을 분명하게 밝히고 있다.

이 군자로 군자는 언제나 역경을 연구해야 함[263]을 밝히고 있는 까닭이 여기에 있다.

성인이 현상 사물의 근저에서 사물과는 다른 양상으로 자신을 드러내지 않고 은밀하게 감추고 있는 역도를 인간 주체적으로 자각하여 그 드러나지 않는 본래적 의미를 여러 이치로 해부解剖하고 그것을 나열羅列함으로써 분명하게 밝히는 것을 역도의 천명闡明이라고 한다. 성인이 자신의 본래성을 자각하고 더불어 존재 근거인 천도를 자각하여 그 본래적 의의를 상징체계를 통하여 분명하게 밝히는 것이 역도의 천명인 것이다.

성인에 의한 역도의 천명은 역도 자체의 본성에 의해 이루어지는 존재론적 사건으로, 인간을 매개로 이루어지는 역도의 자기 전개 현상現狀이라고 할 수 있다. 이처럼 성인을 매개로 하여 역도가 현현顯現됨으로써 역도 자체의 자기 전개 역사가 형성되고 그것이 인류 역사를 이끌어 가는 근원적 역사가 된다. 성인을 매개로 역도가 천명되는 역사가 인류 역사상에 나타난 역도 자체의 자기 전개 역사인 것이다.[264]

성인에 의한 역도의 천명은 장차 전개될 천도의 변화를 미리 원리로 밝히는 선천적 사건이다. 아직 현상現狀으로 드러나지 않고 뜻으로 존재하는 천지의 변화원리를 말씀을 통하여 미리 이치로 밝힌 것이 역도의 천명인 것이다. 그것은 역도 자체의 자기 전개 현상現象[265]을 그대로 드러내어

---

263 《周易》 繫辭上篇 第二章, "是故君子所居而安者는 易之序也오 所樂而玩者는 爻之辭也니 是故로 君子居則觀其象而玩其辭라고 動則觀其變而玩其占하니."

264 성인은 역도의 천명闡明을 통하여 역도의 자기自己 개시展開 역사歷史에 참여하는 존재이다. 그런데 각각의 성인에게 주어진 우주적 사명宇宙的 使命이 다르기 때문에 그 내용에 따라서 일정한 계대繼代 관계關係를 형성하면서 인류 역사에 탄강誕降하게 되는데, 그것을 성통聖統이라고 한다. 성통에 참여한 성인은 자신의 존재 근거인 역도를 천명하게 된다. 그렇기 때문에 성통사聖統史는 곧 역도 천명의 역사라고 할 수 있다.

265 현상現象은 형이상形而上의 근원적 존재인 역도 자체의 자기自己 개시開示를 통해 나타내는 개념이며, 현상現狀은 현상現象의 결과로 나타난 사물적 존재를 언급하는 개념이고, 현상懸象은 역도 자체自體의 현상現象을 그대로 드러내어 밝히는 역도의 천명闡明을 뜻한다.

밝히는 것이다.

역도의 천명이 선천적 사건이라는 것은 그것이 시간을 매개로 그 존재 근거인 시간성을 상징적으로 드러내는 현상懸象임을 뜻한다. 성인의 존재 의미로서의 시간성을 통하여 그것을 원리로 해부하고 나열하여 그 의미를 드러내어 밝히는 해석解釋이 역도의 천명인 것이다. 역도의 천명은 역도의 내용인 시간성의 원리를 그대로 역수원리로 드러내어 밝히는 동시에 그것을 괘상卦象이라는 상징체계로 밝히는 현상懸象과 그것을 다시 말씀을 통하여 여러 이치理致로 해부하여 나열함으로써 그 본래적 의의를 풀어서 분명하게 밝히는 계사繫辭가 그 방법이다.

《주역》에서는 "성인이 괘卦를 베풀어서 괘상을 보고, 그것을 다시 해석하여 말씀을 부연敷衍하여 길흉을 밝혔다"[266]라고 하였을 뿐만 아니라 "괘상에 언사言辭를 부연하여 그 하고자 하는 말씀을 다하였다"[267]라고 하였다. 따라서 역도의 천명은 역도를 상징적으로 드러낸 현상懸象과 그것을 다시 풀어서 설명한 계사繫辭에 의해 이루어진다.《정역》에서는 성인에 의한 천의天意의 천명을 다음과 같이 논하고 있다.

> 오호라! 천지가 말이 없으면 일부一夫가 어찌 말을 할 것인가. 천지가 말을 하므로 일부가 감히 말을 한다. 천지는 일부의 말을 하고 일부는 천지의 말을 한다.[268]

위의 내용을 보면 천지의 뜻이《정역》의 저자인 김일부라는 사람의 말을 통하여 드러남을 알 수 있다. 이는 역도의 천명이 그 주체인 사람에 의

---

266 《周易》繫辭上篇 第二章, "聖人이 設卦하여 觀象繫辭焉하여 而明吉凶하며."

267 《周易》繫辭上篇 第十二章, "繫辭焉하여 以盡其言하며."

268 金恒,《正易》十五一言 第九張, "嗚呼라 天地无言이면 一夫何言이리오마는 天地有言이니 一夫敢言하노라. 天地는 言一夫言하고 一夫는 言天地言하노라."

해 이루어지는 것을 나타내는 동시에 역도의 현상現象이 말씀으로 해석되는 것을 뜻한다.

천지가 성인의 말씀을 통하여 자신의 뜻을 미리 드러내는 것은 만물을 낳아서 완성시키고자 하는 천지의 본성[269]에 의한 것이다. 이러한 천지의 위대한 덕성德性(大德)을 성인이 주체적으로 자각한 결과, 천하의 내세來世를 걱정하는 우환의식으로 나타난다. 《주역》에서는 "역易을 지은 성인에게는 우환이 있었다."[270]라고 하였다.

성인이 갖는 인류의 미래에 대한 우환의식은 천지의 본성인 자비慈悲로부터 나타나고, 그것이 역도의 천명으로 나타나는 것이다. 성인이 자각한 역도를 천명함으로써 후세의 군자로 하여금 역도 자체의 자기 전개 역사에 순응하는 삶이 되도록 그 방향을 미리 제시해 주는 것이다. 따라서 성인에 의한 역도의 천명은 인류의 역사가 나가야 할 방향을 미리 제시하는 것이라고 할 수 있다.

그런데 천의天意를 담고 있는 성인의 말씀은 시공의 제한이 있기 때문에 그것을 후세의 군자에게 전하기 위해서는 문자화하는 등의 일정한 형식을 통하여 구체화하는 것이 필요하다. 성인의 말씀을 통하여 밝혀지는 형이상의 역도를 현상現狀 사물에 비추어 상징적으로 나타내었을 때 비로소 시공의 제한을 넘어서 후세의 군자에게 전할 수 있기 때문이다.

《주역》에서는 "형이상의 역도를 형이하의 사물에 빗대어 상징적으로 나타낸 것이 상象"[271]이라고 하였을 뿐만 아니라 "역도는 상象이다."[272]라고 하여 역도가 현상懸象된 것이 《주역》의 괘효卦爻와 괘효사卦爻辭임을 밝히고 있다. 이처럼 성인은 인간 주체적으로 자각한 역도를 일정한 형식과 체

269 《周易》 繫辭下篇 第一章, "天地之大德曰生이오."

270 《周易》 繫辭下篇 第七章, "作易者이 其有憂患乎인저."

271 《周易》 繫辭上篇 第十一章, "見을 乃謂之象이오."

272 《周易》 繫辭下篇 第三章, "易者는 象也니."

계를 통해 상징화하여 후세의 군자에게 전해준다.

성인이 주체적으로 자각한 역도를 일정한 형식과 체계에 의해 상징적으로 드러내어 밝힌 것이 역경이다. 복희伏羲가 팔괘와 64 중괘重卦를 긋고, 문왕文王과 주공周公이 괘卦와 효爻에 대하여 언사를 부연하였으며, 공자가 십익十翼을 지음으로써《주역》을 완성한 까닭은 삼재의 도를 천명하기 위해서이며, 김일부金一夫가《정역》을 저술한 까닭은 삼극의 도를 천명하기 위해서다.[273] 성인이 역경을 저작한 까닭은 그것을 통하여 천지의 말씀을 전함으로써 천의를 드러내어 밝히고자 함이다. 따라서 성인에 의한 역도의 천명은 역경의 저작을 통하여 이루어진다.[274]

성인에 의한 역도의 천명이 역경의 저작을 통하여 이루어지기 때문에 역도의 천명원리는 역경을 저작하는 원리가 된다.《주역》의 계사하편에서는 복희의 작역 과정을 논하면서 그것이 통신명지덕通神明之德과 유만물지정類萬物之情의 결과라고 하였다. 이를 통하여 역경을 저작한 성인에 의한 역도의 천명이 통신명지덕과 유만물지정에 의해 이루어짐을 알 수 있다. 성인에 의한 작역作易의 과정을 논하고 있는《주역》의 계사하편의 내용을 살펴보면 다음과 같다.

---

273 《周易》의 繫辭上篇 第二章에서는 "六爻之動은 三極의 道也라."라고 하였으며, 繫辭下篇 第十章에서는 "易之爲書也, 廣大悉備하여 有天道焉하며 有地道焉하며 有人道焉하니 兼三材而兩之라 故로 六이니 六者는 非它也라 三才之道也니."라고 하여 역도의 내용이 삼극三極의 도道와 삼재三才의 도道임을 밝히고 있다. 삼극의 도는 삼재의 도의 근거로, 삼극의 도의 내용은 시간성의 원리原理이며, 삼재의 도는 그것을 객관화하여 나타낸 공간성空間性의 원리原理이다. 삼극의 도의 내용인 역수원리를 밝힌 경전經典이《正易》이며, 삼재의 도의 내용인 성명지리性命之理를 밝힌 경전經典이《周易》이다.

274 여기서 유의할 점은 모든 성인이 역작作易 성인聖人은 아니라는 것이다. 모든 성인이 역도를 주체적으로 자각하였지만 그것을 역경의 저작을 통하여 천명한 성인은 오직 다섯 성인뿐이다. 그것은 각자에게 주어진 천명이 서로 다르기 때문에 나타나는 현상이다.

옛날 복희가 천하의 왕이 되어 다스릴 때, 위로는 하늘에서 상象을 보고 아래로 땅에서 그 이치를 본받았으며, 조수鳥獸의 문채文彩와 땅의 마땅함을 관觀하여, 가까이는 몸의 여러 부분에서 취하고 멀리는 만물에서 취하여 비로소 역도를 드러내어 나타낸 괘를 그었다. 그것은 신명한 덕에 통하여 만물의 정위情僞를 구분하여 나타낸 것이다.[275]

위의 내용은 크게 세 부분으로 나누어 볼 수 있다. 첫 번째 부분은 처음부터 "조수의 문채와 땅의 마땅함을 관하여"까지이고, 두 번째 부분은 "가까이는 사람의 몸에서 취하고"에서부터 "이에 비로소 팔괘를 그었다"까지이며, 세 번째 부분은 나머지 끝 부분이다. 세 번째 부분은 결론 부분으로, 첫 번째 부분과 두 번째 부분의 내용을 정리하여 나타낸 것이다.

세 번째 부분에서는 첫 번째 부분을 통신명지덕의 과정으로 규정하고, 두 번째 부분을 유만물지정의 과정으로 규정하고 있다. 여기에서 성인에 의해 이루어지는 작역의 과정을 통신명지덕과 유만물지정의 두 부분으로 구분하여 나타낼 수 있음을 알 수 있다.

위 계사하편 첫 번째 부분은 작역의 주체가 성인임을 나타내는 동시에 작역 성인이 천하의 왕이 되어 천하를 다스렸음을 나타내는 것으로 시작하고 있다. 그리고 이어서 성인이 하늘과 땅 그리고 만물에서 상象과 법法 그리고 문文과 의宜를 관하였음을 나타내고 있다.

관觀은 물리적 사물을 감각 기관인 눈을 통하여 지각하였음을 뜻하는 개념이 아니라 천지와 만물의 존재 근거인 형이상적 존재를 자신의 본래성과 일체화시켜서 자각하였음을 뜻하는 개념이다.[276] 천지와 만물의 존재

---

275 《周易》 繫辭下篇 第二章. "古者에 包犧氏之王天下也에 仰則觀象於天하고 俯則觀法於地하며 觀鳥獸之文與地之宜하여 近取諸身하고 遠取諸物하여 於是에 始作八卦하여 以通神明之德하여 以類萬物之情하니라."

276 이는 학문學問의 의미로 학學은 스승으로부터 이치를 배우는 일차적인 자기화라면 자신

근거가 되는 형이상적 존재는 천지의 도로, 그 본성은 도덕성이다. 그렇기 때문에 관은 천지의 본성으로서의 도덕성을 느껴 통한다는 의미이다.

천지의 도덕성을《주역》에서는 신명한 덕으로 규정하고 있다. 그러므로 관상, 관법, 관문여의는 천지의 도를 자신의 본래성과 일체화하여 자각함으로써 천지의 본성으로서의 신명한 덕에 통하는 것을 의미한다.《주역》의 계사하편의 "천지의 본성을 체득하여 그 신명한 덕에 통한다."[277]라고 한 부분을 보면 천지의 본성으로서의 도덕성의 자각이 바로 신명한 덕에 통하는 것임을 분명하게 알 수 있다.

두 번째 부분은 성인이 신명한 덕에 통함으로써 자각한 역도를 일정한 논리와 형식에 의해 상징적으로 드러내어 나열한다는 뜻이다. 역도를 천지와 인간이라는 범주範疇에 의해 하늘의 원리인 천도와 땅의 원리인 지도 그리고 인간의 원리인 인도로 해부하고 그것을 일정한 상징체계로 나열하여 역도의 의의를 밝히는 것이다. 이처럼 깨달은 역도를 이해하고 그것을 그 정위正位에 따라서 구분하여 나열하는 것을 유만물지정이라고 한다.

그것은 형이상의 역도를 형이하의 현상 사물에 비겨서 상징적으로 드러내는 것이다. 인용문에서 "사람과 사물에서 취하여 역도를 나타내는 팔괘를 그었다."라는 것은 팔괘를 통하여 형이상의 역도를 구체적인 현상 사물의 본성에 비겨서 상징적으로 드러내었음을 뜻한다.

유만물지정은 일정한 논리와 형식에 의해 여러 가지 이치로 해부하는 과정과 해부된 이치를 구체적인 사물에 빗대어 상징적으로 드러내어 나열하는 과정으로 구분할 수 있다. 위의 인용문에서 "가까이는 사람의 몸에서 취하고 멀리는 사물에서 취하였다."는 형이상의 역도를 여러 이치로

의 본래성인 본성에 묻고 묻는 문問이 배운 것을 익히는 과정으로 그것은 이차적인 자기화의 과정이다. 이처럼 학문의 과정은 앎의 대상과 자신과의 일체화의 과정으로, 그것을 통하여 배움의 내용과 내 본래성이 하나임을 체득體得함으로써 지혜智慧를 얻게 된다.

277 《周易》繫辭下篇 第六章, "以體天地之撰하여 以通神明之德하니."

해부하여 상징화하였음을 의미하며, "팔괘를 그렸다."는 역도를 나타내는 상징물을 구체화하여 괘卦로 드러내었음을 의미한다. 이처럼 형이상의 역도를 여러 이치로 해부하여 상징적으로 나타낸 것을 상象이라고 한다. 따라서 "몸과 사물에서 취하였다."는 상象을 세우는 입상立象을 의미하며, "팔괘를 그었다."는 상을 드러내어 나열하는 표상表象을 의미한다. 따라서 유만물지정의 과정은 입상과 표상으로 구분된다. 이처럼 상을 세워서 그것을 사물의 본성에 비겨서 상징적으로 나타내는 것은 역도의 현상現象을 그대로 드러내어 나타내는 현상懸象이다.

현상懸象은 만물을 그 정위에 따라서 구분하여 나열함으로써 그 존재 근거인 역도를 상징적으로 나타내는 유만물지정이다.《주역》에서는 현상을 일월 현상에 비유하여 "상을 매달아서 역도를 밝히는 것 가운데 일월보다 더한 것이 없다."[278]라고 하였다. 이는 형이상적 존재인 역도가 일월이라는 구체적인 존재의 운행을 통하여 구체화되는 것을 나타낸 것으로, 역도의 천명 역시 괘상이라는 상징적 체계를 통하여 그 의미가 드러남을 뜻한다.

2. 유만물지정과 입상立象, 현상懸象

앞에서 성인에 의해 역도가 인간 주체적으로 자각되는 통신명지덕과 자각된 역도를 여러 이치로 해부하는 이해와 그것을 나열하여 그 의미를 밝히는 유만물지정을 통해 천명된다는 것을 살펴보았다.

성인에 의해 유만물지정이 이루어짐으로써 그 결과《정역》과《주역》이라는 역경이 저작되었다.《정역》과《주역》은 성인에 의해 역도가 이해되

278 《周易》繫辭上篇 第十一章, "縣象著明이 莫大乎日月하고."

고 설명된 결과인 것이다. 따라서 역경을 바탕으로 역도를 올바로 이해하기 위해서는 이해와 설명의 형식과 내용을 아는 것이 필요하다.

《주역》에서는 성인에 의해 역경이 저작되는 과정을 논하고 있는데, 그것을 통하여 이해와 설명의 구조와 형식, 내용을 살펴볼 수 있다. 《주역》에서 논하고 있는 역경의 저작 과정은 다음과 같다.

> 옛 성인이 역경을 저작할 때에 그윽이 신명神明원리에 참여하여 그것을 하도河圖와 낙서洛書를 통하여 표상하였는데, 삼천양지三天兩地원리를 수數에 의해 표상한 것이다. 음양陰陽의 변화를 보고 그것을 표상하기 위하여 괘卦를 세웠으며, 강유剛柔로 발휘하여 효爻를 세웠다. 천지의 도덕원리로 화순和順하고 의義롭게 다스리며, 이치를 궁구窮究하고, 본성을 다하여 천명天命에 이른다.[279]

위의 내용을 보면 성인이 신명원리에 통함으로써 역도를 자각했으며, 그것을 천지의 수라는 이수理數를 통하여 구성된 하도와 낙서라는 도상을 통하여 삼천양지의 구조로 표상하고, 그것을 다시 괘효를 통하여 음양과 강유로 표상하였음을 알 수 있다.

그런데 천지의 도덕원리에 화순한다고 하여 괘효에 의해 구성된 《주역》이 도덕원리를 표상하며, 그 내용이 군자의 도의 내용인 성명의 이치임을 밝히고 있다. 그리고 "선갑삼일先甲三日 후갑삼일後甲三日은 마친 즉 다시 시작하니 천도의 운행이다."[280]라는 말과 "선경삼일先庚三日 후경삼일後庚三日은 처음은 없고 끝은 있다."[281]라는 말을 통해 간지도수干支度數가

---

279 《周易》說卦 第一章, "昔者聖人之作易也에 幽贊於神明而生蓍하고 參天兩地而倚數하고 觀變於陰陽而立卦하고 發揮於剛柔而生爻하니 和順於道德而理於義하며 窮理盡性하야 以至於命하니라."

280 《周易》山風蠱卦䷑ 象辭, "先甲三日後甲三日은 終則有始天行也라."

281 《周易》重風巽卦䷸ 九五爻 爻辭, "无初有終이라 先庚三日하며 後庚三日이니 吉하니라."

천도를 표상함을 밝히고 있다.

《주역》에서는 밝히고자 하는 내용이 도덕원리이며, 도덕원리를 괘효를 통하여 표상하고 있기 때문에 괘효를 중심으로 이해와 설명을 논하고 있다. 《주역》에서 역도가 입상과 표상에 의해 밝혀지는 과정으로서의 유만물지정에 대하여 표상의 형식을 중심으로 논하고 있는 내용을 살펴보면 다음과 같다.

> 역경을 저작한 성인이 상을 세워서 자각한 역도를 다 드러내었으며, 괘를 베풀어 사물의 정위를 다 드러내었고, 언사를 부연하여 그 하고자 하는 말을 모두 하였다.[282]

입상은 글자 그대로 상을 세웠음을 뜻한다. 상은 무형적 존재인 역도를 유형적인 존재로 구상화하여 상징적으로 드러낸 것이다. 따라서 형이상적 존재인 역도를 성인의 뜻에 의해 여러 이치로 풀어 나누는 역도의 해석이 입상이다. 그렇기 때문에 입상함으로써 성인의 뜻을 모두 드러냈다고 하였다.

설괘設卦는 입상과는 달리 형이상적 존재인 역도를 더욱 구체화하여 유형적인 존재로 나타내는 과정이다. 현상적 사물에 비겨서 상징적으로 표현된 역도인 입상된 역도를 구체적인 모습으로 드러내는 표상이 바로 설괘인 것이다. 표상은 무형적 존재인 상을 일정한 형식을 가진 상징체계의 구성을 통하여 드러내는 것을 뜻한다.

괘상의 표상은 괘효를 통하여 이루어진다. 상이 유형적 상징체계로 드러난 것이 괘이며 그러한 괘를 구성하는 것이 설괘로, 설괘가 표상의 구체

---

282 《周易》 繫辭上篇 第十二章, "聖人이 立象하여 以盡意하고 設卦하여 以盡情僞하며 繫辭焉하여 以盡其言하고."

적인 방법인 것이다. 이처럼 표상이 괘를 통하여 이루어지기 때문에 그 결과를 괘상이라고 한다. 이러한 괘의 구성을 통하여 만물의 실상(情)과 허상(僞)이 모두 밝혀지게 된다. 바꾸어 말하면 괘를 나열함으로써 천지의 이치가 모두 드러나게 된다.

《주역》에서 표상을 괘卦를 나열하는 설괘로 한정하여 나타낸 것은 《주역》이 괘효에 의해 역도를 표상하기 때문이다. 그렇기 때문에 《주역》에서는 "역도는 괘상이다."[283]라고 규정하였다. 그러나 역도의 근본 내용은 시간성의 원리로 그것을 직접 표상하는 형식은 천지의 수라는 이수理數이다. 천지의 수에 의해 시간성의 원리가 표상되는 것이다. 그러므로 《정역》에서는 "천지의 수는 역도의 내용인 시간성의 원리를 표상하는 형식이다."[284]라고 하였을 뿐만 아니라 "역도는 시간성의 원리인 역수원리이다."[285]라고 하였다.

다음에 언급되고 있는 것은 괘상에 언사를 부연한 계사繫辭이다. 앞에서 복희伏犧의 획괘劃卦 과정을 통하여 괘상을 중심으로 역도의 천명을 논한 것과는 달리 이 부분에서는 다시 상에 부연한 언사를 논하고 있다. 괘상에 다시 그 의미를 해석한 언사를 매달아서 역도를 천명한 것이다. 계사는 괘에 다시 언사를 붙여서 당위적 가치인 길과 흉을 판단한 것을 말한다. 괘를 통하여 드러나는 정위를 기준으로 정正(情)에 해당하는 길吉과 위僞에 해당하는 흉을 구분하여 인간 행위의 기준을 제시한 것이 계사인 것이다.

그런데 계사 역시 효에 포함되기 때문에 역도의 천명은 현상懸象으로, 그 가운데 현상懸象된 존재를 다시 설명하는 해석이 포함된다. 이를 《주역》의 관점에서 보면 역도는 괘효상을 통하여 현상懸象되며, 그 가운데는 괘효상을 다시 설명하는 해석으로서의 괘효사가 포함되는 것이다. 《주

283 《周易》 繫辭下篇 第三章, "是故로 易者는 象也이니."

284 金恒, 《正易》 十五一言 第二十張, "天地之數는 數日月이니."

285 金恒, 《正易》 大易序, "易者는 曆也이니."

역》에서 "언사言辭를 매달아서 길흉吉凶을 판단하였으니 그것을 효爻라고 한다."[286]라고 하였을 뿐만 아니라 "성인이 괘를 베풀어 그 가운데 담긴 상을 보고 언사를 매어서 길흉을 밝혔다"[287]라고 하여 계사에 의한 해석이 현상懸象의 내용임을 분명하게 밝히고 있다.

입상立象은 역도를 이치에 의해 해부解剖하는 이해理解의 과정이며, 표상表象은 해부된 이치를 나열하여 분명하게 말하는 설명說明의 과정이다. 이처럼 역도를 이해하고 설명하는 것은 역도 자체를 이치에 의해 풀어서 나누고 그것을 상징적으로 드러내는 해석인 동시에 그것을 상징적으로 드러내는 현상懸象에 다름 아니다. 역도의 의미 해석이 이해이며, 그것을 상징적으로 드러내는 현상懸象이 설명인 것이다.

입상과 표상을 건축에 비유하여 논하면 건물을 축조하여 어떠한 용도로 사용하겠다는 뜻을 세우고 그 뜻을 여러 부분으로 나누어서 구체화하여 나타내는 과정인 설계도를 작성하는 과정이 입상이며, 그러한 설계도를 재료에 의해 더욱 구체화시켜서 건축물로 나타내는 과정이 표상이라고 하겠다. 물론 위의 예에서와 같이 입상과 표상의 과정이 분명하게 구분되는 것이 아니라 동시적이다. 다만 그 논리적인 선후에 의해 논한다면 입상 이후에 표상이 이루어지는 것이다.

입상은 나누어 구분되기 이전의 역도 자체를 바탕으로 그것을 이해하는 것이기 때문에 입상을 통하여 역도 자체의 구조와 작용 원리가 드러난다. 형이상의 역도 자체를 구상화함으로써 이치에 의한 해부가 이루어지고 그것을 통하여 역도 자체의 구조와 작용 원리가 밝혀지는 것이다. 그러나 표상은 입상을 통하여 이해된 구조와 작용 원리를 바탕으로 그것을 일정한 형식과 논리에 의해 나타내기 때문에 표상의 과정을 거쳐서 드러

286 《周易》 繫辭上篇 第八章, "繫辭焉하여 以斷其吉凶이라 是故謂之爻니라."

287 《周易》 繫辭上篇 第二章, "聖人이 設卦하여 觀象하고 繫辭焉而明吉凶하며."

난 체계는 구분되고 나누어지기 이전의 역도 자체를 드러낸다.

입상이 일치一致의 관점에서 이루어지는 백려百慮라면 표상은 백려의 관점에서 이루어지는 일치[288]라고 하겠다. 다만 일치를 전제로 한 백려이며, 백려를 전제로 한 일치이기 때문에 궁극적으로 표상과 입상, 더 나아가서 통신명지덕과 유만물지정을 별개의 것으로 나누어서 생각할 문제가 아니다.

역도의 구조 원리와 작용 원리를 드러내어 밝히는 이해로서의 입상과 그것을 상징화하여 나열하는 설명으로서의 표상이 이루어지는 형식은 천天과 지地이다. 다시 말하면 역도가 천과 지라는 범주에 의해 입상되고 표상되는 것이다.《주역》의 계사상편에서는 "역도는 천지의 준거를 제공한다. 그러므로 능히 천지의 도를 미륜彌綸한다."[289]라고 하였다. 이를 역도의 천명이라는 측면에서 살펴보면 역도를 이해하고 설명하는 것이 바로 천지의 도를 드러내고 밝히는 것이라는 의미로, 그것은 곧 역도의 입상과 표상이 천지를 범주로 하여 이루어짐을 뜻한다.《주역》의 계사상편에서는 역도의 표상 체계인 괘효에 대하여 천지를 범주로 하여 다음과 같이 논하고 있다.

> 천지의 본성으로서의 도덕성을 자각하여, 그것을 존비尊卑의 관계로 표상함으로써 체용의 관계를 이루는 중천건괘重天乾卦䷀와 중지곤괘重地坤卦䷁가 형성된다.[290]

---

288 입상立象과 표상表象의 관점을 구분하여 나타내면 일치一致와 백려百慮의 관계와 유사하다.《周易》의 繫辭下篇 第五章에서는 "天下이 何思何慮이리오 天下이 同歸而殊途하며 一致而百慮이니 天下이 何思何慮이리오."라고 하여 일치를 근거로 백려가 이루어지며 백려의 근저에 일치가 전제한다는 것을 논하고 있다. 이때 일치는 근원의 자리, 일체의 자리로 여러 이치로 구분하며 나타내기 이전의 자리를 나타내며, 백려는 여러 이치로 구분하여 나타낸 다양한 측면이라고 할 수 있다.

289 《周易》 繫辭上篇 第四章, "易이 與天地之準이라 故로 能彌綸天地之道하나니라."

290 《周易》 繫辭上篇 第一章, "天尊地卑하니 乾坤이 定矣요."

이를 보면 역도가 천지의 도로 이해되고 그것을 나타낸 것이 중천건괘와 중지곤괘임을 알 수 있다. 다시 말하면 64 중괘가 건곤괘 원리를 바탕으로 전개되는 동시에 64괘의 원리는 건곤괘 원리로 집약된다. 계사하편에서 "건곤괘에는 역도가 온축되어 있다. 건곤을 바탕으로 64괘가 나열됨으로써 변화 원리가 그 가운데서 밝혀지게 된다.(그러므로 만약) 건곤이 없다면 변화 원리는 물론 변화 현상을 볼 수 없을 것이며, 변화 현상을 볼 수 없다면 건곤이 그 작용을 멈춘 것이다."[291]라고 말하였을 뿐만 아니라 "건곤괘는 역도가 개시開示되는 문과 같다."[292]라고 한 것을 보면 이 점을 분명하게 알 수 있다.

현상의 범주인 천지는 시간과 공간의 세계를 나타내는 것이 아니라 그 존재 근거로서의 시간성과 공간성을 나타낸다. 천지에 대한 《정역》의 다음과 같은 언급을 보면 이 점을 분명하게 알 수 있다.

> 천은 지를 감싸고 있어서 원만하고 둥근 무형적 존재이며, 지는 천을 싣고 있어서 모가지고 바른 유형적 존재이다.[293]

원환圓環은 시간성의 본성을 상징적으로 나타내는 개념이며, 방정方正은 공간성의 본성을 상징적으로 나타내는 개념이다. 시간성은 항구恒久하여 그침이 없기 때문에 종시終始가 없는 원圓에 의해 시간성의 본성을 상징적으로 나타내는 것이다. 따라서 천天이 원환圓環하다는 것은 그것이 바로 시

---

291 《周易》 繫辭上篇 第十二章, "乾坤은 其易之縕也인저 乾坤이 成列而易이 立乎其中矣니 乾坤이 毁則无以見易하니 易不可見則 乾坤이 或幾乎息矣리라."

292 《周易》 繫辭下篇 第六章, "子曰 乾坤은 其易之門邪인저."

293 金恒, 《正易》 十五一言 第一張, "地는 載天而方正하니 體요 天은 包地而圓環하니 影이니라." 이 부분은 본래 십오十五 천지天地의 본성을 간지도수원리干支度數原理의 측면에서 논한 것이다. 따라서 이 부분의 올바른 이해를 위해서는 간지도수원리의 측면에서 논해져야 할 것이나 여기서는 기초적 개념 이해의 측면에서 논한다.

간성의 세계임을 뜻한다. 공간성은 무한히 확장하여 경계가 없는 확장성擴張性으로 나타나기 때문에 그것을 정방형正方形에 의해 상징적으로 나타낸다. 따라서 지地가 방정方正하다는 것은 그것이 공간성의 세계임을 뜻한다.

천지가 시간성과 공간성의 세계임을 보다 분명하게 드러내고 있는 것은 중천건괘重天乾卦䷀와 중지곤괘重地坤卦䷁이다. 중천건괘에서는 "천天의 운행은 강건剛健하니 군자가 이를 주체적으로 자각하여 스스로 덕을 쌓는 데 그침이 없다."[294]라고 하였다. 천天의 운행이 강건하다는 것은 마친 그 자리에서 다시 시작함으로써 그침이 없는 시간성의 세계를 나타내는 개념이다. 그러므로 그것을 인간 주체적으로 자각한 군자는 자신의 덕을 쌓는 데 시간적으로 간단間斷이 없는 것이다.

반면에 중지곤괘에서는 "지地의 세勢를 나타내는 것이 곤괘坤卦로 군자는 곤괘를 통하여 나타난 역도를 주체적으로 자각하여 두터운 덕으로 만물을 싣는다."[295]라고 하였다. 땅의 본성인 확장성을 나타내는 것이 곤괘라는 것은 지地의 세계가 공간성의 세계임을 뜻한다. 그러므로 곤도를 주체적으로 자각한 군자가 두터운 덕으로 만물을 싣는다고 한 것이다.

형이하적 천지를 나타내기 위해서 입상과 표상의 과정을 거칠 필요는 없다. 오직 형이상적 존재인 천지의 본성만이 입상과 표상이 필요하다. 그러므로 천지의 형이상적 본성을 나타내는 천도와 지도地道에 의해 역도가 입상되고 표상되는 것이다.

《정역》에서는 천지를 그 특성을 중심으로 체영體影으로 규정한 후에 "체영의 도에는 리理와 기氣 그리고 신명神明이 있다."[296]라고 하였다. 이는 역도를 체영의 도인 천지의 도로 규정한 것으로, 체영의 도에는 원리적 측

294 《周易》重天乾卦䷀ 大象, "天行이 健하니 君子以하여 自彊不息하나니라."

295 《周易》重地坤卦䷁ 大象, "地勢라 坤이여 君子以하여 厚德載物하나니라."

296 金恒,《正易》十五一言 第一張, "大哉라 體影之道여 理氣囿焉하고 神明萃焉하니라."

면과 작용적 측면 그리고 인격적 측면이 있어서 형이하의 사물적 존재와는 그 존재 양상이 다름을 나타낸 것이다.

성인에 의해 이루어지는 유만물지정의 존재 근거 역시 역도 자체이다. 역도 자체의 자기 전개 원리가 유만물지정의 근거가 되는 것이다. 유만물지정의 과정이 무형적인 입상과 유형적인 표상으로 구분될 수밖에 없는 근거도 역도 자체의 자기 전개 양상에서 찾을 수 있다. 역도 자체의 작용이 천지의 작용으로 드러나는 것을《주역》의 계사상편에서는 다음과 같이 논하고 있다.

> 천天에서 상象이 이루어지며, 지地에서 형形이 이루어짐으로써 변화의 현상現狀이 드러나게 된다.[297]

위의 인용문에서 나타나듯이 천天에서 이루어지는 성상成象과 지地에서 이루어지는 성형成形에 의해 변화의 현상이 드러난다. 이러한 성상과 성형의 과정이 그대로 유만물지정의 입상과 표상의 과정이 된다.《주역》의 계사상편에서 역도의 표상 과정에 대하여 "형이상의 원리적 존재인 역도를 구상화하여 상징적으로 드러낸 것을 상이라고 하며, 상이 형체를 갖게 되었을 때 그것을 기器라고 한다."[298]라고 하였음은 이를 분명하게 보여주는 것이다. 상은 성상의 결과를 지칭하는 개념으로, 그것은 또한 입상의 결과를 지칭하는 개념이다. 그리고 기器는 성형의 결과를 지칭하는 개념인 동시에 표상의 결과를 지칭하는 개념이다.

지금까지 성인에 의해 역도가 드러나 밝혀지는 과정에 대하여 살펴보았다. 역도의 천명은 형이상의 초월적 존재인 역도를 형이하의 사물적 존

---

297 《周易》 繫辭上篇 第一章, "在天成象하고 在地成形하니 變化見矣요."

298 《周易》 繫辭上篇 第十一章, "見을 乃謂之象이요 形乃謂之器니."

재에 비유해 상징적으로 드러내는 유만물지정에 의해 이루어진다. 이 모든 것은 성인의 내면에서 이루어지는 형이상적 세계로의 초월을 통하여 역도가 개시開示되는 천지의 도의 성인 주체적 자각 곧 통신명지덕을 바탕으로 한다. 즉 역도 자체의 본래적 의의를 밝혀내는 자각의 과정으로서의 통신명지덕과 자각한 역도를 이치에 의해 해부하고(立象) 그것을 사물과 대조하여 나열함으로써 드러내어 밝히는(表象) 과정으로서의 유만물지정을 통하여 역도가 천명되는 것이다.

3. 현상懸象과 삼극, 삼재의 도

앞에서 살펴본 바와 같이 역도는 통신명지덕과 유만물지정의 과정을 통하여 천명된다. 통신명지덕은 역도의 인간 주체적 자각을 뜻하며, 유만물지정은 역도를 이치에 의해 해부하는 입상과 해부된 역도를 나열하여 드러내는 표상으로 구분된다. 이처럼 입상과 표상의 유만물지정을 통하여 역도의 구조 원리와 작용 원리가 밝혀짐으로써 역도의 전모가 드러나게 되는 것이다.

역도의 구조 원리와 작용 원리가 드러나는 현상懸象의 범주는 천지이다. 현상의 범주로서의 천지는 물리적 세계를 지칭하는 개념이 아니라 시간성의 세계와 공간성의 세계를 지칭하는 개념이다. 결국 역도는 시간성의 원리와 공간성의 원리로 입상되고 표상되는 것이다.

《주역》에서는 천지의 본성을 인격성을 중심으로 천지의 마음[299]이라고 하였을 뿐만 아니라 천지의 대덕天地之大德[300]이라고 하였다. 그리고 천지

---

299 《周易》 地雷復卦䷗䷗䷗ 彖辭, "復에 其見天地之心乎인저."

300 《周易》 繫辭上篇 第一章, "天地之大德曰生."

의 본성을 자각하여 신명한 덕에 통한다[301]고 하였다. 이를 통하여 천지의 본성은 도덕성임을 알 수 있다. 《정역》에서도 천지의 도의 본성이 신명이라는 도덕성임을 밝히고 있는데, 천지의 도에는 신명이 모여 있고 리理와 기氣가 있으며,[302] 이치는 본원本原에 모이니 그것이 성性[303]이라고 하였다.

도덕성은 천지의 본성을 나타내는 개념이다. 그것을 지향성을 중심으로 나타낸 것이 시간성이고, 삼재의 측면에서 사물과 구분하여 나타내면 인격성이 된다. 도덕성은 사물의 본질을 나타내는 사물성事物性과는 다른 차원의 존재이기 때문에 인격성으로 규정하였다.

인격성은 지향성을 본성으로 한다. 인격성이 본성인 지향성에 의해 자기를 개시하는 특성을 중심으로 나타내면 시간성이 된다. 시간성은 인간의 존재 의미인 동시에 모든 사물적 존재의 존재 근거이자 역도 자체의 본성으로서의 존재성이다.

시간성은 시간의 존재 근거로 그 본성인 지향성에 의해 지향 작용을 하게 되고 그러한 지향 작용의 결과가 시간의 생성으로 나타난다. 시간을 섭리·주재하는 존재로서의 근원적 시간성을 천지라고 한다. 따라서 역도는 천지에 의해 이루어지는 시간의 섭리攝理·주재主宰 작용 원리로, 그것을 한마디로 말하면 시간성의 원리이다. 《주역》에서는 육효六爻가 표상하는 내용이 시간성의 원리임을 다음과 같이 논하고 있다.

> 《주역》의 글됨이 시초始初에 근원하여 그 종말終末을 밝히는 것을 바탕으로 한다. (그러므로) 음양의 효가 서로 섞여서 형성되는 육효에는 시간성의 원리

---

301 《周易》 繫辭下篇 第六章, "以體天地之撰하여 以通神明之德하니."

302 金恒, 《正易》 十五一言 第一張, "地는 載天而方正하니 體니라. 天은 包地而圓環하니 影이니라. 大哉라 體影之道여 理氣囿焉하고 神明이 萃焉이니라."

303 金恒, 《正易》 十五一言 第七張, "理會本原하니 原是性이니."

가 담겨 있다.[304]

《주역》의 글됨이 시초에 근원하여 그 종말을 밝히는 것이라는 것은 역경이 나타내고자 하는 근본 문제가 시간성의 원리임을 뜻한다. 그리고 시초에 근원하여 종말을 밝힌다는 것은 시간성의 구조가 태초성太初性과 종말성終末性을 중심으로 해명된다는 것을 알 수 있다. 그렇기 때문에《주역》에서는 시간성을 그 구조를 중심으로 종시성終始性으로 규정하고 있다. "시간성인 종시성을 자각하고 그것을 시종의 시위時位에 의해 나타냄으로써 육효가 형성된다."[305]는 것이다.

종시성은 과거적 종말성과 미래적 태초성을 동시에 언급하는 말이다. 이와 더불어 종시성이라는 말 가운데는 과거적 종말성이 끝나고 미래적 태초성이 시작된다는 의미가 있다. 종시성이라는 말 가운데 구조 원리와 작용 원리가 동시에 표현되어 있는 것이다. 종시성을 구성하는 종말성은 미래 시간의 근거가 되는 미래성이며, 태초성은 과거 시간의 존재 근거가 되는 과거성이다.

《정역》에서는 종말성과 태초성을 각각 무극과 태극으로 규정하고 있다. 태초성으로서의 태극은 현상 세계의 측면에서 그 본성을 규정하는 개념이며, 종말성으로서의 무극은 형이상적 세계의 측면에서 그 본성을 규정하는 개념이다. 그러므로 종말성과 태초성의 관계는 체용의 관계로, 종말성이 곧 태초성으로 나타난다. 이러한 태초성과 종말성을 그 관계를 중심으로 고찰하면 작용 원리가 밝혀진다.

종말성은 태초성을 지향하는 성품을 본성으로 한다. 태초 지향성이 바로 종말성의 본성인 것이다. 반면에 태초성은 종말성을 지향하는 성품을

---

304 《周易》繫辭下篇 第九章, "易之爲書也 原始要終하여 以爲質也코 六爻相雜은 唯其時物也라."

305 《周易》重天乾卦䷀ 彖辭, "大明終始하면 六位時成하나니."

본성으로 하는데, 이러한 종말 지향성이 바로 태초성의 본성이다. 종말성은 본성인 태초 지향성에 의해 태초 지향 작용을 하며, 태초성은 본성인 종말 지향성에 의해 종말 지향 작용을 한다.

종말 지향 작용과 태초 지향 작용이 일체화하는 위치는 현재적 시위이다. 그러므로 종말성과 태초성이 합덕하여 일체화된 존재가 현존성現存性이다. 현존성은 현재 시간의 존재 근거로, 그것을 《정역》에서는 황극으로 규정하고 있다. 이렇게 보면 시간성의 구조는 종말성과 태초성 그리고 현존성으로 그것을 각각 무극, 태극, 황극의 삼극이라고 한다. 그러므로 시간성의 원리를 그 구조를 중심으로 나타내면 삼극 원리가 된다. 《주역》에서 "육효의 변화를 통하여 표상된 역도는 삼극의 도이다."[306]라고 한 것을 보면 이 점을 분명하게 알 수 있다.

삼극의 도를 그 구조를 중심으로 살펴보면 다음과 같다. 무극은 미래 시간의 존재 근거로서의 미래성을 나타내는 개념이며, 태극은 과거 시간의 존재 근거로서의 과거성을 나타내는 개념이다. 무극은 장차 전개될 미래 세계의 이상으로서의 종말성이며, 태극은 종말성이 바탕이 되어 이미 전개된 세계의 본성으로서의 태초성이다.

무극과 태극은 체용의 관계로, 가장 근원적 존재인 무극이 모든 현상적 존재의 존재 근거로서의 태극으로 드러난다. 이러한 체용의 일체적 존재, 무극과 태극의 집약 통일체가 황극이다. 황극은 현재 시간의 존재 근거로서의 현재성을 나타내는 개념이다. 종말성과 태초성이 일체화된 현전 세계의 본성으로서의 현존성 그것이 바로 황극인 것이다.[307] 《정역正易》에서는 이러한 삼극의 관계를 수를 통해 다음과 같이 나타내고 있다.

---

306 《周易》 繫辭上篇 第一章, "六爻之動은 三極의 道也라."

307 柳南相, 〈圖書易學의 時間觀 序說〉, 《時間에 關한 硏究》, 忠南大學校 人文科學 硏究所, 1998년 2쪽에서 3쪽 참조.

일一에 십十이 없으면 체體가 없고 십十에 일一이 없으면 용用이 없다. 이 체용體用을 합合하여 나타내는 개념이 토土로 체용이 합덕된 토의 가운데 존재하는 것이 오황극五皇極이다.[308]

일과 십 그리고 오는 각각 태극과 무극, 황극을 수로 나타낸 것이다. 십무극과 일태극은 체용의 관계로 십무극이 체가 되어 일태극으로 드러나며, 용인 일태극은 체인 십무극에 수렴된다. 이러한 십무극과 일태극의 체용이 합덕일체화된 것이 오황극이다. 따라서 오황극을 통하여 일태극과 십무극이 밝혀지게 된다.

무극은 태극지향성을 본성으로 하며, 태극은 무극지향성을 본성으로 한다. 미래성은 과거지향성을 본성으로 하며, 과거성은 미래지향성을 본성으로 한다. 과거 지향성을 본성으로 하는 미래성에 의해 과거지향 작용이 이루어지고, 미래지향성을 본성으로 하는 과거성에 의해 미래지향 작용이 이루어진다.[309] 이처럼 태극의 무극지향성과 무극의 태극지향성에 의해 이루어지는 지향 작용은 황극에서 하나가 된다.

미래성과 과거성이 그 본성에 의해 미래지향 작용과 과거지향 작용을 하는데 이 지향 작용의 결과가 현재성으로 드러나는 것이다. 그러므로 현재성의 내용은 과거성과 미래성이라고 하겠다. 이처럼 무극과 태극이 합덕 일치되는 시위는 현재이다. 현재적 시위에서 과거성과 미래성이 합덕일체화된 현존성이 현재시의 존재 근거로서의 시의성으로 정착되는 것이

---

308 金恒, 《正易》 十五一言 第一張, "擧便无極하니 十이요 十便是太極이니 一이니라. 一이 无十이면 无體요 十이 无一이면 无用이니 合하면 土라 居中이 五니 皇極이니라."

309 여기서 논하는 과거지향성過去志向性과 미래지향성未來志向性은 물리적 시간으로서의 과거와 미래에 대한 인간의 관심을 뜻하지 않는다. 지향성은 인간의 의식이 갖는 지향적志向的 속성屬性을 지칭하는 개념이 아니라 시간성 자체自體의 본성本性을 나타낸다. 따라서 지향 작용志向作用도 의식意識의 지향志向을 의미하지 않으며 역도易道자체自體의 자기전개 작용自己展開作用을 의미한다.

다.[310] 따라서 십무극과 일태극의 합덕일체화는 시간성의 시간적 자기 전개이다. 이러한 시간성의 시간적 자기 개시 원리가 삼극의 도이다.

무극의 본성에 의해 이루어지는 태극지향 작용을《주역》에서는 순작용順作用이라고 하며, 태극의 본성에 의해 이루어지는 무극지향 작용을 역작용逆作用이라고 하였다. 순작용은 근원적 작용이라는 의미이며, 역작용은 근원적 작용이 근거가 되어 이루어지는 작용이라는 의미이다. 이러한 순작용과 역작용은 체용의 관계이다.

태극과 무극의 본성에 의해 이루어지는 순역의 두 작용은 그 방향과 질이 다르다.《정역》에서는 순역 작용을 그 질과 방향의 측면에서 구분하여 논하고 있다. 순역 작용을 그 질의 측면에서 생성으로 구분하고, 그 방향을 도역倒逆으로 구분하여 미래성의 본성에 의해 이루어지는 과거 지향 작용을 도생역성 작용으로, 과거성의 본성에 의해 이루어지는 미래지향 작용을 역생도성 작용으로 규정한 것이다.[311]

생生은 분리 생장을 의미하며, 성成은 합덕 성도成道를 의미한다. 그리고 도倒(順)는 근원적 존재를 지칭하며, 역逆은 근원적 존재를 근거로 존재하는 현상적 존재를 나타낸다. 도생역성 작용은 천天에서 시생하여 지地에서 장성하는 작용이며, 역생도성 작용은 지에서 시생하여 천에서 장성하는 작용이다.

도생역성 작용을 열매가 씨가 되어 새로운 생명으로 나타나는 현상에 비유한다면 역생도성 작용은 씨가 자라서 열매가 맺어지는 현상에 비유

310 현재적 시간성으로 드러난 본래적 시간은 영원한 현재이다. 과거와 미래를 구분하는 현재라는 의미와 달리 시간성 자체가 드러난 시간이기 때문에 영원한 현재이며 시간의 지평에서 개시開示된 시간성이기 때문에 영원한 현재이다. 따라서 형이상하形而上下의 체용體用을 모두 지칭하는 개념이 영원한 현재이다. 이러한 영원한 현재는 인간 본래성의 세계로, 사덕四德을 통하여 밝혀진 도덕 세계를 나타낸다.

311 金恒,《正易》十五一言 第二張, "龍圖는 未濟之象 而倒生逆成하니 先天太極이니라. 龜書는 旣濟之數 而逆生倒成하니 后天无極이니라."

할 수 있다. 도생역성 작용에 의해 태극이 드러나고, 역생도성 작용에 의해 무극이 밝혀지게 된다. 도생역성 작용에 의해 태극의 세계가 밝혀지고, 역생도성 작용에 의해 무극의 세계가 밝혀지는 것이다. 따라서 삼극의 도는 삼극의 도역생성 작용 원리가 그 내용이라고 하겠다. 도역의 생성 작용에 대하여《주역》에서는 다음과 같이 논하고 있다.

> 지나간 과거를 헤아려서 그 뜻을 밝힘은 순順이며, 아직 다가오지 않은 미래를 미리 아는 것은 역逆이다. 그러므로 역易에서 추구하는 것은 역逆으로 헤아려서 미래를 아는 것이다.[312]

순은 미래의 방향에서 과거를 향하여 이루어지는 도생역성 작용을 의미한다. 반면에 역은 과거에서 미래를 향하여 이루어지는 역생도성 작용을 의미한다. 이처럼 오황극을 중심으로 이루어지는 도역의 생성 작용을 통하여 태초성의 세계와 종말성의 세계가 밝혀진다. 도생역성 작용에 의해 과거성의 세계를 헤아리고, 역생도성 작용에 의해 미래성의 세계를 깨닫는 것이다.

미래성의 세계와 과거성의 세계는 체용의 관계이다. 미래성을 바탕으로 과거성이 나타나고, 과거성의 세계는 미래성의 세계를 향하여 발전하는 것이다. 그러므로 역학에 있어서 미래성의 세계를 깨닫는 역생도성 작용 원리와 그것을 바탕으로 과거성의 세계를 깨닫는 도생역성 작용 원리가 중심 문제이다. 그런데 도생역성 작용 원리와 역생도성 작용 원리는 체용의 관계이기 때문에 용에 의해 체가 밝혀진다고 할 수밖에 없다. 그러므로《주역》에서는 역생도성 작용 원리를 중심으로 도생역성 작용 원리를 해명하는 것이 중심 주제라고 한 것이다.

312 《周易》說卦 第三章, "數往者는 順하고 知來者는 逆하니 是故로 易은 逆數也니라."

삼극의 도역생성 작용을 수를 중심으로 나타내면 삼천양지三天兩地 원리와 삼지양천三地兩天 원리가 된다. 삼천양지와 삼지양천은 기수奇數와 우수偶數를 중심으로 천지비괘天地否卦☷☰가 표상하는 선천과 지천태괘地天泰卦☰☷가 표상하는 후천을 생수生數, 성수成數와 함께 나타낸 개념이다.

삼천양지는 역생도성의 선천원리를 나타내는 개념으로, 일一, 삼三, 오五, 칠七, 구九의 기수奇數에 의해 표상된다. 일一, 삼三, 오五의 생수生數를 천天으로 규정하고, 칠七, 구九의 성수成數를 지地로 규정함으로써 삼천양지가 된다.

삼지양천은 도생역성의 후천원리를 나타내는 개념으로, 이二, 사四, 육六, 팔八, 십十의 우수偶數에 의해 표상된다. 이二, 사四의 생수生數를 천天으로 규정하고, 육六, 팔八, 십十의 성수成數를 지地로 규정함으로써 삼지양천이 된 것이다.[313] 삼천양지와 삼지양천은 기우奇偶의 수數에 의해 도역倒逆의 생성 작용 원리를 표상한 것이기 때문에 음양관계, 표리의 관계이다.[314]

도역의 생성 작용은 각각 네 마디의 작용으로 그것을 사상四象작용이라고 한다. 도생역성 작용도 네 마디를 이루며, 역생도성 작용 역시 네 마디를 이룬다. 도역의 사상 작용이 동시에 이루어짐으로써 역도가 운행되는 것이다.《주역》에서는 사상 작용의 내용을 원형이정元亨利貞으로 규정하고 그러한 사상 작용을 인격적 측면에서 사덕四德을 중심으로 표상한 것이

---

313 《正易》의 〈十五一言〉 第十四張에서는 "先天은 三天兩地이요 后天은 三地兩天이니라." 라고 하였으며, 第二十二張에서는 "九七五三一은 奇요 二四六八十은 偶이니 奇偶之數는 二五니라. 先五는 천도天道이고 后五는 地德이니 一三五次는 度天하고 第七九次는 數地이니 三天兩地니라."라고 하였다.

314 삼극三極의 도道를 음양합덕陰陽合德의 측면에서 표상表象한 것이 간지도수干支度數이다. 간지도수는 정령도수政令度數와 율여도수律呂度數에 의해 구성된다. 이러한 정령도수와 율여도수를 수지상수手指象數에 의해 나타낸 것이 삼천양지三天兩地와 삼지양천三地兩天이다.

육효괘임을 밝히고 있다.[315]

도역의 사상에 그 본체를 더하여 역도의 체용을 모두 드러낸 것이 오행五行이다. 오행은 역도의 체용을 그 작용을 중심으로 논한 것이다. 따라서 역도를 한마디로 나타내면 도역오행원리이다. 이러한 순역오행원리를 그대로 표현한 것이 삼천양지(三地兩天)원리이다. 순역오행 작용 원리를 기우의 수에 의해 나타낸 것이 삼천양지 원리인 것이다.

삼극의 도가 본체를 중심으로 역도를 규정한 것과 달리 작용 원리와 본체원리를 동시에 나타낸 개념이 오행원리이다. 오행원리는 시간성의 원리가 그 내용으로, 그것을 《서경》과 《논어》에서 역수원리로 규정한 것이다. 역수원리를 표상하는 기우의 수는 음양의 운행도수를 통해 나타나기 때문에 음양원리이다. 그렇기 때문에 음양은 일월을 지칭하는 동시에 음양의 역수를 나타낸다. 《주역》에서는 "천도를 세워서 그것을 음양이라고 한다."고 논하고, "음양원리의 내용은 일월의 운행원리와 일치한다."[316]라고 하여 천도의 내용이 음양원리이며, 음양원리의 내용이 역수원리임을 밝히고 있다.

오행원리가 역수원리임은 《서경》을 통하여 확인할 수 있다. 《서경》의 홍범편洪範篇에서는 오행五行과 오기五紀를 논하여 오기의 내용이 오행임을 밝히고 있다.

홍범의 구조를 보면 오황극을 중심으로 제일범주와 제사범주는 천도인 오행과 오기이며, 제삼범주와 제사범주는 인도인 오사五事와 팔정八政

---

315 《周易》의 육십사괘六十四卦 가운데서 건곤괘乾坤卦는 나머지 육십이괘六十二卦의 근본이 된다. 그런데 乾坤卦의 卦辭를 보면 "乾은 元코 亨코 利코 貞하니라."라고 하였으며, "坤은 元코 亨코 利코 牝馬之貞하니라."라고 하여 모두 원형이정元亨利貞의 사상四象의 구조에 의해 건곤괘를 나타내고 있다. 뿐만 아니라 繫辭上篇 第十一章에서는 "易有太極하니 是生兩儀하고 兩儀이 生四象하며 四象이 生八卦하니."라고 하여 사상원리四象原理가 괘효卦爻의 내용임을 논하고 있다.

316 《周易》의 說卦篇 第二章에서는 "立天之道曰陰與陽이요."라고 하였으며, 繫辭上篇 第六章에서는 "陰陽之義는 配日月하고."라고 하였다.

이다. 따라서 일에서 사까지의 생수를 중심으로 천도가 인도의 근거임을 밝히고 있음을 알 수 있다.

반면에 제육범주와 제구범주는 삼덕三德과 오복五福·육극六極의 인사이며, 제칠범주와 제팔범주는 계의稽疑와 서징庶徵의 천도이다. 이는 인도를 중심으로 그 가운데 반영되어 나타나는 천도를 나타낸 것이다.

오행은 역수원리를 상징적으로 나타내는 개념으로, 오기가 표상하는 내용을 상징적으로 나타낸 것이다. 오기는 세월일성신역수歲月日星辰曆數로 역수를 체로 하여 형성된 세월일성신의 년월일시이다. 년월일시를 단위로 형성된 역수를 통하여 표상되는 것이 역수원리이다. 역수원리를 상징적으로 나타내는 개념이 목木, 화火, 토土, 금金, 수水이다.

오행은 시간성의 원리를 시의성時義性을 중심으로 나타낸 것이다. 토는 순역 작용의 본체인 십무극과 오황극을 나타내며, 목, 화, 금, 수는 그 관계를 통하여 사상 작용을 나타낸다. 목은 시생 작용을 표상하며, 금은 장성 작용을 표상하고, 화는 오황극의 작용을 표상하며, 수는 십무극의 작용을 표상한다. 그렇기 때문에 《서경》에서는 목은 완곡婉曲하게 굽다고 하여 시생 작용을 곡직曲直으로 표상하였으며, 수는 아래로 내려간다고 하여 천도의 작용 원리를 윤하潤下로 표상하였고, 화는 불꽃이 위로 타오른다고 하여 지도의 작용 원리를 염상炎上으로 표상하였으며, 금은 변화를 쫓는다고 하여 장성 작용을 종혁從革으로 표상하였다. 목화금수가 모두 땅에서 사용되는 것을 통하여 식물을 심고 가꾸는 가색稼穡을 통하여 십오천지를 표상한 것이다.[317]

시간성의 구조와 작용 원리를 객관화하면 이는 곧 공간성의 구조와 작용 원리가 된다. 시간성의 원리와 공간성의 원리가 체용의 관계이기 때

---

317 《書經》洪範, "一五行 一曰水 二曰火 三曰木 四曰金 五曰土. 水曰潤下 火曰炎上 木曰曲直 金曰從革 土爰稼穡. 潤下作鹹 炎上作苦 曲直作酸 從革作辛 稼穡作甘."

문에 시간성의 구조와 작용 원리를 용의 측면에서 논하면 공간성의 구조와 작용 원리가 되는 것이다. 시간성의 구조인 삼극이 객관화하면 삼재가 된다.

무극, 태극, 황극이 천, 지, 인의 삼재로 현상화하는 것이다. 따라서 천도, 지도, 인도는 공간성의 구조와 작용 원리를 나타내는 개념이다. 삼극의 도를 객관화한 삼재의 도의 내용이 천도와 지도, 인도인 것이다. 그러므로《주역》의 계사하편에서는 "역易의 글됨이 광대하여 모든 것을 갖추고 있다. 천도가 있고, 지도가 있으며, 인도가 있다. 삼재를 겸하여 두 번 나타냄으로써 육효가 된다. 육효는 다른 것이 아니라 삼재의 도를 표상한다."[318]고 하였다.

삼재의 도의 구조를 나타내는 천지인의 관계를 살펴보면 다음과 같다. 천성天性은 물화지향성物化志向性을 본성으로 하며, 지성地性은 신화지향성神化志向性을 본성으로 한다. 천의 본성인 물화지향성에 의해 물화 작용이 이루어지며, 지의 본성인 신화지향성에 의해 신화 작용이 이루어진다. 이러한 천지의 작용을《주역》에서는 상하의 관계로 규정하고 있다. "위로 작용하는 것이 역작용이며, 아래로 작용하는 것은 순작용이다"[319]는 것이다. 이는 지地의 신화 작용을 위로 작용하는 역작용으로, 그리고 천天의 물화 작용을 아래로 작용하는 순작용으로 규정한 것이다. 지산겸괘地山謙卦䷎에서는 천지의 작용을 다음과 같이 논하고 있다.

> 천도는 아래로 내려와서 만물을 제도하여 빛나 밝고, 지도는 낮은 곳에서 위로 하늘로 작용한다.[320]

---

318 《周易》 繫辭下篇 第十章, "易之爲書也 廣大悉備하여 有天道焉하며 有人道焉하며 有地道焉하니 兼三才而兩之라 故로 六이니 六者는 非他也라 三才之道也니."

319 《周易》 雷山小過卦䷽ 彖辭, "上逆而下順也라."

320 《周易》 地山謙卦䷎ 彖辭, "天道이 下濟而光明하고 地道이 卑而上行이라."

천지의 도가 상하의 방향으로 작용하기 위해서는 일차적으로 천지가 합덕되어야 한다. 천도가 아래로 작용하고 지도가 위로 작용함으로써 중위中位에서 합덕되었을 때 비로소 상하 작용이 이루어질 수 있는 것이다. 이러한 관계를 나타내는 것이 바로 천지비괘天地否卦䷋와 지천태괘地天泰卦䷊이다.

천지비괘는 천지가 각각 상하에서 제자리를 지키고 있어 서로 합덕되지 못하여 작용이 이루어지지 않는 상태를 나타낸다. 반면에 지천태괘는 천이 지의 위치에, 지가 천의 위치에서 각각 작용하고 있는 상태를 나타낸다. 지천태괘는 천지가 합덕함으로써 천과 지가 각각 작용하는 것을 나타낸다. 이처럼 천지의 합덕 작용이 이루어짐으로써 비로소 만물이 생성된다. 그러므로 천지비괘에서는 천지가 작용하지 못함으로써 만물이 불통不通한다."[321] 고 하였고, 지천태괘에서는 "천지가 작용함으로써 만물이 통한다."[322]라고 하였다.《주역》의 계사하편에서는 천지의 합덕에 의해 그 작용이 이루어짐을 다음과 같이 논하고 있다.

> 건곤은 역도를 드러내는 관문인가? 건乾은 양물陽物이며, 곤坤은 음물陰物이다. 음양이 합덕됨으로써 강유剛柔의 작용이 이루어지게 된다.[323]

음양이 합덕됨으로써 강유의 체體가 있게 된다는 것은 음양의 합덕에 의해 강유의 작용이 이루어진다는 뜻이다. 그런데 이 부분에서 음양이 가

---

321 《周易》天地否卦䷋ 彖辭, "彖曰 否之匪人不利君子貞大往小來는 則是天地 不交而萬物이 不通也며 上下 不交而天下 无邦也라."

322 《周易》地天泰卦䷊ 彖辭, "彖曰 泰小往大來吉亨은 則是天地 交而萬物이 通也며 上下交而其志 同也라."

323 《周易》繫辭下篇 第六章, "乾坤은 其易之門邪인저 乾은 陽物也요 坤은 陰物也니 陰陽이 合德하여 而剛柔이 有體라."

리키는 것은 건곤이다. 따라서 건곤의 합덕에 의해 그 작용이 이루어지는 것을 뜻한다고 하겠다. 천지의 합덕에 의해 그 작용이 이루어지는 것이다. 그러면 천지의 도의 합덕은 어떻게 이루어지는가?

신성神性은 물화지향성物化志向性을 본성으로 하며, 물성物性은 신화지향성神化志向性을 본성으로 한다. 신성에 의한 물화지향 작용은 양陽의 작용이자 생生의 작용이며, 물성物性에 의한 신화지향 작용은 음陰의 작용이자 성成의 작용이다. 신神의 물화지향 작용에 의해 물성의 세계가 밝혀지며 물物의 신화지향 작용에 의해 신성의 세계가 드러나게 되는 것이다. 신화지향 작용과 물화지향 작용은 인간의 위치에서 합덕일체화하게 된다. 신성과 물성이 합덕일체화함으로써 그것이 인간 주체성으로 변화하는 것이다. 천지의 도가 합덕일체화되어 인간의 본래성으로 주체화하는 것이 바로 천지의 도의 인간 주체화 원리이다.

천도의 인간 주체화 원리는 인간이 천지의 도를 자신의 주체성과 일체화시켜서 주체적으로 자각함으로써 밝혀진다. 천지의 도가 인간 주체적으로 자각되었다는 것은 그것이 인도로 자각되었다는 뜻이다. 인간이 천지와 합덕함으로써 천지의 도가 인간의 도로 밝혀지게 되는 것이다. 그러므로 삼재의 도의 내용은 천지의 도의 인간 주체화 원리를 바탕으로 한 천지의 도의 인간 주체적 자각 원리라 하겠다.

지금까지 역도의 내용을 시간성과 공간성이라는 범주에 의해 이해한 결과 시간성의 구조와 작용 원리인 삼극의 도와 공간성의 구조와 작용 원리를 내용으로 하는 삼재의 도로 구분됨을 살펴보았다.

삼극의 도는 삼극의 도역생성 작용 원리이며, 삼재의 도는 삼재의 음양 작용 원리이다. 삼극의 도와 삼재의 도는 별개의 원리가 아니라 삼극의 도가 삼재의 도로 드러나며, 삼재의 도의 근원이 삼극의 도이다. 삼극의 도와 삼재의 도는 체용의 관계로, 삼극의 도의 현상적 표현이 삼재의 도이며, 삼재의 도의 원리적 표현이 삼극의 도이다.

그러면 인간에 의해 이루어지는 역도의 자각과 천명은 어떤 의미인가?

그것은 천지와 구분되고 도와 구분되는 인간이라는 개체적 존재의 행위가 아니다. 다시 말하면 인간에 의해 이루어지는 역도의 자각과 천명은 인위적인 행위가 아니라 존재적 행위이다. 인간을 매개로 이루어지는 도 자체의 자기 전개 현상 그것이 바로 역도의 자각과 천명인 것이다. 이처럼 역도와 인간이 일체적 관점에서 이루어지는 변화가 바로 역도의 자각과 천명이라는 점에서 자각과 천명은 모두 하나의 변화일 뿐이다.

앞에서 살펴본 바와 같이 성인이라는 존재에 의해 역도의 자각과 천명이 이루어지지만 그것이 개체적 행위가 아니고 일종의 변화라는 것은 성인이라는 특정한 개체를 통해서 역도와 인간의 관계를 중심으로 역도를 표상한 것에 불과함을 뜻한다. 그러므로 역도라는 것이 있고 인간이 있는 것이 아니라 그렇게 규정하고 이해하여 드러내었을 뿐 모든 것이 고정됨이 없이 그냥 변화할 뿐이다.

또한 괘상卦象에 대하여 "고기를 잡았으면 통발을 잊어야 한다. 마찬가지로 뜻을 얻었으면 상象을 잊어야 한다."[324]는 주장이 제기되었다. 이는 성명性命, 인의仁義를 중심으로 인도를 표상하는 괘효卦爻와 괘효사卦爻辭, 십익十翼뿐만 아니라 신명원리, 역수원리를 표상하는 형식으로서의 간지도수, 도서상수 역시 그 뜻을 파악하면 그것 자체에 집착하지 말아야 함을 뜻한다.

일면으로는 그것을 잊어야 비로소 완전하게 그 뜻을 얻었다고 할 수 있다. 만약 형식을 벗어나지 못하면 마치 뗏목을 타고도 강을 건너지 않고 가만 있는 것과 같아서 여전히 형이하의 세계에 있는 것과 같기 때문이다.

---

324 王弼,《周易略例》明象, "象者所以存意 得意而忘象 猶蹄者所以在兔, 得兔而忘蹄 筌者所以在魚, 得魚而忘筌也 然則, 言者象之蹄也 象者意之筌也 是故, 存言者非得象者也 存象者非得意者也."

그러나 성인이 역도를 천명하였다고 하였지만 성인과 그 대상으로서의 역도가 별개의 존재여서 성인이 그것을 깨달아서 나타낸 것이 아니라 그것이 그대로 역도이고, 성인의 뜻이기 때문에 얻거나 잊는 득망得忘의 대상이 아니다.

또한《주역》의 괘효, 괘효사, 십익이 하나의 원형적 존재로서의 텍스트일 뿐 그것을 해석하고 이해하는 사람마다 갖는 다양한 의견에 따라서 여러 가지의《주역》이 생성되는 것이다. 그런 점에서도《주역》은 고정된 것이 아니라 때와 장소에 따라서 다양하게 드러나는 변화를 나타내는 하나의 원형原型이라고 할 수 있다.

2장 삼극의 도와 삼재의 도

앞에서 역도가 성인에 의해 인간 주체적으로 자각되고, 이렇게 자각된 역도가 이해와 설명을 통하여 삼극의 도와 삼재의 도로 천명됨을 살펴보았다.

역도를 삼극의 도와 삼재의 도로 규정한 것은 역도의 이해와 설명의 관점이 다르기 때문이다. 삼극의 도와 삼재의 도는 이해와 설명의 관점이 다르기 때문에 그 내용 역시 다르다. 비록 삼극의 도와 삼재의 도는 그 구분과 상관없이 모두 역도이지만 삼극의 도와 삼재의 도는 서로 다르기 때문에 그것을 표상하는 체계 역시 다를 수밖에 없다.

삼극의 도는 역도를 시간성을 중심으로 밝힌 것이다. 삼극의 도는 역도를 본체와 작용을 중심으로 나타낸 것이다. 삼극의 도를 그 내용을 중심으로 나타내면 역수원리이다. 역수는 시간을 나타내는 단위지만 본래 시간성의 원리인 역수원리를 표상하는 형식이다. 역수원리는 역도이면서 삼재의 도의 관점에서는 지도와 인도의 근원이 되는 천도이다. 그렇기 때문에 《서경》과 《논어》에서는 천도의 내용이 역수원리임을 밝히고 있고, 《정역》에서는 역도가 바로 역수원리라고 하였다.

역도를 역수원리를 중심으로 밝힌 까닭은 근원적 존재의 특성을 밝히고자 함이다. 왜냐하면 그것을 통하여 인간의 존재 근거와 삶의 원리를 파악할 수 있기 때문이다. 그렇기 때문에 역수원리를 인간 주체적으로 이해하여 설명하는 것이 필요하다. 역수원리를 내용으로 하는 삼극의 도를 인도를 중심으로 나타낸 것이 삼재의 도이다.

삼재의 도는 역도를 공간성을 중심으로 나타낸 것이다. 공간성의 내용은 도덕성으로 그것은 천도지덕의 천지도덕이다. 그렇기 때문에 《주역》에서는 삼재의 도의 내용을 천도와 지도 그리고 인도로 구분하여 나타내고 있다.

그런데 천도와 지덕은 인간의 존재 근거로 천도가 인간에게는 천명이 되고 지덕은 본성이 되어 인간의 본래성인 성명지리性命之理가 된다. 천지의 도덕원리를 인간 주체적으로 자각하면 자신의 본래성인 성명지리가 밝혀지는 것이다. 그렇기 때문에 《주역》을 저작한 성인이 인도인 성명지리를 밝히기 위하여 역도를 삼재의 도로 밝힌 것이다.

역수원리는 간지도수와 도서상수를 통하여 표상된다. 천도와 지도, 본체와 작용의 음양적 구조를 중심으로 역수원리를 표상한 것이 하도와 낙서이며, 음양이 합덕된 관점에서 역수원리를 표상한 것이 간지도수이다. 그러므로 역수원리는 간지도수를 통하여 표상된 간지도수원리와 도서상수를 통하여 표상된 도서상수원리가 된다. 도서상수는 역수원리를 생성변화원리를 중심으로 나타낸 것이며, 간지도수는 역수원리를 합덕성도원리를 중심으로 나타낸 것이다. 그러므로 《주역》과 《정역》에서는 양자를 구분하여 간지도수원리를 신도, 신명원리로 규정했다.

삼재의 도의 내용인 성명지리는 인격체를 중심으로 나타내면 군자의 도가 된다. 그렇기 때문에 삼재의 도는 군자의 도를 밝히기 위하여 역도를 공간성을 중심으로 나타낸 것이라고 할 수 있다. 성명지리는 육효로 구성된 괘효상수를 통하여 표상된다. 그렇기 때문에 삼재의 도는 괘효상수를 통하여 표상된 괘효상수원리가 된다.

이에 앞 장에서 이미 삼극의 도와 삼재의 도가 무엇이며, 그 내용이 무엇인지를 논하였기 때문에 본 장에서 좀 더 구체적으로 역수원리와 성명지리의 내용이 무엇이며, 그것이 어떻게 천명되는지 그 표상체계인 간지도수와 도서상수 그리고 괘효상수를 중심으로 고찰하고자 한다.[325]

1. 삼극의 도와 삼재의 도

간지도수와 도서상수를 통하여 역도를 천명한 《정역》에서는 "역도는 역수원리이다."[326]라고 하였고, 《서경》과 《논어》에서는 "천의 역수원리가 네 본래성으로 주체화하였다."[327]라고 하여 천도의 내용이 역수원리임을 밝히고 있다. 뿐만 아니라 《주역》에서는 "그 도가 매우 커서 백물을 폐함이 없으나 종시를 두려움으로 지내고자 하는 것은 허물을 짓지 않기 위함으로, 이를 일러 역도라고 한다."[328]라고 하여 군자의 도를 중심으로 역

325 다만 구성체계와 형식에 대한 구체적인 논의를 《정역철학》을 통하여 밝히고자 한다.

326 金恒, 《正易》 〈大易序〉, "聖哉라 易之爲易이여 易者는 曆也니 無曆이면 無聖이오 無聖이면 無易이라."

327 《論語》의 堯曰篇에서는 "堯曰 咨! 爾舜! 天之厤數在爾躬, 允執其中. 四海困窮, 天祿永終."라고 하였고, 《書經》의 大禹謨篇에서는 "天之曆數 在汝躬 汝終陟元后. 人心惟危 道心惟微. 惟精惟一 允執厥中. 無稽之言勿聽 弗詢之謀勿庸. 可愛非君 可畏非民. 衆非元后 何戴 后非衆 罔與守邦. 欽哉 愼乃有位 敬脩其可願. 四海困窮 天祿永終. 惟口出好興戎 朕言不再."라고 하였다.

328 《周易》 繫辭下篇 第十一章, "其道甚大하야 百物을 不廢하나 懼以終始면 其要无咎리니 此之謂易之道也라."

도를 논하고 있다. 이를 통하여 역도는 천도와 인도를 일관하는 근본 원리이며, 그것을 천도를 중심으로 나타내면 역수원리가 됨을 알 수 있다.

역수원리는 역수의 구성 법칙이 아니라 역수의 존재 근거이다. 《서경》에서는 역수의 내용을 연월일시로 규정하고 있다.[329] 그러나 역도인 역수원리는 연월일시라는 물리적 시간 자체를 가리키는 것이 아니라 그 존재 근거인 시간성의 원리이다. 형이상적 존재인 시간성을 물리적 시간을 표상하는 형식을 통하여 상징적으로 나타내기 때문에 역수원리가 시간성의 원리인 것이다.

역수원리는 일월의 운행도수를 통하여 상징적으로 나타내게 된다. 그렇기 때문에 천도의 내용은 음양陰陽원리라고 할 수도 있고, 일월日月원리라고 할 수도 있다. 《주역》에서는 "천도를 세워서 음陰과 양陽이라고 한다."[330]고 하여 천도가 음양원리임을 밝히고 있을 뿐만 아니라 "음양陰陽원리는 일월日月원리이다."[331]고 하여 음양陰陽원리가 바로 일월日月원리임을 밝히고 있다.

역수원리를 이해와 설명을 통하여 밝히려면 일정한 형식이 필요하다. 이럴 때 역수원리를 본체성과 작용성 그리고 본성인 도덕성을 중심으로 나타낸 것이 삼극의 도이다. 삼극의 도는 역수원리를 본체와 작용의 구조를 중심으로 나타낸 것으로, 삼극을 본체로 하여 이루어지는 도역생성 원리가 역수원리의 내용이다.

삼극의 도에서 삼극은 본체성을 나타내는 무극과 작용을 나타내는 태극 그리고 인격성을 나타내는 황극이다. 이 삼극을 중심으로 무극과 황극의 작용 원리인 도역생성 원리가 삼극의 도의 내용이다. 무극과 태극 그리

329 《書經》洪範, "歲月日星辰 曆數."

330 《周易》說卦 第二章, "是以 立天之道曰陰與이오."

331 《周易》繫辭上篇 第六章, "陰陽之義는 配日月하고."

고 황극을 통하여 역수원리의 구조 원리가 밝혀지고, 도역생성 원리를 통하여 작용 원리가 밝혀지는 것이다.

삼극의 도의 구조 원리를 표상하는 삼극을 수를 중심으로 나타내면 무극은 십이며, 황극은 오이고, 태극은 일로 십무극과 일태극 그리고 오황극의 관계를 통하여 역수원리가 표상된다. 신도神道, 천도天道를 천명한《정역》에서는 역수원리를 삼극의 도를 중심으로 십오十五원리와 십일十一원리로 규정하여 각각 도수원리와 도덕원리로 밝히고 있다.[332] 십오원리는 본체 원리의 내용이며, 십일원리는 작용 원리의 내용이다.

십오원리는 그 내용을 중심으로 나타내면 십오존공위체원리十五尊空爲體原理이며, 십일원리는 십일귀체十一歸體원리로 그 내용은 구육합덕위용원리九六合德爲用原理이다. 십일귀체원리를 구체적으로 살펴보면 사역四曆의 생성변화원리이다. 사역의 생성변화원리는 작용 원리로, 그것을 통하여 십오본체원리의 내용이 밝혀지게 된다. 그렇기 때문에 역수원리의 내용은 역수변화원리이며, 그런 점에서 역도, 변화의 도라고 할 수 있다. 즉, 역수원리를 구체적으로 나타내는 것이 사역의 생성변화원리이며 사역변화원리, 사역생성 원리가 바로 역도이다.[333]

사역四曆변화를 구체적으로 살펴보면 원역原曆에서 윤역閏曆이 시생하고, 그것이 다시 윤역閏曆으로 생장하여 정역正曆으로 합덕성도合德成道하는 원리이다. 윤역은 음력陰曆과 양력陽曆으로 구분하여 생장하는 역이며, 정역과 원역은 음양이 합덕된 역이다.《정역》에서는 역수원리를 그것의

---

332 金恒,《正易》〈雷風正位 用政數〉, "己位는 四金一水八木七火之中이니 无極이니라. 无極而太極이니 十一이니라. 十一은 地德而天道니라. 天道라 圓하니 庚壬甲丙이니라. 地德이라 方하니 二四六八이니라. 戊位는 二火三木六水九金之中이니 皇極이니라. 皇極而无極이니 五十이니라. 五十은 天度而地數니라. 地數라 方하니 丁乙癸辛이니라. 天度라 圓하니 九七五三이니라."

333 하도河圖와 낙서洛書를 통하여 표상된 역수원리曆數原理의 구체적인 내용에 관하여는 이현중의 〈도서원리圖書原理의 내용인 역수원리曆數原理〉를 참고하기 바란다.

표상 형식인 천지의 수를 중심으로 다음과 같이 밝히고 있다.

> 천지의 수는 일월의 역수원리를 표상한다. 그러므로 일월이 바르지 않으면 역이 역이 아니다. 역이 정역이 되어야 비로소 역이 역이니 원역이 어찌 항상 윤역만을 사용하겠는가?[334]

위의 내용을 보면 역수원리를 표상하는 형식이 천지의 수이며, 천지의 수를 통하여 표상된 역수원리가 역도의 내용임을 알 수 있다. 또한 원역와 윤역, 윤역과 정역이 체용의 관계로 원역이 근본이 되어 윤역, 정역이 형성됨을 알 수 있다. 그리고 원역이 항상 윤역을 사용하지 않는다는 내용을 통해 윤역으로부터 정역으로 변화할 것임을 알 수 있다.

사역四曆을 기수를 중심으로 살펴보면 원역은 375도이며, 윤역은 366도와 365와 1/4도, 그리고 정역은 360도이다. 《정역》에서는 사역에 대해 그것을 밝힌 성인을 중심으로 다음과 같이 밝히고 있다.

> 제요帝堯의 기朞는 366일日이며, 제순帝舜의 기朞는 365와 1/4일日이고, 일부一夫의 기朞는 375도度로 십오十五를 존공尊空하면 우리 부자夫子의 기朞와 일치하니 360일日에 해당된다.[335]

위의 내용을 보면 사역四曆이 제요帝堯의 366일역日曆과 제순帝舜의 365와 1/4일역日曆 그리고 공자孔子의 360일역日曆과 일부一夫의 375일역日曆

---

334 金恒, 《正易》〈正易詩, "天地之數는 數日月이니 日月이 不正이면 易匪易이라 易爲正易이라사 易爲易이니 原易이 何常用閏易고."

335 金恒, 《正易》 第六張～第七張, "帝堯之朞는 三百有六旬有六日이니라. 帝舜之朞는 三百六十五度四分度之一이니라. 一夫之朞는 三百七十五度니 十五를 尊空하면 正吾夫子之朞로 當朞三百六十日이니라."

임을 알 수 있다. 그런데 《정역》에서는 선천과 후천을 논하면서 360일역日曆을 정역正曆을 규정하고 있다.[336] 이로부터 원역은 375일역이며, 윤역은 360의 정역을 기준으로 6일과 5와 1/4일의 윤도수가 더해진 366일역과 365와 1/4일역임을 알 수 있다.

사역의 관계를 보면 375도로부터 9도가 덜어져서 366일역이 되고, 366일역에서 9도가 덜어져서 365와 1/4일역이 되며, 365와 1/4일역에서 9도가 덜어져서 360일역이 된다는 사실을 통해 375일의 원역에서 366일의 윤역으로, 그리고 366일의 윤역에서 365와 1/4일의 윤역으로 다시 365와 1/4일의 윤역에서 360일의 정역으로 변화하는 것이 사역변화원리의 내용임을 알 수 있다.

음역과 양력이 각각 시생하여 생장하는 윤역의 시대는 선천이며, 장성한 음양의 윤역이 합덕성도하는 정역의 시대는 후천이다. 《정역》에서는 "선천은 낙서원리를 체로 하여 하도원리로 작용하여 27개월에 윤달을 사용한다. 후천은 하도원리를 체로 하여 낙서원리로 작용하여 360으로 바르다."[337]라고 하여 윤역의 시대가 선천이며, 정역의 시대가 후천임을 밝히고 있다.

그리고 "선천은 오五를 본체로 하여 구九로 역逆으로 작용하여 용팔用八이니 음과 양이 서로 어긋나기 때문에 윤역에 의해 음양을 일치시키며, 후천은 십오十五로 순順으로 작용하여 용육用六으로 음양이 합덕하기 때문에 그대로 중도中道에 바로 맞는다."[338]라고 하여 정역이 용육역이며, 윤역

---

336 《正易》의 〈正易詩〉에서는 "天地之數는 數日月이니 日月이 不正이면 易匪易이라 易爲正易이라사 易爲易이니 原易이 何常用閏易고."라고 하여 原曆과 閏曆 그리고 正曆을 언급하고 있고, 〈先后天 正閏度數〉에서는 "后天은 體圓用方하니 三百六旬而正이니라."라고 하여 正曆이 360度數임을 밝히고 있다.

337 金恒, 《正易》 〈先后天 正閏度數〉, "先天은 體方用圓하니 二十七朔而閏이니라. 后天은 體圓用方하니 三百六旬而正이니라. 原天은 无量이니라."

338 金恒, 《正易》 〈四正七宿 用中數〉, "先天은 五九니 逆而用八하니 錯이라 閏中이니라. 后天은 十五니 順而用六하니 合이라 正中이니라."

이 용팔역으로, 용팔역으로부터 용칠역으로 변화하고, 용칠用七역曆이 다시 용육의 정역으로 변화하는 것이 사역변화임을 밝히고 있다. 그러므로 사역변화원리의 내용은 선천에서 후천으로 변화하는 선후천변화원리이다.

사역변화원리는 정역을 중심으로 살펴보면 십오존공위체원리인 동시에 구육합덕위용원리이다. 십오본체도수가 존공되어 본체로 돌아가고 구九와 육六이 합덕合德하여 작용하는 원리인 것이다. 따라서 낙서가 표상하는 사역변화원리를 후천의 관점에서 나타내면 십오존공위체원리와 구육합덕위용원리이다.

십오존공위체원리와 구육합덕위용원리는 본체를 중심으로 살펴보면 십오十五와 오五의 관계를 나타낸다. 그것은 십오천지와 오황극이 표상하는 인간 본래성을 중심으로 십오존공위체원리와 구육합덕위용원리가 형성됨을 뜻한다. 십오와 오가 표상하는 천지와 인간이 합덕함으로 인해 삼재가 합덕 성도되었을 때 비로소 성인과 군자라는 인격체에 의해 천공天工을 대행代行하는 인격적 행위가 이루어지는 것이다.

《주역》에서는 "천지가 각각의 위位에서 거처함으로써 성인의 권능權能이 이루어지며, 군자가 도모하고 귀신이 도모함으로써 백성이 함께 능하게 된다."[339]라고 하여 성인과 군자에 의해 십오가 존공귀체됨으로 인해 백성을 기르는 천공이 대행되는 구육합덕위용원리를 밝히고 있다. 그러므로 십오존공위체원리와 구육합덕위용원리를 인간 주체적으로 이해하면 그것이 그대로 군자의 삶의 원리인 인도, 군자의 도가 된다.

천도의 사역四曆의 생성변화는 본체인 십오천지의 자기 개시이며 이는 곧 그 본성인 도덕성의 자기 개시이다. 그렇기 때문에 인간이 자신의 본성인 인격성을 통하여 천도인 역수원리를 자각하였을 때 그것이 인간의 본

339 《周易》繫辭下篇 第十二章, "天地設位에 聖人이 成能하니 人謀鬼謀에 百姓이 與能하나니라."

래성의 존재 근거로 밝혀지는 동시에 인간 본래성의 내용 역시 밝혀지게 되는 것이다.

역수원리를 내용으로 하는 삼극의 도를 인간을 중심으로 나타내면 삼재의 도가 된다. 삼재의 도는 본체의 관점에서는 삼재원리이며, 작용의 관점에서는 도역倒逆 작용 원리이니 삼재의 도역 작용 원리가 삼재의 도이다. 삼재원리를 본체를 중심으로 나타내면 천도와 지도, 인도이며, 순역원리를 중심으로 나타내면 음양원리와 강유원리, 인의원리이다.

《주역》에서는 "역도의 글됨이 광대하여 모든 것을 갖추고 있어서 천도가 있고, 인도가 있으며, 지도가 있다. 삼재가 모두 양지작용을 하는 까닭에 육六이 된다. 육이라는 것은 다른 것이 아니라 삼재의 도를 표상한다."[340]라고 하여 삼재의 도의 내용이 천도와 지도, 인도임을 밝히고 있다. 또한 "천도를 세워서 음陰과 양陽이라고 말하고, 지도를 세워서 유柔와 강剛이라고 말하며, 인도를 세워서 인仁과 의義라고 한다."[341]라고 하여 삼재의 도를 양지兩之작용을 중심으로 나타내면 음양원리와 강유원리, 인의원리가 그 내용임을 밝히고 있다.

역수원리를 삼재의 도로 표상한 까닭은 인도를 밝히기 위함이다. 《주역》에서는 "옛 성인이 역경을 저작한 목적은 장차 군자로 하여금 성명지리性命之理에 순응하는 삶을 살게 하기 위해서이다."[342]라고 했다. 이 구절에서 군자의 삶의 원리인 성명지리를 밝히기 위하여 역도를 삼재의 도로 표상하였음을 알 수 있다.

삼극의 도의 내용인 역수원리는 곧 우주의 역사원리이다. 그것을 사회

---

340 《周易》 繫辭下篇 第十章, "易之爲書也 廣大悉備하야 有天道焉하며 有人道焉하며 有地道焉하니 兼三才而兩之라 故로 六이니 六者는 非他也라 三才의 道也니."

341 《周易》 說卦 第二章, "是以 立天之道曰陰與이오 立地之道曰柔與剛이오 立人之道曰仁與義니."

342 《周易》 說卦 第二章, "昔者聖人之作易也는 將以順性命之理니."

원리로 밝힌 것이 바로 삼재의 도이다. 역수원리를 통하여 인간과 그 존재 근거인 천지가 일체적 존재임이 밝혀지고, 성명지리를 통하여 천지와 인간의 존재 특성이 드러나게 된다. 결국 역수원리를 인간 주체적으로 자각하여 성명지리를 자각함으로써 인간이 천지와 더불어 병존하는 형이상적 존재이면서 동시에 성명지리를 통하여 인간은 천지와 달리 시공 가운데 삶을 살아가는 존재임을 알 수 있다.

인간의 존재 근거인 천지의 본성이 역사적 관점에서는 천명이 되고, 그것이 사회의 관점에서는 과거적 본성과 미래적 이상이 된다. 그렇기 때문에 인간은 역수원리를 주체적으로 자각함으로써 개체성을 탈피하게 되고, 성명지리를 통하여 보편성으로부터도 자유롭게 된다. 그것은 형이상과 형이하, 유와 무 그 어느 일면에도 걸림이 없이 자유로운 존재가 됨을 뜻한다.

자기의 정체성을 파악함으로써 진아眞我를 찾고, 진아로부터도 자유로워지는 과정을 하는《논어》에서는 학문을 중심으로 "자기를 이겨서 예禮로 돌아가서 인仁을 주체로 한다."[343]라고 하였다.

몸과 마음의 차원을 넘어서서 본성을 깨달아 자기 정체성을 확립하고 그것을 통하여 우주 안에서 해야 할 역할로서의 천명天命을 알게 되는 것이 극기복례克己復禮이다. 극기복례한 군자는 일치하는 하나의 세계, 도의 세계와 다양하게 드러나는 만물의 세계, 형이하의 세계가 둘이 아님을 알게 된다. 그것을 화택규괘火澤睽卦䷥에서는 "같으면서도 다른 세계(同而異)"[344]라고 하였다.

《주역》에서는 천도의 내용을 작용 원리를 중심으로 원형이정元亨利貞의 사상원리로 규정하고 다시 그것을 군자를 중심으로 인예의지仁禮義智의 사

343 《論語》 顔淵, "顔淵問仁. 子曰 克己復禮爲仁."

344 《周易》 火澤睽卦䷥ 大象, "象曰 上火下澤이 睽니 君子以하야 同而異하나니라."

덕四德으로 밝히고 있다.[345] 인간 본래성은 과거적 본성과 미래적 이상으로서의 명命을 함께 나타내는 성명, 성명지리가 된다. 그 내용은 인지仁知의 성性과 예의禮義의 명命으로, 이를 합하여 인예의지仁禮義知가 되는 것이다.

천도와 관련하여 살펴보면 다음과 같다. 십오존공위체의 내용은 구육합덕위용이다. 그것은 역학을 학문하는 군자가 자신의 존재근거인 십오천지天地의 마음을 본체本體로 하여 자신의 본래성인 성명지리를 인예의지의 사덕으로 실천하는 것을 뜻한다. 군자의 삶은 사고와 언행을 막론하고 십오 천지의 마음을 주체로 이루어지기 때문에 십오존공위체이다. 그렇기 때문에 군자는 남과 구분하는 나라는 개체의식이 없어서 언제나 겸손하게 된다. 《주역》에서는 지산겸괘地山謙卦䷎를 통하여 군자의 도의 내용을 겸손謙遜으로 집약하여 나타내고 있다. 오직 천지의 본성이 내재화된 인지仁智의 성性을 주체로 하여 예의禮義를 실천하기 때문에 구육합덕위용이다. 이러한 군자의 언행은 천시天時에 순응하는 것이기 때문에 《주역》에서는 군자가 나아가고 물러가고 머물고 행함에 천시와 함께 하기 때문에 그 도가 빛나 밝다고 하였다.

2. 삼극의 도와 간지도수, 도서상수

앞에서 살펴본 것과 같이 역도를 시간성을 중심으로 이해하고 설명하면 역수원리가 밝혀지며, 공간성을 중심으로 이해하고 설명하면 성명지리가 밝혀진다. 역수원리와 성명지리가 모두 동일한 역도의 내용이지만 그 특성이 서로 다르기 때문에 그것을 표상하는 형식 역시 다를 수밖에 없다.

---

345 《周易》 重天乾卦䷀ 文言, "文言曰 元者는 善之長也오 亨者는 嘉之會也오 利者는 義之和也오 貞者는 事之幹也니 君子 體仁이 足以長人이며 嘉會足以合禮며 利物이 足以和義며 貞固足以幹事니 君子 行此四德者라 故로 曰乾元亨利貞이라."

역도의 구조와 작용 원리는 그대로 표상 원리가 된다. 따라서 표상 논리는 구조와 작용 원리를 통하여 찾을 수밖에 없다. 역도는 시간성의 구조와 작용 원리로, 그것을 나타낸 것이 삼극의 도인 음양오행원리이다. 따라서 역도의 표상논리가 곧 음양오행원리이다.

음양오행원리를 표상하는 방법은 두 가지이다. 바로 음양오행원리를 그대로 드러내어 밝히는 방법과 그것을 다시 객관화하여 나타내는 방법이다. 이는 다시 말하면 음양오행원리를 그대로 드러내어 시간성의 구조와 작용 원리로 표상하는 방법과 그것을 객관화하여 공간성의 구조와 작용 원리로 드러내어 밝히는 방법이란 의미이다.

성인이 두 가지의 다른 논리에 의해 음양오행원리를 표상하는 데는 그 까닭이 있다. 역도가 입상과 표상을 통하여 천명됨에 있어서 그 주체인 성인이 문제되지 않을 수 없다. 성인이 인간 주체적으로 자각함으로써 역도가 천명되기 때문에 역도의 표상을 성인과 따로 떼어놓고 생각할 수 없는 것이다.

역도는 자각의 주체인 성인의 관점에서 보면 성인의 뜻으로 존재한다. 왜냐하면 역도라는 객체적 존재가 있는 것이 아니라 성인에 의해 규정됨으로써 비로소 드러나게 되는 것이 역도이기 때문이다. 따라서 성인이 주체적으로 자각하여 근원적 존재인 도가 역도인 것을 밝혔다고 하여 그것이 성인과 달리 존재하는 실체적 존재가 아니다.

성인의 뜻으로 존재하는 역도는 일정한 논리와 형식에 의해 구체화하게 된다. 그것은 성인의 뜻으로 주체화된 천의天意가 성인에 의해 이해理解되고 설명說明됨으로써 현상화現狀化하는 것이라고 할 수 있다. 성인의 뜻은 성인이 부여받은 천명天命의 내용에 따라서 달라진다. 따라서 성인의 뜻을 표상하는 논리와 형식 역시 천명에 따라서 달라지지 않을 수 없다.

성인에게 주어진 천명의 내용은 크게 두 가지로 구분된다. 그것은 성인이라는 특별한 인간, 개체적 인간을 중심으로 언급하는 것이 아니라 역사상, 우주상 구성 요소로의 주어진 일종의 역할이 시간과 때에 따라서 서로 다름을 뜻한다.[346]

역도를 시간성과 공간성, 천과 지를 중심으로 이해하고 설명하였기 때문에 천명 역시 천과 지를 중심으로 이해할 수 있다. 성인에게 주어진 천명 중 천적天的 사명은 도덕적 존재인 천天을 대신하여 그 뜻을 드러내어 밝히는 것을 내용으로 하며, 이때는 성인이 자신의 존재 근거인 천도 자체를 그대로 이해하여 설명하게 된다.

반면에 지적地的 사명은 천의가 드러난 지덕의 측면에서 천지와 만물을 다스리는 존재인 군자를 위하여 그 길을 제시하는 것을 내용으로 하며, 이때는 천도를 인사人事의 측면에서 인도로 이해하여 설명하게 된다.

성인의 사명에 따라서 자신의 존재 근거인 천도 자체를 그대로 이해하고 드러내어 밝힘으로써 그것이 시간성의 구조와 작용 원리로 표상되며, 천도를 인도 중심으로 이해하여 드러내어 밝힘으로써 공간성의 구조와 작용 원리로 표상되는 것이다.

역도의 내용인 음양오행원리를 그대로 드러내어 시간성의 구조와 작용 원리로 밝히는 형식은 역수이며, 그것을 객관화하여 공간성의 구조와 작용 원리로 드러내어 밝히는 형식은 괘상卦象이다. 역도의 내용은 두 가지 형식인 역수와 괘상에 의해 표상되는 역수원리와 괘상원리이다. 《서경》에서는 역도의 표상 형식인 역수와 괘상에 대하여 다음과 같이 논하고 있다.

---

346 그것은 인류의 스승으로서의 성인의 위대함을 부정하는 것이 아니라 형이상적 차원에서 성인을 이해하려는 점에서 본질적이라고 할 수 있다. 형이상적 관점에서 보면 본성의 작용, 도道 자체의 자기전개가 성인의 삶이다. 그러므로 성인의 삶과 일반의 사람의 삶이 다르지 않으며, 그 자리에는 위대하거나 거룩하다는 뜻이 없다. 만약 그러함이 있다면 그것은 성인의 삶이라고 할 수 없다.

일월성신의 운행 원리의 근거가 되는 시간성의 원리를 자각하고 그것을 역수와 괘상으로 나타냄으로써 백성들로 하여금 천도에 순응順應하여 시의성時義性에 맞는 행위를 하도록 그 때를 알려 주라![347]

위의 인용문을 보면 일월의 운행원리의 근거인 시간성의 원리가 역수원리와 괘상원리로 표상되는 것을 알 수 있다. 역수원리를 그대로 드러내어 천명하고 있는 《정역》에서 "역도는 역수원리이다."[348]라고 규정하였을 뿐만 아니라 《논어》와 《서경》에서도 천도를 천天의 역수원리[349]로 규정하고 있다. 그리고 《주역》에서는 "역도는 괘상에 의해 표상된 괘상원리이다."[350]라고 하였다. 이러한 예들을 통하여 역도가 역수원리와 괘상원리로 표상된다는 것을 알 수 있다.

역수원리와 괘상원리는 체용의 관계이다. 역수원리를 객관화하였을 때 괘상원리가 성립되므로 역수원리가 괘상원리의 근거가 된다. 《주역》 계사상편의 "이수理數인 역수의 추연推衍을 통하여 역수원리가 밝혀지며, 그러한 역수원리를 근거로 하여 천하의 이치를 표상한 괘상이 형성된다."[351]는 언급은 이를 분명하게 보여준다.

역도의 천명이 그것을 자각하고 천명하는 주체인 성인이 부여받은 천명에 의해 형식과 체계가 달라진다는 것은 역도를 이해하는 관점에 따라서 설명의 형식이 달라짐을 뜻한다. 역도를 역수원리와 성명지리로 밝히는 것도 이해와 설명의 관점과 형식이 다르기 때문에 나타나는 현상이라

347 《書經》 大禹謨篇, "曆象日月星辰하여 敬授人時하라."

348 金恒, 《正易》 大易序, "易者曆也."

349 《論語》에서는 "天之曆數이 在爾躬하니."라고 하였으며, 《書經》에서는 "天之曆數이 在汝躬하니."라고 하였다.

350 《周易》 繫辭下篇 第三章, "易者는 象也니."

351 《周易》 繫辭上篇 第十章, "極其數하여 定天下之象하니."

고 할 수 있다.

역도는 시간성의 원리이기 때문에 그것을 표상하는 형식을 중심으로 나타내면 역수원리가 된다. 그러나 역도를 도덕성을 중심으로 나타내면 신명원리가 된다. 신명원리는 역도 자체를 그대로 이해하기 때문에 음양이 합덕된 체용의 전모를 모두 드러낸다.

신명원리에 도수원리와 도덕원리가 포함되어 있다. 신명원리 자체를 표상하는 것은 간지도수이다. 그리고 도수원리를 중심으로 신명원리를 본체원리와 작용 원리로 구분하여 표상한 것이 하도와 낙서이다. 반면에 신명원리를 도덕원리를 중심으로 표상한 것이 괘효이다.

예로부터 괘효가 역도의 표상체계임은 믿어 의심하지 않았다. 그러나 하도와 낙서가 역도의 표상체계라는 점에 대해서는 의론이 분분할 뿐만 아니라 간지도수가 역도의 표상체계라는 사실은 거의 인식하지 못하였다. 그것은 간지도수와 도서를 구성하는 천지의 수가 모두 수이기 때문에 그것이 물리적 시간을 나타내는 것으로 오해하였기 때문이다. 그것은 형이하적 관점에서《주역》을 이해하고 역도를 이해하였기 때문에 나타나는 현상이다.

《주역》에서는 간지도수가 역도의 표상체계임을 밝히고 있을 뿐만 아니라 하도와 낙서 역시 역도의 표상체계임을 밝히고 있다. 먼저《주역》에서 간지도수에 관하여 언급하고 있는 부분을 살펴보면 산천대축괘山天大畜卦䷙ 초효 효사에서는 "초구初九는 위태로움이 있으니 기己이면 이롭다."[352] 라고 하였고, 산택손괘山澤損卦䷨의 초효 효사에서는 "초구는 기사己事이면 빨리 행하여야 허물이 없으리니 헤아려서 역생逆生을 넘어서서 도성倒成해야 한다."[353]라고 하였으며, 택화혁괘澤火革卦䷰의 괘사에서는 "혁革은

---

352 《周易》山天大畜卦䷙ 初爻 爻辭, "初九는 有厲니 利己니라."

353 《周易》山澤損卦䷨ 初爻 爻辭, "初九는 己事어든 遄이라야 往无咎리니 酌損之니라."

기己가 표상하는 십무극원리를 자각해야 비로소 생산이 있을 것이다."[354] 라고 하였고, 택화혁괘의 육이효六二爻 효사에서는 "육이六二는 기己가 표상하는 십무극원리에 의해 변화가 이루어지니 정벌을 하여도 길吉하여 허물이 없다."[355]라고 하였다. 이는 모두 천간의 기를 중심으로 간지도수원리를 나타낸 것이다.

산풍고괘山風蠱卦䷑와 중풍손괘重風巽卦䷸에서는 간지도수원리의 대체를 밝히고 있다. 산풍고괘의 괘사에서는 "고蠱는 원元하고 형亨하니 대천大川을 건너는 것이 이로우니 선갑삼일先甲三日하며 후갑삼일後甲三日이니라."[356]라고 하였으며, 중풍손괘重風巽卦䷸ 오효五爻의 효사에서는 "구오九五는 정貞이라 길吉하고 회悔가 없어서 이롭지 않음이 없으니 처음은 없고 끝은 있다. 선경삼일先庚三日하며 후경삼일後庚三日이니 길吉하니라."[357]라고 하였다. 이 두 부분에서는 간지도수원리의 대체를 천간을 중심으로 밝히고 있다. 선후갑삼일을 통하여 종시원리를 나타내고, 선후경삼일을 통하여 선후천변화원리를 밝힌 것이다.

천간을 중심으로 선후갑경 도수를 통하여 표상하는 내용이 무엇인지 살펴보자. 먼저 신임계갑을병정辛壬癸甲乙丙丁이 선후갑삼일도수이며, 정무기경신임계丁戊己庚辛壬癸가 선후경삼일도수이다. 선후갑삼일도수를 통하여 후천이면서 선천이 되는 원리를 나타내고, 선후경삼일도수를 통하여 선천이면서 후천이 되는 원리를 나타낸 것이다. 천간의 구조를 보면 무기戊己의 오십본체를 중심으로 선천원리를 표상하는 갑을병정과 후천원리

---

354 《周易》 澤火革卦䷰ 卦辭, "革은 已日이라야 乃孚하리니 元亨利貞하야 悔亡하니라."

355 《周易》 澤火革卦䷰ 六二爻 爻辭, "六二는 已日乃革之니 征이라야 吉하야 无咎하리라."

356 《周易》 山風蠱卦䷑ 卦辭, "蠱는 元亨하니 利涉大川이니 先甲三日하며 後甲三日이니라."

357 《周易》 重風巽卦䷸ 五爻 爻辭, "九五는 貞이라 吉하고 悔亡하니 无不利니 无初有終이라. 先庚三日하며 後庚三日이니 吉하니라."

를 표상하는 경신임계가 합덕되어 있다. 이를 후천이면서 선천인 관점에서 나타낸 것이 선후갑삼일도수이며, 선천이면서 후천인 관점에서 나타낸 것이 선후경삼일도수다.

천간은 십오도수가 귀공歸空되어 본체가 되는 십오존공위체원리를 위주로 역도를 표상하고 있다. 십과 오는 무극과 황극이 합덕되어 본체가 됨을 나타내는 것이다. 십무극이 본체가 되어 구九팔八칠七육六의 순작용, 도생역성작용이 이루어지고, 오황극이 본체가 되어 육칠六七팔구八九의 역작용, 역생도성작용이 이루어진다.

십오존공위체원리를 바탕으로 이루어지는 구육합덕위용원리를 표상하고 있는 것이 간지의 지지도수이다. 지지도수는 용구용육도수가 중심으로 용구도수는 술해戌亥의 기본 도수를 중심으로 그 작용 원리를 표상하는 자축인묘子丑寅卯로 구성되며, 용육도수는 진사辰巳의 기본 도수를 중심으로 그 작용 원리를 표상하는 오미신유午未申酉로 구성된다. 그러므로 용구의 작용을 표상하는 자축인묘로부터 용육의 기본 도수인 진사와 그 작용 원리를 표상하는 오미신유가 이어지면서 마지막으로 용구의 기본 도수인 술해가 이어진다.

천간이 십오존공위체원리가 위주이고, 지지가 구육합덕위용원리가 위주이기 때문에 천간과 지지가 합덕된 간지도수는 체용일원의 근원적 세계를 나타낸다. 삼재가 합덕성도된 세계를 나타낸 것이 간지도수인 것이다. 그것을 《주역》에서는 신도神道, 신명원리神明原理로 규정하였다. 이를 《정역》에서 밝힌 무무위无无位 육십수六十數와 관련시켜서 나타내면 무무위 육십수원리가 간지도수원리, 신도, 신명원리라고 할 수 있다.

무위수无位數, 무무위 육십수가 표상하는 근원적 세계를 체용의 구조를 통하여 십오존공위체원리와 구육합덕위용원리를 중심으로 나타낸 것이 하도와 낙서이다. 《주역》의 효사에서는 하도와 낙서를 언급하고 있는데 산뢰이괘山雷頤卦䷚의 초효에서는 "초구는 너의 영귀靈龜를 버리고 나를 보면서 턱을 늘어뜨리니 흉凶하다."[358]라고 하였고, 산택손괘山澤損卦䷨의 오효 효사에서는 "육오는 혹 더하면 십이 벗을 삼으니 귀龜도 능히 어기지 않으니 크게 길하다."[359]고 하였으며, 풍뢰익괘風雷益卦䷩의 육이효六二爻 효사에서는 "육이는 혹 더하는지라 십이 벗을 삼으니 귀龜도 능히 어기지 않으니"[360]라고 하였다. 반면에 뇌산소과괘雷山小過卦䷽의 괘사卦辭에서는 "날아가는 새가 남긴 소리가 있으니 위로 올라가는 것은 마땅하지 않으며, 아래로 내려가면 크게 길하다."[361]라고 하여 상하 관계를 통하여 도역생성작용 원리를 논함으로써 도서원리를 나타내고 있다.

《주역》의 설괘편에서는 성인이 작역作易의 과정을 간지와 도서와 괘효를 중심으로 다음과 같이 논하고 있다.

> 옛날에 성인이 역을 지을 때에 그윽이 신명에 참여하여 체득된 역도인 역수원리를 하도와 낙서를 통해 표상하였는데 그것은 천지의 수에 의해 삼천양지로 나타낸 것이다. (그리고) 역도의 양지兩之, 음양작용을 괘卦를 통하여 나타내었으며, 그것이 드러난 작용으로서의 강유원리를 효를 통하여 드러내었다.[362]

위의 내용을 보면 직접 신명원리의 표상 체계를 언급하고 있지는 않으나 작역 성인이 신명원리를 자각하여 그것을 도서와 괘효를 통하여 표상하였음을 분명히 밝히고 있다. 작역 성인이 신명한 덕에 통하여 그것을 도

---

358 《周易》山雷頤卦䷚ 初爻 爻辭, "初九는 舍爾靈龜하고 觀我하야 朶頤니 凶하니라."

359 《周易》山澤損卦䷨ 五爻 爻辭, "六五는 或益之면 十朋之라 龜도 弗克違하리니 元吉하니라."

360 《周易》風雷益卦䷩ 六二爻 爻辭, "六二는 或益之라 十朋之니 龜弗克違하나니 永貞이니 吉하며 王用享于帝라도 吉하니라."

361 《周易》雷山小過卦䷽ 卦辭, "飛鳥遺之音하니 不宜上이요 宜下면 大吉하리라."

362 《周易》說卦編 第一章, "昔者에 聖人之作易也에 幽贊於神明而生蓍하고 三天兩地而依數하고 觀變於陰陽而立卦하고 發揮於剛柔而生爻하니."

서를 통하여 역수원리로 표상하였으며, 도서를 통하여 표상된 역수원리를 근거로 음양원리를 표상하는 괘와 음양의 작용이 드러난 강유원리를 표상하는 효에 의해 괘상원리로 표상하였음을 알 수 있다.

도서는 시간성의 구조와 작용 원리를 역수원리로 표상하였으며, 괘효는 시간성의 구조와 작용 원리를 객관화한 공간성의 구조와 작용 원리를 괘상원리로 표상한 것이다. 《주역》의 계사상편에서는 도서와 괘효를 통하여 표상된 도서원리와 괘효원리에 대하여 다음과 같이 논하고 있다.

> 도서는 그 덕성이 원만圓滿하고 신묘神妙하며, 괘효卦爻는 방정方正하여 지혜롭다.[363]

원만하고 신묘함은 시간성의 본성을 나타내는 개념이며, 방정하여 지혜로움은 공간성의 본성을 나타내는 개념이다. 따라서 이 부분은 도서를 통하여 시간성의 원리가 표상되고, 괘효를 통하여 공간성의 원리가 표상됨을 나타낸 것이라고 하겠다.

역도가 천명됨으로써 형성된 역도의 표상 체계인 도서와 괘효는 입상된 역도가 그대로 표상된 것이기 때문에 역도 자체와 다르지 않다. 역도의 표상 체계를 떠나서는 역도를 자각할 수 없을 뿐만 아니라 역도를 자각한 후에도 그것은 여전히 의의를 갖는다. 자각 이전에는 자각의 근거가 되지만 자각 이후에는 실천의 근거가 되는 것이다. 따라서 뜻의 전달을 거치면 버려야 하는 일상적인 신호와는 달리 역도가 천명되는 형식과 체계는 영원히 존재하게 된다. 이 점이 언어, 문자와 같은 신호를 통하여 그것을 사용하는 주체인 인간의 뜻을 전달함과 역학 고유의 논리와 형식에 의해 역

---

363 《周易》繫辭上篇 第十一章, "是故로 蓍之德은 圓而神이오 卦之德은 方以知오 六爻之義는 易以貢이니."

도를 천명함과의 차이다.[364]

도서가 역도의 표상 체계임을 분명하게 밝히고 있는 부분은《주역》계사상편의 다음과 같은 언급이다. "천天이 신물을 낳으니 성인이 그것을 법칙으로 삼았다 …… 하수河水에서 도圖가 나오고 낙수洛水에서 서書가 나오니 성인이 이를 법칙으로 삼았다."[365]는 것이다. 이를 보면 천天이 낳은 신물神物이 하도와 낙서임을 알 수 있다.

그런데《주역》에서 논의되는 성인은 역도易道를 자각하고 그것을 천명闡明한 작역作易 성인이다. 따라서 천天이 낳은 신물을 성인이 법칙으로 삼았다는 것은 성인이 도서圖書원리를 근거로 괘효卦爻를 지었음을 뜻한다고 하겠다.《정역》에서는 도서의 성격을 다음과 같이 분명하게 밝히고 있다.

> 천지의 근원 자리(本性)에서 성인을 내려 보내고, 성인을 통하여 자신의 뜻이 담긴 신물神物을 드러내 보여주었는데 그것이 바로 하도河圖와 낙서洛書이다.[366]

이는 역도의 표상 체계가 성인을 매개로 하여 이루어지는 역도 자체의 자기 현현顯現의 결과임을 뜻하는 동시에 그 가운데는 성인의 존재 근거인 역도 자체의 인격성이 담겨 있음을 나타내는 것이다.

---

364 이는 이론체계 또는 일종의 논리적 정합체라는 유형적 존재와 형이상적 존재인 역도가 일체임을 뜻하는 것이 아니라 그 존재론적 의의를 말하는 것이다. 만약 글자 그대로 역도의 표상체계가 바로 역도라면 새삼스럽게 학문을 하거나 수양을 할 필요가 없을 것이다. 사실 그런 점에서 보면 역도의 표상 체계는 일종의 손가락과 같은 것이어서 그것에 집착하면 정작 손가락이 가리키는 달을 보지 못하게 된다.

365 《周易》繫辭上篇 第十一章, "是故로 天生神物이어늘 聖人則之하며 天地變化이어늘 聖人效之하며 天垂象見吉凶이어늘 聖人象之하며 河出圖洛出書이어늘 聖人則之하니라."

366 金恒,《正易》十五一言 第二張, "天地之理는 三元이니 元降聖人하시고 示之神物하시니 乃圖乃書로다."

천지의 본성이 성인의 몸을 이루어서 인류의 역사상에 탄강하여 자신의 존재 근거인 천지의 본성을 밝혔는데, 그것이 바로 하도와 낙서라는 것이다. 《주역》에서도 작역 성인에 의해 형성된 역도의 표상 체계가 "변화를 이루고 귀신의 덕을 행하는 소이所以"[367]라고 하였을 뿐만 아니라 "변화의 도를 아는 사람은 신의 행하는 바를 안다."[368]라고 하여 성인을 매개로 하여 근원적 존재인 천지의 합덕체로서의 신神의 뜻이 역도의 표상 체계로 드러나는 것을 논하고 있다.

《논어》와 《서경》에서는 "천天의 역수원리가 성인의 본래성으로 주체화하였다."[369]고 하여 천지의 본성이 성인의 본성을 이루었음을 밝히는 동시에 천지의 본성을 나타내는 것이 역수원리임을 밝히고 있다. 천지의 본성을 표상한 역수원리가 성인의 본성으로 주체화한 것이다. 따라서 성인이 도서를 통하여 밝힌 자신의 존재 근거는 역수원리이다. 다시 말하면 천지의 본성 자리가 자신의 뜻을 드러내기 위하여 성인을 내려 보냈는데 성인을 통하여 밝힌 뜻이 바로 도서에 담긴 역수원리이다.

《주역》의 계사상편 제구장에서는 역수원리의 표상 체계인 도서와 도서를 구성하는 수에 대하여 논하고 있다. 천지지수장天地之數章에서는 역수원리의 표상 형식을 일一에서 십十까지의 기수奇數와 우수偶數로 규정하고 있다. 일一, 삼三, 오五, 칠七, 구九의 기수와 이二, 사四, 육六, 팔八, 십十의 우수가 바로 도서의 구성요소라는 것이다. 이러한 기우의 수를 천지의 수라고 부른다. 천지의 수는 천지의 도수원리를 나타내는 이수理數라는 의미이다.

《정역》에서는 "천지의 수는 일월의 운행도수원리를 표상하는 형식이

---

367 《周易》 繫辭上篇 第九章, "此所以成變化 而行鬼神也라."

368 《周易》 繫辭上篇 第九章, "知變化之道者는 其知神之所爲乎인저."

369 《論語》의 堯曰篇 및 《書經》의 大禹謨篇, "天之曆數가 在爾躬하니, 天之曆數가 在汝躬하니."

다."[370]라고 하여 천지의 수가 역수원리의 표상 형식임을 분명하게 밝히고 있다. 천지의 수 자체가 그대로 기수朞數를 나타내거나 단순한 계량의 단위를 나타내는 것이 아니라 천지의 수의 관계를 통하여 역수원리가 표상되는 것이다.

계사상편에서는 천지의 수를 논한 이후에 이어서 천지의 수가 서로 결합하여 하나의 체계가 구성됨을 논하고 있다. 천수의 합은 이십오二十五이며 지수의 합은 삼십三十으로, 천지의 수는 합하면 오십오五十五가 된다고 하였다. 이는 천지의 수가 각각 일정한 관계를 형성함으로써 역도의 표상 체계인 하도가 형성되었음을 뜻한다.

하도의 도상을 보면 중앙에 오五와 십十이 자리를 잡고 있고, 그 북방에 일一과 육六, 남방에 이二와 칠七, 동방에 삼三과 팔八, 서방에 사四와 구九가 자리를 잡고 있다. 이는 음수陰數와 양수陽數 즉 천수天數와 지수地數가 합덕되고, 생수生數와 성수成數가 합덕된 음양의 합덕원리를 표상한 것이다. 십무극과 오황극의 십오천지에 의해 이루어지는 음양사상의 합덕원리를 표상하고 있는 것이 하도이다.

십오천지의 합덕에 의해 천지의 작용이 이루어진다. 합덕원리와 작용원리는 체용의 관계이기 때문에 합덕이 이루어지면 반드시 그것이 작용으로 드러날 수밖에 없다. 그러므로 작용 원리가 합덕원리의 내용이라고 할 수 있다. 따라서 하도의 합덕원리를 바탕으로 한 작용 원리를 표상하지 않을 수 없다.

천지의 합덕에 의해 이루어지는 작용 원리를 표상한 것이 바로 낙서이다. 대연지수장大衍之數章에서는 낙서의 구체적인 도상을 언급하는 대신에 작용 원리의 내용을 제시함으로써 도상의 구조를 나타내고 있다. 십오천지의 합덕을 나타내는 오십수五十數를 바탕으로 구, 팔, 칠, 육의 성수와

---

370 金恒, 《正易》 十五一言 第二十張正易詩, "天地之數는 數日月이니."

일, 이, 삼, 사의 생수의 사상작용에 의해 본체도수인 오수가 밝혀지는 원리를 나타내고 있는 것이 대연지수장이다. 이러한 사상작용의 체용을 도표화하여 나타낸 것이 낙서이다.

낙서는 사상작용의 본체도수인 오가 중앙에 위치하고, 생성의 사상수가 각각 구와 일, 팔과 이, 칠과 삼, 육과 사가 서로 대응하고 있다. 그러므로 낙서는 음양이 합덕된 하도와는 달리 일과 육, 이와 칠, 삼과 팔, 사와 육이 각각 나누어져 있어서 합덕이 이루어지지 못하고 있으며, 오수 역시 십과 합덕이 이루어지지 못하고 있다.

하도에서는 시간을 섭리·주재하는 존재인 십오천지와 천지의 합덕에 의해 이루어지는 사상의 합덕작용 원리를 표상하고 있으며, 낙서에서는 십오천지의 합덕에 의해 이루어지는 사상작용 원리를 표상하고 있다. 하도에서는 구조 원리를 중심으로 시간성의 원리를 표상하고 있으며, 낙서에서는 작용 원리를 중심으로 시간성의 원리를 표상하고 있다. 이처럼 천지의 수를 통하여 시간성의 구조와 작용 원리를 표상하고 있는 하도와 낙서의 도상은 다음과 같다.[371]

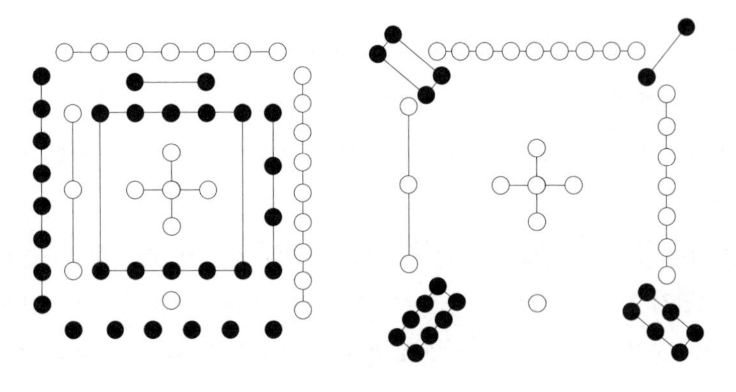

하도河圖와 낙서洛書

371 이 도상은《正易》의 第二十八張에 있는 내용을 인용한 것이다.

3. 삼재의 도와 괘효상수

앞에서 역도의 내용인 역수원리가 간지도수를 통하여 신명원리로 표상되며, 그것이 하도와 낙서를 통하여 역수원리로 표상됨을 살펴보고 더불어 그 존재의의를 살펴보았다. 다음에는 이어서 공간성을 중심으로 역수원리를 표상한 괘효에 대하여 살펴보자.

근원적 존재의 존재 원리인 역도는 신명원리이다. 그것은 도수원리와 도덕원리로 구분하여 나타낼 수 있으며, 도수원리를 중심으로 천지의 수를 통하여 표상한 것이 하도와 낙서이며, 도덕원리를 중심으로 괘효를 통하여 표상한 것이《주역》의 64괘이다.

《주역》의 64괘는 육효에 의해 구성된 64가지의 중괘重卦로 구성된다. 그렇기 때문에 64괘의 이해는 중괘와 육효를 중심으로 할 수 있다. 하나의 중괘를 체용의 구조를 중심으로 이해하면 본체 원리는 괘를 통하여 표상되며, 작용 원리는 효를 통하여 표상된다. 그렇기 때문에 64괘를 이해하기 위해서는 먼저 괘와 효를 중심으로 그것이 표상하는 내용이 무엇인지 살펴봐야 한다.

《주역》의 계사하편에서는 괘효와 계사에 의해 역도를 표상한《주역》은 그 형식이 괘상이라고 규정하고 이어서 괘상은 역도를 상징적으로 표현한 것[372]이라고 하였다.《주역》의 계사상편에서는 괘상에 대하여 다음과 같이 논하고 있다.

> 역을 지은 성인이 천하의 가장 근원적 존재인 역도를 깨닫고 그것을 드러내어 설명하기 위하여 이치로 해부하고 그것을 사물에 비겨서 상징적으로 나타내었는데, 그것이 괘상이다.[373]

---

372 《周易》繫辭下篇 第三章, "是故로 易者는 象也이니 象也者는 像也이니."

373 《周易》繫辭上篇 第八章 및 第十二章, "聖人이 有以見天下之賾하여 擬諸其形容하며 象其物宜라 是故로 謂之象이오."

이 부분은 성인이 작역作易 과정을 괘상을 중심으로 논한 것으로, 그 과정이 '유이견천하지색有以見天下之賾'과 '의저기형용擬諸其形容 상기물의象其物宜'이다. 성인이 천하의 색賾을 보고 그것을 '의저기형형擬諸其形容'하고 '상기물의象其物宜'하여 괘상이 이루어진 것이다. 여기서 성인이 본 천하의 색賾이 가장 중요한 부분으로 '색賾'을 어떻게 보느냐에 따라서 '의저기형용擬諸其形容'과 '상기물의象其物宜'의 의미가 달라진다.

지금까지의 '색賾'에 대한 주석은 두 가지로 나누어 볼 수 있다. 그것은 공영달孔穎達, 정자程子의 입장과 주자朱子의 입장으로 공영달은 "색賾은 그윽하고 깊어서 보기가 어렵다."[374]고 말하고 이어서 '성인유이견천하지색聖人有以見天下之賾'에 대하여는 "성인이 그 신묘한 능력으로 능히 천하의 깊고 그윽한 이치를 본다."[375]라고 말했다. 정자도 "색賾은 심원深遠으로 성인은 천하의 심원한 일(理致)을 본다."[376]고 말하여 공영달과 입장을 같이 하고 있음을 볼 수 있다. 이에 대하여 주자는 다른 입장을 취하고 있는데 그 내용을 살펴보면 다음과 같다.

> 많은 선유先儒들이 '색賾'을 '지묘至妙'의 의미로 이해하고 있다. 그러나 여기에 입각한다면 왜 다음 부분에서 "언천하지색이불가오야言天下之賾而不可惡也"라고 말하였겠는가? '색賾'은 단지 '뒤섞여서 어지러움(雜亂)'을 뜻한다.[377] 옛날에는 '색賾'자는 없었으며 다만 '책嘖'자만이 있었는데 오늘날 '신臣'자를 쓰고 있으나 그 의미는 역시 '구口'와 같다. 좌전《左傳》에서 "언쟁言爭을 하면

374 孔穎達,《周易正義》, "賾謂幽深難見."

375 孔穎達,《周易正義》, "聖人 有其神妙以能見天下深賾之理也".

376 朱子,《周易本義》, "賾深遠也 聖人見天下深遠之事."

377 黎靖德編,《朱子語類》卷第七十五, "上文言天下之至賾而不可惡也 言天下之動而不可亂也 先儒多以賾字爲至妙之意. 若如此說 則何以謂之不敢惡 賾是一箇雜亂 冗鬧底意思. 言之而不惡者 精粗本末無不盡也, 賾字與頤字相似 此有互體之意.", 1983. 臺灣 中華書局.

번다한 말이 많다.(嘖有繁言)"고 할 때의 '책嘖'과 같은 것으로 입안에서 여러 가지 이야기들이 뒤섞여서 어지럽다(口裏說話多雜亂)는 것을 뜻한다.[378]

이를 보면 주자가 공영달, 정자와 다른 관점에서 '색'을 이해하고 있음을 알 수 있다. 이 점은 인용문의 다음 부분에 대한 주석을 보아도 알 수 있는데 그 내용은 다음과 같다.

> 천하의 지극한 것을 말하여도 싫어할 수 없으며, 천하의 지극한 움직임을 말하여도 어지럽힐 수 없다. 비긴 후에 말하고, 의논한 후에 움직여서 비기고 의논함으로써 변화를 이룬다.[379]

위의 인용문 가운데서 "천하의 지극한 색賾을 말하여도 싫어할 수 없다.(言天下之至賾而不可惡也)"에 대하여서 주자는 "오惡는 염厭과 같다.(惡猶厭也)"라고 말하고 "사람들이 잡란雜亂한 것에 처하였을 때 염오厭惡하기 쉬우나 모두 도리道理에 부합되는 일이기 때문에 스스로 이치理致에 부합符合하고 회통會通하게 되어 싫어할 수 없다."[380]라고 하였다.

그런데 주자의 주장을 쫓으면 '오惡'를 이해함에 있어서 논리적인 일관성을 유지할 수 있으나 문제는 상象의 의미에 있다. 만약 '색賾'을 '잡란雜亂'으로 이해한다면 성인이 본 뒤섞여 어지러운 세계는 만물의 세계이지 형이상적 도道는 아니다. 성인이 천하의 잡란한 만물을 보고 그 형용을 이

378 李光地,《周易折中》下册, "朱子語類云 賾雜亂也 古無此字 只是嘖字 今從臣 亦是口之義 與左傳嘖有煩 言之嘖同 是箇口裏說話多 雜亂底意思."

379 《周易》繫辭上篇 第八章, "言天下之至賾而不可惡也며 言天下之至動而不可亂也니 擬之而後言하고 議之而後動이니 擬議하여 以成其變化하니라."

380 李光地,《周易折中》下册, "朱子語類云 雜亂處人 易得厭惡 然都是道理中含有底事 自合理會 故不可惡."

리 저리 따져 본 후에 그 사물의 모습을 비겨서 나타낸 것이 상일 수밖에 없다. 그렇다면 그러한 상은 물상物像일 수밖에 없다. 과연 주자는 "상이란 사물과 유사한 것이다."[381]라고 하여 괘상이 물상임을 논하고 있다. 공영달도 역시 "역易의 괘는 만물의 형상을 모사模寫한 것이다."라고[382]하여 괘상을 물상으로 규정하고 있다.

만약 괘상이 물상에 불과하다면 다음과 같은 여러 가지 문제가 제기된다. 먼저 괘상이 만물을 나타내기 위하여 고안된 상징이라면 굳이 64괘와 같은 복잡한 도상으로 나타낼 필요가 없다. 언어와 문자만으로도 충분히 사물을 나타낼 수 있을 뿐만 아니라 보다 분명하고 간편한 방법은 직접 가리키거나 제시하는 것이다.

그리고 64괘가 만물을 나타내는 물상을 담고 있다고 할지라도 천하의 만물이 64괘로 다 표현될 수는 없다. 가장 근원적인 문제는 도대체 성인의 뜻을 어떻게 이해하는가이다. 상은 성인의 뜻을 드러내기 위하여 형성된 것이기 때문에 상에는 성인의 뜻[383]이 담겨 있다. 따라서 괘상이 물상이라면 성인의 뜻은 형이상의 역도가 아니라 사물의 모습일 따름이다. 그렇다면 변화의 도나 형이상의 도라고 하는 것은 단순한 자연 과학적 법칙에 불과하다. 만약 역도가 자연 과학의 법칙에 불과하다면 역도를 표상한 《주역》은 한낱 과학 서적일 뿐 그것이 인도의 근거가 되는 천도를 제시할 수 없을 뿐만 아니라 인도 역시 제시할 수 없다.

'색賾'은 형이하적 사물의 존재 양상과 다른 형이상적 존재인 도 자체를 지칭하는 개념이다. 형이하의 사물의 근저에서 은미하게 존재하는 형이상

---

381 朱子,《周易本義》, "象者物之似也."

382 孔穎達,《周易正義》, "易卦者寫萬物之形象 故 易者象也 象也者像也 謂卦爲萬物 象者法像萬物."

383 《周易》繫辭上篇 第十二章, "子曰書不盡言하고 言不盡意하니 然則聖人之意를 其不可見乎아 子曰聖人이 立象하여 以盡意하며."

적 존재를 지칭하는 개념이 색賾인 것이다. 따라서 '성인유이견천하지색聖人有以見天下之賾'은 성인이 천하의 지극한 이치인 천도를 자각함을 뜻한다.

다음에 이어지는 내용은 성인의 뜻으로 자각된 천도를 후세後世의 군자를 위하여 천명하는 과정을 논한 것이다. 형이상의 도는 언어로서 표상이 불가능할 뿐만 아니라 사고가 미칠 수 있는 것이 아니다. 따라서 역도를 군자에게 보여주기 위해서는 무형적 존재인 도를 유형화, 구상화하여 상징적으로 드러내는 것이 필요하다. 역도를 이치에 의해 해부하고 그것을 상징적으로 드러낼 때 비로소 역학을 연구하고자 하는 군자에게 보여줄 수 있는 것이다.

역도를 이해하고 그것을 다시 상징적으로 드러내어 나열함을 나타내는 문장이 '의저기형용擬諸其形容 상기물의象其物宜'이다. '의저기형용擬諸其形容'은 역도를 일정한 범주에 의해 여러 이치로 해부하여 그 구조와 작용원리를 밝히는 것이다. 역도의 본성을 여러 측면에서 이해하는 입상을 여러 가지 모습을 헤아린다고 한 것이다.

'상기물의象其物宜'는 이해하게 된 역도를 사물의 본질에 비겨서 상징적으로 나타내는 표상을 뜻한다.《주역》의 설괘편에서 팔괘의 상을 논하면서 자연 현상의 특성, 인체의 기능, 여러 동물들의 속성 등으로 설명한 것은 괘상이 물상物象임을 나타내는 것이 아니라 역도 자체를 사물의 특성에 비겨서 표현한 것임을 보여주는 것이다. 십익의 설괘편을 보면 팔괘를 각각 하늘과 땅, 산과 못, 우레와 바람, 물과 불과 같은 자연물[384]을 통하여 나타내고 있을 뿐만 아니라 굳셈, 따름, 움직임, 들어감, 빠짐, 걸림, 멈춤, 기쁨[385]과 같은 추상적인 성질에 의하여 나타내기도 하고, 말 소, 용,

---

384 《周易》說卦 第三章, "天地定位하며 山澤通氣하며 雷風相薄하며 水火不相射하야 八卦相錯하니."

385 《周易》說卦 第七章, "乾은 健也오 坤은 順也오 震은 動也오 巽은 入也오 坎은 陷也오 離는 麗也오 艮은 止也오 兌는 說也라."

닭, 돼지, 꿩, 개, 양[386]과 같은 동물 또는 머리, 배, 발, 넓적다리, 귀, 눈, 손, 입[387] 등과 같은 인체에 의하여 나타내기도 하여 그 범위는 자연과 인체를 비롯한 다양한 만물을 통하여 나타내고 있다. 만약 팔괘가 하나의 사물만을 나타낸 것이라면 이처럼 다양하게 여러 사물을 통하여 설명하지 않을 뿐만 아니라 팔괘가 모두 말을 언급하면서도 각각 다른 종류의 말을 언급하고 있음을 통하여 보아도 괘상이 사물의 속성을 나타내는 것이 아님을 알 수 있다.

괘상은 괘를 나열함으로써 비로소 드러나게 된다. 그리고 괘를 구성하는 것은 효이다. 효가 모여서 괘가 이루어지지만 괘는 본체가 되고 그 내용인 작용 원리를 표상하는 것이 효이다. 그렇기 때문에 괘와 효는 체용의 관계이다. 따라서 괘를 이해하기 위해서는 효의 성격을 이해하지 않을 수 없다. 《주역》의 계사상편에서는 효의 성격에 대하여 다음과 같이 논하고 있다.

> 성인이 천하의 움직임을 보고 그 회통會通하는 원리를 깨달아서 그것을 인간 삶의 원리로 삼아 행行하였다. 그리고 그러한 원리를 기준으로 인사人事의 여러 현상을 그 정위情僞에 따라서 길흉吉凶으로 나누어서 그것을 언사言辭로 나타내었는데 그것을 일러 효爻라고 한다.[388]

성인이 천하의 움직임을 보고 그 모여서 하나로 통하는 바를 깨달았다는 것은 천하의 움직임의 원리를 깨달았음을 뜻한다. 즉 천하의 변화하는

386 《周易》 說卦 第八章, "乾爲馬오 坤爲牛오 震爲龍이오 巽爲鷄오 坎爲豕오 離爲雉오 艮爲狗오 兌爲羊이라."

387 《周易》 說卦 第九章, "乾爲首오 坤爲腹이오 震爲足이오 巽爲股오 坎爲耳오 離爲目이오 艮爲手오 兌爲口라.

388 《周易》 繫辭上篇 第八章, "聖人이 有以見天下之動하여 而觀其會通하여 以行其典禮하며 繫辭焉以斷其吉凶이라 是故로 謂之爻이니."

현상을 보고 그 변화원리를 깨달았다는 의미이다.

그러나 이때의 변화는 사물의 운동이나 모습의 변화를 뜻하지 않는다. 만약 천하의 움직임이 물리적 변화를 뜻한다면 그것이 회통하는 바는 사물의 운동 법칙 또는 물리적 변화의 법칙이 될 수밖에 없다. 그러한 자연과학적 법칙은 윤리적 존재인 인간 삶의 법칙이 될 수 없다. 더구나 자연과학적 법칙을 기준으로 길흉이라는 가치를 판단하여 효마다 길흉회린吉凶悔吝 등의 가치를 나타내는 개념들을 부가한다는 것은 더욱 불가능하다.

《주역》의 계사하편에서 "도에는 변동이 있어서 그러한 변동을 나타내는 것이 효이다."[389]라고 한 것을 보면 효가 단순한 사물의 운동을 나타내는 것이 아니라 역도의 작용을 나타냄을 알 수 있다. 효에 의해 표상되는 변화원리는 역수의 변화원리이다. 따라서 변화원리를 자각하였다는 것은 역수원리를 자각하였다는 뜻이다. 《주역》의 계사상편 "육효가 나타내는 움직임은 삼극의 도를 표상한 것이다."[390]에서 이 점을 알 수 있다.

《주역》을 지은 성인이 역수원리인 시간성의 원리를 자각하고 그것을 인사의 측면에서 행위의 준칙으로 제시하였다. 천도를 주체적으로 자각하여 인도로 제시하였는데 그 구체적인 방법을 보면 인도를 기준으로 그것에 순응하는 길吉과 그렇지 못한 흉凶을 나누어서 나타낸 것이 바로 효라는 것이다. 따라서 육효가 나타내는 여섯 위位는 공간적 위位가 아니라 시간적 위位다.

초初는 시초始初를 나타내며, 상上은 종말終末을 나타내는데 이것을 공간화하여 나타내면 본말이 된다. 이러한 초상을 근거로 이二, 삼三, 사四, 오五의 다섯 효를 통하여 덕을 가리고 시비를 분별할 수 있게 된다. 이효二爻와 사효四爻는 비록 같은 음위陰位이지만 그 가치는 다르다. 이효는 예譽

389 《周易》 繫辭下篇 第十章, "六者는 非他라 三才의 道也이니 道有變動이라 故로 曰爻이오."

390 《周易》 繫辭上篇 第二章, "六爻之動은 三極의 道也라."

가 많고 사효는 구懼가 많다. 마찬가지로 삼효三爻와 오효五爻는 양위陽位이지만 그 위치가 다르기 때문에 그 가치가 다르다. 삼효에는 흉凶이 많으며 오효에는 공功이 많다.[391] 이러한 음양의 효가 여섯의 시위에 의해 놓임으로써 비로소 육효괘가 구성된다.

그러면 구체적으로 괘가 어떻게 구성되었는지 살펴보자. 괘는 본래 육효에 의해 구성되는데, 이를 중괘重卦, 대성괘大成卦, 육십사괘라고 한다. 중괘는 육효괘를 그 구성 요소를 중심으로 나타낸 것으로, 삼효에 의해 구성된 팔괘가 중첩되어 육효괘가 형성되었음을 나타낸다. 이 삼효괘로는 역도의 본체 원리는 밝힐 수 있으나 작용 원리를 나타낼 수 없기 때문에 소성괘小成卦라고 한다. 이와 달리 육효괘는 역도의 전모를 표상할 수 있기 때문에 대성괘大成卦라고 한다. 그리고 육십사괘라는 것은 삼효괘가 모두 팔괘인 것과 달리 육효괘가 모두 육십사괘이기 때문이다.

육효괘가 팔괘로 이루어졌기에 육효괘를 구성하는 삼효괘를 상괘와 하괘 또는 내괘와 외괘라고 부른다. 그것은 삼효로 구성된 팔괘를 나열함으로써 팔괘 가운데 괘상을 담게 됨을 나타낸다. 《주역》의 계사하편에서는 "팔괘가 나열됨으로써 괘상이 그 가운데 존재한다."[392]라고 하였다. 이처럼 팔괘가 나열되었다는 것은 팔괘 자체의 관계를 통하여 하나의 의미체인 역도의 표상체계가 구성됨을 뜻한다. 다시 말하면 팔괘가 겹쳐서 형성된 64가지의 육효에 의해 구성된 중괘重卦가 일정하게 나열됨으로써 64괘의 관계를 통하여 역도가 표상되는 것이다.

---

391 《周易》 繫辭下篇 第九章, "易之爲書也이 原始要終하여 以爲質也코 六爻相雜은 唯其時物也이니 其初는 難知하고 其上은 易知하니 本末也요 初辭擬之하고 卒成之終하니 若夫雜物과 撰德과 辨是與非이 則非其中爻면 不備하니라. 二與四이 同功而異位하니 其善不同이라 二多譽코 四多懼는 近也일새라. 三與五는 同功而異位이니 三多凶코 五多功이니 貴賤之等也이라."

392 《周易》 繫辭下篇 第一章, "八卦成列하니 象在其中矣요."

팔괘가 나열됨으로써 형성되는 육효 중괘의 구성 원리는 선후천원리로 상하괘의 관계를 통하여 선후천합덕원리가 표상되고, 내외괘를 통하여 선후천변화원리가 표상된다. 선후천합덕원리는 본체원리로 그것은 괘체를 통하여 표상된다. 그렇기 때문에 선후천합덕원리가 괘체의 관점에서 위의 삼효괘가 상괘가 되고, 아래의 삼효괘가 하괘가 되어 상하합덕의 관계로 표상된다. 괘상을 논하고, 괘의 구성을 논할 때 상괘로부서 시작하여 하괘에서 끝맺는 까닭이 여기에 있다. 예를 들면 수뢰둔괘는 상괘가 감괘이며, 하괘가 진괘로 감괘가 체가 되고, 진괘가 용이 되어 감괘와 진괘의 체용합덕을 통하여 역도가 표상되는 것이다.

효용의 관점에서 육효 중괘를 살펴보면 선후천변화원리는 아래의 삼효에 의해 구성된 내괘로부터 위의 삼효에 의해 구성된 외괘로 변화원리가 된다. 내괘는 선천원리를 표상하며, 외괘는 후천원리를 표상하여 내괘로부터 외괘로의 변화를 통하여 선후천변화원리가 표상되는 것이다. 그렇기 때문에 효를 읽을 때는 내괘로부터 시작하여 초효, 이효, 삼효, 사효, 오효, 상효의 순서로 읽게 된다.

상하괘의 관계를 통하여 도생역성의 관점에서 후천이선천後天而先天하는 원리가 표상되며, 내외괘를 통하여 역생도성의 관점에서 선천이후천先天而後天하는 원리가 표상된다. 도서圖書가 중앙과 상하좌우의 다섯 위의 관계를 통하여 도역생성 작용 원리를 표상하듯이 괘효는 아래에서 시작하여 위로 초初, 이二, 삼三, 사四, 오五, 상上의 여섯 위의 관계를 통하여 역도를 표상한다. 이러한 육위는 초, 삼, 오의 양위와 이, 사, 상의 음위로 구분된다. 양위는 강剛을 나타내며, 음위는 유柔를 나타낸다. 다시 말하면 강유의 작용이 초, 삼, 오와 이, 사, 상의 위로 표상된 것이다. 강유는 십오천지의 도역생성 작용의 객관적 표현으로, 강유 작용을 표상하는 형식은 음양의 두 효이다. 양효는 십무극의 도생역성 작용을 나타내며, 음효는 오황극의 역생도성 작용을 나타낸다.

음양의 효에 의해 표상되는 작용 원리를 도서상수를 중심으로 나타내면 음효는 체오용육體五用六 작용을 나타내며, 양효는 체십용구體十用九 작용을 나타낸다. 그렇기 때문에《주역》에서 각 괘를 구성하는 음양의 효를 각각 용육用六과 용구用九로 규정한 것이다. 이렇게 형성된 육십사 중괘 가운데서 화수미제괘火水未濟卦䷿를 예로 들면 다음과 같다.

시위時位	음양위陰陽位	효명爻名
상효上爻	음위陰位	상구上九
오효五爻	양위陽位	육오六五
사효四爻	음위陰位	구사九四
삼효三爻	양위陽位	육삼六三
이효二爻	음위陰位	구이九二
초효初爻	양위陽位	초육初六

중괘重卦의 구조

괘효가 표상하는 내용은 선후천변화원리도, 선후천합덕원리도 아니며, 그것을 인간 주체적으로 자각하였을 때 밝혀지는 인도이다.《주역》의 괘효가 인도를 밝히고 있다고 할 때 반론을 제기할 수 있다. 왜냐하면《주역》에서 "역의 글됨이 광대하여 모든 것을 갖추고 있다. 천도가 있고, 지도가 있고 인도가 있다. 그러므로 삼재가 모두 둘로 작용하니 육효가 된다. 하나의 괘가 육효에 의해 구성된 것은 다른 것이 아니라 삼재의 도를 표상하기 위함이다."[393]라고 하였을 뿐만 아니라 "천도를 세워서 음과 양이라고 하고, 지도를 세워서 강과 유라고 하며, 인도를 세워서 인과 의라

393 《周易》繫辭下篇 第十章, "易之爲書也 廣大悉備하여 有天道焉하며 有人道焉하며 有地道焉하니 兼三才而兩之라 故로 六이니 六者는 非他也라 三才之道也니."

고 한다."[394]라고 하여 《주역》의 육효를 구성하는 원리가 천도와 지도 그리고 인도를 내용으로하는 삼재의 도라고 하였기 때문이다.

그러나 육효괘가 삼재의 양지작용 원리를 내용으로 하는 삼재의 도를 표상하기 위해 형성되었지만 천도 자체를 그대로 표상하기 위해 괘효가 형성된 것은 아니다. 그 점은 64괘를 구성하는 음양의 효爻를 용구用九와 용육用六으로 규정한 것을 보아도 알 수 있다. 용구와 용육은 모두 작용을 나타내는 것이지 본체인 천지원리를 나타내는 것은 아니다.

또한 "건乾은 양적陽的 존재이고, 곤坤은 음적陰的 존재이니 음양陰陽이 합덕合德함으로써 강유剛柔의 본체本體가 있다."[395]라고 하여 건과 곤을 양과 음으로 규정하였음에도 불구하고 잡괘雜卦에서는 "건乾은 강剛이며, 곤坤은 유柔이다."[396]라고 하여 《주역》의 건괘乾卦와 곤괘坤卦를 음양으로 규정하고 있지 않다. 이는 중천건괘와 중지곤괘가 비록 천도와 지도를 표상하고 있지만 천도와 지도 자체를 표상한 것이 아니라 작용의 관점에서 나타낸 것임을 뜻한다.

중천건괘와 중지곤괘가 천도와 지도를 작용의 관점에서 나타내었다는 것은 천도인 역수원리를 본체로 이루어지는 작용으로서의 인도를 중심으로 역도를 표상하였음을 뜻한다. 그렇기 때문에 내외괘를 통하여 표상되는 선후천 변화원리를 인도를 중심으로 나타내면 선천의 성인의 도에서 후천의 군자의 도로 변화하는 원리가 되며, 괘체의 관점에서 표상되는 선후천 합덕원리는 인도의 관점에서는 성인과 군자의 합덕이 된다. 이를 정리하면 괘효의 내용은 인도인 성인의 도와 군자의 도라는 뜻이다.

---

394 《周易》說卦 第二章, "是以立天之道曰陰與陽이오 立地之道曰柔與剛이오 立人之道曰仁與義니."

395 《周易》繫辭下篇 第六章, "子曰乾坤其易之門邪 乾陽物也 坤陰物也 陰陽合德而剛柔有體 以體天地之撰 以通神明之德."

396 《周易》雜卦, "乾剛坤柔오."

그런데 선천에서 후천으로 변화하고 합덕하는 원리는 성인의 문제가 아니라 군자의 문제이다. 역도가 자각되고 그것이 역경을 통하여 천명闡明되는 것은 성인에게 주어진 천명天命으로, 그것은 이미 완수되었다. 따라서 인도의 중심 문제는 군자의 도가 된다. 《주역》에서는 "성인이 괘를 베풀어 괘상을 보고 그에 따라서 언사言辭를 부연敷衍하여 길흉을 밝혔다."[397]라고 하였을 뿐만 아니라 "군자가 거처할 때는 상을 보고 언사를 완미하며, 움직일 때는 효의 변화를 보고 그 점사占辭를 완미한다."[398]라고 하여 성인에 의해 역학이 형성된 이후, 역학을 연구하는 주체는 군자임을 밝히고 있다. 또한 "옛 성인이 역경을 저작한 목적은 장차 군자로 하여금 성명지리에 순응하게 하기 위해서이다."[399]라고 하여 군자의 도를 밝히기 위하여 괘효역학으로서의 《주역》을 저작하였음을 밝히고 있다.

괘효를 통하여 표상된 군자의 도를 언사를 통하여 부연한 것이 계사이다. 괘효에 대하여 그 뜻을 부연 설명하고 있는 것이 계사이다. 계사는 괘효에 대하여 언사를 매달았다는 의미이다. 따라서 좁은 의미로는 괘사卦辭와 효사爻辭만을 뜻하지만 넓은 의미에서는 십익十翼을 포함한 괘효사卦爻辭를 지칭한다.[400] 이러한 계사의 내용은 가치의 판단이다. 《주역》의 계사상편에서는 괘효와 계사에 대하여 다음과 같이 논하고 있다.

> 역易에 사상四象이 있음은 보여주기 위함이며, 괘효에 언사를 매단 것은 알려주기 위함이고, 길흉을 정하여 주는 것은 그에 따른 정위를 판단하기 위함이다.[401]

---

397 《周易》 繫辭上篇 第二章, "聖人이 設卦하야 觀象繫辭焉하야 而明吉凶하며."

398 《周易》 繫辭上篇 第二章, "是故로 君子 所居而安者는 易之序也오 所樂而玩者는 爻之辭也니 是故로 君子 居則觀其象而玩其辭하고 動則觀其變而玩其占하나니."

399 《周易》 說卦 第二章, "昔者聖人之作易也는 將以順性命之理니."

400 가장 좁은 의미로는 십익十翼 가운데 하나인 계사繫辭 상하上下편을 가리키기도 한다.

401 《周易》 繫辭上篇 第十一章, "易有四象은 所以示也오 繫辭焉은 所以告也오 定之以吉

위의 인용문을 보면 천도를 인간 주체적으로 자각함으로써 밝혀진 인도를 기준으로 길흉을 판단하여 나타낸 것이 바로 계사임을 알 수 있다. 따라서 계사의 중심 내용은 길흉의 판단이라고 할 수 있다. 《주역》의 계사상편에서는 "팔괘가 길흉을 정한다."[402]라고 했다. 그것은 팔괘를 통하여 구성된 중괘의 육효가 길흉을 판단함을 뜻한다. 따라서 괘효의 내용을 나타내고 있는 언사의 내용 역시 가치의 판단이 중심 내용일 수밖에 없다. 괘효에 의해 제시된 길흉을 언사로 나타낸 것이 계사인 것이다.

길흉은 움직임으로부터 발생된 것으로, 천도인 역수원리에 부합되는 행동은 길하며 역수원리에 부합되지 못하는 행동은 흉하다. 움직임의 정위에 따라서 길흉이 발생하며, 길흉이 발생하면 회린悔吝이 드러나게 된다. 이러한 길흉회린을 언사로 나타낸 것이 괘효사인 것이다.

괘효사에 의해 제시된 길흉의 판단 근거는 역수원리에 근거한 군자의 도와 그렇지 못한 소인의 도이다. 《주역》의 계사하편에서는 중괘를 구성하는 팔괘를 음양의 괘로 구분하고 양괘陽卦가 군자의 도를 나타내며, 음괘陰卦가 소인의 도를 나타냄[403]을 밝히고 있다. 군자의 도에 순응하는 언행은 길하고, 소인의 도에 따르는 언행은 흉하다. 지천태괘地天泰卦䷊에서 "천天과 지地를 각각 양과 음으로 규정하고 그것을 인사의 측면에서 군자의 도와 소인의 道로 구분하여 소인의 도가 사라지고 군자의 도가 자란다."[404]고 한 것은 군자의 도가 행해지는 세계가 바로 길한 세계임을 보여주는 것이다.

凶은 所以斷也이라."

402 《周易》 繫辭上篇 第十一章, "八卦이 定吉凶하고."

403 《周易》 繫辭下篇 第四章, "其德行은 何也오 陽은 一君而二民이니 군자의 도也오 陰은 一君而二民이니 小人의 道也이라."

404 《周易》 地天泰卦䷊ 彖辭, "內陽이 而外陰하고 內健이 而外順하니 內君子而外小人이라. 君子道이 長하고 小人道이 消也니라."

효爻에 의해 표상된 길흉을 구분하여 계사를 통하여 드러내는 목적은 군자의 도를 밝히기 위함이다. 《주역》의 설괘편에서는 성인이 역을 지은 동기가 군자君子로 하여금 성명의 이치理致에 순응하게 하고자 함이라고 하였다. 따라서 군자의 도는 성명의 이치理致에 순응하는 것이다. 역경의 계사를 통하여 제시되는 군자의 도는 선택 가능한 여러 도 가운데 하나가 아니라 성인을 통하여 천天으로부터 역학을 연구하는 군자에게 주어지는 역사적 사명이다. 《주역》의 계사하편에서는 계사를 통하여 군자에게 천天의 명령이 내려짐[405]을 밝힘으로써 이 점을 설명하고 있다.

그러나 이는 역도 자체의 관점 곧 순順의 관점에서 성인이라는 인간을 매개로 개시開示됨을 나타낸 것이다. 그것은 역사적 사명이 역학을 연구하는 주체인 나와 역도라는 대상을 중심으로 수동적인 관점에서 사람에게 주어진 것이 아니라는 뜻이다. 역학에서 우주를 천과 지 그리고 인으로 규정하고 그것이 선천과 후천이 같지 않고 변화함을 통하여 고정되지 않음을 밝히고 있다. 그러므로 본성의 관점에서 보면 천명天命은 내가 스스로 사명으로 자임自任하고 실천하는 것이다.

405 《周易》, 繫辭下篇 第一章, "八卦成列하니 象在其中矣요 因而重之하니 爻在其中矣요 剛柔相推하니 變在其中矣요 繫辭焉而命之하니 動在其中矣요."

4부

역도와 역경

◇◇◇

앞에서 동북아 사회에서 역학의 학문적 위상이 무엇인지 그리고 학문적 특성이 무엇이며, 그것을 표상하는 형식이 무엇이고 그 내용이 무엇인지를 살펴보았다. 이를 통하여 역학의 형이상적 특성, 철학적인 특성이 드러나는 동시에 그것이 동북아 사회를 이끌어 가는 세 지주支柱라고 할 수 있는 유가와 불가 그리고 도가와 밀접한 관계를 갖고 있음이 밝혀졌다.

그리고 이어서 역학의 탐구 주제인 역도의 내용이 무엇인지를 살펴보고 역도를 표상하는 형식과 내용이 무엇인지를 살펴보았다. 그것을 통하여 형이상적 존재인 역도가 성인이라는 인간에 의해 천도와 지도 및 인도, 곧 삼재의 도로 드러나기도 하고, 삼극의 도로 드러나기도 하며, 그것을 표상하는 형식에 따라서 신명원리를 표상하고 있는 간지도수와 역수원리를 표상하고 있는 도서상수 그리고 성명지리를 표상하고 있는 괘효상수로 드러남을 알 수 있었다.

그러면 이어서 성인에 의해 형성된 텍스트로서의 역경에 대하여 살펴보자. 예로부터 《주역》이 역학의 연구 대상임은 주지의 사실이다. 다만 《주역》이 인사를 중심으로 인도를 밝히고 있기 때문에 그 존재 근거가 되는 천도를 밝히고 있는 전적으로서의 다른 역경이 필요하다.

괘효상수를 통하여 괘효와 그것에 대하여 부연한 언사로서의 계사를 중심으로 형성된 《주역》과 달리 《주역》에서 그 근원으로 제시하고 있는 천지의 수에 의해 구성된 도서상수와 그 근원으로 제시하고 있는 간지도수를 형식으로 역도를 표상하고 있는 전적은《정역》이다.

《정역》이 인도의 근거인 천도 그리고 삼재의 도로 구분하여 나타내기 이전의 근원적인 존재 원리로서의 신명원리를 담고 있기 때문에 역학의 연구는《정역》과《주역》을 중심으로 하지 않을 수 없다.《정역》과《주역》을 중심으로 역학을 연구함으로써 비로소 역학의 전모가 밝혀지는 동시에 그 본래 면모가 드러나게 될 것이다.

그런데 이미《주역》이 저작되면서 그것을 어떻게 연구할 것이며, 그 내용을 어떻게 이해할 것인지가 끊임없이 연구되어 왔다. 혹자는 역학을 일종의 특정한 존재의 미래를 헤아리는 유사미래학적 전적으로 이해하여 그 형이상적 측면을 부정하기도 하고, 혹자는 형이상적 측면에 기울어져서 그것만이 역도를 깨달을 수 있는 유일한 전적이라고 하였다.

사실 역경은 달을 가리키는 손가락과 같다. 그것은 일종의 형이하적 사물에 불과하기 때문에 그 안에 형이상적 존재인 역도를 담고 있다고 여기는 것은 역경에 대하여 지나치게 집착하는 것이다.

그러나 역경이 비록 역도 자체를 담고 있지는 않더라도 그것이 달을 가리키는 손가락과 같은 기능을 갖고 있다는 점에서는 그것의 가치를 부정해서는 안 된다. 본래 인간의 본래성이라는 형이상적 존재가 그의 세계를 드러내기 위하여 역경이라는 저작물을 저작하였기 때문이다.

역경이라는 저작은 일종의 지도와 같다. 지도는 현지現地를 가장 근사近似하게 나타냄으로써 그것을 사용하는 사람들로 하여금 현지를 잘 이해하고 적응할 수 있도록 안내하는 데 그 목적이 있다. 그러므로 지도를 보면서 그것을 현지와 착각을 하거나 반대로 지도 안에는 현지에 관한 내용이 전혀 없다고 부정하는 것도 잘못이다.

먼저 역도를 가리키는 손가락과 같은 기능을 하는 전적 이른바 역경으로서의《정역》과《주역》에 대하여 그 내용과 표상형식 그리고 저자에 대해 살펴보고 두 저자들의 관계 등도 살피고자 한다. 이러한 작업을 통해 다시 한 번 역학의 학문적 특성과 내용을 밝혀낼 수 있을 것이다.

다음에는 이어서 역경과 그것을 연구하는 사람과의 관계를 고찰하고자 한다. 이를 통하여 역경에 대하여 어떤 태도를 갖는 것이 바람직한지를 고찰할 수 있을 것이다. 그것은 또한 바람직한 역경의 연구 방향과 방법에 관한 고찰이 될 것이다.

1장 《정역正易》과 《주역周易》

역학의 학문적 탐구 과제인 역도를 표상하고 있는 전적이 역경易經이다.[406] 따라서 역학은 역경을 중심으로 이루어질 수밖에 없다. 《주역》에서는 "군자가 거처에 있을 때는 괘상을 관觀하고 계사를 완미하며, 움직일 때는 괘효의 변화를 관觀하고 점사占辭를 완미玩味한다."[407] 고 하여 역경인 《주역》을 중심으로 역도를 연구해야 함을 밝히고 있다.

역경은 역도의 내용에 따라서 두 종류로 구분할 수 있다. 역도의 내용이 천도와 인도로 구분되기 때문에 천도를 중심으로 역도를 표상하고 있는 역경과 인도를 중심으로 역도를 표상하고 있는 역경으로 구분할 수 있

406 한대漢代 이후以後 유학자易學者들은 역경易經이라는 개념을 두 가지로 사용하였다. 전통적 관점의 학자들은 역경을 《周易》을 지칭하는 개념으로 사용하였으며, 비판적 관점의 학자들은 《周易》 가운데서 십익十翼을 제외한 괘효卦爻와 괘효사卦爻辭를 역경으로 불렀다. 그러나 이 책에서는 역경을 천도天道를 밝힌 《正易》과 인도人道를 천명闡明한 《周易》을 통칭하는 개념으로 사용하고자 한다.

407 《周易》 繫辭上篇 第二章, "是故로 君子 居則觀其象而玩其辭하고 動則觀其變而玩其占하나니 是以自天祐之하야 吉无不利니라."

다. 물론 역도 자체가 둘이어서 그런 것은 아니다. 천도를 인간 주체적으로 자각하였을 때 비로소 인도가 밝혀지기 때문에 천도에 근거를 두고 형성된 것이 인도이다. 따라서 천도와 인도가 전혀 다른 별개의 것은 아니다. 그런 점에서 천도를 표상하고 있는 역경과 인도를 표상하고 있는 역경은 내외표리의 관계이자 부부夫婦의 관계라고 할 수 있다. 그러므로 역도의 연구는 양자兩者를 바탕으로 이루어졌을 때 비로소 그 본래 면목을 밝혀낼 수 있을 것이다.

인도와 천도의 관계를 보면 천도가 인도의 근거이기 때문에 그것이 역사상으로 밝혀질 때는 천도가 먼저 밝혀진 다음 인도가 밝혀질 것으로 생각할 수 있다. 그러나 이치가 미래로부터 과거를 향하여 순順으로 밝혀지고 그 반대로 현상은 미래를 향하여 역逆으로 밝혀진다. 마찬가지로 인도가 먼저 밝혀진 후에 비로소 그 존재 근거인 천도가 밝혀지게 된다.

그것은 역도의 천명이 인류 역사의 전개와 더불어 이루어지기 때문이다. 인류의 역사 자체는 역逆방향에서 이루어진다. 다만 역사정신은 순順방향에서 항상 비춰오고 있다. 그렇기 때문에 역의 관점에서는 역사가 발전해간다고 할 수 있지만 순방향의 관점에서는 역사는 발전도 퇴보도 없다. 그러므로 형이상적 차원에서 순의 관점을 바탕으로 하여 역의 관점에서 형이하의 현실 세계를 보는 것이 필요하다.

역도는 그것을 천명하는 주체인 성인이 도를 전수하는 성인의 전수계통을 따라서 밝혀진다. 그것을 인간을 중심으로 나타내면 성인의 도의 전수계통으로서의 성통聖統인 동시에 성인의 도의 전수계통으로서의 도통道統이라고 할 수 있다. 성통의 전개는 인도의 천명闡明을 천명天命으로 하는 성인이 먼저 탄강한 후에 이어서 천도를 천명할 천명을 받은 성인이 탄강한다. 따라서 인도를 내용으로 하는 역경이 먼저 쓰여진 후에 천도를 내용으로 하는 역경이 저작되었다.

1.《정역》과 역수원리

간지도수와 도서를 중심으로 신명원리, 천도를 천명한 경전은 한국 역학자인 김항金恒에 의해 저작된《정역正易》이다.

그는 초명初名이 재악在樂, 재일在一이며, 자字는 도심道心이고, 호號는 일부一夫이다. 1826년 충남 논산군 양촌면 남산리에서 김인로金麟魯와 대구서씨徐氏의 장남長男으로 탄생하였다. 어렸을 때는 부친父親에게 수학하였으며, 36세 되던 해에는 연담蓮潭 이선생李先生[408]을 쫓아서 수학하였다. 연담蓮潭 선생은 그에게 관벽觀碧이라는 호號를 주면서[409] 성학聖學의 근본 명제를 과제로 부여하였다. 이로부터 그는 선성先聖의 도통道統 계승을 자신의 임무로 여겼다. 그가 연담 선생으로부터 받은 과제는 다음과 같다.

> 맑음을 보는 것은 물보다 더한 것이 없고, 덕德을 좋아하면 마땅히 인仁을 행行해야 한다. 천심월天心月의 그림자가 어디로 움직였는가? 그대에게 권勸하노니 이 진리眞理를 찾으라.[410]

위의 내용은 간지도수 원리에 의해 역도의 내용인 선후천원리를 자각하라는 명제를 부여한 것으로, 계해癸亥에서 종즉유시終卽有始하는 선후천 변화원리를 태음太陰의 정사政事를 중심으로 나타내면 선천월先天月인 천

408 김일부의 스승인 연담蓮潭 이李선생의 본명과 내력에 관하여는 여러 가지 설이 있으나 밝혀진 바가 없다. 이에 대하여서는 유남상柳南相, 임병학林炳學 공저,《一夫傳記와 正易哲學》을 참고하기 바란다.

409 金恒,《正易》十五一言 第二十張, "五化元年壬寅으로 至大淸光緖十年 甲申에 十一萬八千六百四十三年이니라 余年三十六에 始從蓮潭李先生하니 先生이 賜號二字曰觀碧이라하고 賜詩一絶曰."

410 金恒,《正易》十五一言 第二十張, "觀淡은 莫如水요 好德은 宜行仁을 影動天心月하니 勸君尋此眞하소."

심월天心月이 후천월后天月인 황중월皇中月로 변화하는 원리가 된다. 그는 이후 18년 동안 《서경》과 《주역》 연구에 정진하여 54세 때에 비로소 신명한 덕에 통하여, 천공天工의 현묘玄妙한 이치를 깨닫게 되었다.

그는 복희伏羲, 문왕文王, 공자孔子의 성통聖統을 계승하여 정역팔괘도正易八卦圖를 그었으며, 2년 후 56세에는 《정역》의 서문序文인 대역서大易序를 지었다. 그로부터 3년 후 59세에 《정역》의 상편上篇인 십오일언十五一言을 저술하였으며, 1년 후에는 그 하편下篇인 십일일언十一一言을 저술하여 《정역》을 완성하고 영남嶺南 출신의 문도門徒들에 의해 출간하였다. 이후 1898년 73세로 세상을 떠날 때까지 논산論山을 떠나지 않고 후학들의 지도에 전념하였다.[411]

《정역》 철학의 핵심은 서문을 통하여 확인할 수 있다. 그는 대역서에서 "역자易者는 역야曆也이니 무역無曆이면 무성無聖이며 무성無聖이면 무역無易이다."라고 하여 역학의 삼대三大 명제命題를 제시하고 있다.

"역자易者는 역야曆也"라는 것은 역도의 내용을 나타내는 것으로, 역도의 내용이 역수원리임을 천명한 것이다. 그리고 "무역無曆이면 무성無聖이다."는 것은 성인의 존재 근거가 역수원리인 역도에 있음을 천명한 것이다. 역수원리에 의해 천명天命을 받은 성인이 인류 역사 속에 탄생함으로써 성통이 전개됨을 의미하는 것이다. 또한 "무성無聖이면 무역無易이다."는 것은 역학이 성인에 의해 형성된 성학聖學임을 드러낸 것이다. 이는 성인의 도통연원을 쫓아서 역도가 천명되면서 학문으로서의 역학이 형성되

---

411 그동안 김일부金一夫의 생애에 대하여 언급한 내용들을 보면 신비한 면을 부각시키기 위해 사실과 달리 과장하여 서술하거나 왜곡한 부분들이 많았다. 이능화는 《조선도교사》에서 김일부를 유사종교類似宗教의 교주로 언급하고 있다. 뿐만 아니라 의도적으로 《정역》의 내용을 왜곡하여 악용惡用하는 사례도 많았다. 이 책에서는 오로지 《정역》 자체를 연구대상으로 하여 순수한 학문적 관점에서 연구하였음을 분명하게 밝혀둔다. 김일부의 생애와 《정역》의 성격에 관하여는 철저한 고증과 자료를 바탕으로 객관적 관점에서 연구한 유남상柳南相, 임병학林炳學 공저, 《一夫傳記와 正易哲學》을 참고하기 바란다.

었음을 뜻한다.

역도의 내용이 역수원리임을 천명한 것은《주역》에서 역도를 괘상원리로 규정한 것[412]과 대조를 이룬다. 이는《정역》과《주역》의 특성을 그대로 드러내는 것으로 역수원리를 천명하기 위하여 쓰인 역경이《정역》이며, 괘상원리를 천명하기 위하여 쓰인 역경이《주역》인 것이다.

역수원리는 천도의 내용이며, 괘상원리는 인도의 내용이다. 따라서 천도를 근거로 인도가 형성되기 때문에 역수원리를 근거로 괘상원리가 형성됨을 알 수 있다.《주역》의 "역수원리를 자각함으로써 비로소 그것을 객관화하여 표상한 괘상이 형성된다."[413]는 부분은 이를 단적으로 보여주는 것이다.

천天의 역수원리라는 개념이 직접 언급되고 있는 경전은《서경》과《논어》이다. 두 전적에서는 공자에 의해 집대성된 유학의 학문적 연원을 논하면서 그 내용이 천天의 역수원리임을 밝히고 있는 것이다.《중용》에서는 "공자는 요순堯舜의 도道를 조술祖述하고, 문왕文王과 무왕武王의 도道를 드러내어 밝혔다."[414]고 하여 유학의 학문적 연원이 요에서 순으로 그리고 순에서 우禹를 거쳐서 공자에게 전해진 성인의 도임을 밝히고 있다. 그리고《논어論語》와《서경》에서는 요가 순에게, 순이 우에게 전해준 성인의 도의 내용을 다음과 같이 밝히고 있다.

> 천天의 역수曆數가 네 몸에 있으니 진실로 그 중中을 잡으라! 사해四海가 곤궁하면 천록天祿이 영원히 끊어질 것이다."[415]

---

412 《周易》 繫辭下篇 第三章, "易者는 象也이니."

413 《周易》 繫辭上篇 第十章, "參伍以變하며 錯綜其數하여 通其變하여 遂成天地之文하며 極其數하여 遂定天下之象하니."

414 《中庸》 第三十章, "仲尼 祖述堯舜 憲章文武."

415 《論語》 堯曰篇, "天之曆數 在爾躬 允執其中 四海困窮 天祿永終." 및 書經, 大禹謨篇 , "天之曆數 在汝躬 汝終陟元后 人心惟危 道心惟微 惟精惟一 允執厥中."

"천의 역수가 네 몸에 있다."는 것은 천의 역수원리가 인간의 주체성으로 내재화하는 천도의 인간 주체화 원리를 표상한 문장이다. 그리고 "진실로 그 중中을 잡으라."는 문장은 인간의 본성으로 주체화한 중을 자각함으로써 천도를 자각하는 동시에 인도를 자각하는 천도의 인간 주체적 자각 원리를 표상하는 문장이다. '사해四海가 곤궁困窮하면 천록天祿이 영원히 끊어질 것'이라는 문장은 자각한 천도에 순응順應하는 인도의 실천을 통치자의 측면에서 왕도정치의 실천으로 나타낸 것이다. 따라서 요순에서 공자에까지 전해진 성인의 도의 내용은 역수원리를 내용으로 하는 천도의 인간 주체화 원리와 천도의 인간 주체적 자각 원리임을 알 수 있다. 그러므로 《주역》에서도 천도의 내용이 역수원리이며, 그것이 하도와 낙서에 의해 표상되었음[416]을 논하고 있다.

그러나 한대漢代 이후 천도의 본성적 내용인 역수원리가 무엇인지 밝혀내지 못한 것은 물론 역수원리의 표상체계가 무엇인지도 밝혀내지 못하였다. 이는 역도의 본래적 내용을 드러내지 못하였음을 의미하는 동시에 유학의 존재 근거를 밝혀내지 못함으로써 유학의 근본 정신마저도 제대로 밝혀내지 못했음을 의미한다.

《정역》에서는 역도의 본래적 내용인 천도가 바로 천天의 역수원리임을 분명하게 밝히고 있다. 그리고 간지도수干支度數와 도서상수圖書象數를 통하여 역수원리의 내용을 밝히고 있다. 간지도수는 천지의 본성인 신명원리를 표상한 것이다. 간지도수를 통하여 표상된 신명神明 원리의 내용은 선후천원리이다.

선후천원리를 작용을 중심으로 나타내면 일월의 역수원리이다. 역수원리를 표상하는 형식은 하도와 낙서이다. 《정역》에서는 도서가 하늘로부

416 《周易》의 繫辭上篇 第九章에서는 역수원리에 의해 卦爻가 구성되었으며, 역수원리의 표상체계가 河圖와 洛書임을 밝히고 있다.

터 내려온 신비한 물건이 아니라 성인이 주체적 자각을 통하여 밝힌 역수원리를 표상한 역도의 표상 체계[417]임을 밝히고 있다.

하도와 낙서는 체용적 구조를 중심으로 역수원리를 표상하고 있다. 본체 중심의 구조 원리와 작용 중심의 작용 원리를 구체화하여 나타낸 것이 바로 사상을 나타내는 사방과 체를 나타내는 중앙의 다섯 위로 형성된 도서라는 도상인 것이다. 따라서 역수원리는 하도와 낙서에 표상된 도서원리이다.

하도에는 십오천지가 체體가 되어 사상의 정위용정用政이 이루어지는 십오존공위체원리十五尊空爲體原理와 사상정위원리四象正位原理가 표상되어 있다. 그리고 낙서에는 오五가 체가 되어 사상이 생성 변화하는 원리가 담겨 있다.

십오十五의 존공尊空은 단오單五의 귀공 歸空에 의해 이루어지고, 사상의 정위용정에 의해 사상의 생성 변화가 이루어지기 때문에 도서 원리는 십오존공위체원리와 사상생성변화원리로 집약된다. 그리고 낙서洛書의 사상생성변화는 구육九六의 합덕에 의해 이루어지는 작용의 내용이다. 그러므로 십오존공위체원리와 낙서의 구육합덕위용원리九六合德爲用原理가 천의 역수원리의 구체적인 내용인 동시에 그것이 바로 천도의 내용이다.

십오존공위체원리는 천지의 성정性情을 나타내는 십오十五가 정위正位에서 본체가 되어 인간은 물론 물리적인 천지와 만물이 모두 인격적 존재로 변화하여 십오천지의 인격성이 드러난 세계가 전개됨을 뜻한다. 이처럼 모든 존재가 십오천지의 인격성 안에서 인격적 존재로 변화하는 것은 인간이 천지의 성정을 자신의 주체성으로 갖고 있기에 가능하다. 십오의 인격성을 자각하고 그 뜻을 천명함으로써 만물이 인격적 지평에서 존재하도록 하는 존재는 인간인 것이다. 따라서 십오존공위체十五尊空爲體는

417 金恒, 《正易》 第二張, "天地之理三元 元降聖人 示之神物 乃圖乃書."

인간에 의해 이루어짐을 알 수 있다.

인간에 의해 십오의 뜻이 천명되는 현상은 십오 자체의 측면에서 보면 십오의 자기 개시이다. 십오의 인격성이 객체화하여 인신人身을 이루게 되는데, 그러한 인간을 성인이라고 한다. 성인이 인류 역사에 출현함으로써 성인에 의해 천도인 역수원리가 천명된다. 성인은 십오의 객체화이기 때문에 십오 성인이 각각 성인의 도를 수수授受하는 전수계통을 이루면서 인류 역사상에 나타난다.

《주역》에서는 중괘重卦를 중심으로 역도를 존재 근거로 성통이 전개됨을 논하고 있으며[418], 《논어論語》와 《맹자孟子》에서도 선진先秦의 역사를 성통을 통하여 논하고 있다.[419] 다만 성통의 전개가 역수원리에 근거를 두고 있다는 것에 대하여서는 직접적인 언급은 없으며, 오직 《정역》에서는 십오 성인의 전개 현상을 역수원리를 바탕으로 논하고 있다.[420]

십오존공위체는 성인에 의해 성통의 전개로 나타나는 동시에 군자의 실천에 의해 완성된다. 성인이 천명한 역도를 자각하고 현실에서 실천함으로써 비로소 십오존공이 완성되는 것이다. 따라서 십오존공은 성인의 언言과 군자의 행行이 합덕함으로써 완성된다고 하겠다.

성인과 군자는 유가儒家사상에서 제시하는 이상적인 인격체이다. 성인은 천의天意를 직접 드러내어 밝히는 천명을 띠고 인류 역사상에 나타난 존재이며, 군자는 성인이 밝힌 역도를 실천하는 것을 역사적 사명으로 하는 존재이다. 따라서 성인과 군자의 언행이 합덕되는 곳은 군자의 심성 내

---

418 《周易》의 繫辭下篇 第二章에서는 괘효 역학의 측면에서 복희伏羲로부터 일부一夫에 이르기까지의 열세 성인聖人을 중심으로 성통聖統에 관하여 논하고 있다.

419 《論語》의 堯曰篇에서는 堯舜으로부터 孔子로 이어지는 聖統에 관하여 天道인 曆數原理와 인간 본래성의 관계를 중심으로 논하고 있으며, 《孟子》의 盡心章句下篇과 公孫丑章句下篇에서도 聖統을 논하고 있다.

420 《正易》에서는 十五一言의 시작 부분부터 十五聖統에 대하여 논하고 그것이 曆數原理에 의해 전개됨을 논하고 있다.

면이라고 하겠다.

구육합덕위용은 말 그대로 본체도수인 십오가 합덕함으로써 용구용육의 합덕작용이 이루어짐을 뜻한다. 그 내용은 사상의 생성변화인데, 구체적으로는 사역四曆의 생성변화로 나타난다. 그러므로 사상생성 원리의 내용은 사역변화원리라고 할 수 있다. 사역변화원리는 사역의 생성변화를 통하여 표상된 시간성의 시간적 자기 전개 원리이다.[421] 역도는 시간성의 시간적 자기 전개 원리로, 그것이 사역변화원리로 표상된 것이다. 이러한 역도 자체의 자기 전개가 우주의 역사로 나타난다. 따라서 사역의 변화원리는 우주역사의 전개 원리이기도 하다.

우주의 역사는 음양이 나누어져서 출생하고, 생장하는 과정을 거쳐서 성인이 됨으로써 음양이 합덕하여 성도하는 과정을 거치게 된다. 음양이 나누어져서 출생하기 위해서는 합덕 성가한 부모가 전제되어야 한다. 그러한 성인적 음양 합덕체를 역수의 측면에서는 원역原曆이라고 한다.

원역은 장차 음양의 윤역閏曆을 형성하게 될 근원역根源曆이자 음양의 합덕역合德曆이다. 원역이 음양의 윤역을 낳고, 출생한 윤역은 성장하는 과정을 거쳐서 음양이 합덕하게 된다. 이처럼 시생하여 성장함으로써 음양이 합덕된 역을 정역正曆이라고 한다. 정역은 성장이 완성된 성인역成人曆이자 음양陰陽의 합덕역合德曆이다.

원역에서 윤역으로, 윤역에서 윤역으로, 윤역에서 정역으로의 변화는 생장성의 세 단계를 거친다고 하겠다. 원역에서 윤역으로의 출생과 윤역에서 윤역으로의 생장 그리고 윤역에서 정역으로의 장성이라는 생장성의 세 단계를 거치면서 사역변화가 이루어지는 것이다. 이와 같이 원역에서 윤역으로, 윤역에서 다시 윤역으로, 그리고 윤역에서 정역으로의 역수 자체의 변화 과정을 통해 시간성의 시간적 자기 전개 원리인 역수원리가 표상된다.

---

421 시간성은 시간의 存在根據로 시간성의 自己展開에 의해 시간의 世界가 展開된다.

사역변화의 내용인 생장성의 변화를 객관화함으로써 천과 지 그리고 인의 세계가 전개된다. 생장성은 시간상의 과거·현재·미래에 대응하는 변화로 그러한 삼세의 객관화에 의해 천과 지 그리고 인의 세계가 전개되며, 천, 지, 인의 세계가 변화하는 원리가 역도의 내용이다.

《주역》에서는 천과 지 그리고 인을 세계를 구성하는 세 요소인 삼재로 규정하고, 역도를 삼재의 도로 규정하고 있다. 삼재는 각각 작용을 하는데 그것이 바로 음양, 강유, 인의를 내용으로 하는 양지兩之작용이다. 이러한 삼재가 모두 양지 작용을 하는 것이 바로 육효로 구성된 64괘이다.《주역》에서는 중괘重卦가 육효에 의해 구성된 까닭이 삼재의 음양 작용 원리를 표상하기 위함[422]이라고 하였다.

그런데 하나의 중괘의 구성 원리를 분석하여 보면 천지인의 삼재적 세계의 구조를 나타내는 세 효에 의해 구성된 단괘單卦를 중첩重疊하여 형성된다. 팔괘의 중첩은 팔괘가 상하로 겹쳐짐으로써 육십사 중괘의 괘서卦序를 형성하는 경우와 팔괘의 공간적 나열 방법을 세 가지로 구분하여 삼역팔괘도三易八卦圖를 형성하는 경우로 구분된다. 삼역팔괘도는 사역변화원리를 객관화하여 생장성의 원리로 표상한 것이며, 그러한 생장성의 원리를 괘서로 펼쳐서 표상한 것이 바로 육십사 중괘이다.

삼역팔괘도는《주역》의 설괘편의 내용을 근거로 하여 그것을 도상화한 것[423]으로《정역》에 의해 정역팔괘도正易八卦圖가 천명되기 전에는 오직 복희팔괘도伏義八卦圖와 문왕팔괘도文王八卦圖만이 논하여졌다. 그러나 복희팔괘도와 문왕팔괘도가 각각 생生의 원리와 장長의 원리를 나타내는 괘도이기 때문에 성成의 원리를 나타내는 괘도가 존재할 것은 불문가지

---

422 《周易》繫辭下篇 第十章, "兼三才而兩之라 故로 六이니 六者는 非他也라 三才之道也니."

423 《周易》의 설괘전說卦傳 제삼장第三章의 내용을 도상화圖象化하여 복희팔괘도伏義八卦圖가 형성되었으며, 제오장第五章과 제육장第六章을 도상화함으로써 문왕팔괘도文王八卦圖와 정역팔괘도正易八卦圖가 형성되었다.

이다. 설괘편 제육장의 내용이 바로 그것으로 천지가 합덕성도된 세계를 나타내고 있다. 그것을 팔괘의 관계를 통하여 도상화한 것이 정역팔괘도이다.

복희팔괘도는 물리적 천지가 열린 세계를 표상하고 있다. 건곤이 제자리에 있을 뿐 진손震巽과 감리坎離, 간태艮兌가 모두 작용하지 못하고 있다. 그렇기 때문에 인간의 본래성을 상징하는 오수五數가 중심을 이루지 못하고 있다.

반면에 정역팔괘도는 중천건괘重天乾卦䷀와 중지곤괘重地坤卦䷁의 중괘가 형성됨으로써 천지가 상호작용하는 지천태괘地天泰卦의 상象을 이루고 있다. 뿐만 아니라 육자녀괘六子女卦가 모두 음양합덕의 상태에서 상호작용하고 있다. 문왕팔괘도는 물리적 천지가 음양합덕하여 인격적 세계로 변화하는 생장의 원리를 표상하고 있다. 문왕팔괘도는 복희팔괘도와 정역팔괘도를 연결하는 과정을 표상하고 있는 것이다. 그러므로 오수五數를 중심 본체로 삼고 있을 뿐만 아니라 진손震巽으로부터 시작하여 간괘艮卦로 끝을 맺고 있다.

정역팔괘도의 출현으로 삼역팔괘도가 형성됨으로써 선후천의 개념이 바뀌게 된다. 소강절邵康節 이래 복희팔괘도와 문왕팔괘도가 각각 선천과 후천의 세계를 나타내는 괘도로 인식되어 왔다. 그러나 복희팔괘도와 문왕팔괘도는 모두 선천괘도이며, 정역괘도만이 후천괘도이다. 출생과 생장의 세계가 선천세계이며, 장성의 세계가 후천세계인 것이다.

역학에서 논하는 변화는 선후천변화이며, 역도도 선후천변화원리이다. 따라서 선후천 변화에 대한 올바른 이해가 있어야 역도의 본래적 의의를 이해할 수 있다 하겠다. 선천은 원역에서 윤역이 출생하여 생장하는 시기이며, 후천은 장성한 윤역이 음양합덕하여 정역으로 변화한 시기이다. 윤역의 출생은 후천에서 선천으로의 변화를 가리키는데, 그러한 변화의 결과 나타나는 윤역의 세계가 선천의 세계이다.

반면에 윤역에서 정역으로의 변화는 선천에서 후천으로의 변화로, 그 결과 나타나는 정역의 세계가 후천세계이다. 선천은 성인에 의해 역도가 천명되는 세계이며, 후천은 군자에 의해 역도가 실천되는 세계이다. 그런데 성인이 역도를 천명함으로써 드러낸 세계는 미래적 후천 세계이며, 군자가 역도를 실천 구현함으로써 드러나는 세계는 이미 성인이 밝힌 과거적 선천 세계이다. 따라서 선천과 후천이라는 개념은 물리적인 일시점을 기준으로 그 전후를 가리켜 말하는 것이 아니다. 선천과 후천이 별개가 아니라 선천을 전제로 한 후천이며, 후천을 전제로 한 선천인 것이다. 중괘의 내외괘는 바로 이러한 선후천의 세계를 표상한다. 내괘와 외괘의 관계를 통하여 선후천의 변화원리를 나타내는 것이다.

그런데 십오존공에 의해 사역변화가 이루어지고, 사역변화에 의해 십오존공이 이루어진다. 이는 천도의 사역변화의 과정을 통하여 천도가 인간의 본래성으로 주체화됨을 의미하는 동시에 천도가 인간에 의해 주체적으로 자각됨으로써 드러나고 현실에서 실천·구현된다는 뜻이다. 따라서 도서에 담긴 십오존공위체원리와 사역변화원리를 내용으로 하는 구육합덕위용원리는 한마디로 천도의 인간 주체화 원리와 천도의 인간 주체적 자각 원리라고 하겠다. 천도의 인간 주체적 자각이 선후천세계의 변화가 일어나는 기점인데, 그 이전을 선천, 그 이후를 후천이라고 부른다. 그러므로 선후천변화는 인간이 자신의 본래성을 자각함으로써 사물적 차원에서 인격적 차원으로 변화하는 차원변화의 문제라고 하겠다.

2.《주역》과 성명지리

한국역학자인 김항金恒에 의해 천도의 내용인 역수원리를 천명한《정역》이 나타나기 이전에 중국에서는 복희와 문왕, 주공, 공자에 의해 인도를 중심으로 역도를 천명한《주역》이 쓰였다.

《주역》을 통하여 인도 중심의 역도가 천명된 까닭은 인도를 자각하여 그것을 현실에서 실천할 존재인 군자를 기르기 위함이다.[424] 그것은 군자로 하여금《주역》을 통하여 성명의 이치를 자각하는 동시에 역수원리를 주체적으로 자각하여 그것을 인도로 실천하도록 천명을 내려주기 위함인 것이다.

《주역》의 64괘 가운데서 54괘의 대상大象에 '군자가 이를 주체적으로 자각하여'[425]라고 하였을 뿐만 아니라 역도를 자각하고자 하는 군자가《주역》을 어떻게 이용할 것인지를 구체적으로 논하고 있는 까닭이 여기에 있다.《주역》에서는 "역학을 연구하는 군자는 거처에서 고요하게 있을 때는 상象을 보고 계사繫辭를 완미玩味하며, 움직일 때는 괘효卦爻의 변화를 보고 그 점占을 완미玩味하라."[426]라고 하였을 뿐만 아니라 어떤 행동을 하고자 할 때《주역》에 대하여 물으면 마치 성인이 눈앞에 서 있는 것처럼 말씀을 통하여 자세하게 일러준다.[427]고 하였다.《주역》이 비록 천도와 지도 그리고 인도를 내용으로 하는 삼재의 도를 밝히고 있지만 그 중심 내용은 인도인 것이다.

---

424 《周易》의 산뢰이괘山雷頤卦䷚의 단사彖辭에서는 "天地養萬物하며 聖人養賢하야 以及萬民하나니."라고 하여 성인이 현인賢人인 군자君子를 기른다는 것을 밝히고 있으며, 화풍정괘火風鼎卦의 단사에서도 "聖人이 亨하야 以享上帝하고 以大亨하야 以養聖賢하니라." 라고 하여 이 점을 밝히고 있다.

425 육십사괘六十四卦의 내용을 집약시켜서 나타내고 있는 중천건괘重天乾卦의 대상大象에서는 "天行이 健하니 君子以하야 自彊不息하나니라."라고 하였으며, 중지곤괘重地坤卦의 대상에서는 "地勢坤이니 君子以하야 厚德으로 載物하나니라."라고 하였다.

426 《周易》 繫辭上篇 第二章, "是故로 君子 所居而安者易之序也오 所樂而玩者爻之辭也니 是故로 君子 居則觀其象而玩其辭하고 動則觀其變而玩其占하나니 是以自天祐之하야 吉无不利니라."

427 《周易》 繫辭上篇 第十章, "是以 君子 將有爲也하며 將有行也애 問焉而以言하거든 其受命也如嚮하야 无有遠近幽深히 遂知來物하나니 非天下之至精이면 其孰能與於此리오."

《주역》이 군자를 위하여 저작되었기 때문에 그 내용은 군자의 삶의 원리인 군자의 도이다. 《주역》에서는 군자의 삶의 원리를 성명性命의 이치, 인의仁義의 도道로 규정하고 있다. 《주역》의 설괘편에서 "옛 성인이 《주역》을 저작한 목적은 장차 후세의 군자로 하여금 성명性命의 이치에 순응順應하게 위함이다."[428]라고 하여, 《주역》의 저작자가 성인이며, 그 대상이 군자이고, 그 목적이 성명에 순응하게 하기 위해서라는 것을 밝히고 있다.

군자의 도는 인도를 실천할 주체를 중심으로 규정한 것이며, 성명은 군자의 본성과 사명을 중심으로 규정한 것이고, 인의仁義의 도는 성명性命의 이치의 내용인 사덕四德을 중심으로 인도를 나타낸 것이다.

인의仁義의 도는 군자의 사덕인 인지仁知의 성性과 예의禮義의 명命 가운데서 실천 원리인 왕도정치원리를 중심으로 인仁과 의義에 의해 성명을 나타낸 것이다. 성명은 인지仁知의 성性과 예의禮義의 명命을 통하여 군자의 본성과 사명을 나타낸 것으로, 군자는 타고난 본성인 인지의 성을 자각하여 그것을 예의로 실천하는 사명을 부여받은 존재이며, 성명에 순응함이 군자가 하늘로부터 받은 사명이다.

군자의 본성과 역사적 사명을 나타내는 성명, 인의의 도를 밝혀내기 위해서는 그 존재 근거인 천지의 도와 더불어 논의하지 않을 수 없다. 그것은 역도가 천지의 도와 인도로 각각 나누어지는 것이 아니라 역도를 천지의 관점에서 나타내면 천지의 도가 되고, 인간의 관점에서 나타내면 인도가 됨을 뜻한다.

역도를 천지를 중심으로 나타내면 역수원리를 내용으로 하는 삼극의 도이고, 인간을 중심으로 나타내면 성명을 내용으로 하는 삼재의 도가 된다. 그렇기 때문에 《주역》에서 괘효가 표상하는 내용이 삼재의 도라고 규

428 《周易》 說卦篇 第二章, "昔者聖人之作易也는 將以順性命之理니."

정하면서도 더불어 삼극의 도[429]임을 밝힌 것이다.

《주역》은 64괘와 괘효에 대하여 부연하여 설명한 언사인 괘효사 그리고 괘효 및 괘효사에 대하여 철학적 설명을 가한 계사, 괘를 설명하고 있는 설괘說卦, 64괘의 괘서가 표상하는 원리에 대하여 논하고 있는 서괘序卦, 64괘의 각 괘가 표상하는 내용과 서괘 원리를 연관시켜서 논하고 있는 잡괘雜卦, 육효의 상을 논하고 있는 소상小象과 그것을 집약하여 논하고 있는 대상大象, 괘상卦象을 논하고 있는 단사彖辭 및 중천건괘重天乾卦䷀와 중지곤괘重地坤卦䷁의 뜻을 소상하게 밝히고 있는 문언文言으로 구성되어 있다. 계사와 설괘, 잡괘, 서괘, 대상, 소상, 문언은 괘효와 괘효사에 관한 부연 설명이기 때문에 그것을 함께 나타내어 십익十翼이라고 부른다. 따라서《주역》은 크게 나누어 64괘와 괘효사 및 십익으로 구성된다.

《주역》 가운데서 괘효와 괘사, 효사를 십익과 구분하여 괘효사만을 경으로 여기고 십익은 전傳으로 규정하여 그것을 성인의 저작이 아니라고 부정하는 주장이 있다. 이러한 주장을 하는 사람들은 괘효 및 괘효사의 내용이 십익의 내용과 서로 다르기 때문에 양자 사이에 논리적 일관성이 결여되었다고 주장한다. 그들은 괘효와 괘효사는 점서占書로 사용된 미신迷信에 관한 서적이며, 그것이 후대에 나타난 해석을 통하여 일종의 철학적 원리를 담은 십익이 되었다[430]는 것이다.

그런데 십익이 괘효와 괘효사를 해석한 것임을 인정한다면 십익의 내용이 괘효 및 괘효사의 내용이 될 수밖에 없다. 괘효 및 괘효사를 해석한 십익이 철학적 내용을 담고 있다면 괘효 및 괘효사 역시 철학적 내용을 담고 있을 수밖에 없다. 이러한 주장이 제기된 원인은 괘효사의 성격을 잘

---

429 《周易》의 繫辭上篇 第二章에서는 "六爻之動은 三極之道也니."라고 하였으며, 繫辭下篇 第十章에서는 "六者는 非他也라 三才之道也니"라고 하였다.

430 朱伯崑,《易學哲學史》第一卷 第一編 參照.

못 파악한 데 있다. 괘효사를 점서로 규정하고 그것을 미신으로 규정한 것은 점占의 의미를 형이하적 관점에서 이해하였기 때문이다.

괘효사 자체는 일상적 사건을 그대로 나타내는 것이 아니라 형이상적 원리인 역도를 일상적 사건을 통하여 상징적으로 나타내고 있다. 따라서 점은 역도를 자각하여 그것을 기준으로 인사의 길흉을 판단하는 것이지, 특정한 개인이나 국가의 이해를 판단하는 것이 아니다. 이해利害는 형이하적 문제이며, 도덕은 형이상적 문제인 것이다.

《주역》을 미신을 담고 있는 점서로 이해한 것은 《주역》이라는 경전 자체의 문제가 아니라 그것을 연구하는 사람의 문제이다. 《주역》은 형이상적 존재인 역도를 표상한 경전이기 때문에 형이하적 존재인 사물을 연구하듯이 이성적 사유를 통하여 밝힐 수 있는 존재가 아니다. 한대 이후의 역학자들은 자신의 학문적 연구 역량에 대한 반성 없이 자신의 문제를 경전 자체의 문제로 착각하였던 것이다.

그것은 한대 이후 역학자들이 역학을 연구하는 방향과 방법에 대한 반성이 필요하다는 뜻이기도 하다. 《주역》을 구성하는 괘효 및 괘효사와 십익은 모두 성인에 의해 저작된 경전으로, 그 내용은 삼재의 도라는 형이상적 존재의 존재 진리이다. 따라서 괘효 및 괘효사를 점서로 보고 십익만을 철학적 서적으로 보는 태도 곧 괘효 및 괘효사만을 경經으로 부르고 십익을 전傳으로 부르면서 양자를 별개의 존재로 구분하는 것은 다시 생각할 필요가 있다.

64괘는 육효에 의해 구성되기 때문에 논리적 측면에서 보면 삼효로 구성된 팔괘가 겹쳐서 형성된 것이다. 팔괘를 중첩함으로써 육십사 중괘가 형성되는데 위의 괘를 상괘, 외괘라고 부르고 아래의 괘를 하괘, 내괘라고 부른다. 내괘는 선천을 나타내며, 외괘는 후천을 나타낸다. 내괘와 외괘 모두 삼효로 구성된 팔괘이기 때문에 결국 중괘는 모두 육효로 구성된다.

중괘 자체와 그 구성 요소인 육효는 체용의 관계이다. 효용爻用의 관점에서 보면 내괘, 하괘에서 외괘, 상괘를 향하여 작용함으로써 선천에서 후천으로의 변화 원리를 표상한다. 그렇기 때문에 각 효는 효용의 관점에서 아래에서 위로 읽어 가는데, 각각 초효, 이효, 삼효, 사효, 오효, 상효라고 부른다. 이 육효가 나타내는 여섯 위는 시위時位로, 공간적 위상을 나타내는 것이 아니다. 건괘의 단사彖辭에서 종시변화원리를 크게 밝혀서 그것을 시종의 여섯의 시위로 나타냄으로써 육효가 구성된다고 한 것은 이 점을 분명하게 보여주는 것이다. 이러한 여섯 위는 음양의 위로 구분되는데, 초효와 삼효, 오효는 양위이며 이효와 사효, 상효는 음위이다.

중괘의 육효가 표상하는 내용을 살펴보면 초효는 인仁을 나타내며, 이효는 군자를 나타내고, 삼효는 의義를 나타내며, 사효는 예禮를 나타내고, 오효는 성인을 나타내며, 상효는 지智를 나타낸다. 성인에 의해 밝혀지고 군자에 의해 실천·구현되는 인간의 성명을 사덕에 의해 나타낸 것이 바로 육효괘인 것이다. 그렇기 때문에 내괘와 외괘를 막론하고 성인과 군자라는 인간이 중심으로 되어 있다. 중효中爻에 의해 표상된 인간의 성명을 체로 하여 그 내용을 표상하고 있는 것이 초初, 삼三, 사四, 상上의 네 효인 것이다.

하나의 중괘가 육효로 구성된 까닭은 천지인 삼재의 양지兩之 작용을 나타내기 위함이다. 그렇기 때문에 《주역》에서는 육효에는 삼재의 도가 담겨 있다고 하였던 것이다. 중괘는 내괘와 외괘로 구성되는데, 내외괘는 모두 삼효로 구성된다. 이는 천지인의 삼재의 세계를 나타내기 위함이다. 다시 말하면 초효는 지地를, 이효는 인人을, 그리고 삼효는 천天을 나타내는 것이다.

그런데 천지인의 삼재는 고정적인 존재가 아니라 음양작용을 하는 존재이다. 따라서 삼재적 구조만을 드러내서는 삼재의 본성을 모두 드러낼 수 없다. 그러므로 팔괘를 상하로 겹침으로써 음양의 작용을 표상하게 된 것이다. 이처럼 육효괘가 삼재의 음양작용 원리인 삼재의 도를 나타내고 있기 때문에 중괘는 육효에 의해 구성될 수밖에 없다.

육효에 의해 표상되는 삼재의 도의 내용을 《주역》에서는 다음과 같이 규정하고 있다. 삼재의 도는 천도와 지도 그리고 인도로, 천도는 음양원리이며, 지도는 강유원리이고, 인도는 인의원리라는 것이다.[431]

《주역》이 괘상에 의해 역도를 표상한 까닭은 공간성의 원리로서의 인도를 드러내기 위함이다. 그러므로 《주역》은 사상작용 원리가 중심이 된다. 그렇기 때문에 천도를 원형이정元亨利貞의 사상四象으로 규정하고, 사상을 근거로 인예의지仁禮義智의 사덕四德원리인 성명性命의 이치를 표상한 것이다. 따라서 역도는 천도를 인간 주체적으로 자각함으로써 인도로 밝혀지고, 그것을 현실에서 실천함으로써 비로소 그 전모가 드러나게 된다고 하겠다.

3. 공자孔子와 일부一夫

《주역》의 저작 과정을 보면 복희가 팔괘를 형성하고, 문왕과 주공이 괘효를 썼으며, 공자가 십익을 저작했다. 이는 괘효역학이 중국의 상고上古시대에서부터 하은주夏殷代를 거쳐서 주대周代에 이르러서야 비로소 형성되었음을 뜻한다. 이처럼 《주역》이 중국 상고시대에서부터 주대에 이르기까지 오랜 시간에 걸쳐서 형성되었다는 것은 중국 상고 시대의 역사가 학문적 측면에서는 역학사易學史와 일치한다는 것을 뜻한다.

431 《周易》의 繫辭下篇 第十章에서는 "易之爲書也 廣大悉備하야 有天道焉하며 有人道焉하며 有地道焉하니 兼三才而兩之라 故로 六이니 六者는 非他也라 三才의 道也니."라고 하였고, 說卦篇에서는 "是以立天之道曰陰與이오 立地之道曰柔與剛이오 立人之道曰仁與義니."라고 하였다.

《서경》을 비롯하여 유가儒家의 경전에서는 중국 상고사를 논할 때 요, 순, 우, 탕湯, 기자箕子, 문왕文王, 무왕武王, 주공周公, 공자孔子로 이어지는 성통을 중심으로 논하고 있다. 그것은 선진先秦의 역사가 성통을 따라서 탄강한 성인이 주도해 온 역사이기 때문이다. 성통을 따라서 탄강한 성인에 의해 성인의 도가 전수되면서, 그것이 중국 상고 시대의 역사를 이끌어 가는 역사정신이 되었던 것이다.

《서경》과 《논어》를 보면 요堯로부터 순舜에게, 순舜으로부터 우禹에게 전하여진 성인의 도의 내용이 천도인 역수원리임을 밝히고 있다. 그리고 요는 삼백육십육일三百六十六日의 윤역을 천명하였으며, 순舜 역시 삼백육십오三百六十五와 사분도지일일四分度之一日의 윤역을 밝혔다. 요와 순을 비롯하여 우禹 역시 역수원리를 인도의 근거로 제시하고 있다. 은조殷朝의 개창자開倉者인 우禹는 낙서원리를 발명하였을 뿐만 아니라 그것을 정치에 응용한 홍범洪範구주九疇 사상을 제시하고 있다. 이는 중국의 상고 시대로부터 은대에 이르기까지는 천도인 역수원리가 중심이 되었으며, 그것이 인도화하는 과정을 거치면서 마침내 주대에 이르러서 인도 중심의 역경인《주역》이 형성되었음을 뜻한다.

《주역》에서 밝히고 있는 인도의 근거가 되는 천도의 내용을 밝히고 있는 경전은《정역》이다.《정역》에서는《주역》에서 신명원리로 규정한 간지도수원리와 도서를 통하여 표상된 역수원리의 내용을 밝히고 있다.《정역》을 통하여 표상된 간지도수원리, 도서상수원리는 한국고유사상인 신도神道의 구체적인 내용을 밝힌 것이다.

한국고유사상을 신화의 형태를 통하여 상징적으로 표상하고 있는 단군신화檀君神話를 보면 이 점을 알 수 있다. 단군신화에서는 한국고유사상이 신도이며, 그 내용이 역수원리이고, 역수원리가 정역원리로 집약됨을 상징적으로 나타내고 있다. 고조선 시대에 배태胞胎된 신도사상이 장성하여 나타난 것이《정역》으로 집약되어 나타난 조선의 한국유학사상이다.

《정역》과 《주역》 그리고 한국 상고 시대의 사상과 《서경》, 《시경》을 비롯한 선진 유가의 경전들을 중심으로 비교하여 고찰하면 《주역》을 중심으로 형성된 중국역학은 《정역》을 중심으로 형성된 한국역학을 근거로 그것을 중국화中國化하는 과정을 거치면서 형성되었음을 알 수 있다.

맹자는 "순舜은 동이東夷의 사람이다."[432]라고 하였다. 여기서 동이東夷의 개념이 다양한 의미를 갖고 있기 때문에 그에 대하여서는 많은 연구가 필요하지만 고조선을 구성했던 민족을 일컫는 말이라고 보면 요순堯舜이 밝힌 역수曆數원리의 근원이 한국역학임을 추론할 수 있다. 이처럼 한국역학과 중국역학은 음양적 관계, 일체적 관계를 이루면서 변화하고 발전하였음을 알 수 있다. 그런 점에서 보면 중국 상고의 역사는 역학사이자 역경을 바탕으로 형성된 유학사라고 할 수 있다.

은말殷末 주초周初에 대우大禹의 홍범구주洪範九疇 사상을 집대성하여 전한 기자箕子가 고조선古朝鮮으로 망명하였던 사건은 한국역학과 중국역학의 관계를 이해할 수 있는 상징적인 의미를 갖는다. 그것은 중국 상고 시대의 중심 사상이었던 도서역학이 그 근원인 한국으로 다시 돌아옴을 뜻한다. 기자의 고조선으로의 망명은 훗날의 《정역》이 저작될 수 있는 씨를 한국 역사상에 심은 사건이라고 할 수 있다.

《주역》의 지화명이괘地火明夷卦䷣에서는 괘명卦名이 나타내듯이 기자箕子와 관련하여 명이明夷를 논하고 있다. 단사彖辭에서는 "안으로 문명하여 밖으로 유순하여 큰 어려움을 무릅쓰니 문왕文王이 그렇게 하였으며, 어려움에도 정도正道를 지키는 것이 이로우니 그 지혜를 감추고 있어 안으로 어려우면서도 능히 그 뜻을 바르게 하니 기자箕子가 그렇게 하였다."[433]

---

432 《孟子》 離婁章句下, "孟子曰 舜生於諸馮 遷於負夏 卒於鳴條 東夷之人也."

433 《周易》 地火明夷卦䷣ 彖辭, "內文明而外柔順하야 以蒙大難이니 文王以之하니라. 利艱貞은 晦其明也라 內難而能正其志니 箕子以之하니라."

라고 하였다.

그런데 지화명이괘 오효五爻의 효사爻辭에서는 "기자箕子의 명이明夷이니 정도正道가 이롭다."[434]라고 하였다. 이때의 '명이明夷'를 기자가 고조선으로 망명한 사실과 관련하여 이해하면 그가 무왕에게 전한 홍범구주의 사상이 고조선에 전하여졌을 것으로 추론할 수 있다. 그런 점에서 보면 위의 효사를 이해하면 '명이明夷'는 동이東夷를 밝힘으로 이해할 수 있으며, '기자箕子之明夷'는 기자에 의해 동이東夷의 역수원리가 밝혀짐을 뜻하는 것으로 이해할 수 있다.

또한 중지곤괘重地坤卦䷁의 괘사卦辭에서는 "서남西南은 벗을 얻고, 동북東北은 벗을 잃는다."[435]고 하였는데, 서남은 주周의 관점을, 동북은 은殷의 관점을 나타내는 것이다. 이는 은말殷末 주초周初가 은대에서 주대로의 정권 교체기인 동시에 역학의 관점에서는 도서상수역학에서 괘효상수역학으로서의 변화의 시기임을 뜻한다.

역도는 천지의 도와 인도를 내용으로 하며, 인도는 천지의 도를 근거로 형성된다. 인도를 중심으로 형성된 유학儒學의 여러 경전에서 천도인 역수원리를 근거로 유학이 형성되었음을 밝힌 까닭이 여기에 있다. 《정역》은 천도를 천명한 경전이며, 《주역》은 인도를 천명한 경전이기 때문에 《주역》의 근거는 《정역》을 통하여 확보된다. 따라서 역학은 《정역》과 《주역》이라는 역경을 중심으로 형성된 학문이기 때문에 역학의 연구는 두 경전을 함께 연구해야 한다는 것을 알 수 있다.

천도와 인도가 체용體用의 관계이기 때문에 천도를 천명한 《정역》과 인도를 천명한 《주역》 역시 체용의 관계라고 할 수 있다. 그럼에도 불구하고 《주역》은 이천팔백여 년 전에 완성되었지만, 《정역》은 백이십여 년 전

---

434 《周易》 地火明夷卦䷣ 五爻 爻辭, "六五는 箕子之明夷니 利貞하니라. 象曰 箕子之貞은 明不可息也일새라."

435 《周易》 重地坤卦䷁ 卦辭, "西南은 得朋이오 東北은 喪朋이니 安貞하면 吉하니라."

에 쓰였다. 이처럼 천도와 인도를 밝힌 역경이 한꺼번에 쓰이지 않고 각각 나누어져서 저작되었을 뿐만 아니라, 천도를 밝힌 경전이 먼저 쓰이지 않고 인도를 천명한 경전이 먼저 쓰인 후에 천도를 천명한 경전이 쓰인 까닭은 인류 역사의 전개가 인격적 성장의 과정이기 때문이다.

선천은 인격적으로 성장하는 때이다. 그렇기 때문에 인격성의 자각이 중심 문제가 될 수밖에 없고, 그것이 해결되었을 때 비로소 존재 근거인 천도에 눈이 가는 것이다. 선천은 학문을 통하여 생장하는 시대로 학문을 통하여 인간 자신의 본래성을 자각하는 문제가 중심이기 때문에 천지의 도가 중심 문제가 아니다.

그러나 후천에서는 자각한 본성을 바탕으로 천지의 도에 순응하는 문제가 중심이기 때문에 천지의 도가 문제된다. 그렇기 때문에 인도를 밝힌 《주역》이 쓰인 후에 비로소 천지의 도를 밝힌 《정역》이 나타난 것이다. 그런 점에서 인류의 역사를 이끌어 가는 근본 원리인 역도를 중심으로 보면 인류의 역사가 곧 역학사라고 할 수 있다.

인도와 천도의 천명이라는 문제는 인간으로서의 성인의 사명의 문제이다. 동일한 역도를 천명하면서도 《정역》과 《주역》이라는 각각 다른 경전이 쓰인 까닭은 공자와 일부에게 주어진 천명이 다르기 때문이다. 《정역》에서는 "공자께서 말씀하지 않으신 내용을 어찌 일부가 감히 말을 할 수 있겠는가마는 때가 되었고, 천명이 있기 때문이다."[436]라고 하여 《정역》의 저작을 통하여 천도인 역수원리를 천명闡明한 것이 천명天命에 의한 것이라고 분명히 밝히고 있다. 이는 《주역》의 저자인 공자나 다른 성인들이 역수원리를 자각하지 못하였다는 의미가 아니라 단지 그에 대한 천명이 없기 때문에 말씀하지 않았음을 뜻한다. 그렇기 때문에 《정역》에서는

436 金恒, 《正易》 十五一言 第六張 金火五頌, "聖人所不言이시니 豈一夫敢言이리오마는 時오 命이시니라."

"아, 무극无極의 무극无極이여, 공자께서 말씀하지 않았다. 말씀을 하지 않고 믿음이 공자의 도道이다."[437]라고 하였다.

《주역》에서 비장秘藏되었던 천도가 《정역》을 통하여 밝혀짐으로써 역도의 전모가 밝혀지게 되었다. 《정역》에 이르러서 비로소 역도의 본래 면목이 밝혀졌으며, 동시에 학문으로서의 역학의 전모가 밝혀진 것이다. 이는 역학을 연구하는 군자의 관점에서는 천지의 도를 인간 주체적으로 자각하여 그것을 인도로 실천할 때가 이르렀음을 나타낸다.

그것은 유학의 관점에서는 인도를 중심으로 밝혀졌던 유가의 본래 면목으로서의 천도가 밝혀지게 되었음을 뜻하는 것이다. 이는 인간 본래성의 존재 근거인 천도가 밝혀짐으로써 유학의 존재 근거가 분명해졌음을 뜻한다. 그런 점에서 《정역》의 저작은 유학의 완성이라고 할 수도 있다.

공자와 일부의 관계는 성통의 측면에서는 공자에 의해 곤책坤策성통이 완성되고, 일부에 의해 건책乾策성통이 완성됨으로써 십오十五성통이 완성된다. 《정역》에서는 열다섯의 성인에 의해 도통이 전개되는 것을 십오성통으로 밝히고 있다. 유소有巢, 수인燧人, 복희伏羲, 신농神農, 황제黃帝, 요堯, 순舜, 우禹, 탕湯, 기자箕子, 문왕文王, 무왕武王, 주공周公을 거쳐서 공자孔子까지의 열네 성인을 곤책성통으로 규정하고 건책성통에 참여한 건책성인이 김일부 자신임을 밝힘으로써 곤책성통을 완성한 공자와 건책성통에 참여한 자신이 합덕하여 성통이 완성됨을 밝히고 있다.

역수원리를 중심으로 공자와 일부의 관계를 살펴보면 《정역》은 김일부金一夫가 건책역수원리의 천명을 받아 원역원리를 자각함으로써 쓴 것이며, 《십익》은 공자가 곤책역수원리의 천명을 받아서 정역원리를 자각하여 쓴 것이다.

437 金恒, 《正易》 十五一言 第二張, "嗚呼至矣哉라 无極之无極이여 夫子之不言이시니라. 不言而信은 夫子之道시니라."

역수의 측면에서는 정역과 원역이 하나이지만 원역을 체로 하여 윤역과 정역이 운행된다. 그렇기 때문에 성통의 측면에서는 김일부가 공자의 도통을 계승하였지만 공자의 도를 포괄한다. 《정역》에서는 일부 자신이 천지의 무형지경無形之境을 통관洞觀하였으며, 공자는 천지의 유형지리有形之理를 방달方達하였다[438]고 하여 천도와 인도의 관계를 통하여 공자와 김일부의 관계를 밝히고 있다.

《정역》의 도는 십오 성인이 말씀한 온오蘊奧의 진경眞景이고, 공자가 뜻으로만 간직한 것이며, 유학의 본래 면모이다. 따라서 《정역》이 세상에 나타난 것은 역도가 대성大成된 것이라고 하겠다. 그러므로 앞으로 도는 반드시 《정역》에 근본을 두게 될 것이며, 학문은 반드시 김일부로부터 연원淵源하여 천지의 도를 정관貞觀하게 되고, 일월日月의 도를 정명貞明하게 되어, 천하의 움직임이 선생의 한 말씀으로 귀결될 것이다.[439] 지금까지 살펴본 내용을 중심으로 《주역》과 《정역》의 내용과 관계를 도표화하여 나타내면 다음과 같다.

---

438 金恒, 《正易》 大易序, "其惟夫子之聖乎신저 洞觀天地無形之景은 一夫能之하고 方達天地有形之理는 夫子先之시니라."

439 柳南相, 〈一夫金恒先生聖德碑文〉, "夫正易은 受乾策曆數之明命하야 通原曆之朞數하니 先生之聖德也요 十翼은 受坤策曆數之至命 하야 達正曆之朞數하니 孔子之聖德也라. 是故로 大易序에 曰 洞觀天地無形之景은 一夫能之하고 方達天地有形之理는 夫子先之라하니 以曆數則原曆正曆이 一也로되 而閏曆正曆이 生成 於原曆度數之內하며 以聖統則先生이 承孔子之統而包孔子之道하고 以易道則效天道之元亨利貞四象하야 而行人道之仁義禮智四德者也라. 是以로 天之四象과 人之四德이 源於天之四曆과 聖之四朞를 於斯可見矣로다. 孔子與先生之聖德과 正易與周易之道學이 內外相感하고 先後相應하야 能變天地하고 旣化萬物也歟인저. 夫正易之道는 列聖所信之蘊奧眞景이요 孔子十翼之有意存處요 先秦儒教之本來面目이니 其言은 先天而天弗違之聖言也요 其道는 后天而奉天時之人道也니 正易之見於世者는 是聖敎易道之大成也라 說卦所云 成言乎艮者ㅣ其此之謂歟인저. 夫先生之正易은 盖漢後儒學之思不到境也라 故로 自此以往은 未知或知也나 然이나 道必本於正易하고 學必源於先生하야 正觀天地之道하고 正明日月之道而天下之動이 定于先生之一言也哉인저."

서명書名	주역周易	정역正易
저자著者	곤책성인坤策聖人 복희伏羲, 문왕文王, 주공周公, 공자孔子	건책성인乾策聖人 김일부金一夫
관점觀點	천지유형지리天地有形之理 삼재三才의 도道	천지무형지경天地無形之景 삼극三極의 도道
표상형식表象形式	괘효卦爻와 계사繫辭	간지도수干支度數와 도서상수圖書象數
표상논리表象論理	형이상形而上과 형이하形而下	선천先天과 후천後天
내용內容	성명지리性命之理	신명神明原理, 역수원리
관계關係	정도正道 작용作用원리	중도中道 본체本體원리
인도人道	군자君子의 도道	성인聖人의 도道

2장 역경과 군자

앞에서 역도를 밝히고 있는 전적이 《주역》과 《정역》이며 《정역》에 의해 역도, 천도의 내용이 밝혀졌고, 《주역》에 의해 천도, 역도를 바탕으로 인간답게 살아갈 수 있는 길로서의 인도가 밝혀졌기 때문에 역학은 《정역》과 《주역》이라는 텍스트를 중심으로 연구되어야 함을 살펴보았다.

그런데 천도가 인도의 근원이기 때문에 천도를 밝히고 있는 《정역》을 바탕으로 인도를 밝히고 있는 《주역》을 연구해야 한다는 의견에 대해

"시간상으로 주대周代로부터 전국시대에 이르러서 《주역》이 형성되었는데 근세에 이르러서 저작된 《정역》이 어떻게 《주역》의 근거가 될 수 있는가?" 하고 반문하는 독자가 있을 것이다.

또한 《정역》의 사상이 고조선 이래 한국 역사를 면면히 이어온 전통사상의 내용을 종합적으로 제시하고 있는 전적이라는 점에서 볼 때 중국사상의 근원이라는 할 수 있는 《주역》과 비교하여 한국사상이 중국사상의 근원이라는 주장은 더욱 이해하기 어려울 것이다.

한국 사상사적 관점에서 보면 《정역》의 대체大體는 한국사상의 연원淵源을 신화神話의 형식을 통하여 상징적으로 나타내고 있는 단군신화檀君神話에 담겨 있다. 그것은 고조선古朝鮮의 사상의 연원이 곧 《정역》을 통해서 표현된 천도天道, 역도易道에 있음을 뜻한다. 그러한 특징은 천도 중심의 한국사상과 인도 중심의 중국사상의 특성으로 나타난다.[440]

인도 중심의 사상적 특성을 갖는 중국사상은 다양한 사상으로 전개되면서 끊임없이 유가儒家나 불가佛家 혹은 도가道家를 중심으로 하나로 모아서 관통시키고자 하는 회통을 추구하여 왔다. 그러나 이와는 달리 본래부터 하나의 세계인 도, 천도를 바탕으로 전개되어 온 것이 한국사상사의 특성이라고 할 수 있다. 그러면 이처럼 한국사상과 중국사상의 특성을 밝히는 것이 가치상의 우열을 논하려는 것인가?

그렇지 않다. 인류의 역사뿐만 아니라 천天과 지地 그리고 인人으로 나타나는 우주의 역사도 삼재의 세계를 일관하는 도의 전개일 뿐이다. 욕계欲界와 색계色界 그리고 무색계無色界의 삼계三界도 비록 차원의 고저는 있을지라도 역시 불성佛性의 작용에 의해 형성된 세계일 뿐이다.

삼재의 세계는 다른 것이 아니라 도에 의해 현출現出된 세계를 인간이

---

440 단군신화에 담긴 한국사상의 연원과 《정역》의 내용을 비교한 연구 성과는 이현중의 〈정역의 한국사상사적 위상〉, 《범한철학》 20호, 범한철학회, 1999을 참고하기 바란다.

분별심分別心에 의하여 하늘과 땅 그리고 인간의 세계로 구분하여 삼재라고 나타내었을 뿐이다. 따라서 삼재의 세계는 고정된 것이 아닐 뿐만 아니라 각각의 세계 모두 소중한 세계이다. 삼재의 관계를 역학의 관점에서 나타내면 음양의 관계이다. 음양 관계는 본래 도가 현현된 세계를 나타내는 것으로, 음양이 조율調律된 세계가 바로 본래의 삼재의 세계이다.

중국사상과 한국사상의 관계 역시 음양의 관계이다. 음양의 관계는 서로가 서로의 존재 근거가 되는 관계로 어느 일방이 존재하지 않으면 다른 존재 역시 존재할 수 없는 일체적이면서도 구분되는 관계이다.

한국과 중국이라는 국가 관계 역시 그러한 관계라고 할 수 있다. 이는 한국과 중국을 중심으로 각국의 관계를 표현한 것일 뿐 세계 각국이 서로 음양의 관계이다. 북한과 남한의 관계도, 중국과 일본, 한국과 일본, 한국과 미국, 미국과 러시아, 중국과 미국의 관계 역시 음양의 관계이다.

그것은 세계를 도 자체의 관점, 형이상의 관점에서 보는 것이며, 세계를 인간의 본성이라는 근원에서 보는 것이다. 그런 점에서 보면 시간과 공간을 초월하여 형이상의 세계, 본성의 세계에서 역경을 연구하는 것이 역경을 연구하는 방법임을 뜻한다.

처음 역경을 중심으로 역학을 연구할 때는 역경이라는 대상이 연구자의 대상으로 남아 있기 때문에 그것의 가치에 대한 우열을 판단할 수도 있다. 다시 말하면 어느 경전을 중심으로 연구하는 것이 더 효과적이냐 하는 문제가 발생할 수 있다.

그런데 《정역》과 《주역》을 막론하고 모두 달이라는 근원적 존재를 가리키는 손가락에 불과하다. 따라서 손가락으로서의 기능 이상을 원하거나 요구해서는 안 된다. 달을 가리키는 손가락이 어떤 모양이나 색깔을 띠고 있는지를 떠나 그것이 가리키는 곳을 따라서 달을 보면 된다.

사실 《주역》과 《정역》 안에 역도가 있는 것은 아니다. 왜냐하면 역도 자체는 유무有無, 시비是非, 형이상과 형이하를 벗어나 있는 존재이다. 그 어떤 것이나 어떤 방법으로도 역도를 그대로 담아낼 수는 없다. 그것은 처음부터 달 자체를 그대로 가리키는 손가락이란 존재할 수 없음을 뜻한다.

역경에도《정역》과《주역》이 필요했고, 더 나아가서 기독교의 교리를 담은 성경이나 불교의 교리를 담은 많은 불경들 그리고 노장의 사상을 담고 있는《노자》나《장자》등의 수많은 또 다른 손가락으로서의 경전들이 저작되었을 뿐만 아니라 손가락들을 가리키는 수많은 손가락으로서의 논論이나 소疏들이 저작되었던 것이 바로 이를 증명하는 것이다.

그렇다면 달을 가리키는 손가락 중 어떤 것이 정확한지를 따지기 이전에 그것을 따라서 달을 쳐다보면 된다. 사람에 따라서 타고난 기질과 성격이 다르기 때문에 자신에게 맞는 손가락을 찾아서 그것의 안내를 따라 달을 보면 되지 손가락 자체의 시비를 따질 필요는 없는 것이다.

만약 어떤 사람이 손가락에 집착하여 달을 보지 않으면 그는 아무리 손가락을 연구하여도 달의 세계는 볼 수 없을 것이다. 그런 점에서 보면 역경을 연구하는 역학자들이 역경이라는 손가락에 얽매여서 달을 보지 못하는 우를 범해서는 안 된다.

그렇다고 하여 처음부터 역경의 손가락으로서의 기능마저도 부정한다면 그 사람도 역시 달의 세계에는 도달할 수 없을 것이다. 왕필은 역경을 연구하는 방법으로 득의망상을 주장하였다. 뜻을 얻으면 상을 잊어야 한다는 것을 밝힌 것이다.

그런데 득의망상으로부터 한걸음 더 나아가서 뜻을 얻으면 뜻을 얻었다는 생각마저 버려야 하고, 그러한 생각을 버렸다면 생각을 버렸다는 생각마저도 버려야 한다. 그러한 사람의 삶을《주역》에서는 가지 않아도 이미 도착하였고 서두르지 않아도 빠르다고 하였으며,《정역》에서는 정역이 운행되는 후천의 세계로 제시하고 있다.

먼저 득의망상을 중심으로 역경과 그것을 연구하는 사람과의 관계를 살펴볼 것이다. 그것은 역경이라는 전적을 어떻게 연구할 것인가라는 연구 방향과 방법에 관한 문제인 동시에 역경이라는 전적을 연구자가 어떻게 대할 것인가 하는 역학의 연구에 있어서 역경의 기능, 역할을 고찰하는 일이다.

다음에는 이어서 득의망상을 넘어서 구체적으로 득의망상이 무엇이며, 역경의 연구에 있어서 득의망상이 어떻게 이루어지고, 어떻게 이루어져야 하며, 그렇게 이루어진 상태는 어떤 것인가를 살펴보고자 한다. 그것은 역경을 연구하는 주체인 나를 중심으로 그 내면을 중심으로 역경과의 관계를 고찰하는 것이다.

1. 역경과 득의망상得意忘象

역경이 비록 역도를 담고 있다고 할지라도 그것이 역도 자체는 아니다. 그런 점에서 보면 그것은 단지 특정 지역을 나타내는 일종의 지도와 같고, 달을 가리키는 손가락과 같은 것이다. 따라서 달을 보지 않고 오로지 손가락을 쳐다보면서 그것을 달이라고 우기거나 달을 보고 나서도 여전히 손가락을 쳐다보고 있다면 그는 손가락을 사용하여 달을 가리키는 사람의 의도를 파악하지 못한 사람임에 틀림이 없다.

어떤 사람이 계룡산鷄龍山을 그린 지도를 보면서 지도 안의 계룡산을 실제의 계룡산으로 여긴다면 그가 바른 태도를 보인다고 생각하는 사람은 없을 것이다. 하물며 지도의 모양이나 색깔 등을 보면서 그것의 정확도를 문제로 삼아서 시비是非를 일삼고만 있다면 그는 지도의 용도를 올바로 파악하지 못한 사람이라고 할 수밖에 없다.

그런데 역도를 표상하고 있다고 생각하는 역경이나 불법佛法을 표상하고 있다고 여겨지는 불경 또는 도를 담고 있다고 여기는《도덕경》을 만나면 그것을 실제의 도의 세계에 안내하는 지도라고 생각하는 사람은 드물다. 자기도 모르는 사이에 그것을 성스러운 존재로 여기고 그로부터 무엇인가를 얻기를 바라는 천박淺薄하고 비굴한 태도를 보이고 만다.

그것은 달을 가리키는 손가락을 달로 여기고 손가락을 따라서 달을 보지 않는 것과 같다. 어떤 사람들은 그것을 손가락이라고 하면 마치 그 가치를 훼손하는 것처럼 여겨서 손가락에 집착을 하고, 어떤 사람들은 그것이 손가락이라고 하면 오히려 그것은 달과 아무런 상관이 없다고 여기면서 또한 손가락에 집착을 한다.

《정역》과 《주역》을 역도를 담고 있는 역경이라고 하여 그 가치를 특별하게 두는 것은 아니다. 단지 역도라는 형이상의 근원적 존재를 상징적으로 나타내고 있는 하나의 전적일 뿐이다. 그럼에도 불구하고 다른 전적과의 차이는 개별 학문과 달리 물리적인 법칙을 담고 있지 않고 근원적인 존재를 가리키는 손가락이라는 점에서 다른 손가락과 다를 뿐이다. 그러므로 오로지 《주역》만이 역경이라거나 《정역》은 역경이 아니라는 생각을 하거나 또는 《정역》만이 진정한 역경이라거나 《주역》은 역경이 아니라는 생각은 손가락을 달로 착각하는 사고에 불과하다.

그것은 달리 말하면 역도 자체의 관점에서 《정역》과 《주역》이라는 전적을 대하고 느끼고 평가하는 것이 아니라 자신의 사고에 의해 그것을 이해하고자 하는 것이다. 인간에 있어서 형이상의 세계는 본성일 뿐 마음과 몸은 형이하적 존재이다. 따라서 사고를 통하여 역경을 이해하고자 하는 일반적인 학문 방법을 통해서는 역경의 가치를 발견할 수 없다. 대상적 존재로서의 《정역》과 《주역》 자체를 분석하는 것은 손가락에 빠져서 달을 보지 못하는 것이다.

먼저 《정역》과 《주역》이 가리키는 곳을 따라서 그곳을 보아야 한다. 《주역》에서는 "너의 신령한 거북을 버리고 나를 보면서 턱을 늘어뜨리니 흉하다."[441]라고 하였다. 여기서 거북은 사람이 갖고 있는 형이상적 존재로

441 《周易》 山雷頤卦䷚ 初九 爻辭, "初九는 舍爾靈龜하고 觀我朶頤하니 凶하니라."

서의 본성 다시 말하면 내재화한 도를 비유하여 나타낸 것이다. 이는 사람들이 역도를 찾으면서 자신의 본성 안에서 찾지 않고, 《정역》이나 《주역》과 같은 대상 세계에서 찾는 것이 그릇됨을 알려주는 것이다.

《정역》에서는 "달을 복상復上에서 기월起月하면 천심월天心月에 해당하고, 황중皇中에서 기월起月하면 황중월皇中月이다."[442]라고 하면서 황중월皇中月을 찾기를 당부하고 있다. 복상에 기월한다는 것은 나 밖(外)의 대상세계에서 달을 찾는 것으로, 그렇게 하면 하늘에 떠 있는 달인 천심월天心月을 볼 뿐이며, 인간의 심성 내면으로서의 본성인 황중皇中에서 달을 찾아야 비로소 마음 안의 달인 황중월皇中月을 만나게 됨을 나타낸 것이다. 이는 《정역》이 역수曆數라는 형식을 손가락으로 사용하여 황중월皇中月이라는 본성 안의 달을 가리키고자 함에도 불구하고 그것을 착각하여 물리적인 하늘 가운데서 영허소장盈虛消長하는 물리적인 달을 찾을까 걱정하였기 때문이다. "이치는 본원本源에 모이니 그 본원이 바로 성품이다."[443]라고 하여 이 점을 분명하게 밝히고 있다.

《정역》이나 《주역》이라는 손가락에 집착하지 않아야 비로소 그것이 가리키는 달을 볼 수 있음을 역도의 표상형식인 간지도수, 도서상수, 괘효상수를 중심으로 살펴보자. 그것은 역경을 연구하는 사람들이 간지도수, 도서상수, 괘효상수라는 형식 자체에 얽매여서 그것이 표상하는 내용을 파악하지 못하는 우를 범해서는 안 됨을 뜻한다.

위魏의 왕필王弼은 장자의 물고기를 잡으면 통발을 잊어야 한다는 이론을 적용하여 득상망언, 득의망상을 제시하였다. 이는 《주역》의 구성 요소인 괘효와 그것에 부연한 언사를 중심으로 그것을 연구하는 방법을 제시

442 金恒, 《正易》 化无上帝言, "復上에 起月하면 當天心이오 皇中에 起月하면 當皇心이라 敢將多辭古人月이 幾度復上當天心고 月起復上하면 天心月이오 月起皇中하면 皇心月이니 普化一天化翁心이 丁寧分付皇中月이로소이다."

443 金恒, 《正易》 第七張, "理會本原은 原是性이오 乾坤天地에 雷風中이라."

한 것이다. 그는 괘효卦爻와 계사繫辭의 관계를 뜻과 상을 중심으로 밝히고 있는데, 그 내용은 다음과 같다.

> 상象은 뜻을 표현하고, 말은 상을 나타내는 것으로, 뜻을 표현하는 데는 상象만한 것이 없고, 상을 표현하는 데는 말만한 것이 없다. 말은 상에서 생기므로 말을 찾아서 상을 보고, 상은 뜻에서 생기므로 상을 찾아서 뜻을 본다.[444]

위의 내용을 이해하기 위해서는 먼저 《주역》에서 언급한 내용을 이해할 필요가 있다. 계사상편 제십이장에서는 "공자는 '글로는 말을 다 나타낼 수 없고, 말로는 뜻을 다 드러낼 수 없다.'"[445]라고 하여 말과 글을 통하여 뜻을 전하고자 할 때 한계가 있음을 밝히고 있다. 그리고 이어서 "그렇다면 성인의 뜻을 드러낼 수 없는가?"[446]라고 물은 다음 다음과 같이 스스로 답하고 있다.

> 상을 세워서 그 뜻을 다 드러내었으며, 괘를 베풀어서 정위를 다 드러내었고, 언사를 매달아서 하고자 하는 말을 다 하였다.[447]

위의 내용을 보면 성인이 자각한 역도가 상 안에 성인의 뜻으로 담겨 있음을 알 수 있다. 그런데 성인의 뜻을 담고 있는 상은 무형적인 존재로 그것을 다시 유형화하여 상징적으로 나타낸 것이 괘효이고, 괘효의 내용

---

444 王弼, 《周易略例》 明象, "夫象者, 出意者也. 言者, 明象者也. 盡意莫若象, 盡象莫若言. 言生於象, 故 可尋言以觀象, 象生於意, 故 可尋象以觀意."

445 《周易》 繫辭上篇 第十二章, "子曰 書不盡言하며 言不盡意니."

446 《周易》 繫辭上篇 第十二章, "然則聖人之意를 其不可見乎아."

447 《周易》 繫辭上篇 第十二章, "聖人이 立象以盡意하며 設卦以盡情僞하며 繫辭焉以盡其言하며 變而通之以盡利하며 鼓之舞之以盡神하니라."

인 상을 다시 말을 통하여 나타낸 것이 계사라고 할 수 있다. 이렇게 보면 계사를 통하여 그 내용인 상을 이해하면 다시 괘효를 통하여 그 내용인 뜻을 파악해야 함을 알 수 있다.

왕필은 괘효사와 괘효를 이해하는 방법으로 그 형식을 잊어버려야 한다는 것을 다음과 같이 주장하고 있다.

> 뜻은 상으로써 다하고 상은 말로 드러낸다. 그러므로 말은 상을 밝히는 방법이므로 상을 얻으면 말을 잊어야 한다. 그리고 상은 뜻을 간직하고 있는 것으로, 뜻을 얻었으면 상을 잊어야 한다. 이는 마치 올가미가 토끼를 잡은 도구이기 때문에 토끼를 잡으면 올가미를 잊고, 통발은 물고기를 잡는 도구이기 때문에 물고기를 얻으면 통발을 잊어야 하는 것과 같다.[448]

그는 말을 상의 올가미로 이해하고, 상을 뜻의 통발로 이해하였다. 그렇기 때문에 말을 간직하고 있으면 상을 얻은 것이 아니며, 상을 가지고 있으면 뜻을 얻은 것이 아니라고 하였다.[449] 이는 마치 손가락을 따라서 달을 보고서도 여전히 달이 아닌 손가락에 매달리는 것과 같기 때문이다.

그는 결국 상을 잊은 사람이 뜻을 얻은 사람이며, 말을 잊은 사람이 상을 얻은 사람이고 말하였다. 이는 손가락을 벗어나야 비로소 달을 볼 수 있음을 주장한 것이다.[450] 그의 득의망상, 득상망언은 현지와 지도를 분명하게 구분하여 현지를 답사해야 비로소 지도를 제작한 사람의 의도를 따

---

448 王弼,《周易略例》明象, "意以象盡, 象以言著. 故 言者所以明象, 得象而忘言, 象者所以存意, 得意而忘象. 猶蹄者所以在兎, 得兎而忘蹄, 筌者所以在魚, 得魚而忘筌也. 然則, 言者象之蹄也, 象者意之筌也."

449 王弼,《周易略例》明象, "是故, 存言者非得象者也, 存象者非得意者也. 象生於意而在象焉, 則所存者乃非其象也 言生於象而存言焉 則所存者乃非其言也."

450 王弼,《周易略例》明象, "然則 忘象者乃得意者也 忘言者乃得象者也 得意在忘象 得象在忘言 故 立象以盡意而象可忘也. 重畫以盡情而畫可忘也."

라서 소기의 목적을 달성할 수 있음을 나타낸 점에서 올바른 것이다.

득의망상, 득상망언의 내용을 군자 자신을 중심으로 살펴볼 필요가 있다. 그래야 비로소 역경이라는 텍스트의 역할 또는 성인이라는 존재의 가치가 올바로 이해될 수 있기 때문이다.

사실 득의망상, 득상망언이 필요한 까닭은 손가락과 달을 혼동하지 말고, 현지現地와 지도地圖를 착각하지 말라는 점에서 분명한 것처럼 보인다. 그렇지만 역경을 텍스트로 연구하는 사람들의 입장에서 보면 그렇게 쉬운 문제가 아니다.

먼저 득의망상得意忘象, 득상망언得象忘言이 단순하게 역경과 그 내용으로서의 역도易道의 관계만으로 해결되는 것이 아니기 때문이다. 왜냐하면 득의망상, 득의망언이 텍스트라는 대상과 나와의 문제에서 그치는 것이 아니라 곧 내 마음 자체와 관련이 있기 때문이다.

역경을 오랜 시간 동안 연구하다 보면 그 개념들이 익숙해지고, 그 개념들에 의해 하나의 이론체계를 형성하면서 그것이 하나의 세계가 된다. 그리고 점점 그것을 실재實在의 세계로 느끼게 되고 그것이 점차 실재의 세계와 뒤섞이다가 어느 때가 되면 실재의 세계를 대체代替하게 된다.

개념의 세계 곧 자신의 사고에 의해 구성된 세계가 실재의 세계를 대체하게 되면 그때부터 현실과 자신의 세계가 서로 갈등葛藤을 일으키기 시작한다. 왜냐하면 자신의 사고 안에서는 완벽하지만 그것을 기준으로 현상을 바라보면 무엇 하나 제대로 굴러가는 것이 없는 것처럼 느껴지기 때문이다.

이때 현실과 갈등을 일으키지 않는 방법은 철저하게 개념의 세계에 빠져서 현실을 거부하는 것이다. 그러한 상태에 이르면 그 사람의 삶은 점점 경직硬直되고, 고집固執스러워서 여유롭지 못하고 고통苦痛스럽게 된다. 그는 오로지 학문을 하는 것만이 자신에게 주어진 사명使命이라는 그릇된 사명감으로 살아갈 뿐이다.

결국 역경이라는 텍스트를 대할 때 그것의 기능인 역도의 세계로 안내하는 지도地圖로 삼으면 그뿐이다. 지도는 지도로서의 기능을 다하면 그뿐이다. 그럼에도 불구하고 여전히 그것을 붙들고 놓지 않으려고 하거나 반대로 지도로서의 기능마저도 거부하는 극단적인 태도를 취할 필요는 없다.

사실 계룡산을 그린 지도가 계룡산 등산을 하게 해주지는 않는다. 계룡산의 지도를 보고 내가 직접 그곳을 등산을 해야 비로소 계룡산을 올바로 알 수 있는 것이다. 마찬가지로 역경이 나를 가르쳐주는 것이 아니라 내가 역경을 통하여 알게 되는 것이다.

2. 득의망상과 변화

앞에서 역경이라는 텍스트를 성경聖經이나 경전經典이라고 하여 글자 한자도 틀리지 않았다고 생각하고 글자 한자의 의미도 올바로 파악해야 한다고 생각하거나 반대로 달을 가리키는 손가락으로서의 기능마저도 거부하는 극단적인 태도를 취하지 말고 손가락을 따라서 달을 보고 나면 그 손가락을 벗어나야 한다는 의미에 대해 살펴보았다.

그런데 손가락을 따라서 달을 보는 것도 쉽지 않을 뿐만 아니라 달을 보고 손가락을 떠나는 것은 물론 그 달을 벗어나는 것도 쉽지 않다. 그렇기 때문에 《정역》과 《주역》이라는 텍스트를 통하여 그 안에 담긴 역도를 파악하는 것도 중요하지만 거기에서 한 걸음 더 나아가서 역도에 집착하지 않는 것이 더 중요하다.

그것은 득의망상에서 더 나아가서 뜻을 얻었다는 생각마저도 버려야 함을 뜻한다. 만약 뜻을 얻었다는 생각을 유지하게 되면 그는 뜻을 얻지 못한 상태에서 벗어나지 못한 것과 같은 상태에 머물러 있는 것이다. 왜냐하면 득의得意라는 개념 자체가 성립할 수 없기 때문이다. 뜻을 얻는다는 것은 뜻과 내가 주객主客으로 구분되어 있는 상태에서 성립될 수 있는 개념이다.

왕필이 이해하는 뜻이라는 것은 성인이 자각한 역도를 가리킨다. 그는 역경이라는 텍스트에 역도를 자각한 성인의 뜻이 담겨 있다고 생각했다. 그러므로 역경을 연구하여 성인의 뜻을 아는 것이 바로 득의得意라고 할 수 있다.

그런데 이때 생각해야 할 부분이 있다. 역경 자체에는 역도가 담겨 있지 않다는 것이다. 그것은 단지 역도를 깨달을 수 있는 길을 안내하는 것에 불과하다. 만약 역도가 역경에 담겨 있다면 그것을 저작한 성인이라는 존재는 도를 주재할 수 있는 근원적인 존재가 되고 만다.

그것이 바로 역경이라는 저작물이 갖는 한계이다. 그것은 달을 가리키는 손가락과 같기 때문에 그것을 달이라고 착각해서는 안 되는 것이다. 그렇다면 달은 어디에 있으며, 어떻게 알 수 있을까?

달은 어디에나 있다. 그렇기 때문에 역경을 저작하는 성인에게도 있고, 경전을 읽고 연구하는 사람에게도 있으며, 풀 한 포기 나무 한그루에 이르기까지 있지 않는 곳이 없다. 다만 달이 있음을 알 수 있는 세계는 형이상의 세계이다.

그리고 인간에 있어서 형이상의 세계는 마음의 세계도 아니며, 몸의 세계는 더욱 아니다. 그것은 몸을 통해서나 마음을 통해서는 달을 찾을 수 없음을 뜻한다. 눈으로 보고, 귀로 들을 수 없으며, 코로 냄새를 맡을 수 없는 것이 달이다.

마음을 통하여 생각하고, 지각知覺하고, 인식認識하고, 의지意志를 냄으로써 도달할 수 없는 세계가 형이상의 세계이며, 도의 세계이다. 그렇기 때문에 눈으로 역경을 보면서 글을 읽고 그것을 바탕으로 생각을 함으로써 그 안에 담긴 달을 볼 수 있다는 것은 그야말로 커다란 착각錯覺이다.

사실은 역경易經이라는 저작을 통하여 달을 볼 수 있도록 가르치는 것이 아니라 달이 아닌 것을 넘어섬으로써 본래부터 모든 것이 달이었음을 느끼도록 해주는 것이라고 할 수 있다. 그것은 처음부터 득의得意의 차원을 넘어선 것이 달이며, 득의得意 역시 달의 작용임을 알도록 해주는 것이다.

손가락을 넘어서서 달을 보는 것은 마음의 관점에서는 사고의 차원을 넘어서는 것이며, 몸의 차원에서는 인위적인 행위를 넘어서는 것이다. 그렇기 때문에 계사상편繫辭上篇에서는 마음의 차원에서 마음을 닦는 것[451]이라고 하였고, 지뢰복괘地雷復卦䷗에서는 몸의 측면에서 몸을 닦는 것[452]이라고 말하며, 수산건괘水山蹇卦䷦에서는 본성의 차원에서 덕德을 닦는 일[453]로 규정하고 있다.

마음을 닦는 것은 다시 말하면 생각을 함이 없는 무사無思이며, 몸을 닦는 것은 몸을 움직임이 없는 무위無爲이다. 그렇기 때문에 《주역》에서는 "무사無思하고 무위無爲하여 고요하여 움직임이 없을 때 비로소 역도에 감통感通한다."[454]고 하였다.

또한 본성의 차원에서는 이미 가지고 있는 고유固有하고 본유本有한 덕德을 스스로 밝히는 자소명덕自昭明德[455]이며, 본래 완성된 본성을 한 순간도 잃지 않고 보존하는 것[456]이라고 하였다. 그것은 역경을 통하여 그 안에 담긴 역도를 깨닫는 것이 아니며 불완전 상태에서 완전한 상태로 변화

---

451 《周易》 繫辭上篇 第十一章, "是故로 蓍之德圓而神이오 卦之德方以知오 六爻之義易以貢이니 聖人이 以此洗心하야 退藏於密하며 吉凶에 與民同患하야 神以知來코 知以藏往하나니."

452 《周易》 地雷復卦䷗ 初爻 爻辭 爻象, "初九는 不遠復이라 无祗悔니 元吉하니라. 象曰 不遠之復은 以修身也일새라."

453 《周易》 水山蹇卦䷦ 大象, "象曰 山上有水蹇이니 君子以하야 反身脩德하나니라."

454 《周易》 繫辭上篇 第十章, "易은 无思也하며 无爲也하야 寂然不動이라가 感而遂通天下之故하나니 非天下之至神이면 其孰能與於此리오."

455 《周易》 火地晉卦䷢ 大象, "象曰 明出地上이 晉이니 君子以하야 自昭明德하나니라.

456 《周易》 繫辭上篇 第七章, "天地設位어든 而易行乎其中矣니 成性存存이 道義之門이라."

하는 것도 아니다.

그리고 지혜가 없었던 어둠의 상태에서 지혜로운 밝음의 상태로 변화하는 것이 아니다. 본래 밝은 덕을 밝히고, 신명神明한 덕에 통하는 것이 바로 역경을 연구하는 방법이다. 그럼 점에서 보면 역경을 텍스트로 하여 역학을 연구하는 것은 자신의 차원을 변화하여 본래의 차원을 회복하는 것인 동시에 본래 그러함을 확인하는 작업에 불과하다.

본래 완성된 존재로서의 본성이 나의 주체이며, 그것이 내 삶을 이루고 있고, 그것이 바로 역경을 연구하고 역학을 학문하는 주체임을 알았다면 그래서 그것이 얻어지거나 잃을 수 있는 존재가 아님을 알았다면 이제는 득의망상得意忘象, 득상망언得象忘言에서 한 걸음 더 나아가서 득의得意 자체도 잊어야 한다.

역경에 성인의 뜻으로서의 역도가 담겨 있지 않을 뿐만 아니라 그것을 연구하는 사람도 역시 역도라는 존재를 깨달았거나 소유할 수 있는 것이 아니기 때문이다. 본성의 차원에서는 나도 없고 대상으로서의 역도라는 것이 없는데 어떻게 무엇을 얻고 깨달을 수 있겠는가?

득의得意 상태에서 한 걸음 더 나아가서 득의得意마저도 잊은 상태가 바로 무아無我의 상태이고, 무지無知의 상태이다. 그리고 무아의 상태, 무지의 상태마저도 놓아버렸을 때 그 사람은 군자라고 할 수도 없고, 대인이라고 할 수도 없으며 사람이라고 할 수도 없어서 사람이기도 하고, 대인이기도 하고, 신인神人, 지인至人, 귀인貴人, 성인聖人이라고 할 수 있다.

이제 그는 역도를 깨달은 사람도 아니고 그렇다고 깨닫지 않은 사람도 아니다. 이에 시의성時義性에 따라서 임금이 되기도 하고, 신하가 되기도 하며, 부모가 되기도 하고, 자식이 되기도 하며, 스승이 되기도 하고, 제자가 되기도 한다.[457]

---

457 風火家人卦䷤의 象辭에서는 "家人은 女正位乎內하고 男正位乎外하니 男女正이 天地之

그리고 천지와 더불어 하나가 되기도 하며, 일월과 더불어 하나가 되기도 하고, 사시와 더불어 하나가 되기도 하며, 귀신과 더불어 하나가 되기도 한다.[458] 그렇기 때문에 그는 군자도 아니며, 성인도 아니고, 사람도 아니며, 귀신도 아니고 천지도 아니다.

단지 그는 끊임없이 다양하게 자신을 드러내면서 오로지 천하를 이롭게 하는 존재일 뿐이다. 그는 모든 존재가 나타난 하늘, 나타난 도道임을 알기 때문에 항상 예禮로 대하면서도 자신을 낮추어서 그 어떤 것에도 얽매이지 않아서 천하를 도道로 제도濟度하는 삶을 살면서도 그것을 자신이 한 것인 줄을 모르면서 살아간다.

그는《정역》만을 존숭하고 그 저자인 김일부金一夫만을 존숭하여 오로지 그것이 전부이고, 진정한 도를 담고 있는 역경이고 경전이라고 고집하지 않고《주역》의 내용과 그것이 둘이 아님을 알고, 공자孔子와 김일부金一夫가 둘이 아님을 안다. 더 나아가서 역경이나 역학만이 최고의 학문이나 유일하게 진리를 표상하고 있는 전적이며, 학문이라고 하여 다른 학문과 구분하여 고집하지 않는다.

또한 유학儒學이 역학을 근거로 형성된 학문이기 때문에 유학儒學만이 진리眞理를 담고 있는 학문이라거나 자신만이 진리를 깨달았고 알고 있다는 유치幼稚한 사고思考나 주장을 하지 않는다. 모든 학문의 근원이 바로 나와 남이 없는 본성本性이며 도의 작용임을 알기 때문이다. 모든 유위법

大義也라. 家人이 有嚴君焉하니 父母之謂也라. 父父子子兄兄弟弟夫夫婦婦而家道正하리니 正家而天下定矣리라. 父父子子兄兄弟弟夫夫婦婦而家道正하리니 正家而天下定矣리라."라고 하여《論語》의 정명론正名論과 같은 내용을 언급하고 있다. 이때 정명正名을 본성本性을 중심으로 이해하면 시의성時義性에 따라서 자신을 부모, 형제, 자매(父母兄弟姉妹)로 드러내는 것을 뜻한다.

458 《周易》重天乾卦 文言, "夫大人者는 與天地合其德하며 與日月合其明하며 與四時合其序하며 與鬼神合其吉凶하야 先天而天弗違하며 後天而奉天時하나니 天且弗違온 而況於人乎며 況於鬼神乎여."

有爲法이 무위법無爲法으로서의 도道로부터 유출流出되었음을 알기에 그 어떤 것도 긍정肯定하여 고집하거나 부정否定하여 배척하지 않는다.

학문을 중국이나 한국 또는 미국이라는 특정한 지역을 중심으로 자국의 이익을 바탕으로 연구하지 않으며, 더 나아가서 인간, 인류만을 중심으로 학문을 하지 않는다. 도道는 삼재三才를 일관하고 욕계欲界, 색계色界, 무색계無色界를 일관하며, 지상地上의 세계와 선계仙界를 일관함을 알기에 천상天上이나 정토淨土, 선계仙界를 고집하지 않는다.

다만 자신이 처한 현재의 상황에서 온 우주의 이로움이 되는 일, 모든 존재의 완성을 향하여 나아가는 일, 모든 생명을 진화進化시키는 일에 몰두할 따름이다. 그런 점에서 보면 삶의 과정에서 수행遂行하는 역경을 보고, 역학을 연구하고, 그것을 통하여 자신의 정체성을 파악하고, 가장 자신답게 살아가는 모든 일들이 곧 본성本性의 작용, 도道의 작용으로서의 변화變化일 뿐이다.

《정역》에서는 득의망상의 상태마저도 벗어나서 그 어떤 것에도 걸림이 없이 자유로운 세계를 후천後天으로 규정하고 있다. 그리고 후천의 세계를 역수曆數의 측면에서 정역正曆이 운행되는 세계로 규정하고 있다. 후천은 인류가 장차 이루어야 할 이상理想이라는 점에서 인류의 미래이다.

정역正曆은 음력陰曆과 양력陽曆이 하나가 된 음양의 합덕역合德曆인 동시에 그 어느 쪽에도 지나치거나 부족함이 없는 중정中正의 역曆이다. 그러므로 후천의 세계는 중도中道가 정도正道로 작용하는 세계라고 할 수 있다.

인간의 관점에서는 인간의 본성이 그대로 발현되는 것이 인도의 세계이고, 중도가 본체가 되어 이루어지는 것이 정도正道의 세계이다. 그것은 모든 존재가 평등하고, 일체가 되어 서로가 서로를 위하여 살아가는 아름다운 세계이다.

이 세계는 다양한 직업職業과 다소의 빈부貧富의 차이가 있을지라도 그것이 서로에게 불편한 것이 아니라 자유로운 세계이다. 어떤 직업을 갖더라도 기본적인 생명을 유지하는 데 부족함이 없는 상태에서 각각의 직업에 따라서 형성되는 차이가 있을 뿐 삶의 질은 모두 같은 가치를 지닌다.

그리고 남녀의 구분이 차별로 이어지지 않고 각자의 개성이 존중되며, 어떤 나라에 태어나서 어떤 나라에서 살더라도 귀천貴賤이 없고 차별이 없이 평등하게 살아가는 세상, 그 어떤 사상이나 문화, 문명이 중심이 되어 살아가도 서로의 가치를 존중하고 더불어 살아가는 세상이 바로 정역正曆의 세계이다.

《정역》에서는 인도의 측면에서 후천을 성즉리性卽理가 그대로 구현된 세계[459]로 밝히고 있다. 그런 점에서 보면 역도易道, 본성이 현실에서 그대로 다양하게 드러난 변화의 세계가 후천의 세계이다. 그러므로 공자와 김일부의 삶도 변화이며, 역도, 근원적 세계라는 가상의 달을 가리키는 손가락으로서의 역경을 저작한 것도 변화이다.

맹자孟子의 성선설性善說도 역시 성명지리性命之理를 가리키는 일종의 손가락이며, 순자荀子의 성악설性惡說도 역시 달을 가리키는 손가락과 같다. 그러므로 손가락 자체에 집착하여 시비是非를 가리지 말고, 손가락을 따라서 달을 보는 것이 중요하며, 달을 보았다면 손가락을 잊고, 마지막에는 달마저도 잊어야 한다. 그것은 그냥 손가락을 보고, 손가락이 가리키는 달을 보았고, 그리고 이미 달을 보았으니 그것을 잊고 다른 일을 하면서 살아갈 뿐이다. 그것이 바로 변화의 의미이다.

본래 손가락도 다른 곳에서 온 것이 아니라 달에서 온 것이다. 그러므로 손가락을 들어서 달을 가리키는 것이나 손가락을 따라서 달을 보고, 달을 본 후에 손가락도, 달도 잊는 것이 모두 달의 작용일 뿐이다. 그런 점에서 보면 망상을 하여 득의를 하고, 득의마저도 잊고, 그 잊음마저도 떠

---

459 金恒, 《正易》 第八張, "抑陰尊陽은 先天心法之學이니라. 調陽律陰은 后天性理之道니라.尊陽은 先天心法之學이니라."

나는 것이 모두 하나의 변화일 뿐이므로 달리 구분하여 나타낼 필요가 없는 것이다. 따라서 득의망상 자체에도 얽매일 필요가 없고, 얽매일 필요가 없음에도 얽매일 필요가 없다.

5부

역학과 삶

◇◇◇

지금까지 성인을 중심으로 역도가 어떻게 표상되는지 형식과 내용을 중심으로 살펴보았다. 그것은 성인이라는 인간에 의해 무규정적無規定的 존재인 근원적 존재가 역도, 변화의 도로 표상되는 과정을 고찰한 것이다.

근원적 존재가 간지도수干支度數에 의해 신명神明원리로 표상되고, 천지天地의 수數에 의해 구성된 도서圖書상수象數에 의해 역수원리로 표상되며, 괘효卦爻에 의해 구성된 64괘, 삼역팔괘三易八卦를 통하여 괘효원리, 성명지리性命之理로 드러나게 된다.

그러면 《정역》과 《주역》이라는 역도에 관한 전적 그리고 그것을 바탕으로 형성되는 역학은 우리에게 어떤 의미를 갖는가?

그것은 역학이라는 학문이 우리의 삶과 어떤 관계인지 그 효용, 가치를 밝히는 문제이다. 만약 역학이 그것을 연구하거나 생계의 수단으로 삼고 살아가는 소수의 사람들에게만 필요하거나 설사 모든 사람들에게 필요하더라도 삶의 과정에서 잠시 필요한 보조수단에 불과하다면 많은 사람들이 역학에 관심을 가질 필요가 없을 것이다.

성인이 역도를 여러 이치로 해부하는 이해理解와 이해된 구성 요소들을 나열하여 관계를 밝히는 설명에 의해 상징적으로 드러내어 밝힌 까닭은 인간으로 하여금 인간다운 삶을 살아가도록 그 방향과 방법을 제시하기 위해서다. 따라서 역학은 모든 사람들에게 반드시 필요한 학문일 뿐만 아니라 정신문화와 물질문명의 괴리 속에서 방황하고 있는 오늘날의 우리 사회에 더욱 필요한 학문이다.

사람의 삶은 우주 간에 커다란 의미를 갖는다. 《정역》에서는 "천지에 일월日月이 없으면 빈껍데기와 같고, 일월에 지인至人이 없으면 실체가 없는 그림자와 같다."[460]라고 하였다. 이는 인간의 삶이 천지와 더불어 이루어지면서 많은 영향을 미치는 것을 나타낸다.

《주역》에서는 "진실로 그 사람이 아니면 역도는 헛되이 행하여지지 않는다."[461]라고 하였다. 이는 지인이라는 인간에 의해 역도가 행해짐을 밝힌 것이다. 이렇게 보면 《중용》에서 밝힌 바와 같이 천지 사이 살면서 천지가 제자리를 잡게 할 수도 있고, 뒤집어엎을 수도 있는 존재가 인간[462]임을 알 수 있다.

《정역》에서는 역도를 행할 수 있는 지인을 가리켜 아름다운 뜻을 가지고 살아가는 선비라는 의미로 유아사儒雅士[463]로 규정하고 있다. 그리고 《주역》에서는 지인을 군자[464]로 규정하고 있다. 지인은 도제천하의 뜻을 세우고 살아가는 이상적인 인격체를 가리키는 말이다.

근원적 존재가 성인을 매개로 하여 역도를 천명하는 것은 지인인 군자를 매개로 하여 세상의 모든 존재들로 하여금 사람다운 삶을 살아가도록 이끌기 위함이다. 《주역》에서는 "천지는 만물을 기르고, 성인은 현인을 길러서 모든 사람들에게 천지의 은택이 미치게 한다."[465]라고 하여 이 점을

---

460 金恒, 《正易》 第八張, "天地는 匪日月이면 空殼이오 日月은 匪至人이면 虛影이니라."

461 《周易》 繫辭下篇 第八章, "苟非其人이면 道不虛行하나니라."

462 《中庸》 第一章, "喜怒哀樂之未發謂之中 發而皆中節謂之和 中也者天下之大本也 和也者天下之達 道也 致中和天地位焉 萬物育焉."

463 金恒, 《正易》 九九吟, "凡百滔滔儒雅士아 聽我一曲放浪吟하라."

464 《周易》의 重天乾卦䷀ 文言에서는 "君子 行此四德者라 故로 曰乾元亨利貞이라."고 하여 역도易道를 원형이정元亨利貞의 사상四象으로 밝힌 까닭이 군자君子로 하여금 사덕四德을 실천하게 하려는 것임을 밝히고 있다.

465 《周易》 山雷頤卦䷚ 彖辭, "天地養萬物하며 聖人養賢하야 以及萬民하나니 頤之時大矣哉라."

밝히고 있다.

그리고 역도의 내용을 한마디로 요약하여 '대형이정大亨以正'으로 규정하고 그것을 천도로 규정하면서도 천명天命[466]이라고 하여 역도를 천지 사이에서 실천할 존재가 군자임을 밝히고 있다. 그것은 자신의 정체성을 확립하는 관점에서는 정역正曆으로 형통한다는 것으로 이는 곧 역수원리를 자각한다는 의미이며, 실천의 관점에서는 군자가 정역으로 널리 형통한 세상을 이루어야 함을 뜻한다.

군자의 삶은 천도의 관점에서는 선천과 후천으로 구분하여 이해할 수 있다. 선천은 자신의 본성을 자각하여 정체성을 확립하는 과정이며, 후천은 자신의 주체성을 바탕으로 세상을 도로 제도하는 과정이다. 《정역》에서는 "여러 전적을 읽고 역학을 배우는 것은 선천의 일이다. 이치를 궁구하여 몸을 닦는 것은 뒷사람 누가 하리오."[467]라고 하여 독서讀書 학역學易을 선천의 일로, 그리고 궁리窮理수신修身을 후천의 일로 밝히고 있다.

군자의 선천적 삶은 자기를 닦는 수기修己이며, 후천적 삶은 다른 사람을 사람다운 삶으로 인도하는 안인安人이다. 자신을 찾아가는 수기는 남으로부터 가르침을 배워서 익히는 과정을 통하여 이루어지기 때문에 그것을 학문學問, 학습學習이라고 할 수 있다.

반면에 다른 사람을 도로 제도하는 일은 자신으로부터 시작하여 가정, 국가, 천하, 우주에 확충擴充하는 일이다. 그것은 실제로 시공時空 상에서 몸과 마음을 통하여 언행言行으로 행하는 점에서 실천이라고 할 수 있다.

---

466 《周易》의 地澤臨卦䷒의 彖辭에서는 "大亨以正하니 天之道也일새라."라고 하였고, 天雷无妄卦의 彖辭에서는 "大亨以正하니 天之命也일새라."라고 하여 "대형이정大亨以正"을 천도天道와 천명天命으로 규정하고 있다.

467 金恒, 《正易》 九九吟, "讀書學易은 先天事요 窮理修身은 后人誰오."

학문의 문제는 본성의 관점에서 보면 본래부터 갖고 있던 주체성을 사용하는 연습이라고 할 수 있다. 인간의 본래성을 실천적 관점에서 나타낸 것이 덕이다. 그렇기 때문에 학문의 문제는 덕을 중심으로 나타내면 진덕進德, 자소명덕自昭明德, 수덕修德이 된다. 그리고 실천의 문제는 도제천하道濟天下의 일을 확충하는 점에서 광업廣業이고, 사업을 끊임없이 행하는 점에서 수업修業이 된다.

그런데 군자의 삶을 두 관점에서 구분하여 나타내었지만 양자는 결코 둘이 아니다. 학문의 완성은 실천으로 드러나고, 실천은 학문으로부터 시작된다. 그러므로 실천이 수반되지 않는 학문은 결실을 맺을 수 없으며, 학문이 없는 실천은 방향성을 갖지 못하여 올바로 이루어질 수 없다.《정역》에서 선천과 후천을 구분하면서도 양자를 구분할 수 없는 근원으로서의 원천原天을 제시하고 있고,《주역》에서도 양자를 군자의 도라는 하나의 개념으로 나타내고 있다.

이에 본 책에서는 먼저 선천적 관점에서 학문을 중심으로 역학의 효용, 의미, 가치를 밝히기 위해 역학에서는 군자의 선천적 삶으로서의 학문의 성격, 방향, 방법을 어떻게 밝히고 있는지 살펴볼 것이다. 이어서 군자의 후천적 삶으로서의 실천에 대하여 그 방향과 방법을 어떻게 밝히고 있는지 고찰하고자 한다.

그런데 역학에서 역도를 표상하는 형식과 내용이 서로 다르기 때문에 신도神道, 천도를 표상하고 있는《정역》과 인도를 표상하고 있는《주역》을 중심으로 역수원리의 측면과 성명지리, 괘상원리의 두 측면을 함께 논하게 될 것이다.

1장 역학과 학문

역학이라는 학문을 하는 주체는 군자이다. 《주역》에서는 "성인이 괘를 베풀고 그 괘상에 따라서 언사를 부연하여 길흉을 밝혔다"[468]라고 하여 성인이 역도를 천명闡明하였음을 밝힌 후에 군자가 거처에 있을 때는 괘상卦象을 보고 괘사卦辭를 완미하며, 움직일 때는 효爻의 변화를 보고 그 점占을 완미하기 때문에 천天으로부터 도와서 길吉하여 이롭지 않음이 없다[469]고 하여 군자가 역경을 연구하는 존재임을 밝히고 있다. 그렇기 때문에 역학의 학문은 그 주체인 군자를 중심으로 고찰하지 않을 수 없다.

그런데 군자의 존재 근거는 역도이다. 따라서 역학의 학문 역시 그 존재 근거가 역학의 학문적 탐구 과제인 역도에 있다. 학문은 본래 주체인 군자에 의해 천도가 주체화되어 군자와 천도가 일체화됨으로써 군자를 매개로 천도가 자기 전개하는 원리이다. 그렇기 때문에 군자의 학문은 오직 천도를 근거로 이루어질 수밖에 없다.

역학의 학문은 천도의 작용 원리인 도역생성倒逆生成 원리를 근거로 이루어진다. 도역생성 작용을 중심으로 군자의 삶을 살펴보면 역생도성逆生倒成 작용이 학문 원리가 되고, 도생역성倒生逆成 작용이 실천 원리가 된다. 이때 도생역성과 역생도성은 체용體用의 관계로 양자는 일체적 관계이다. 그렇기 때문에 역학의 관점에서는 학문과 실천이 다르지 않다.

일반적으로 학문은 앎知의 문제로만 한정하여 이해하고 있다. 그러나 학문은 앎知에서 시작하여 인仁에서 완성되며, 실천은 인仁에서 시작하여

---

468 《周易》 繫辭上篇 第二章, "聖人이 設卦하여 觀象하고 繫辭焉하여 而明吉凶하며."

469 《周易》 繫辭上篇 第二章, "是故로 君子 所居而安者는 易之序也오 所樂而玩者는 爻之辭也니 是故로 君子 居則觀其象而玩其辭하고 動則觀其變而玩其占하나니 是以自天祐之하여 吉无不利니라."

지知에서 완성되기 때문에 양자가 관점의 차이가 있을 뿐 서로 다르지 않다. 그것은 자각의 주체인 지성知性을 통하여 자신의 정체성과 삶의 방향을 세우고, 그것을 다시 실천의 주체인 인성仁性을 통하여 체화體化하게 되는 것이 학문임을 뜻한다.

앎과 행行의 관계 역시 도역倒逆의 관계를 중심으로 이해할 수 있다. 지知는 역생도성의 관점에서 제기되는 문제이며, 행行은 도생역성의 관점에서 제기되는 문제인 것이다. 그렇기 때문에 학문의 관점에서 보면 실천도 학문이며, 실천의 관점에서 보면 학문도 실천일 뿐이다. 이로부터 역학의 학문적 특성을 알 수 있다.

역학에서 학문과 실천을 일체적 관점에서 논하는 까닭은 그 관점이 인간 본래성 자체이기 때문이다. 인간 본래성의 관점에서 보면 학문도 본성의 자기 현현이며, 실천도 본성의 자기 현현이다. 그런 점에서 보면 학문과 실천을 구분할 수 없지만 양자를 구분하여 그 관계를 밝힘으로써 군자의 삶을 드러낼 수 있게 된다. 그렇기 때문에 공자는 '하학이상달下學而上達'[470]이라고 하여 역생도성의 관점에서 학문을 논하였고, 《맹자》에서도 역생도성의 관점에서 본성을 자각自覺하고 천명을 자각하는 문제를 언급하고, 도생역성의 관점에서 본성의 확충擴充과 정명正命을 논하였다.[471]

천도를 중심으로 학문과 실천을 살펴보면 학문은 선천의 일이며, 실천은 후천의 일이다. 다만 선천은 후천에서 정사政事하며, 후천은 선천에서 정사政事한다.[472] 그것은 선천과 후천이 하나가 됨을 의미한다. 선천과 후

---

470 《論語》 憲問, "子曰, 不怨天, 不尤人, 下學而上達. 知我者其天乎."

471 孟子는 公孫丑章句上에서 "有四端於我者, 知皆擴而充之矣, 若火之始然, 泉之始達. 苟能充之, 足以保四海, 苟不充之, 不足以事父母."라고 하였으며, 盡心章句上에서는 "莫非命也, 順受其正, 是故知命者不立乎巖牆之下. 盡其道而死者, 正命也, 桎梏死者, 非正命也."라고 하였다.

472 金恒, 《正易》 第四張, "后天은 政於先天하니 水火니라. 先天은 政於后天하니 火水니라."

천의 일체화는 인간 본래성의 차원에서 이루어진다. 그것은 선천과 후천이 합덕일체화된 차원의 본성으로, 그 본성을 체로 하여 선천의 학문과 후천의 실천이 이루어짐을 뜻한다.

《주역》에서는 지知에서 시작해서 인仁에서 완성되는 학문의 시종始終을 한마디로 나타내어 신명한 덕이라는 천지의 본질에 통한다는 통신명지덕通神明之德으로 규정하고, 인仁에서 시작하여 지知에서 완성되는 실천의 시종을 한마디로 나타내어 만물이 그것으로 존재하도록 해주는 유만물지정類萬物之情으로 규정하고 있다. 따라서 역학에서 밝히고 있는 학문과 실천은 통신명지덕과 유만물지정이라고 할 수 있다. 그것을 학문을 중심으로 나타내면 통신명지덕은 학문의 시작이며, 유만물지정은 학문의 완성이라고 할 수 있다.

1. 도서상수圖書象數와 학문

역도는 시간성이자 변화원리이다. 그것은 역도가 근원적 존재가 끊임없이 변화하는 현상으로 탈자脫自하여 타화他化하는 존재임을 뜻한다. 근원적 존재의 자기自己 현현顯現 원리를 현상적 관점에서 나타낸 것이 변화의 도로서의 역도이다.

근원적 존재는 시공을 초월한 형이상적 존재이며, 형이상적 존재는 시공 안의 형이하적 존재의 근거가 된다. 그렇기 때문에 근원적 존재의 자기현현顯現은 형이상적 존재가 형이하의 세계에서 자기를 현상現象하는 것이 된다. 근원적 존재인 역도의 표상은 시간성과 공간성의 관점에서 이루어진다. 시간성의 원리를 중심으로 역도를 밝혔을 때 그것을 역수원리라고 하고, 공간성의 원리를 중심으로 역도를 밝혔을 때 그것을 성명지리性命之理라고 한다.

신도, 천도를 중심으로 역도를 밝힌《정역》에서는 시간성의 구조를 중심으로 역도를 삼극의 도로 밝히고 있다. 삼극의 도는 본체의 측면에서는 무극无極과 태극太極 그리고 황극皇極의 삼극으로 작용의 측면에서는 도생역성과 역생도성의 도역생성이다.

근원적 존재의 구조가 삼극이기 때문에 역도의 내용은 삼극의 관계를 통하여 표상하게 된다.《정역》에서는 "무극无極은 십十으로 십十은 태극太極이니 일一이다. 일一에 십十이 없으면 본체가 없으며, 십十에 일一이 없으면 작용이 없다. 십무극十无極과 일태극一太極이 합덕된 존재가 토土로, 그 가운데 존재하는 것이 오五이니 황극皇極이다."[473]라고 하였다.

근원적 존재의 본체 원리를 표상하는 것이 십무극이며, 작용 원리를 표상하는 것이 일태극이다. 그리고 체용體用을 동시에 나타내는 개념이 오행五行에 있어서의 토土라고 하였다. 이는 오행 가운데 토가 바로 본체를 상징하는 개념임을 나타낸 것이다. 또한 체용이 합덕된 가운데 존재하는 것이 오황극五皇極이라고 하였다. 이는 십무극과 일태극이 오황극으로 합덕됨을 밝힌 동시에 오황극의 내용이 십무극과 일태극임을 밝힌 것이다.

십무극은 도생역성하여 일태극으로 드러나고, 일태극은 역생도성하여 십무극으로 나타난다. 이는 도생역성이 십무극에서 시작하여 일태극에서 완성되는 작용이며, 역생도성은 일태극에서 시작하여 십무극에서 완성되는 작용으로, 양자의 작용에 의해 십무극과 일태극이 오황극에서 하나가 된다는 뜻이다.

삼극의 도의 본체 원리와 작용 원리를 함께 나타내는 이수理數가 무위수无位數이다. 무위수는 이십二十으로, 본체의 측면에서는 십무극과 오황극의 합덕체인 십오十五와 그 작용을 표상하는 오五가 합덕하여 형성된

---

473 金恒《正易》第一張, "擧便无極이시니 十이니라. 十便是太極이니 一이니라. 一이 无十이면 无體요 十이 无一이면 無用이니 合하면 土라 居中이 五니 皇極이니라."

수이다. 반면에 작용의 측면에서는 십무극에서 시작하여 일태극에서 마치는 도생역성을 표상하는 십수十數와 일태극에서 시작하여 십무극에서 마치는 역생도성을 표상하는 십수十數가 합덕된 수이다.

무위수 이십을 중심으로 삼극의 도를 나타내면 십오를 본체로 하면 오의 구조 원리가 밝혀지고, 오를 본체로 하면 십오의 구조 원리가 밝혀진다. 또 십오를 본체로 하면 도역의 작용 원리가 밝혀지며, 오를 본체로 하면 십오본체원리가 밝혀지는 것이다.

무위수는 현상의 관점에서는 삼재, 삼극을 일관하는 근원적인 존재를 나타낸다. 그러므로 무위수를 바탕으로 그것을 현상적 관점에서 나타내면 무무위无无位 육십수六十數가 된다. 삼재를 일관하는 근원적 존재가 삼재의 도로, 그것을 수로 나타내면 무위수이고, 무위수를 다시 삼재의 관점에서 나타내면 무무위 육십수六十數가 되는 것이다.

무무위 육십수에 의해 비로소 천지의 도가 드러나게 된다. 무무위 육십수 가운데서 십오를 귀공歸空하면 낙서의 체용도수인 사십오수四十五數가 밝혀지고, 단오單五를 귀공歸空하면 하도의 체용도수인 오십오수五十五數가 밝혀진다.

본체도수를 중심으로 무무위수를 이해하면 무위수 이십에서 십오를 귀공歸空하면 오를 본체로 하는 작용 원리가 밝혀지고, 오를 본체로 하면 십오의 본체원리가 밝혀짐을 나타낸 것이다. 그렇기 때문에 하도는 십오十五를 중심으로 본체원리를 밝히고 있으며, 낙서는 오를 중심으로 작용 원리를 밝히고 있다.

삼극의 도를 공간성의 원리를 중심으로 나타내면 삼재의 도가 된다. 삼극의 현상적 표상이 삼재이며, 도역생성의 현상적 표상이 양지兩之작용이다. 삼극의 무극无極이 천天으로, 태극이 지地로, 황극皇極이 인人으로 표상됨으로써 삼극원리가 삼재원리가 되며, 도생역성이 천天의 지地를 지향하여 이루어지는 음적陰的작용이 되고, 역생도성이 지地의 천天을 지향하여 이루어지는 양적陽的작용이 되어 도역생성이 음양의 양지작용이 된다. 삼재의 양지작용 원리가 삼재의 도이다.[474]

삼재의 도를 중심으로 무위수를 이해하면 천지와 인간의 관계를 통하여 그 내용이 밝혀진다. 그렇기 때문에 《주역》에서는 삼재의 도의 내용을 천도와 인도, 지도로 밝히고, 천도의 내용을 음양으로, 지도의 내용을 강유로, 인도를 인의仁義로 밝히고 있다.[475]

천지와 인간의 관계를 중심으로 역도를 밝히면 본체는 천지가 되고 작용은 인간에 의해 이루어진다. 그것은 천지와 인간이 본체와 작용의 관계임을 뜻한다. 그렇기 때문에 천지를 본체로 하면 인간의 삶의 원리가 밝혀지며, 인간을 본체로 하면 천지의 원리가 밝혀진다.

천지를 중심으로 인간을 밝히는 것은 역도의 도생역성에 의한 것이며, 인간을 중심으로 천지를 밝히는 것은 역도의 역생도성에 의한 것이다. 도생역성을 중심으로 역도를 밝히면 천도의 인간 주체화[476]가 된다. 인간 본래성은 천도가 주체화한 형이상적 존재이다. 반면에 역생도성을 중심으로 역도를 밝히면 천도의 인간 주체적 자각이 된다. 그것은 인간이 본래성을 자각함으로써 그 존재 근거인 천도 역시 자각하게 됨을 뜻한다.

---

474 《周易》의 繫辭下篇 第十章에서는 "兼三才而兩之라 故六이니 六者非他也라 三才之道也니."라고 하여 육효六爻 중괘重卦가 표상하는 내용이 양지작용兩之作用을 하는 삼재三才의 도道임을 밝히고 있다.

475 《周易》의 繫辭下篇 第十章에서는 "易之爲書也 廣大悉備하야 有天道焉하며 有人道焉하며 有地道焉하니 兼三才而兩之라 故六이니 六者非他也라 三才之道也니"라고 하였고, 說卦 第二章에서는 "是以立天之道曰陰與이오 立地之道曰柔與剛이오 立人之道曰仁與義니."라고 하였다.

476 도라는 어떤 존재가 있어서 그것이 인간의 본래성, 주체성으로 내재화하는 것이 아니다. 본래 도를 인간의 관점에서 이해하면 인간의 본래성이 되고, 사물의 관점에서 보면 사물의 본질이 될 뿐이다. 다만 도와 인간의 관계를 나타내기 위하여 인간주체화, 인간주체적 자각이라는 말을 사용할 뿐이다.

그런데 천도와 인도는 일체적 관계이면서도 서로 구분된다. 본래 역도를 공간성을 중심으로 밝힌 것이 삼재의 도이며, 역도는 근원적 존재의 자기 현현 원리이기 때문에 인간의 삶 자체도 역도의 자기 현현이다. 그렇기 때문에 인간 개체란 존재할 수 없으며, 개체가 없기 때문에 개체의 언행은 없다.

형이상적 관점에서 보면 그 어떤 것도 이루어지지 않은 것이 없어서 모든 것을 다하는 무불위無不爲이지만 그러나 형이하적 관점에서는 아무것도 한 것이 없는 무위無爲이다. 그렇기 때문에 인간의 삶을 형이상적 관점과 형이하적 관점을 동시에 나타내면 '하면서도 함이 없이 함(爲而無爲)'이라고 할 수 있다. 이를《주역》에서는 "신묘神妙하여 서두르지 않아도 빠르고, 가지 않아도 이미 도달하였다."[477]라고 표현했다.

형이상적 관점에서 보면 모든 것이 본래성의 현현顯現이지만 개체적 나를 버려서 근원적 존재와 계합契合하는 과정을 거치지 않으면 개체성을 탈피할 수 없게 된다. 그렇기 때문에 공자는 개체적 자아를 넘어서 본래적 존재인 도덕적 주체와 계합되는 것을 학문으로 제시하고 그것을 "극기복례위인克己復禮爲仁"으로 나타내기도 하고, "박학어문博學於文 약지이례約之以禮"로 나타내기도 하였다.[478]

역도를 존재 근거로 형성된 학문이 유학儒學이다. 그것은 신도神道, 천도를 근거로 형성된 인도 중심의 학문이 유학임을 뜻한다.《주역》에서도 삼재의 도를 중심으로 인도를 밝히고 있고,《논어》에도 군자의 도를 밝히고 있으며, 그 밖의 모든 유가의 전적들이 인도, 군자의 도를 밝히고 있다.

인도의 근거가 천도이기 때문에 유가儒家의 여러 전적들이 역도를 근거

---

477 《周易》繫辭上篇 第十章, "唯神也故로 不疾而速하며 不行而至하나니."

478 《論語》의 雍也에서는 "子曰 君子博學於文 約之以禮 亦可以不畔矣夫"라고 하였고, 顔淵에서는 "顔淵問仁 子曰 克己復禮爲仁"이라고 하였다.

로 군자의 도를 밝히고 있다.《논어論語》와《서경書經》에서는 "천지역수天之曆數 재이궁在爾躬 윤집기중允執其中"[479]이라고 하여 인간 본래성을 자각하는 집중執中을 학문 원리로 제시하면서 그 존재 근거로 천도의 내용인 역수원리가 인간의 본래성으로 주체화되었음을 밝히고 있다.

그리고 공자는 "나의 도는 하나로 꿰어져 있다(一以貫之)."[480]라고 하였을 뿐만 아니라 "하나를 들으면 둘을 알고, 하나를 들으면 열을 안다."[481]라고 하여 하나로부터 시작하여 열에 이르는 수를 통하여 역생도성을 언급하고 있다.

《정역》에서는 "말씀은 하지 않았지만 겉으로 드러내어 표현을 하지 않는 것은 부자夫子의 도이다. 십으로 날개를 더하고 하나로 꿰었으니 진실로 만세의 스승이다."[482]라고 하여 십에서 일로 향하는 도생역성과 일에서 십으로 향하는 역생도성을 공자가 이미 알고 있었으며, 십익十翼을 통하여《주역》의 내용을 밝히고,《논어》에서 일관一貫의 도道를 언급한 것이 모두 공자의 도였음을 밝히고 있다.

인도인 군자의 도가 밝혀지기 위해서는 천도를 중심으로 연구가 이루어져야 한다. 그런데도 한대漢代 이후 수많은 역학자易學者들이 역경易經을 연구하였지만 역도의 내용인 역수원리를 밝히지 못하였다. 그렇기

---

479 《書經》의 大禹謨에서는 "天之曆數在汝躬 汝終陟元后. 人心惟危 道心惟微. 惟精惟一 允執厥中.無稽之言勿聽 弗詢之謀勿庸. 可愛非君 可畏非民. 衆非元后 何戴 后非衆 罔與守邦. 欽哉 愼乃有位 敬脩其可願. 四海困窮 天祿永終."라고 하였고,《論語》의 堯曰篇에서는 "堯曰 咨爾舜 天之曆數 在爾躬 允執厥中 四海困窮 天祿永終"이라고 하였다.

480 《論語》의 里仁篇에서는 "子曰 參乎 吾道 一以貫之"라고 하였고, 衛靈公篇에서는 "曰非也 予 一以貫之"라고 하였다.

481 《論語》의 公冶長에서는 "子謂子貢曰 女與回也孰愈 對曰 賜也何敢望回 回也聞一以知十, 賜也聞一以知二 子曰 弗如也 吾與女弗如也."라고 하여 "聞一以知二"하여 "聞一以知十"하는 逆生倒成을 언급하고 있다.

482 金恒,《正易》第二張, "嗚呼至矣哉라 无極之无極이여 夫子之不言이시니라. 不言而信은 夫子之道시니라. 晩而喜之하사 十而翼之하시고 一而貫之하시니 儘我萬世師신저."

때문에 유학의 학문원리를 그 존재 근거인 역도를 바탕으로 고찰할 수 없었다.

역학은 간지도수干支度數를 통하여 표상된 신명원리(神道)와 도서상수를 통하여 표상된 역수원리, 삼극의 도 그리고 괘효卦爻상수象數를 통하여 표상된 삼재三才의 도로 구분할 수 있다. 신도는 역도의 가장 근원적 원리를 표상하고 있지만 체용이 합덕된 세계를 표상하고 있기 때문에 그것을 도수와 괘효를 중심으로 밝힌 도서상수와 괘효상수를 통하여 학문의 원리를 밝혀낼 수 있다.

군자의 학문과 실천의 문제는 본성 자체의 문제가 아니라 용심用心의 문제이다.[483] 그렇기 때문에 군자의 학문을 그 존재 근거인 천도를 중심으로 파악하기 위해서는 본체가 아닌 작용을 중심으로 살펴보아야 한다.

도서[484] 가운데서 하도河圖는 본체를 중심으로 변화원리를 밝히고 있고, 낙서洛書는 작용을 중심으로 변화원리를 표상하고 있다. 하도는 십오 본체도수本體度數를 중심으로 합덕원리를 표상하며, 낙서는 작용도수인 사상수四象數를 중심으로 작용 원리를 표상하였다. 그렇기 때문에 낙서를 중심으로 군자의 학문과 실천을 고찰할 수 있다.

낙서를 통하여 표상된 역수원리의 내용은 선후천변화원리이며, 그 구체적인 내용은 사역변화四曆變化원리이다. 따라서 도서를 중심으로 학문을 고찰하기 위해서는 선후천변화를 중심으로 학문의 대체를 파악하고, 사역변화를 중심으로 구체적인 내용을 살펴볼 수 있다.

---

483 학문과 실천의 주체가 본성本性임에는 틀림없으나 본성 자체에 학문과 실천이 필요한 것은 아니다. 학문과 실천은 용심지법用心之法을 통하여 본성을 자각하여 주체화하고, 그것을 주체로 군자의 도道를 실천하는 문제이다.

484 하도와 낙서를 함께 말할 때 첫 글자를 합하여 하락河洛이라고 부르기도 하고, 끝 글자를 합하여 도서圖書로 부르기도 한다. 본고에서는 하도河圖와 낙서洛書를 함께 가리키는 개념으로 '도서圖書'를 사용하고자 한다.

1) 선후천과 학문

하도와 낙서를 통하여 표상된 삼극의 도의 내용은 역수원리이다. 역수원리는 역수의 변화로 나타나는 변화원리이다. 그것은 선천에서 후천으로 변화하는 선후천변화이다. 그러므로 도서원리의 내용은 선후천변화원리라고 할 수 있다.

도서를 통하여 표상된 선후천변화를 삼극의 도를 중심으로 살펴보면 하도는 후천의 세계를 표상한 도상으로 그것을 미제의 상으로 규정하고 있다. 그리고 낙서는 선천의 세계를 표상한 도상으로 그것을 기제의 수로 밝히고 있다.

선천은 태극의 세계이며, 후천은 무극의 세계이다. 선천과 후천을 역수를 중심으로 살펴보면 선천은 십오 본체도수가 구九와 육六의 음양陰陽으로 나누어져서 작용한다. 그렇기 때문에 《주역》에서는 천도를 표상하는 양효陽爻를 용구用九로 그리고 지도를 표상하는 음효陰爻를 용육用六으로 규정하고 있다. 그런데 구수는 작용의 극한을 나타내는 수로 작용의 마디를 결정하고, 육수는 작용도수인 삼백육십을 기준으로 가감加減하여 음양의 윤역閏曆이 형성된다. 이렇게 음양의 윤역이 시생始生하여 생장生長하는 시대가 선천이다.

후천은 장성한 음양의 윤역閏曆이 성도하여 합덕合德된 시대이다. 그것은 음양의 윤역이 장성하여 합덕됨으로써 중정역中正曆인 정역正曆이 운행하는 시대가 후천임을 뜻한다. 이때 음양이 합덕된 정역正曆이 밝혀짐으로써 본체도수인 십오 역시 밝혀진다. 따라서 선후천변화는 음양의 윤역이 시생하여 장성함으로써 음양의 합덕역인 정역으로 변화하는 것이다.

선천과 후천을 인간 주체적으로 이해하면 성인과 군자의 문제로 집약된다. 성인과 군자가 모두 역도를 주체적으로 자각하고 그것을 실천하는 존재이지만 성인은 선천적 존재이며, 군자는 후천적 존재이다. 선천에는 성인이 경전을 저작하며 역학을 형성하고, 후천에는 군자가 역학에서 밝혀진 인도를 실천한다. 따라서 선천의 주체적 존재는 성인이며, 후천의 주체적 존재는 군자라고 할 수 있다.

선천에는 성인이 중심이라는 것은 군자의 측면에서는 이 시기가 학문을 통하여 생장하는 때임을 뜻한다. 그렇기 때문에 소인의 도가 횡행橫行하여 군자의 도가 드러나지 않는다. 이때 소인의 도는 없애버려야 할 것이 아니라 소인이 군자로 성장할 수 있는 바탕이다. 그것을 통하여 성장해야 할 동기유발이 되고 그 본질을 파악함으로써 군자의 도를 자각하게 된다.

그러나 소인은 자신이 어떤 존재인지 어떻게 살아야 하는지를 모른다. 그렇기 때문에 선천에 천지의 도와 인도를 밝힌 성인이 인류 역사상에 탄강誕降하여 경전을 저작함으로써 역학을 형성하게 된다. 이처럼 성인에 의해 역경이 저작되고, 역경을 통하여 역학이 형성됨으로써 그것을 통하여 후천의 군자를 기르게 된다.

선후천원리를 작용 원리 중심으로 나타낸 것이 바로 도생역성과 역생도성이다. 도역倒逆의 도倒는 근원적 세계를 나타내며, 역逆은 근원을 근거로 존재하는 세계를 나타낸다. 이를 천지 관계를 중심으로 나타내면 도倒는 천天을, 역逆은 지地를 나타낸다. 그리고 생生은 시생始生을, 성成은 장성長成하여 합덕성도함을 나타낸다. 그러므로 도생역성은 천天에서 시생하여 지地에서 성도하는 작용이며, 역생도성은 지地에서 시생하여 천天에서 성도하는 작용이다. 그것을 삼극을 중심으로 나타내면 도생역성의 결과 선천의 태극이 밝혀지며, 역생도성의 결과 후천의 무극이 밝혀지게 된다.

그런데 도역생성의 결과로 나타나는 무극과 태극의 중위中位에 황극이 거처한다. 그것은 바꾸어 말하면 황극을 중심으로 도역倒逆의 생성이 이루어짐을 뜻한다. 그렇기 때문에 도역의 생성을 알고자 하면 황극을 중심으로 이해해야 한다. 황극은 무극에 대응하는 본체적 개념으로, 삼재의 관점에서는 인간의 본래성을 나타내는 개념이다. 따라서 도역생성을 이해하려면 인간 본래성을 중심으로 해야 한다.

도역의 생성을 인간 주체적으로 이해하면 인도의 내용이 밝혀진다. 역생도성 원리를 근거로 군자의 학문이 이루어지는 것이다. 학문은 군자가 자신의 본래성을 자각하는 동시에 자신의 존재 근거인 무극을 자각하는 과정이다. 그것을 군자의 심성 내면을 중심으로 나타내면 대상 사물로부터 마음으로, 마음으로부터 본래성으로, 본래성으로부터 천지의 마음에 도달하는 과정이다. 그것은 지地에서 시작하여 천天에서 완성되는 작용이라고 할 수 있다.

도생역성 원리를 근거로는 군자의 실천이 이루어진다. 실천은 자각한 천명天命을 본래성을 매개로 하여 언행言行으로 구체화하는 과정이다. 그것은 선천의 태극을 드러내 밝히는 것으로, 그것을 《주역》에서는 유만물지정類萬物之情[485]으로 규정하고 있다. 인간을 비롯한 만물을 그 본성과 본질에 따라서 사랑하고 다스리는 것으로 그것은 곧 만물의 정위情僞를 밝혀주는 것이다. 그렇기 때문에 현상적 존재의 본질인 태극을 밝혀주는 것이 된다. 그것은 천도의 측면에서는 천天으로부터 시작하여 지地에서 완성되는 작용이라고 할 수 있다.

낙서를 살펴보면 도역의 생성 원리가 사상수四象數를 통하여 표상되고 있다. 따라서 낙서의 사상수를 통하여 학문원리와 실천원리를 파악할 수 있다. 낙서의 사상수는 생수生數와 성수成數로 구성된다. 생수와 성수의 기준은 낙서의 중심에 놓여 있는 오수五數이다.

생수와 성수는 오수를 중심으로 구분된다. 생수는 일一에서 사四까지의 수數이며, 성수는 구九에서 육六까지의 수이다. 생수는 일一에서 시작하여 이二와 삼三을 거쳐서 사四에 이르면 끝나며, 성수는 구九에서 시작하여

---

485 《周易》 繫辭下篇 第二章, "古者包犧氏之王天下也애 仰則觀象於天하고 俯則觀法於地하며 觀鳥獸之文과 與地之宜하며 近取諸身하고 遠取諸物하야 於是애 始作八卦하야 以通神明之德하며 以類萬物之情하니."

팔八과 칠七을 거쳐서 육六에 이르면 끝이 난다.

그런데 오황극은 인간의 본래성을 상징하는 수이다. 오황극을 중심으로 생수와 성수를 이해하면 생수는 본래성을 자각하지 못한 상태에서 본래성을 향하여 나아가는 과정으로서의 생장과정을 표상하는 수이고, 성수는 본래성을 주체로 그것을 실천하며 살아가는 세계를 상징하는 수라고 할 수 있다.

역수원리를 중심으로 살펴보면 성수가 구九에서 육六으로 일一이라는 수가 등감等減하는 현상을 통하여 도생역성을 표상하고, 생수가 일一에서 사四로 일수一數가 등가等加하는 현상을 통하여 역생도성을 표상한다.

성수에 의해 표상되는 도생역성은 정령 작용政令作用이며, 생수에 의해 표상되는 역생도성은 율려 작용律呂作用이다. 정령 작용은 외적外的 작용으로 기수朞數를 형성하는 작용이며, 율려 작용은 내적內的 작용으로 기수朞數의 마디를 짓는 작용이다. 정령 작용이 시간성의 시간적 자기 전개 작용이라면 율려작용은 시간적 자기 전개의 마디를 지어 주는 작용으로 양자는 체용의 관계이다.

사상수가 표상하는 역수변화원리를 군자를 중심으로 이해하면 다음과 같다. 성수가 표상하는 정령 작용은 군자의 실천 원리가 된다. 군자가 언행을 통하여 사덕四德을 실천하는 원리의 근거가 성수의 정령 작용에 있는 것이다.

반면에 생수가 표상하는 율려 작용을 군자 주체적으로 이해하면 군자의 학문 원리가 된다. 군자가 학문을 통하여 본성을 자각하고, 천명을 자각하는 원리의 근거가 생수의 율려 작용에 있는 것이다.

《정역》에서는 천도의 선후천 원리를 군자의 학문 원리와 관련하여 선천의 학문 원리와 후천의 실천 원리로 구분하여 나타내고 있는데, 그 내용을 보면 다음과 같다.

음陰을 억제하고 양陽을 기르는 것은 선천先天의 심법心法의 학문學問이며, 양陽을 고르고 음陰을 법法답게 하는 것은 후천後天의 성리性理의 도道이다.[486]

위의 내용을 보면 용심법用心法을 중심으로 억음존양抑陰尊陽하는 것이 선천의 학문 원리이며, 성리性理를 중심으로 조양율음調陽律陰하는 것이 후천後天의 실천 원리임을 알 수 있다. 위의 내용을 낙서의 사상도수를 중심으로 살펴보면 선천의 학문 원리 가운데서 억음원리抑陰原理는 정령 작용을 표상하는 성수를 중심으로 이해할 수 있으며, 존양원리尊陽原理는 율려작용을 표상하는 생수를 중심으로 이해할 수 있다.

억음抑陰은 윤도수閏度數가 귀체歸體되는 구도九度의 등감等減 현상을 통하여 이해할 수 있으며, 존양尊陽은 구도九度의 등가等加 현상을 통하여 이해할 수 있다. 다만 후천의 실천이라는 측면에서 보면 생성의 사상수에 의해 표상된 내용은 태음太陰과 태양太陽의 합덕合德 작용의 내용이 된다.

태양太陽은 성리性理가 전직全直하기 때문에 항상恒常하지만 태음太陰은 수數가 차면 기氣가 비워지기 때문에 소장消長하게 된다.[487] 태양과 태음의 영허盈虛와 소장消長의 작용은 선후천 원리에 근거하여 이루어진다.

이기理氣 관계를 중심으로 영허와 소장을 살펴보면 영허는 기氣에 의해 이루어지는 것으로 선천적 작용이며, 소장은 리理에 의해 이루어지는 것으로 후천적 작용이다.[488] 선천의 정사政事는 진퇴進退이며, 후천後天의 도道는 굴신屈伸이다.

진퇴와 굴신은 태음을 중심으로 이루어지기 때문에 태음을 중심으로 살펴보면 진퇴의 정사는 달이 차고 기우는 것이며, 굴신의 도는 달이 소멸

---

486 金恒,《正易》第八張, "抑陰尊陽은 先天心法之學이니라. 調陽律陰은 后天性理之道니라."

487 金恒,《正易》第八張, "太陽恒常은 性全理直이니라. 太陰消長은 數盈氣虛니라."

488 金恒,《正易》第八張, "盈虛는 氣也니 先天이니라. 消長은 理也니 后天이니라."

되었다가 자라는 현상[489]으로 나타나게 된다.

태음의 영허소장盈虛消長과 이기理氣의 관계를 중심으로 학문 원리를 살펴보면 선천에는 가득 찼던 기氣가 비워지고, 은미隱微했던 리理가 점점 자라서 이기理氣가 합덕되도록 하는 것이 억음존양抑陰尊陽의 용심법用心法이다.

《주역》에서는 억음존양하는 선천의 용심법을 상하上下 관계를 통하여 밝히고 있다. 산택손괘山澤損卦䷨에서는 아래를 덜어서 위로 더함(損下益上)으로 밝히고 있다. 이는 대상 세계, 형이하의 세계로 달려가는 마음을 붙잡아서 형이상의 세계, 본성의 세계로 향하는 것을 뜻한다. 그렇기 때문에 대상大象에서는 구체적인 방법으로 "분忿한 마음을 징계하고, 욕심慾心을 막음"[490]으로 밝히고 있다. 이는 영허의 기를 중심으로 선천의 용심법을 밝힌 것이다.

반면에 풍뢰익괘風雷益卦䷩에서는 소장의 이理를 중심으로 선천의 용심법을 밝히고 있다. 단사彖辭에서는 위로부터 아래로 내려감(自上下下)으로 규정하고 있다. 이는 형이상의 도, 인간의 본성을 주체로 마음과 몸을 통하여 사고하는 등의 용심과 몸을 움직이는 것을 뜻한다. 그렇기 때문에 구체적인 방법으로 "선善을 보면 실천하고, 허물을 보면 고침"[491]으로 제시하고 있다.

낙서의 도상을 보면 생수와 성수가 서로 대응하고 있을 뿐만 아니라 율려 작용과 정령 작용이 체용의 관계이다. 이를 통하여 군자의 학문과 실천이 음양의 관계인 동시에 일체적 관계임을 알 수 있다. 학문은 실천을 통

---

489 金恒, 《正易》, "后天之道는 屈伸이오 先天之政은 進退니라. 進退之政은 月盈而月虛니라. 屈伸之道는 月消而月長이니라."

490 《周易》의 山澤損卦䷨ 彖辭에서는 "損下益上 其道上行"라고 하였고, 大象에서는 "君子以 懲忿窒欲"이라고 하였다.

491 《周易》의 風雷益卦䷩ 彖辭에서는 "益 損上益下 民說无疆 自上下下 其道大光"라고 하였고, 大象에서는 "風雷益 君子以 見善則遷 有過則改"라고 하였다.

하여 완성되며, 실천은 학문을 통하여 시작되는 것이다. 따라서 학문이 없는 실천이나 실천이 수반되지 않는 학문은 의미가 없다. 그렇기 때문에 군자는 앎과 행함이 일치해야 하며, 배움과 행함이 일치해야 하고, 말과 행동이 일치해야 한다.

또한 생성의 사상수가 각각 육과 사에 이르고 다시 한 단계를 거치면 오五에 이르게 된다. 이처럼 오에서 생수와 성수가 만나게 되는 것을 통하여 학문과 실천이 하나가 되는 위치가 인간 본래성임을 알 수 있다. 그것은 군자의 학문과 실천이 오황극이 표상하는 인간 본래성을 주체로 이루어짐을 뜻한다.

생수가 성수로 변화하고, 성수가 생수로 변화하는 근거는 오황극으로, 이 오수를 통하여 생성의 변화가 이루어진다. 인간 본래성을 통하여 성수가 표상하는 인격적 세계, 근원적 세계에 도달하고, 생수가 표상하는 사물적 세계에 도달하는 것이다. 따라서 형이상과 형이하의 세계를 오르내리는 사다리와 같은 존재가 인간 본래성이라고 할 수 있다. 군자는 본래성을 주체로 학문을 통하여 역생도성하여 십무극의 근원적 세계에 도달하고, 실천을 통하여 도생역성하여 일태극의 작용의 세계에 도달한다.

《논어》에서는 학문을 선후천을 중심으로 종시원리로 밝히고 있다. 선천이 끝나고 후천이 시작되는 종시원리가 선후천원리의 내용으로 그것을 군자의 학문원리를 중심으로 이해하면 비본래적 자기를 극복하고 본래적 자기를 회복하는 것이다. 그것을 《논어》에서는 자기를 이겨서 예禮를 회복하여 인仁을 주체로 한다[492]고 규정하고 있다.

극기克己는 비본래적 자기의 세계가 끝나는 것으로 그것은 소인이 학문을 통하여 형이하의 세계를 벗어나는 것을 뜻한다. 선후천 원리를 중심으로

---

492 《論語》 顔淵, "克己復禮爲仁."

로 이를 이해하면 선천이 끝나는 것을 의미한다. 그리고 '복례위인復禮爲仁'은 예禮를 회복하여 인仁을 주체主體로 한다는 의미로, 비인격적 존재에서 인격적 존재로 변화함을 뜻한다.

그런데 그것을 예禮를 회복하는 것으로 시작한 까닭은 인仁이 체體가 되어 예禮로 작용하기 때문이다. 그렇기 때문에 《논어》에서는 학문을 논하면서 "널리 문장을 배워서 예禮로 주체화한다."[493]고 하였다. 그러므로 '복례위인復禮爲仁'은 인간 본래성의 세계가 밝혀지고 행하여지는 후천의 세계가 시작됨을 뜻한다.[494] 이렇게 보면 군자의 학문은 선후천변화이다. 그것을 《주역》에서는 역易으로 규정하고 그 내용을 생생生生[495]으로 밝히고 있다. 이는 선천에서 후천으로의 종시변화가 물리적 생명의 출생을 거쳐서 인격적 생명이 탄생함으로써 인격적 존재로 변화하는 인격적 존재의 생성 원리임을 밝힌 것이다. 즉, 끊임없이 생성하고 변화하는 것이 역도의 작용이란 말이다.

2) 사역변화四曆變化와 학문

낙서의 사상수가 표상하는 선후천변화원리의 내용은 사역변화원리이다. 성수인 구팔칠육을 통하여 원역原曆, 윤역閏曆, 윤역閏曆, 정역正曆의 사역四曆이 변화하는 원리가 표상된다. 구九에서 팔八로, 팔八에서 칠七로, 칠七에서 육六으로 변화함으로써 용구역用九曆인 원역에서 용팔역用八曆인 윤역閏曆이 시생하고, 용칠역用七曆인 윤역閏曆으로 생장하여 용육역用六曆

---

493 《論語》 雍也, "子曰 君子博學於文 約之以禮 亦可以不畔矣夫."

494 《논어》뿐만 아니라 모든 경전의 세계는 물론이고 우주 만물 역시 순역順逆, 도역倒逆의 관점에서 이해할 수 있다. 극기복례위인克己復禮爲仁 역시 순역順逆의 관점에서 이해할 수 있다. 본문의 내용은 역逆의 관점에서 이 부분을 이해한 것으로 순順의 관점에서는 그 내용이 전혀 달라진다. 그 구체적인 내용은 저자의 《논어순역論語順逆》을 참고하기 바란다.

495 《周易》 繫辭上篇 第五章, "生生之謂易."

인 정역正曆으로 변화하는 원리가 표상되는 것이다.[496]

사역의 생성변화가 이루어지는 마디는 구수九數로, 구수의 누적累積을 통하여 그 마디를 규정하는 것은 생수이다. 생수의 일이삼사는 용일用一의 구九와 용이用二의 십팔十八 그리고 용삼用三의 이십칠二十七과 용사用四의 삼십육三十六을 통하여 역수를 사역四曆으로 구분지어 준다. 구수는 도서를 구성하는 천지의 수 가운데서 역생도성에 있어서는 역생의 극치에 이른 수인 동시에 도생역성에 있어서는 도생이 시작되는 수이다.

학문원리는 율려 작용을 표상하는 생수를 중심으로 고찰해야 하지만 생성의 수가 음양의 관계이기 때문에 성수의 사역변화원리도 함께 고찰해야 한다. 생수의 시작은 일수로, 이것을 바탕으로 생성의 도역 작용이 이루어진다. 그렇기 때문에 일수는 생성 작용을 막론하고 중요한 수이다.

일수一數는 십무극을 체로 하여 씨로 심어진 일태극을 표상한다. 도생역성의 역성 도수가 일一인 것이다. 일과 음양 대응하는 성수는 구九로 구九는 역생도성의 도성된 도수이다. 사역변화의 측면에서 구수는 본체도수 십오十五와 정역正曆도수度數 삼백육십三百六十이 합덕된 원역原曆을 표상하는 도수이다.

용일用一의 일수가 표상하는 율려원리를 학문을 중심으로 인간 주체적으로 이해하면 군자의 심성 내면에서 씨로 심어진 천지의 도를 표상한다. 용일 도수는 군자의 학문의 근거이자 주체인 인간 본래성을 상징한다. 학문은 본성과 그 존재 근거인 십무극에 대한 믿음으로부터 시작된다. 믿음을 시작으로 군자의 마음이 근원적 존재를 향하여 지향 작용을 하게 되고 그것이 학문의 시작인 것이다. 그렇기 때문에 용일을 군자의 학문을 중심으로 이해하면 학문에 뜻을 세우는 입지立志를 나타낸다.

---

496 역도易道의 내용인 역수원리曆數原理에 관하여서는 졸고, 〈도서원리圖書原理의 내용인 역수원리曆數原理〉를 참고하기 바란다.

입지의 내용은 용구用九도수가 표상하는 원역의 본체도수인 십오천지원리와 작용 원리인 음양의 합덕역인 정역원리를 주체적으로 자각하여 천명을 봉행하고자 하는 뜻을 세우는 것이다. 이를 통해 마음 가운데 군자의 도가 씨로 심어진 것을 표상하는 것이 생수의 일수인 것이다. 일수가 도역생성의 수를 구성하는 기본이듯이 입지는 학문과 실천을 막론하고 군자의 모든 삶을 일관하는 기본이 된다.

생수의 용이用二는 역생된 도수로, 용이와 음양 대응하는 용팔用八도수는 도생된 도수이다. 용이 도수는 일태극으로 씨가 뿌려진 천지의 도가 군자의 심성 내면에서 싹이 트는 원리를 표상한다. 그것은 천지의 도의 측면에서는 성인의 도로 시생하는 군자의 도를 표상하는 동시에 학문의 측면에서는 군자의 심성 내면에서 군자의 도가 싹을 틔우는 것을 표상한다. 그렇기 때문에 용이用二에 음양 대응하는 수인 용팔은 윤역의 시생원리를 표상한다. 용팔역은 원역을 체로 하여 시생된 윤역으로 장차 생장하기 위하여 시생된 윤역이다.

학문의 측면에서는 성인의 도, 군자의 도와 소인의 도를 변별辨別하고, 형이상자와 형이하자를 구분하고 그 관계를 밝히는 이치에 관한 연구로서의 궁리窮理를 나타낸다. 윤역의 시생은 본체도수인 십오가 구와 육으로 나누어지면서 구九는 율려작용의 기본 도수가 되고, 육六은 정령 작용의 기본 도수가 되는 것을 통해 이루어진다.

삼백육십의 정역正曆 기수朞數가 기본이 되어 육도六度가 더해짐으로써 삼백육십육三百六十六의 윤역이 시생된다. 생성의 팔八과 이二가 표상하는 윤역의 시생원리는 근원적 존재인 천지부모가 씨가 되어 그것이 각각 나누어져 작용함으로써 지地의 용육은 윤역으로 시생되고, 천天의 용구는 일원수一元數[497]에 십팔十八이 더해진 백십칠도百十七度로 자라게 되는 것이다.

---

497 이때 일원수一元數는 하도河圖와 낙서洛書를 합한 100數를 가리킨다. 하도와 낙서가 합덕

생수의 용삼用三은 시생된 군자의 도가 생장하여 본성이 밝혀짐으로써 인격적 존재로 장성하는 원리를 표상한다. 인간의 본래성이 밝혀짐으로써 그 존재 근거인 천지의 본성이 밝혀지게 되고, 천지와 인간의 본성이 밝혀짐으로써 천지인天地人 삼재三才의 세계가 밝혀지게 된다. 그렇기 때문에 생수의 삼三은 삼재의 도를 표상한다고 할 수 있다.

삼三에 음양 대응하는 성수인 칠七은 생장한 역수의 관점에서는 윤역인 삼백육십오三百六十五와 사분도지일일역四分度之一日曆을 표상한다. 용칠역用七曆은 이미 장성한 윤역으로 장차 음양의 합덕이 가능한 역이다. 그것은 인도의 측면에서는 인간의 본성이 밝혀지는 진성盡性이다.

생수의 용사用四는 인간 본래성의 내용인 사덕四德원리가 밝혀짐으로써 그것을 주체로 천지의 도와 합덕하여 성도成道하는 원리를 표상한다. 용사에 대응하는 용육用六은 음양의 합덕역인 정역을 표상하는 수로, 음양의 역이 합덕됨으로써 비로소 십오 본체도수가 합덕하여 성도하게 된다. 이처럼 음양역의 합덕성도에 이르러서 비로소 그 존재 근거인 십오 본체도수가 밝혀진다.

학문의 측면에서는 성인의 도, 천지의 도와 합덕함으로써 천지의 인격적 의지를 자각하게 되는데, 그것이 바로 천명天命의 자각이다. 따라서 학문의 측면에서 용사가 표상하는 내용은 천명의 자각이라고 할 수 있다. 천명을 자각한 존재가 군자이며, 군자는 자각한 천명을 반드시 실천하기 때문에 비로소 실천이 문제된다.

앞에서 낙서의 사상수를 중심으로 살펴본 학문의 과정을 정리하면 네 단계로 나타낼 수 있다. 《주역》에서는 성인에 의해 괘효가 형성됨으로써 그것을 통하여 역도가 천명됨을 밝힌 후에 괘효를 연구하여 역도를 자각

이 됨으로써 비로소 사상四象의 생성 작용이 이루어진다. 그렇기 때문에 율려 작용의 측면에서는 일원수 100을 기준으로 매 단계마다 구수의 증가에 의해 네 마디가 이루어진다.

하고 실천하는 군자를 중심으로 학문의 과정을 밝히고 있는데, 그 내용을 살펴보면 다음과 같다.

> 도덕道德에 화순和順하여 의義로 다스리고자 하여, 이치理致를 궁구窮究하고 본래성을 자각함으로써 천명天命을 자각한다.[498]

위의 내용은 성인이 도를 자각하고 그것을 도서상수와 괘효상수를 통하여 천명하였음을 밝히고 이어서 군자가 어떻게 역학을 연구할 것인가를 보여주고 있다. 위 구절은 '화순어도덕이이어의和順於道德而理於義'와 그 다음 부분으로 나누어 이해할 수 있다.

그런데 앞부분과 뒷부분의 내용은 사실 서로 같다. 다만 앞부분은 과거적 관점을 중심으로 미래를 향한 관점에서 언급된 것이고, 뒷부분은 현재를 중심으로 미래를 향한 관점에서 언급된 것이라고 할 수 있다. 다시 말하면 앞부분은 학문하는 사람이 장차 걸어가야 할 길을 뜻으로 나타낸 것이며, 뒷부분은 그 뜻을 성취할 수 있는 구체적인 과정을 나타낸 것이다. 따라서 앞의 내용은 뜻을 세우는 입지立志를 나타내고 있다.

입지立志라는 개념은 《주역》에서는 나타나지 않으며, 《맹자》에서 사용된 개념이다.[499] 그러나 《주역》의 뇌풍항괘雷風恒卦䷟의 소상小象에서는 "군자가 변함이 없는 방소方所를 세운다."[500]라고 하였다. '불역방不易方'은 공간적 장소를 가리키는 것이 아니라 군자가 지향해야 할 학문의 목표를 나타낸 것이다. 그러한 세계는 뜻으로 밝힐 수 있는 세계이다. 그러므로 '입불역방立不易方'을 한마디로 나타내면 입지立志라고 할 수 있다.

---

498 《周易》說卦篇, "和順於道德而理於義하여 窮理盡性하여 以至於命하니라."

499 《孟子》萬章章句下, "故 聞伯夷之風者, 頑夫廉, 懦夫有立志."

500 《周易》雷風恒卦䷟ 大象, "象曰 雷風이 恒이니 君子以하야 立不易方하나니라."

천화동인괘天火同人卦䷌에서는 "군자라야 능히 천하의 뜻에 통한다."[501] 라고 하여 군자가 학문해야 할 내용을 천하天下의 뜻志으로 규정하고 있음을 볼 때 이 점이 더욱 분명하다. 이렇게 보면 위의 내용은 입지와 궁리窮理 그리고 진성盡性과 지명至命의 네 개념을 중심으로 군자君子가 학문하는 과정을 나타내고 있음을 알 수 있다.

《논어》에서도 학문의 과정을 학문에 뜻을 두는 입지와 학문 그리고 본래성의 자각과 천명의 자각이라는 문제를 공자의 삶의 과정에 비유하여 다음과 같이 말하고 있다.

> 공자께서 말씀하시기를 "나는 십오세에 학문에 뜻을 두었으며, 삼십세에 학문의 세계에서 비로소 홀로 섰고, 사십에는 학문 외적인 어떤 일에도 흔들림이 없었으며, 오십에는 천명을 자각하였고, 육십에는 어떤 사건을 보고 들어도 마음에 걸리는 것이 없었으며, 칠십에는 마음이 하고자 하는 것을 쫓아도 도와 어긋남이 없었다."고 하였다.[502]

위의 인용문은 공자의 생애를 중심으로 학문 과정을 구체적으로 나타낸 것으로, 그 내용을 보면 크게 학문에 뜻을 두는 과정(志於學)과 학문의 세계에서 독립한 후에 학문함으로써 학문 이외의 것에 흔들림이 없는 과정(立, 不惑) 그리고 자신의 본래성의 자각과 더불어 천명을 자각하고 그것을 현실에서 실천 구현하는 과정(知天命, 耳順, 從心所慾不踰矩)으로 나누어 볼 수 있다.

위의 내용을《주역》의 내용과 관련하여 이해하면 '지어학志於學'은 입지의 과정을 나타내고, '삼십이립三十而立'은 궁리의 과정을 나타내며, '사십

---

501 《周易》天火同人卦䷌ 彖辭, "彖曰 同人은 柔得位得中而應乎乾할새 曰同人이라 …… 文明以健하고 中正而應이 君子正也니 唯君子아 爲能通天下之志하나니라."

502 《論語》爲政篇, "子曰 吾十有五而志于學 三十而立 四十而不惑 五十而知天命 六十而耳順 七十而從心所慾不踰矩."

이불혹四十而不惑'은 진성盡性의 과정을 나타내고, '오십이지천명五十而知天命'은 지명至命의 과정을 나타내며, '육십이이순六十而耳順'과 '칠십이종심소욕이불유구七十而從心所慾不踰矩'는 천명天命의 봉행을 나타낸다.

'십유오이지우학十有五而志於學'은 입지에 관한 내용을 중심으로 나타낸 것으로, 입지의 내용은 본체원리인 십오천지원리이다. 그렇기 때문에 십오에 학문의 뜻을 세웠다고 하였다. 사상원리를 중심으로 이해하면 성수가 표상하는 용구는 원역原曆이다. 원역은 본체도수인 십오도와 음양합덕역인 삼백육십이 포함된 삼백칠십오도三百七十五度이다.

입지는 일태극을 기본으로 그것이 표상하는 의미처럼 십오천지 원리를 자각하고 그것을 주체로 현실에서 구현하여 음양이 합덕하여 성도된 세계로서의 후천을 밝히겠다는 뜻을 갖는 것이다. 《주역》에서는 입지에 관하여 다음과 같이 논하고 있다.

> 천天이 도와주는 사람은 천도에 순응하는 사람이며, 성인이 도와주는 사람은 믿음을 갖는 사람이다. 성인의 도에 대한 믿음을 바탕으로 천지의 도에 순응할 것을 생각하고 그리고 현자를 숭상한다.[503]

위의 내용을 보면 입지를 이신履信과 사순思順 그리고 상현尙賢의 세 요소를 중심으로 논하고 있음을 알 수 있다.

이신履信은 성인의 도에 대한 믿음을 바탕으로 함을 뜻한다. 믿음은 진실한 마음을 통하여서만이 형성된다. 그렇기 때문에 《주역》에서는 "충신忠信은 덕德을 향상시키는 소이所以이다."[504]라고 하여 진실한 마음과 믿음

---

503 《論語》 爲政篇, "子曰 吾十有五而志于學 三十而立 四十而不惑 五十而知天命 六十而耳順 七十而從心所慾不踰矩."

504 《周易》 繫辭上篇 第十二章, "天之所助者順也오 人之所助者信也니 履信思乎順하고 又以尙賢也라 是以自天祐之吉无不利也니라."

을 함께 논하고 있다. 이신의 대상은 성인의 도이다. 성인의 도(말씀)는 천지의 도와 그것이 주체화된 인간 본래성 그리고 양자의 관계를 밝히고 있다. 그렇기 때문에 성인의 도에 대한 믿음은 천지의 도에 대한 믿음인 동시에 인간 본래성에 대한 믿음이다.

사순思順은 성인의 도에 대하여 순응할 것을 생각한다는 뜻으로, 그것은 천지의 도를 인간 주체적으로 자각하여 인도로 실천할 것을 생각함이다. 《주역》에서는 "천지의 도에 화순하여 의롭게 다스리고자 한다."[505]라고 하여 이신과 사순의 대상이 천지의 본성인 도덕원리임을 밝히고 있다. 진실한 마음에서 발생하는 믿음을 바탕으로 천지의 도를 인간 주체적으로 자각하여 실천하고자 하는 뜻을 세우는 것이 이신과 사순인 것이다.

상현尙賢은 성인의 도를 숭상함을 뜻한다. 성인의 도에 대한 믿음과 그것을 실천하고자 하는 마음이 그 길을 앞서 걸어간 현인賢人에 대한 숭상崇尙으로 나타난다. 그것을 나타내는 것이 상현이라는 개념이다.

'삼십이립三十而立'은 역경에서 밝힌 삼재의 도, 삼극의 도를 이치를 중심으로 연구함을 뜻한다. 삼극의 도, 삼재의 도의 궁리窮理를 통하여 근본원리인 십무극원리를 이해하였을 때 비로소 학문의 세계에서 자립하게 된다.

그것은 삼재를 일관하는 근본 원리인 십무극원리를 주체로 하였음을 뜻한다. 사상원리를 중심으로 살펴보면 용팔역은 음양이 분리된 윤역으로, 중정역에 칠십이 시간의 윤도수가 더해진 시생의 윤역이다. 이러한 용팔역의 시생원리를 근거로 성통이 전개되면서 인류 역사상에 성인의 도가 천명된다. 그것은 군자의 도가 인류 역사상에 씨로 심어지는 과정이 성인의 도의 천명으로 나타난 것이다. 그렇기 때문에 학문의 주체인 군자의 궁리는 성인의 도의 궁리가 된다.

---

505 《周易》說卦 第一章, "和順於道德而理於義하며."

궁리窮理는 인간의 관점에서는 천지의 도의 주체화라고 할 수 있다. 천지의 도의 주체화는 천지의 도를 인간 주체적으로 자각하여 인간 주체성을 확립하는 것으로, 인간 주체성의 확립은 인예의지仁禮義知의 사덕四德을 내용으로 하는 도덕 주체성의 확립을 뜻한다. 그렇기 때문에《논어》에서는 "널리 학문을 배워서 예禮로 주체화한다."[506]라고 하였다. 예禮는 인예의지의 사덕을 인간을 중심으로 나타낸 것이다. 따라서 예로의 주체화는 도덕 주체성의 확립을 뜻한다.《논어》에서 "예를 배우지 않으면 도덕적 존재로 존재할 수 없다."[507]라고 한 까닭이 여기에 있다.

'사십이불혹四十而不惑'은 궁리를 통하여 마음 가운데 항도恒道인 군자의 도를 세우는 것을 뜻한다. 군자가 자신의 본성을 자각하여 그것을 주체로 살아가게 되면 그 어떤 외적인 순역順逆의 사건에도 흔들림이 없게 된다. 이를 사상원리를 중심으로 살펴보면 십무극의 사상작용 원리를 통하여 부동심不動心을 얻었다는 뜻이다.

그것은 사상작용이 표상하는 사역변화원리의 자각을 통하여 역수원리인 천도를 자각하였음을 뜻한다. 역수원리의 측면에서는 용칠 윤역원리에 의해 군자의 도가 장성되는 것을 뜻한다. 군자는 자신의 본성인 사덕을 자각하여 그것을 주체로 천명을 실천하는 존재이기 때문에《주역》에서는 군자를 가리켜 사덕을 실천하는 존재[508]라고 하였다.

불혹不惑은 군자가 역학을 연구하여 본성을 자각하였기 때문에 본래성의 내용인 도덕성을 주체로 하였음을 뜻한다. 궁리窮理가 이루어졌을 때 학문하는 주체인 군자는 자신의 본성을 자각하게 되고, 본성을 자각하였을 때 비로소 그것을 주체로 하게 된다.

---

506 《論語》顔淵, "子曰 博學於文, 約之以禮, 亦可以弗畔矣夫."

507 《論語》季氏, "不學禮 無以立."

508 《周易》重天乾卦䷀ 文言, "君子 體仁足以長人이며, 嘉會足以合禮며, 利物足以和義며, 貞固足以幹事니, 君子 行此四德者라 故로 曰乾元亨利貞이라."

《논어》에서는 "지혜로운 사람은 의혹됨이 없으며, 어진 사람은 근심이 없고, 용감한 사람은 두려움이 없다."[509]고 하여 지성知性과 인성仁性을 자각한 존재가 무혹無惑하고, 불우不憂하며, 불구不懼함을 밝히고 있다. 인성과 지성은 인간 본래성의 내용이다. 따라서 인자仁者와 지자知者 그리고 용자勇者는 학문을 통하여 본성을 자각한 군자를 가리키는 말임을 알 수 있다.

'오십이지천명五十而知天命'은 십오천지의 합덕체인 대연의 수大衍之數 오십五十[510]을 통하여 십오천지의 마음을 자각하여 천명을 자각하였음을 뜻한다. 십오가 천지비괘天地否卦卦䷋가 표상하는 선천을 나타내는 것과 달리 오십은 지천태괘地天泰卦䷊가 표상하는 후천을 나타낸다. 그것은 군자가 본성을 자각하고, 그것을 바탕으로 역수원리인 천도를 주체적으로 자각함으로써 천명을 스스로 깨닫는다는 의미이다. 그렇기 때문에 오십의 세계가 바로 천명의 세계임을 뜻한다.

사상원리를 중심으로 '지천명知天命'의 내용을 살펴보면 용사用四원리가 된다. 용사用四는 윤역이 장성하여 합덕이 가능한 정역으로 성도하였음을 뜻한다. 사역四曆을 중심으로 나타내면 정역원리가 바로 용사원리이다. 정역이 밝혀졌다는 것은 그 본체도수인 십오천지가 밝혀졌음을 뜻한다. 왜냐하면 정역은 윤역인 용팔역과 용칠역에서 윤도수로 작용하면서 드러나지 않았던 십오본체도수가 모두 귀공歸空하여 귀체歸體됨으로써 형성된 역수이기 때문이다. 이처럼 정역 원리가 밝혀지는 동시에 본체도수가 밝혀짐으로써 비로소 체용을 모두 나타내는 원역도수가 밝혀지게 된다.

---

509 《論語》 子罕, "子曰 知者不惑 仁者不憂 勇者不懼."

510 대연지수大衍之數 오십五十은 《주역周易》의 계사상편繫辭上篇 제구장第九章에서 낙서원리洛書原理를 밝히면서 제시한 개념이다. 대연지수는 본체도수本體度數인 십오十五가 상승합덕相乘合德된 수數로, 도역생성원리倒逆生成原理를 표상하는 기본수基本數라는 점에서 대연大衍의 수數라고 규정한 것이다.

그런데 사역변화원리를 자각한 존재는 선천에서는 성인이며, 후천에 자각해야 할 존재는 군자이다. 그렇기 때문에 정역원리가 밝혀지는 동시에 본체도수가 밝혀진다는 것은 군자의 관점에서는 군자가 학문을 통하여 천지의 인격성을 자각하고 그것을 자신의 주체성으로 확립하였음을 뜻한다. 그것을 '지천명'이라고 한 것이다.

'육십이이순六十而耳順'은 귀를 통하여 밖으로부터 듣는 그 어떤 소리도 마음과 거스름이 없어서 서로 어긋남이 없음을 가리킨다. 그것을 도서상수를 중심으로 이해하면 무무위无无位 육십수六十數원리[511]를 통해 천시天時를 듣는 것을 뜻한다. 육십은 삼재의 합덕성도원리를 중심으로 역도를 표상한 간지도수원리를 가리킨다. 간지도수가 표상하는 내용은 삼재의 합덕성도원리로, 그것을 한마디로 나타내어 신명원리라고 한다. 그러므로 이순은 역수원리의 근본원리인 신명원리, 간지도수원리를 자각하였음을 뜻한다.

지천명이 자신에게 주어진 우주적 역할로서의 사명을 자각한 단계를 나타내는 것이라면 그것을 근원의 관점에서 나타낸 것이 이순이라고 할 수 있다. 그것은 천명을 자각한 군자가 항상 간지도수가 표상하는 신명과 함께 하고 있음을 뜻한다.

'이순耳順'을 괘효상수의 관점에서 분석해 보아도 같은 의미를 찾을 수 있다. '이耳'는 괘효상수의 측면에서는 감괘坎卦를 가리킨다. 감괘는 천지의 마음을 표상한다. 천지의 마음은 신명이다. 이는 합덕의 관점에서 인격성을 중심으로 나타내면 신명이고, 삼재의 도를 중심으로 나타내면 천지의 마음이 된다. 그렇기 때문에 이순은 신명원리에 순응하는 것이다. 이말

511 무무위육십수无无位六十數 원리原理는 간지도수원리干支度數原理를 뜻한다. 그렇기 때문에 무무위육십수 원리를 자각한다는 것은 곧 간지도수원리를 자각한다는 뜻이다. 간지도수원리의 내용은 천지天地가 합덕合德된 인격적 세계의 존재 원리로, 《주역周易》에서는 그것을 신도神道, 신명원리神明原理로 규정하고 있다.

은 군자가 본성의 자각과 더불어 자각한 천명을 봉행하여 천인天人이 합덕되고, 신인神人이 합덕되며, 신물神物이 합덕됨을 뜻한다.

역수원리를 중심으로 위의 내용을 살펴보면 그것은 용육원리가 된다. 용육과 용사는 생성의 관계로 음양의 관계이다. 정역으로 성도되었다는 것은 곧 음양이 합덕되었음을 뜻한다. 합덕과 성도는 동시에 이루어지는 것으로, 성도가 되기 위해서는 합덕이 되어야 하며, 합덕을 통하여 성도가 된다. 그렇기 때문에 용육을 중심으로 살펴보면 합덕원리가 되고, 용사를 중심으로 살펴보면 성도 원리가 된다.

용육의 내용은 사역변화원리의 관점에서 보면 정역원리이다. 정역은 음양이 합덕된 중정역이기 때문에 정역 자체가 그대로 음양합덕원리를 표상하는 동시에 정도正道를 표상한다. 정역이 형성되었다는 것은 곧 본체도수가 밝혀짐을 뜻한다. 이는 학역 군자의 관점에서는 군자가 천명을 봉행함으로써 천지부모의 뜻을 봉행하는 십오존공이 됨을 뜻한다.

'칠십이종심소욕이불유구七十而從心所欲不踰矩'는 앞에서 언급된 학문원리를 종합적으로 나타낸 것이다. 그것을 학문의 과정을 중심으로 나타내면 학문을 통하여 도달한 경지를 나타낸 것이라고 할 수 있다. 공자의 관점에서는 십익의 저술을 통하여 곤책성통을 집대성함으로써 비로소 자신에게 주어진 천명을 유감없이 봉행하였음을 뜻한다.

성인은 경전의 저작을 통하여 군자를 길러서 천지의 은택이 백성들에게 미치도록 하는 존재이다. 그렇기 때문에《주역》에서는 "천지는 만물을 길러주는 존재이다. 성인은 군자를 길러서 천지의 은택이 백성들에게 미치게 한다."[512]고 하였다. 이는 성인의 관점에서는 반드시 봉행해야 할 천명天命이다.《주역》의 산풍고괘山風蠱卦䷑에서는 성인과 군자를 죽은 아버지와 아들의 관계를 통하여 "고考에게 그의 뜻을 받들어 행하는 자식이 있

---

512 《周易》山雷頤卦䷚ 彖辭, "天地는 養萬物하며 聖人이 養賢하야 以及萬民하나니."

어야 비로소 허물이 없을 것이다."[513]고 하여 성인의 도를 계승하는 군자가 길러졌을 때 비로소 성인의 천명이 완수됨을 밝히고 있다.

군자의 관점에서는 천명을 봉행하며 살아가는 자유인으로서의 군자의 세계를 나타낸다. 군자는 천하의 백성들을 위하여 항상 수고롭지만 그것을 자신의 공으로 여기지 않고 겸덕으로 살아간다. 군자는 겸덕을 통하여 천지인 삼재의 세계를 일관하는 동시에 신도를 일관하게 된다. 그렇기 때문에 몸은 비록 수고롭지만 마음은 언제나 자유로운 것이다. 왜냐하면 성인은 후천의 군자와 백성들을 위하여 항상 우환을 갖고 있지만 군자는 직접 군자의 도를 행할 따름이기 때문에 우환이 없는 것이다. 《주역》에서는 군자를 "만물을 고동鼓動시켜서 제도濟度하지만 성인과 더불어 근심하지 않으니 성대한 덕과 위대한 사업이 지극하다."[514]라고 하여 군자의 자유로운 경지를 나타내고 있다.

2. 괘효상수卦爻象數와 학문

괘효는 천도의 내용인 시간성의 원리를 지도인 공간성의 원리를 중심으로 표상한 것으로, 그것을 삼재의 도라고 한다. 도서를 통하여 표상된 삼극의 도를 공간성의 원리인 삼재의 도로 표상한 것이 괘효인 것이다. 그렇기 때문에 괘효원리의 내용은 삼재의 도이다.

시간성의 원리를 공간성의 원리로 표상한 까닭은 인도를 밝히기 위해서다. 인도는 인격적 존재인 군자의 삶의 원리인 동시에 군자의 사덕을 주체로 시공에서 역도를 구체화시키는 실천원리라고 할 수 있다. 그렇기 때

513 《周易》 山風蠱卦䷑ 初爻 爻辭, "初六은 幹父之蠱니 有子면 考无咎하리니 厲하나 終吉이리라."

514 《周易》 繫辭上篇 第五章, "鼓萬物而不與聖人同憂하나니 盛德大業이 至矣哉라."

문에 《주역》에서는 "옛 성인이 《주역》을 저작한 목적은 장차 군자로 하여금 성명의 이치에 순응하게 하기 위함이다."[515] 고 하였다.

삼재의 도를 중심으로 인도를 밝힌 까닭은 천지와 인간의 본성과의 관계를 풀어야 인간의 본성과 삶의 원리를 밝힐 수 있기 때문이다. 괘효가 표상하는 삼재의 도를 인도를 중심으로 나타내면 군자의 도이며, 그 내용을 중심으로 나타내면 성명지리가 된다.

괘효원리를 중심으로 한 학문 원리의 고찰은 삼극의 도로부터 삼재의 도의 구체적인 내용인 사덕원리로 이행移行하는 세 단계를 중심으로 가능하다. 삼극의 도는 삼재의 도의 근거가 된다. 이를 객관화하여 생장성원리를 중심으로 하는 삼역팔괘도를 중심으로 고찰하는 경우와 삼역팔괘도에서 표상한 내용을 바탕으로 형성된 중괘구성원리를 중심으로 고찰하는 경우, 그리고 성명지리의 내용인 사덕원리를 중심으로 고찰하는 경우가 그것이다.

1) 삼역팔괘도三易八卦圖와 학문

삼역팔괘도는 《주역》의 설괘편에서 제시된 역도의 내용을 팔괘八卦를 중심으로 나타낸 세 가지 도상圖像이다. 《주역》의 설괘편에서는 괘효卦爻를 중심으로 《주역》의 저작 동기, 저작자, 내용 등의 역학 전반에 관한 내용을 밝히고 있을 뿐만 아니라 팔괘가 표상하는 괘상의 내용을 여러 가지 예를 통하여 구체적으로 설명하고 있다.

그 가운데서 제삼장에서 제육장까지는 괘효원리를 세 단계를 중심으로 밝히고 있다. 그래서 송대宋代의 소옹邵翁은 설괘편의 제삼장과 제오장을 중심으로 그것을 도상화하여 복희팔괘도와 문왕팔괘도로 규정하고 그것

515 《周易》 說卦 第二章, "昔者聖人之作易也는 將以順性命之理니 是以立天之道曰陰與이오 立地之道曰柔與剛이오 立人之道曰仁與義니."

을 바탕으로 선천학과 후천학을 밝히고 있다.

삼재의 도가 삼극의 도를 근거로 형성되었기 때문에 괘효의 관점에서 그 근거를 밝히기 위해서는 삼역팔괘도가 형성될 수밖에 없다. 삼극의 도의 내용인 태극원리와 황극원리 그리고 무극원리를 팔괘를 통하여 표상함으로써 괘효원리의 근거를 밝힐 수 있다. 그렇기 때문에 《주역》에서는 "변화의 도에 관한 말씀이 세 번 이루어져야 비로소 군자의 도가 밝혀질 것이다. 상에서 말하기를 변화의 도를 밝힌 성인의 말씀이 세 번 이루어지면 더 이상 무엇을 논하겠는가?"[516]라고 하여 삼역팔괘도가 형성될 것임을 나타내고 있다.

송대宋代의 소옹邵雍이 밝힌 복희팔괘도와 문왕팔괘도를 비판적으로 수용하고 설괘 제육장을 도상화하여 그것을 정역팔괘도로 제시함으로써 삼역팔괘도가 확정된 것은 《정역》에 이르러서이다.[517] 삼역팔괘도 형성의 역학사적 의의는 삼역팔괘도를 통하여 비로소 역도의 본질이 드러나게 되었다는 점이다.

소옹은 역수원리를 중심으로 선후천원리를 이해하는 데까지는 나아가지 못했다. 그렇기 때문에 후천원리를 표상하고 있는 설괘 제육장의 내용을 도상화하지 못하고 오직 선천원리를 밝히고 있는 제삼장과 제오장을 도상화하여 그것을 각각 선천원리와 후천원리를 표상한 것으로 규정하였다. 《정역》에서 비로소 후천원리를 표상하는 정역팔괘도가 제시됨으로써 선후천원리가 모두 밝혀지게 된 것이다.[518]

삼역팔괘도는 태극원리와 황극원리 그리고 무극원리를 팔괘의 관계를 통하여 상징적으로 나타낸 것으로, 도서圖書를 통하여 표상된 사역변화원

---

516 《周易》 澤火革卦䷰ 九三爻辭, "革言이 三就면 有孚리라. 象曰革言三就어니 又何之矣리오."

517 金恒, 《正易》, 第二十九張에서 第三十張 參照.

518 三易八卦圖의 내용에 관하여서는 柳南相 敎授의 〈正易의 圖書象數原理에 관한 硏究〉와 拙稿, 〈易學의 三易八卦圖原理〉를 참고하기 바란다.

리를 생장성원리로 표상한 것이라고 할 수 있다. 태극원리를 중심으로 군자의 도의 시생원리를 표상한 도상이 복희팔괘도이며, 황극원리를 중심으로 군자의 도의 장성원리를 표상한 것이 문왕팔괘도이고, 무극원리를 중심으로 군자의 도의 합덕성도원리를 표상한 것이 정역팔괘도이다.

삼역팔괘도는 태극원리로부터 황극원리를 거쳐서 무극원리에 도달하는 생장성의 단계를 중심으로 군자의 도를 밝힌 것이다. 그것을 학문원리를 중심으로 이해하면 복희팔괘도를 통하여 학문의 가능 근거가 천지의 도임을 알 수 있고, 문왕팔괘도를 통하여 학문의 주체가 천지의 도가 주체화한 인간 본래성임을 알 수 있으며, 정역팔괘도를 통하여 학문의 목표, 성과, 결과가 성인과 군자의 합덕을 통하여 천인天人이 합덕되고 신인神人이 합덕되며 신물神物이 합덕됨으로써 삼재가 합덕성도된 세계임을 알 수 있다.

삼역팔괘도의 도상을 보면 복희팔괘도와 문왕팔괘도는 팔괘를 모두 밖으로 향하도록 하여 군자가 성인의 도를 학문하는 생장의 과정임을 나타내고 있으며, 정역팔괘도는 팔괘를 모두 안을 향하도록 하여 군자가 성인의 도와 합덕성도된 세계를 나타내고 있다. 이 점은 수를 통해서도 확인할 수 있다.

복희팔괘도는 일一에서 팔八까지의 수로 규정되어 있다. 그렇기 때문에 사역변화원리의 측면에서는 용팔用八 윤역의 시생원리를 중심으로 역도를 표상하였음을 알 수 있으며, 문왕팔괘도에서는 구九까지의 수가 나타남으로써 생장의 극단에 이르러 장성된 세계를 표상함을 알 수 있는 동시에 비록 도상에 직접 수가 나타나지 않고 있지만 본체도수인 오수五數가 밝혀졌음을 알 수 있다. 이를 통하여 장성된 세계가 바로 인간 본래성의 세계인 오황극의 세계임을 알 수 있다.

정역팔괘도에서는 일一에서 십十까지의 모든 수가 나타나고 있을 뿐만 아니라 건곤괘乾坤卦와 더불어 이천칠지二天七地가 표상되어 중천건괘重天

乾卦와 중지곤괘重地坤卦의 세계가 표상되고 있다. 이를 통하여 정역팔괘도가 건곤이 합덕되고, 천지가 합덕되며, 성인과 군자가 합덕된 음양합덕의 세계를 표상한 것임을 알 수 있다.

삼역팔괘도의 도상을 보면 복희팔괘도는 건곤이 남북으로 위치하고 있어서 천지비괘天地否卦䷋의 선천세계를 표상하고 있다. 그리고 태양과 태음을 상징하는 이괘離卦와 감괘坎卦가 각각 동서에 위치하고 있으며, 태괘兌卦와 간괘艮卦는 각각 동남과 서북에 위치하고 있다. 그리고 진괘震卦와 손괘巽卦는 각각 동북과 서남에 위치하고 있다.

대응하는 위치를 보면 건곤乾坤, 진손震巽, 감리坎離, 간태艮兌가 대응하고 있으나 서로 작용하지 못하고 있다. 그렇기 때문에 수 역시 건乾을 일一로 그리고 곤坤을 팔八로 규정하고 있다. 복희팔괘도는 시생원리를 표상한 것으로, 그것을 인도를 중심으로 이해하면 군자의 도로 성도할 것을 목표로 시생된 성인의 도道의 세계를 표상한다.

문왕팔괘도의 도상을 보면 성인의 도의 내용이 천지의 도의 내용인 역수원리이며, 역수원리의 인간 주체적 자각을 통하여 학문하는 군자의 성덕이 이루어짐을 나타내기 위하여 이괘離卦와 감괘坎卦가 각각 남북에 위치하고 있을 뿐만 아니라 수로도 감리괘가 각각 일一과 구九로 규정되어 있다. 감리는 일월로, 일월의 원리가 곧 역수원리이다. 그리고 동방에서 성인의 도를 표상하는 진괘震卦로부터 시작하여 군자의 도를 표상하는 간괘艮卦에서 그치고 있다. 수는 낙서의 수와 일치하며, 일一에서 구九까지의 수가 각각 팔괘와 함께 위치하고 있다.

정역팔괘도는 건괘와 곤괘가 남북에 위치할 뿐만 아니라 간태가 동서로 위치하고 있고, 감리는 동북과 서남에서, 진손은 북서와 동남에서 서로 대응하고 있다. 복희팔괘도와 마찬가지로 팔괘가 서로 음양 대응을 하고 있는 것이다. 그러나 천지비괘의 세계를 표상하는 복희팔괘도와 달리 정역팔괘도에서는 지천태괘地天泰卦䷊의 상을 표상하고 있다. 그리고 건괘와 곤괘에 각각 이천二天과 칠지七地가 합덕하고 있어서 중천건괘와 중지곤괘를 형성하여 역시 음양이 합덕성도된 후천 세계를 나타내고 있다. 이를 학문의 측면에서 나타내면 군자가 군자의 도를 행함으로써 간태가 합덕되고, 성인의 도와 신도가 합덕하는 진손합덕이 이루어지며, 천지가 합덕하는 건곤합덕이 이루어짐으로써 삼재가 성도된 세계를 나타낸다. 따라서 정역팔괘도는 군자의 도가 성도된 세계를 나타낸다.

2) 중괘重卦와 학문

삼역팔괘도를 통하여 표상된 군자의 도의 생장성 원리를 육효六爻에 의해 구성된 중괘重卦를 통하여 표상한 것이 64괘六十四卦이다. 64괘는 괘서卦序를 통하여 군자의 도의 생장성 원리를 표상하고 있다. 64괘의 서괘원리는 중괘의 구성 원리와 같을 뿐만 아니라 육효 중괘의 구성 원리로 집약된다. 그렇기 때문에 육효 중괘의 구성 원리를 중심으로 중괘원리와 학문원리의 관계를 고찰하여 보자.

시간성을 중심으로 규정된 선후천 변화 원리를 공간성을 중심으로 나타내면 삼재의 합덕성도원리가 된다. 선천의 삼재가 후천의 삼재로 변화하는 선후천 변화 원리가 선천의 삼재와 후천의 삼재가 합덕성도하는 삼재의 도인 것이다. 선천의 삼재는 내괘內卦의 삼효三爻에 의해 표상하고, 후천의 삼재는 외괘外卦의 삼효三爻에 의해 표상함으로써 내괘에서 외괘로의 변화 원리가 표상되고, 내괘와 외괘의 합덕원리가 표상된다.

내괘와 외괘를 구성하는 삼효는 선후천 변화 원리의 내용인 사역변화원리의 생장성 원리를 객관화한 천지인 삼재원리를 표상한다. 그런 점에서 선천의 생장성 원리를 표상하는 내괘와 후천의 생장성 원리를 표상하는 외괘가 합덕되어 육효 중괘가 형성된다.

내괘와 외괘는 본체원리의 측면에서는 상괘上卦와 하괘下卦가 된다. 상괘와 하괘의 관계를 통하여 도생역성원리가 표상되고, 내괘와 외괘의 관계를 통하여 역생도성원리가 표상된다. 도생역성 작용은 용구用九작용이며, 역생도성 작용은 용육用六작용으로 양자는 체용의 관계이다. 그렇기 때문에 중괘에 있어서 괘와 육효는 체용의 관계가 된다. 이처럼 괘와 효가 체용의 관계이기 때문에 괘명을 읽을 때는 상괘에서 하괘로 읽으며, 육효를 읽을 때는 초효에서 상효를 향하여 읽는다.

선천원리를 중심으로 선천원리를 표상하는 내괘와 후천원리를 표상하는 외괘의 내용을 살펴보면 다음과 같다. 선천원리를 표상하는 내괘의 삼효 가운데서 초효는 지地를, 이효는 인人을, 삼효는 천天을 표상한다. 천지天地를 표상하는 삼효와 초효는 인간을 표상하는 중효中爻인 이효로 집약됨을 뜻한다. 이효가 표상하는 인간은 성인이다. 이효가 중효라는 것은 성인의 도에 선천의 천지원리가 집약되는 것이다. 선천원리는 천天의 역수원리의 측면에서는 윤역원리이며, 지地의 측면에서는 생장 원리이다. 윤역생장원리가 인간에 있어서는 성인의 도로 나타난 것이다.

후천원리를 표상하는 외괘의 삼효 가운데서 사효는 지地를, 오효五爻는 인人을, 상효上爻는 천天을 표상한다. 천지를 표상하는 상효와 사효는 인간을 표상하는 중효中爻인 오효二爻로 집약된다. 오효二爻가 표상하는 인간은 군자로 군자의 도에 의해 후천의 천지원리가 집약되는 것이다. 후천원리는 천의 역수원리의 측면에서는 정역正曆원리이며, 지地의 측면에서는 합덕성도원리이다. 정역원리가 인간에 있어서는 군자의 도로 나타나는 것이다.

후천원리를 중심으로 상괘와 하괘의 원리를 이해하면 둘은 체용의 관계이다. 그렇기 때문에 상괘上卦의 중효中爻인 오효五爻는 성인의 도를 표상하고, 하괘의 중효中爻인 이효二爻는 군자의 도를 표상한다. 하괘의 이효가 표상하는 군자가 초효와 삼효가 표상하는 윤역원리를 중심으로 학문하는 원리를 표상하는 것이 하괘이다. 그리고 학문을 하는 군자가 자신의 본성의 자각과 더불어 천지의 도를 자각함으로써 성인의 도와 합덕하는 원리를 나타내는 것이 상괘이다. 상괘의 중효인 오효는 대인을 상징하는 효이다. 이는 내괘의 이효가 표상하는 군자가 성도하여 천지와 합덕함으로써 현실적인 위位를 가진 대인이 됨을 나타낸다.

내외가 합덕된 후천의 관점에서 군자를 중심으로 육효 중괘의 구성원리를 고찰하면 다음과 같다. 초효가 표상하는 지도는 사효의 군자의 마음으로 나타나며, 상효가 표상하는 천도는 삼효가 표상하는 군자의 몸으로 나타난다. 이처럼 천지의 도가 군자의 심신心身으로 구체화되어 나타나는 것이 천지의 도의 인간 주체화 원리이다.

학문을 중심으로 위의 내용을 살펴보면 삼효와 사효의 합덕에 의해 군자의 심신心身이 합덕됨으로써 선후천이 합덕된다. 군자의 심신의 합덕은 언행의 합덕으로 나타나고, 지행의 합덕으로 나타난다. 그것은 본성의 자각을 통하여 천명을 자각하여 실천함으로써 이루어진다.

다음에는 이어서 64 중괘의 차례를 통하여 표상하는 내용이 무엇인지 살펴보자. 왕필王弼에 의해 괘효사와 십익十翼이 하나로 합쳐진 판본이 전해지면서 오늘날 우리가 볼 수 있는 《주역》이 탄생했다.[519] 이처럼 괘효사와 십익이 한 권으로 합해졌을 뿐만 아니라 괘서卦序에 관하여 논하고 있는 서괘편序卦篇을 보면 앞의 괘와 뒤의 괘를 연결하면서 '그러므로(是故)', '연후然後' 등과 같은 개념으로 연결되어 있기 때문에 논리적 선후관계이든 시간적 선후관계이든 서로 긴밀하게 연결되어 있음을 나타내는 것으로 생각할 수 있다.

만약 괘서卦序가 시간적 선후관계를 상징적으로 나타낸다면 그것이 표상하는 내용은 물리적 법칙에 불과하다. 각 괘가 표상하는 시위時位를 연월일시年月日時로 이해하면 결국 중천건괘重天乾卦䷀에서 중화이괘重火離卦䷝로 끝나는 상경上經과 택산함괘澤山咸卦䷞에서 시작하여 화수미제괘水火

519 주백곤 지음, 김학권 외역《역학철학사1》, 서울, 소명출판사, 2012, 144쪽.

未濟卦䷿로 끝나는 하경下經이 일정한 때에 일어나는 천지의 변화를 나타내는 것에 불과하게 되어 현상적인 변화의 법칙이 그 내용이 되고 만다.

그런데《주역》에서는 "형이상적 존재를 도라고 한다."[520]라고 하여 물리적 세계의 변화법칙이 역도, 변화의 도가 아님을 분명하게 밝히고 있다. 뿐만 아니라 괘서의 내용을 종합하여 설명하고 있는 서괘하편의 내용을 보면 육효 중괘가 표상하는 내용이 예의를 내용으로 하는 도덕원리[521]임을 분명하게 밝히고 있다.

그리고 계사하편에서는 천택리괘天澤履卦䷉, 지산겸괘地山謙卦䷎, 지뢰복괘地雷復卦䷗, 뇌풍항괘雷風恒卦䷟, 산택손괘山澤損卦䷨, 풍뢰익괘風雷益卦䷩, 택수곤괘澤水困卦䷮, 수풍정괘水風井卦䷯, 중풍손괘重風巽卦䷸의 아홉 괘卦를 통하여 그 내용이 모두 덕을 표상하고 있음을 밝히고 있다.[522] 이는 64괘 중괘重卦의 괘서가 표상하는 내용을 아홉 괘를 통하여 밝힌 것으로, 그 이면에는《정역》에서 밝히고 있는 태음과 태양의 작용 원리가 전제되어 있다. 따라서 64괘의 괘서는 물리적 시간상의 선후나 논리적 선후로 이해할 수도 있지만 그 본질적인 측면은 도덕적 이해이다.

형이상의 도의 세계는 시공을 포괄하고 있지만 그것을 넘어서 있다. 그러므로 64괘가 표상하는 내용은 일반적으로 이해하고 있는 선천이라는 세계가 끝나는 종말을 맞이하는 때를 상징적으로 나타낸 것이 아니다. 만약 그렇다면 그 이전에는 아직 오지 않은 미래일 뿐인데 도대체 그것이 무슨 의미를 가지며, 그 이후에는 이미 지나 버린 과거인데, 그것이 무슨 의

520《周易》繫辭上篇 第十二章, "是故로 形而上者를 謂之道이오, 形而下者를 謂之器오."

521《周易》序卦下篇, "有天地然後애 有萬物하고 有萬物然後에 有男女하고 有男女然後애 有夫婦하고 有夫婦然後에 有父子하고 有父子然後에 有君臣하고 有君臣然後에 有上下하고 有上下然後애 禮義有所錯이니라."

522《周易》繫辭下篇 第七章, "是故로 履는 德之基也오 謙은 德之柄也오 復은 德之本也오 恒은 德之固也오 損은 德之修也오 益은 德之裕也오 困은 德之辨也오 井은 德之地也오 巽은 德之制也라."

미를 갖겠는가?

그리고 종말은 새로운 시작의 전제조건일 뿐이다. 하나의 세계인 선천이 끝나는 것은 새로운 시작을 나타내기 위함이다. 시작이 없는 끝은 없다. 《주역》에서 "마치면 다시 시작함이 있음이 천도天道의 운행이다."[523]라고 하여 그 점을 분명하게 밝히고 있고, "끝나고 다시 시작하는 종시終始의 변화를 크게 깨달아야 비로소 육위六位가 나타내는 시위時位가 이루어진다."[524]고 하여 형이상의 도를 육효六爻가 나타내는 여섯 시위時位를 통하여 상징적으로 나타내었음을 밝히고 있다.

그것은 중괘를 구성하는 여섯 효가 나타내는 시위나 64괘가 표상하는 괘서를 막론하고 물리적 시위나 특정한 하나의 사건, 사태, 물건을 중심으로 이해하지 말고 형이상적 관점에서 이해하란 의미다.

하나의 육효六爻 중괘重卦가 표상하는 내용이나 64 중괘重卦의 괘서卦序를 통하여 표상되는 내용은 도덕원리이다. 그리고 64괘의 괘서가 서로 긴밀하게 연결되어 있어서 마치 하나인 것처럼 나타낸 것은 비록 육십사괘로 표상하였지만 그 내용은 하나임을 나타내는 것이다. 하나의 중괘와 64괘의 중괘가 표상하는 내용은 역도, 변화의 도이다.

형이상의 도의 관점에서 보면 64괘는 역도를 각각 다른 관점에서 다양하게 표상한 것이다. 그러므로 64괘가 표상하는 역도는 중천건괘와 중지곤괘의 두 괘로 집약되고, 그것은 다시 괘상을 통하여 표상하지 않은 태극太極으로 모아지며, 태극은 무극無極으로 돌아간다.

무극으로 규정하기 이전의 근원의 자리는 태극도, 무극도, 황극도 아닌 점에서 무无이자 공空이고 카오스라고 할 수 있지만 그 안에 모든 것을 포괄하고 있는 점에서 코스모스라고 할 수 있다. 근원적 존재는 있음과

---

523 《周易》山風蠱卦䷑ 彖辭, "終則有始天行也라."

524 《周易》重天乾卦䷀ 彖辭, "大明終始하면 六位時成하나니."

없음을 초월하지만 양자를 포괄하고 있는 것이다. 그것을 펼치면 중천건괘와 중지곤괘가 되고 다시 그것을 펼치면 64괘가 된다. 그러므로 중천건괘와 중지곤괘의 두 괘와 나머지 육십이괘의 관계는 체용의 관계라고 할 수 있으며, 중천건괘와 중지곤괘의 관계 역시 체용의 관계라고 할 수 있다.

육십괘의 내용을 중천건괘와 중지곤괘를 중심으로 살펴보면 천도의 측면에서는 중천건괘는 선천을 표상하고, 중지곤괘는 후천을 표상한다. 그리고 천지 관계를 중심으로 살펴보면 중천건괘는 천도를 표상하며, 중지곤괘는 지도를 표상한다. 공간적 관점에서는 중천건괘는 형이상의 세계를 표상하고, 중지곤괘는 형이하의 세계를 표상한다.

천인 관계를 중심으로 살펴보면 중천건괘는 천도를 표상하고, 중지곤괘는 인도를 표상한다. 인도의 관점에서는 중천건괘는 성인의 도를 표상하고, 중지곤괘는 군자의 도를 표상한다. 인간 본래성을 중심으로 살펴보면 중천건괘는 인지仁智의 성性을 표상하고, 중지곤괘는 예의禮義의 명命을 표상하며, 군자의 관점에서는 중천건괘는 깨달음, 학문을 상징하고, 중지곤괘는 수행, 실천을 상징한다.

3) 사덕四德과 학문

학문과 실천의 문제를 인간 본래성을 중심으로 이해하면 학문의 문제는 앎의 문제이며, 실천의 문제는 인仁의 문제이다. 지성知性을 통하여 경전에 담긴 성인의 도의 형태로 밝혀진 천지의 도를 이치로 배워서 그것을 주체화하는 과정이 학문이며, 인성仁性을 통하여 주체화된 천명을 근거로 그것을 구체화하는 과정이 실천이다.[525] 《주역》에서는 학문과 실천의 과정을 군자의 사덕과 연관시켜서 다음과 같이 밝히고 있다.

---

525 四德과 性命之理에 관하여서는 拙稿, 〈周易의 性命之理〉를 참고 바람.

> 스승으로부터 도를 이치의 형태로 배워서 의식 내면화하고, 사유를 통하여 끊임없이 묻고 물어서 자신의 것으로 주체화하며, 너그러움으로 드러나는 예禮의 세계에서 살면서 인仁으로 행한다.[526]

위의 내용은 지知와 의義를 중심으로 학문을 논하고, 예禮와 인仁을 중심으로 실천원리를 밝히고 있다. '학이취지學以聚之'는 지知의 문제이며, '문이변지問以辨之'는 의義의 문제이고, '관이거지寬以居之'는 예禮의 문제이며, '인이행지仁以行之'는 인仁의 문제라고 할 수 있다.

'학이취지學以聚之'는 배움을 통하여 성인의 도에 담긴 천지의 도를 군자의 심성 내면으로 주체화하는 것을 나타낸다. 그것은 일차적인 주체화로 천지의 도를 의식 내면으로 의식화하는 것이다. 이는 천지의 도를 수용하는 단계이며, 천지의 도를 자각하여 그것을 인도로 실천하고자 하는 뜻이 전제되었을 때 비로소 군자의 심성 내면으로의 수용이 이루어진다. 성인의 도를 믿고 그 가운데 담긴 천지의 도를 순승順承하고자 하며, 자신보다 그 길을 먼저 걸어간 성인과 군자를 숭상崇尙할 것을 다짐하였을 때 비로소 '학이취지學以聚之'가 이루어지는 것이다. 따라서 '학이취지學以聚之'는 자신이 이루어야 할 목표를 알고 그것에 뜻을 정하는 입지와 표리의 관계이다. 내적 입지를 바탕으로 그것이 외적 '학이취지學以聚之'로 나타나는 것이다. '학이취지學以聚之'는 입지의 외적 표현이며, 입지는 '학이취지學以聚之'의 내적 표현인 것이다.

'문이변지問以辨之'는 배움을 통하여 의식화된 이치理致를 심성 내면에서 궁리窮理함을 뜻한다. 이치를 스스로 묻고 답하여 천지의 도와 소인의 도를 변별하는 것이 '문이변지問以辨之'이다. 그것은 형이상과 형이하를 변별

526 《周易》重天乾卦䷀ 文言, "君子 學以聚之하고 問以辨之하며 寬以居之하고 仁以行之하나니."

하여 그 관계를 밝히는 것이다. 이러한 변별은 근원적 세계와 현상적 세계의 관계를 밝히는 것으로, 그것을 《주역》에서는 '동이이同而異'[527]로 규정하고 있다.

학문을 통하여 취변聚辨하는 것은 천지의 도를 인간 본래성과 일체화시켜서 자각하고자 하는 과정이다. 학문의 과정이 천지의 도와 군자의 주체성을 일체화하는 과정인 것이다. 학문은 가르침을 베푸는 스승으로서의 성인과 배우는 주체인 군자를 떠나서는 이루어질 수 없다. 그것은 성인과 군자의 관계를 통하여 학문이 이루어짐을 뜻한다.

성인을 통하여 배우지 않으면 배움의 내용이 참될 수 없으며, 배운 내용을 스스로 익히는 과정이 없다면 자신의 것이 되지 못한다. 그렇기 때문에 공자는 "스승으로부터 배우기만 하고 생각하지 않으면 얻는 것이 없으며, 스승으로부터 배움이 없이 오직 생각만 하면 위태롭다"[528]라고 하였다. 이는 학문에 의한 취변이 함께 이루어져야 함을 밝힌 것이다.

학문을 통하여 천지의 도를 군자의 본래성과 일체화시켜서 주체적으로 자각하였을 때 그것이 천명으로 자각된다. 학문을 통하여 본성을 자각할 때 자신에게 주어진 사회적 사명을 자각하게 것이다. 이처럼 천명을 자각하면 그것을 실천하지 않을 수 없다. 인仁과 예禮를 중심으로 군자의 실천 원리를 밝힌 것이 다음의 '관이거지寬以居之'와 '인이행지仁以行之'이다.

'관이거지寬以居之'에서 관유寬裕함은 예禮를 나타낸 것이다. 따라서 '관이거지寬以居之'는 궁리를 통하여 자각된 본성을 주체로 함을 나타낸다. 예는 인간 본래성의 내용인 인예의지의 사덕 가운데서 인격적 만남의 원리이다. 예를 통하여 부자, 형제, 군신, 부부 등의 인격적 관계가 형성된다.

527 《周易》의 火澤睽卦䷥ 彖辭에서는 "天地睽而其事同也며 男女睽而其志通也며 萬物睽而其事類也니 睽之時用이 大矣哉라."라고 하였고, 大象에서는 "上火下澤이 睽니 君子 以하여 同而異하나니라."라고 하였다.

528 《論語》爲政篇, "子曰 學而不思則罔 思而不學則殆."

그렇기 때문에 사덕을 예를 중심으로 나타낸 것이다.

공자는 "군자가 널리 문장을 배우고 그것을 예로 주체화하면 또한 인도에서 벗어나지 않을 것이다."[529]라고 하여 학문의 목적이 예로 주체화하고자 하는 데 있음을 밝히고 있다. 이처럼 예를 통하여 도덕 주체성을 확립하였다는 것은 자신의 본래성을 자각하였음을 뜻한다.

예를 주체성으로 확립하였다는 것은 본성의 자각을 통하여 존재 근거인 천지의 도를 주체적으로 자각함으로써 천명을 자각하였음을 뜻한다. 천명을 자각한 군자는 본성인 인仁을 주체로 하여 천명을 봉행奉行하게 된다. 그렇기 때문에 '관이거지寬以居之'에 이어서 '인이행지仁以行之'라고 하였다. 인仁을 통하여 학문을 하고, 이 과정에서 스스로 깨우치게 된 천지의 도를 실천한다는 것은 천명을 행한다는 뜻이다. 그것은 군자가 군자의 도를 행하는 것이다.

앞에서 살펴본 바와 같이 군자의 사덕을 중심으로 학문과 실천을 논하면 학문에 뜻을 두고 배워서 의식 내면화하는 '학이취지學以聚之'와 배움을 통하여 의식화된 천지의 도를 심성 내면에서 변별辨別하는 궁리窮理로서의 '문이변지問以辨之' 그리고 본성의 자각을 통해 얻은 사덕을 주체성으로 확립하는 진성盡性으로서의 '관이거지寬以居之'와 자각한 천명을 행하는 '인이행지仁以行之'가 그 내용이다.

3. 학문과 통신명지덕通神明之德

앞에서 역도를 바탕으로 군자의 도의 내용인 학문원리에 관하여 도서원리와 괘효원리 그리고 사덕원리를 중심으로 살펴보았다.

---

529 《論語》 雍也篇, "子曰 君子博學於文 約之以禮 亦可以不畔矣夫."

그런데 역학의 학문원리는 삼재를 일관하는 근원적 존재이면서 형이상적 존재인 신명한 덕에 감통하는 것이다. 역도는 형이상적 존재로 그 본성은 도덕성이다. 《주역》에서는 역도를 그 본성을 중심으로 신명한 덕으로 규정하고 있다. 그렇기 때문에 군자가 학문을 통하여 역도를 자각한다는 의미는 신명한 덕에 통하는 것이다. 《주역》에서 복희宓犧가 역경을 저작한 과정을 밝히면서 팔괘를 통하여 역도를 천명한 것이 신명한 덕에 통함으로써 만물의 정위를 구분하여 표상한 것[530]이라고 한 까닭이 여기에 있다. 따라서 앞에서 살펴보았던 역학의 학문 방법을 신명의 덕에 통달(通神明之德)하는 관점에서 이해하는 것이 필요하다.

낙서원리를 중심으로 살펴본 학문원리를 괘효원리의 관점에서 나타내면 입지와 궁리 그리고 진성과 지명至命의 과정으로 구분할 수 있다. 그런데 입지와 궁리 그리고 진성과 지명은 천도와 지도가 합덕된 관점에서 언급된 것이다. 《주역》에서는 통신명지덕을 논하면서 그것을 천지의 본성을 자각함으로써 이루어지는 것[531]으로 규정하고 있다. 그것은 학문이 천지의 본성을 자각함으로서 이루어짐을 밝힌 것이다. 그렇기 때문에 학문의 내용인 입지와 궁리 그리고 진성과 지명 역시 천지의 도를 중심으로 이해해야 한다.

학문원리를 천지의 도를 중심으로 이해하면 입지立志와 진성盡性은 도생역성倒生逆成의 관점에서 이루어지는 것이며, 궁리窮理와 지명至命은 역생도성逆生倒成의 관점에서 이루어지는 것이다. 도생역성倒生逆成은 천天의 작용이며, 역생도성逆生倒成은 지地의 작용이다. 입지와 진성이 도생역성倒生逆成작용이며, 궁리와 지명이 역생도성逆生倒成작용이기 때문에 입지, 진

530 《周易》 繫辭下篇 第二章, "古者包犧氏之王天下也에 仰則觀象於天하고 俯則觀法於地하며 觀鳥獸之文과 與地之宜하며 近取諸身하고 遠取諸物하여 於是에 始作八卦하여 以通神明之德하며 以類萬物之情하니라."

531 《周易》 繫辭下篇 第六章, "以體天地之撰하며 以通神明之德하니."

성은 궁리, 지명과 더불어 일체이지만 입지와 진성이 궁리와 지명보다 우선한다고 할 수 있다.

그러나 도생역성의 관점에서 입지와 진성만을 중심으로 학문을 논하게 되면 학문 자체가 필요 없게 된다. 도생역성의 관점에서 보면 인간의 삶 자체가 그대로 본래성의 현현이기 때문에 오직 본성을 주체로 하는 입지와 그것을 발용發用하게 하는 진성만이 문제가 되는 것이다. 그렇기 때문에 새삼스럽게 경전을 중심으로 성인의 도를 연구하여 천지의 도를 자각할 필요가 없게 된다.

반면에 역생도성의 관점에서 궁리窮理와 지명至命만을 중심으로 학문을 논하게 되면 오직 학문의 연구만이 중요할 뿐 자각이라는 문제를 도외시하게 된다. 유학사儒學史를 살펴보면 전자前者에 치우진 경향을 보이는 사람들이 양명학자陽明學者들인 반면에 후자後者에 치우친 경향을 보이는 사람들이 성리학자性理學者들이다. 양명학자들은 도생역성의 관점에서 본래성 자체를 그대로 발용發用하는 데 중심이 있기 때문에 마음 자체가 그대로 이치라고 하였으며, 성리학자들은 역생도성의 관점에서 학문을 통한 자각의 과정을 강조하였기 때문에 본성만이 이치라고 하였을 뿐 심心이 그대로 이치라고는 하지 않았다.

그런데 양명학자들과 같이 심즉리心卽理만을 강조하거나 성리학자들처럼 성즉리性卽理만을 강조한다면 성性과 심心 그리고 신身의 삼자三者가 하나가 된 인간의 참모습을 나타내기 어렵다. 왜냐하면 인간의 본래성 자체의 관점에서 보면 학문이 불완전한 존재로부터 완전한 존재로 변화하는 것도 아니며, 그렇다고 몸을 가진 인간의 관점에서 보면 학문이 필요하지 않은 것도 아니다. 따라서 도생역성과 역생도성의 관점에서 입지와 궁리 그리고 진성과 지명을 이해하여야 한다.

입지는 근원적 존재에 대한 믿음을 바탕으로 근원적 존재와 더불어 덕을 합하여 하나가 되어 살고자 하는 뜻을 세우는 것이며, 진성은 군자의 본성의 발현을 뜻한다. 도생역성의 관점에서 보면 입지는 도생倒生이며, 진성은 역성逆成이다. 천天의 작용이 군자의 마음 가운데서 도생한 것이 입지이며, 역성한 것이 진성인 것이다. 그렇기 때문에 입지는 개체적 존재로서의 나의 마음 가운데서 대상적 존재를 향하여 관심을 갖는 것과 다르다. 입지 자체가 그대로 본성의 현현인 동시에 천天의 현현인 것이다. 인간 본래성 가운데서 나타난 천의天意가 입지이며, 그것이 본래성의 현현인 진성으로 나타나는 것이다.

입지의 내용이 성인의 도에 대한 믿음信인 까닭은 도생역성의 관점에서 보면 인간은 이미 천지의 마음을 본성으로 하는 존재이기 때문에 그것을 밝히고 있는 성인의 도에 대한 믿음만이 필요하기 때문이다. 믿음을 통하여 본성이 발현되는 진성이 이루어진다. 그렇기 때문에 《서경》에서는 본성을 발현하는 방법을 마음을 순순하고 한결같게 하는 정일精一로 규정하고 있다.[532]

궁리는 성인의 도를 통하여 천명된 역도를 연구하는 것이며, 지명은 천명을 자각하는 것이다. 그런데 역생도성의 관점에서 보면 궁리는 역생이며, 지명은 도성이다. 역생은 도성이 되었을 때 가능한 것으로, 도성된 존재가 역생된 것임을 생각하면 궁리는 개체적 존재가 이미 존재하는 이치를 연구하는 것이 아니라 말씀으로 나타나는 경전을 매개로 천의天意를 아는 것이다. 그렇기 때문에 군자의 심성 내면에서 시생된 천의가 궁리이다. 그리고 궁리를 통하여 자신의 존재 근거인 천명을 자각함으로써 도성된 상태를 나타내는 것이 지명이다. 따라서 역생도성의 관점에서 보면 궁리의 결과가 지명으로 나타난다고 할 수 있다.

《주역》에서는 군자가 궁구해야 할 이치를 성명지리性命之理로 규정[533]

---

532 《書經》 大禹謨, "人心惟危, 道心惟微, 惟精惟一, 允執厥中."

533 《周易》 說卦 第二章, "昔者聖人之作易也는 將以順性命之理니."

하고 있다. 그렇기 때문에 궁리는 성명지리를 궁구하는 것이다. 성명지리는 인간의 과거적 본성과 미래적 이상을 나타내는 것이다. 그러므로 성명지리를 궁구한다는 것은 인간 본래성의 궁구인 동시에 인간 본래성의 자각이라고 할 수 있다. 그리고 지명至命의 명命은 천명天命으로 지명至命은 지천명至天命을 가리킨다. 따라서 지명은 본성의 자각을 통하여 자신에게 주어진 역사적 사명으로서의 천명을 자각하는 것을 뜻한다.

《주역》에서 학문의 방법으로 제시하고 있는 궁리의 구체적인 내용은 성인의 말씀을 중심으로 그 가운데 담긴 이치를 궁구하여 성誠을 주체로 하는 것이다. 이는 괘효역학卦爻易學을 중심으로 학문의 방법을 나타낸 것으로, 간지역학干支易學, 도서역학圖書易學을 중심으로 나타내면 추연推衍, 추수推數가 된다. 《정역》에서는 일부一夫와 상제上帝의 문답을 통하여 학문의 방법을 밝히고 있는데, 그 내용을 보면 다음과 같다.

> 화무상제化无上帝가 다시 말하였다. "추연推衍을 함에 있어서 정륜正倫을 무시하거나 어기는 일이 없도록 하라. 천리天理를 무너뜨려서 없애면 부모父母가 위태롭다." "불초不肖가 어찌 감히 이수理數를 추연推衍하겠습니까마는 오직 바라는 것은 부모님의 마음이 편안하고 태평泰平하는 것입니다."[534]

위의 내용을 살펴보기에 앞서 유의해야 할 부분이 있다. 《정역》의 내용을 보면 곳곳에서 "하늘은 일부一夫의 말을 하고, 일부는 하늘의 말을 한다."[535]거나 화무상제化无上帝, 화옹化翁 등의 다양한 개념들을 중심으로 일부와의 문답을 언급하고 있다.

---

534 金恒, 《正易》 化无上帝重言, "推衍에 无或違正倫하라 倒喪天理父母危시니라. 不肖敢焉推理數리오마는 只願安泰父母心이로소이다."

535 金恒, 《正易》 第九張, "嗚呼라 天地无言이시면 一夫何言이리오 天地有言하시니 一夫敢言하노라. 天地는 言一夫言하고 一夫는 言天地言이니라."

그런데 이때 상제, 화무상제, 하늘 등의 개념은 형이상적 차원, 본성의 차원에서 언급되는 것이다. 그러므로 실제로 상제나 하늘 또는 화무상제, 화옹이라는 대상이 있어서 김일부와 문답을 하는 것이 아니다. 《주역》에서도 "초구初九에서 말하기를 '잠용물용潛龍勿用'이라 하니 무엇을 말한 것인가?" 라고 묻고 이에 대하여 "공자가 말하기를 용龍의 덕을 가지고 숨어 있는 사람이다."[536]라고 하여 마치 역易과 공자가 문답하는 것처럼 말을 하고 있다.

그것은 인간의 본성과 천지의 도, 역도가 본래 일체임을 나타내기 위함이다. 특히 《정역》이 역수를 통하여 역수원리를 상징적으로 나타내고 있기 때문에 그것이 달을 가리키는 손가락임을 잊어버리고 하나의 실체로 여길 가능성이 있다. 그래서 김일부는 "천지天地는 일월日月이 아니면 빈껍데기이고, 일월은 지인至人이면 빈 그림자이다."[537]라고 하였을 뿐만 아니라 "이치는 본원本原에서 만나니 본원은 바로 성性이다."[538]라고 하여 그 점을 밝히고 있다.

인용문의 내용을 보면 역수원리를 상징적으로 나타내는 이수理數를 중심으로 추연推衍하는 것이 정륜正倫을 밝히는 학문의 방법임을 알 수 있다. 괘효역학이 괘상을 통하여 성명지리를 표상한 것과 달리 간지역학, 도서역학은 간지도수, 도서상수를 통하여 신도, 역수원리를 상징적으로 나타내고 있다. 그렇기 때문에 도수, 상수를 이수로 규정하고 이수의 추연推衍을 통하여 역수원리를 밝히는 것을 학문의 방법으로 제시한 것이다.

《주역》에서는 "수數를 지극하게 하여 미래를 아는 것을 점占이라고 하며, 변화원리에 통하는 것을 일이라고 한다."[539]라고 하여 수를 통하여 미래를 알 수 있다는 것을 밝히고 "지나간 것을 헤아림은 순順이며, 미래를

536 《周易》 文言, "初九曰 潛龍勿用은 何謂也오 子曰 龍德而隱者也니 不易乎世하며."

537 金恒, 《正易》 第七張, "天地는 匪日月이면 空殼이오 日月은 匪至人이면 虛影이니라."

538 金恒, 《正易》 第七張, "理會本原은 原是性이오 乾坤天地에 雷風中이라."

539 《周易》 繫辭上篇 第五章, "極數知來之謂占이오 通變之謂事이오."

아는 것은 역逆이다. 그러므로 역易은 역逆으로 헤아리는 것이다."[540]라고 하여 수를 통하여 미래를 알게 됨을 밝히고 있다.

미래는 역수원리를 통하여 밝혀진 세계를 나타내는 것이다. 《논어》에서 공자가 자신의 삶을 통하여 군자의 삶 자체를 학문의 과정으로 규정하고 각각의 마디를 수를 통하여 나타낸 것은 단순하게 나이를 나타내는 데만 그 뜻이 있는 것이 아니라 학문의 근본 방법이 추연推衍, 추수推數임을 나타내기 위함이다. 따라서 역학에서 궁리의 방법으로 추연推衍, 추수推數가 필요함을 알 수 있다.

역학사에서 선진 이후의 역학자들을 의리학파와 상수학파로 구분하는 기준도 궁리窮理의 구체적인 방법이다. 의리학파義理學派는 《주역》의 괘효사卦爻辭와 십익十翼을 중심으로 궁리하는 학파이며, 상수학파는 간지도수, 도서상수를 중심으로 추연하는 학파이다. 그런데 양자는 결코 서로 다른 것이 아니라 천도가 중심인가 아니면 인도가 중심인가의 차이일 뿐이다. 따라서 양자는 함께 연구되어야 한다. 그럼에도 불구하고 괘효를 중심으로 궁리만을 주장하면 천도天道가 드러나지 않는다. 간지도수, 도서상수의 추연을 통하여 천도를 인간 주체적으로 자각함으로서 천도와 더불어 인도가 밝혀지게 된다. 따라서 단순하게 괘효만을 중심으로 의리를 연구하는 연구 방법을 넘어서서 이수理數를 중심으로 추연하고 그것을 바탕으로 괘효를 중심으로 의미를 연구하는 것이 필요하다.

입지와 궁리 그리고 진성과 지명을 군자의 본래성의 내용인 인예의지仁禮義智의 사덕四德과 연관시켜서 살펴보면 지智와 의義를 통하여 이치로서 해부된 천도天道가 일차적으로 주체화하고, 그것이 다시 예禮를 중심으로 인격 주체성으로 주체화하고, 인仁을 통하여 실천된다. 도생역성의 관점에서 천지의 도가 지智와 의義로 군자의 주체성으로 주체화하고, 역생도

540 《周易》說卦 第三章, "數往者는 順코 知來者는 逆하니 是故로 易은 逆數也라."

성의 관점에서 천지의 도가 예禮와 인仁으로 군자의 주체성으로 주체화한다. 다만 도생역성과 역생도성이 일체이며, 인예의지의 사덕이 일체적 존재이듯이 일차적인 주체화와 이차적인 주체화가 다르지 않을 뿐만 아니라 주체화와 자각이 다르지 않고, 학문과 실천 역시 다르지 않다.

입지와 궁리 그리고 진성과 지명의 관계를 식물의 생장 상태를 통하여 상징적으로 나타내면 입지는 씨와 같으며, 지명은 열매와 같고, 궁리는 싹과 같으며, 진성盡性은 꽃과 같다. 군자의 심성 내면에 입지라는 씨를 뿌려서 궁리라는 싹이 트고, 진성이라는 꽃이 피어서 지명이라는 열매로 나타나는 것이다.

군자의 학문은 선천에서 후천으로 변화하는 종시終始 변화이다. 끝이 나는 것은 몸과 마음을 자신으로 여기고 몸을 중심으로 살았던 삶이고, 시작하는 것은 본성, 도를 주체로 하는 삶이다. 이처럼 본성을 주체로 살아간다는 것은 몸과 마음을 위주로 살았던 이전의 삶을 버리는 것이 아니라 함께 하는 것이다. 화택규괘火澤睽卦䷥에서는 형이상과 형이하의 세계를 같으면서도 다름(同而異)[541]으로 나타내고 있다. 같음은 형이상의 세계를 가리키며 다름은 형이하의 세계를 나타낸다.

같으면서 다름이란 형이상과 형이하가 일체임을 나타내는 것이다. 사람을 중심으로 이를 살펴보면 본성은 같지만 각각 다른 모습, 다른 생각에 의해 다른 삶을 살아감을 뜻한다. 이러한 상태를 십익에서는 일치이백려一致而百慮[542]로 나타내고 있다.

일치이백려를 인지仁智의 본성本性을 중심으로 살펴보면 인성仁性은 합덕合德원리로 이를 통하여 일치一致가 이루어지며, 지성知性은 분생分生원리로 이를 통하여 백려百慮가 이루어진다. 이는 천도의 도생역성과 역생도

---

541 《周易》火澤睽卦䷥ 大象, "象曰 上火下澤이 睽니 君子以하여 同而異하나니라."

542 《周易》繫辭下篇 第五章, "天下 同歸而殊塗하며 一致而百慮니 天下 何思何慮리오."

성을 중심으로 살펴보면 인성仁性은 역생도성작용을 하며, 지성知性은 도생역성작용을 한다. 이를 군자의 심성 내면과 외물의 내외 합덕원리를 중심으로 살펴보면 인성仁性은 인물人物과 아름답게 만나는 가회嘉會원리이며, 지성知性은 사물을 올바로 다스리는 이물利物이다.[543]

도서가 표상하는 사역변화원리를 중심으로 학문원리를 살펴보면 윤역원리에 근거한 생장원리와 정역원리에 근거한 합덕성도원리로 구분하여 이해할 수 있다. 그런데 학문은 실천과 달리 선천적 관점에서 이해되어야 하기 때문에 윤역원리를 중심으로 이해되어야 한다. 선천은 음윤역과 양윤역이 서로 나누어져서 생장하는 시기이다.

학문의 관점에서는 본성과 마음이 서로 나누어져서 작용하기 때문에 마음이 때로는 본성과 일치되어 드러나고 때로는 본성과 괴리되어 나타난다. 그렇기 때문에 《서경》에서는 인간의 본성을 자각하는 집중이 필요한 까닭이 마음이 도심道心과 인심人心으로 나누어지며, 도심은 은미하고 인심은 위태롭기 때문[544]이라고 하였다. 그렇기 때문에 학문은 본성과 일치되어가는 과정이라고 할 수 있다. 《주역》에서는 본성과 마음이 하나로 일치되는 것을 치일致一[545]로 규정하고 있다.

본성과 일치一致가 되기 위해서는 순수한 마음의 상태가 한결같을 것이 요구된다. 그것을 사특한 마음이 없는 성誠으로 규정하기도 하고, 성인의 도에 대한 믿음으로 규정하기도 한다. 그런데 성인의 도의 내용은 천지의 도가 인간의 본래성으로 주체화되었음을 밝힌 것이기 때문에 자신의 본성에 대한 믿음이 된다. 이처럼 믿음을 바탕으로 정성스럽게 성인의 도

---

543 《周易》 重天乾卦䷀ 文言, "君子 體仁足以長人이며, 嘉會足以合禮며, 利物足以和義며, 貞固足以幹事니 君子 行此四德者라 故曰 乾元亨利貞이라."

544 《書經》 大禹謨, "人心惟危, 道心惟微, 惟精惟一, 允執厥中."

545 《周易》 繫辭下篇 第五章, "天地絪縕에 萬物化醇하고 男女構精에 萬物化生하나니 易曰三人行에는 則損一人하고 一人行에는 則得其友라하니 言致一也라."

를 연구하는 것을 궁리窮理라고 한다.

그런데 궁리는 단순하게 이치를 분석하고 종합하는 대상적 작용이 아니라 인간 본성 자체의 자기 개시이다. 다시 말하면 궁리를 도생역성의 관점에서 보면 본성 자체를 끊임없이 발용發用시킴으로써 그것이 자연스럽게 이루어지도록 하는 과정이다. 그렇기 때문에 성인의 도에 대한 믿음을 바탕으로 천지의 도에 순응할 것을 다짐하는 입지立志를 바탕으로 궁리가 이루어지게 된다.

본성과 그 존재 근거인 천도에 대한 믿음과 정성스러운 마음으로 이치를 연구하는 궁리는 곧 자신을 버리는 극기克己가 된다. 그것은 본성과 괴리된 사고 자체를 자신의 주체로 생각하지 않고 오히려 끊임없이 사고하면서도 사고 자체에 함몰되지 않고 그것이 본성의 현현임을 확인하는 것이다. 이러한 과정이 지속되면 본성 자체가 밝혀지게 되는데, 그와 더불어 천도天道 역시 자각하게 된다. 그것을 천도의 인간 주체적 자각自覺이라고 한다.

천도를 인간의 본래성과 일체화시켜서 깨닫는 자각自覺을 《논어》에서는 개체성을 탈피하여 보편성으로서의 도덕 주체성을 확보하는 예禮를 회복하여 인仁을 주체로 하는 것[546]으로 규정하고 있다. 이때 극기복례위인克己復禮爲仁을 도생역성의 관점에서 살펴보면 그 의미는 전혀 다르게 드러난다. 극기克己는 능히 자기가 됨이고, 복례위인復禮爲仁은 예禮로 돌아감으로써 인仁을 실천함이 된다.[547]

---

546 《論語》 顔淵, "顔淵問仁 子曰 克己復禮爲仁 一日克己復禮 天下歸仁焉 爲仁由己 而由人乎哉 顔淵曰 請問其目 子曰 非禮勿視, 非禮勿聽, 非禮勿言, 非禮勿動 顔淵曰 回雖不敏 請事斯語矣."

547 이는 《논어》를 이해하는 방법과 관련된 문제이다. 그 구체적인 내용은 이현중의 《논어순역》을 참조하기 바란다. 《논어순역》에서는 《논어》를 순역의 구조를 중심으로 체계적으로 연구하는 방법을 제시하고 그 방법에 따라서 《논어》를 해석하였다.

《주역》에서는 군자의 학문의 과정을 신명한 덕에 통하게 되는 것으로 규정하고 있다. 이는 천지의 본성을 신명한 덕으로 규정한 것이다. 그러므로 천지의 도를 자각한다는 것은 곧 천지의 본성인 천지의 도덕성을 체득한다는 의미이다. 그것을 한마디로 나타내어 신명한 덕에 통함[548]이라고 한 것이다.

입지와 궁리 그리고 진성과 지명을 내용으로 하는 통신명지덕通神明之德을 삼극三極을 중심으로 살펴보면 마음은 일태극一太極이며, 본성은 오황극五皇極이고, 천天은 십무극十无極이다. 그러므로 마음을 순수하고 한결같게 하여 그것이 본성의 작용이며, 본성의 존재 근거가 십무극十无極임을 아는 것이 학문이다.

일태극一太極을 기본으로 이루어지는 작용은 본래 십무극十无極과 오황극五皇極이 합덕合德된 오십五十을 근거로 이루어지는 것이다. 그렇기 때문에 인간의 마음이 본성의 작용임을 아는 동시에 그것의 존재 근거인 천지의 마음을 알게 되는 것이다. 그것을 일러 통신명지덕通神明之德이라고 한다.

하도와 낙서를 통하여 표상된 도서원리를 중심으로 학문과 실천을 살펴보면 다음과 같다. 도서원리를 그 본체를 중심으로 나타내면 천의 본성을 나타내는 십무극과 인간의 본성을 나타내는 오황극 그리고 지地의 본성을 나타내는 일태극으로 표상할 수 있다.

그런데 인간의 관점에서 보면 오황극이 십무극과 일체화하여 그것을 주체로 하는 것이 학문의 과정이다. 이러한 학문의 과정은 자신의 주체성을 확립하는 과정으로서의 수기修己이다. 그것은 하도를 통하여 표상된 십오존공위체十五尊空爲體원리로 오황극과 십무극의 합덕체가 바로 천지만물의 근본임을 알고 자신의 주체성으로 세우는 십오존공위체十五尊空爲體가 학문원리이다.

---

548 《周易》繫辭下篇 第六章, "以體天地之撰하며 以通神明之德하니."

2장 역학과 실천

앞에서 대상적 사고의 차원을 넘어서는 계기契機로서의 인간 주체적 자각에 대하여 살펴보았다. 그리고 인간 주체적 자각이 있어야만 비로소 인간 자신의 본성은 물론 그 존재 근거로서의 천지의 본성이 밝혀지는 것을 살펴보았다.

또한 인간이 자신의 본성을 자각하고 더불어 천지의 본성을 자각하는 것을 도서원리의 측면에서 나타내면 자신의 본성과 천지의 본성이 합덕하여 일체화된 십오를 자신의 주체성으로 확립하는 십오존공위체로, 그것을 통신명지덕이라고 한다는 것을 풀어썼다.

그런데 십무극과 오황극이 본체가 되면 각각 구九와 육六으로 작용하게 된다. 그것은 하늘을 본체로 하여 작용하는 체십용구體十用九와 인간의 본성을 주체로 하여 이루어지는 체오용육體五用六이 동시에 작용함을 뜻한다. 이처럼 인간과 하늘이 하나가 되어 작용하는 것을 구육합덕위용九六合德爲用이라고 한다.

천도의 관점에서 보면 십오존공위체와 구육합덕위용은 본체와 작용의 관계로 체용은 본래 일체적 존재이다. 그러므로 학문원리인 통신명지덕과 실천원리인 유만물지정 역시 일체적 존재이다. 사람의 삶 역시 학문과 실천이 따로 구분되어 있는 것이 아니라 편의상 양자를 구분하여 나타낸 것일 뿐이다. 따라서 사람의 삶을 학문을 중심으로 살펴보았다면 반드시 실천을 중심으로 살펴보지 않을 수 없다.

인간이 자신의 본래 지평을 자각하고 동시에 자신의 존재 근거를 자각하였을 때 자신에게 주어진 사명을 자각하게 된다. 이러한 역사적 사명의 자각은 곧 그것의 실천으로 이어진다. 역사적 사명은 자신이 걸어가야 할 길로서의 인도의 자각이기 때문이다.

사실 역사적 사명이라는 개념 자체가 그대로 실천적 의미를 담고 있다. 사명이란 인격적 존재 사이에 주고받는 것이다. 인격적 존재인 천지가 자신의 뜻을 나누어주는 것이 바로 인격적 존재인 인간의 탄생이다. 따라서 인간은 천지의 인격적 의지에 근거하여 살아가게 된다. 그것이 바로 인간에게 주어진 역사적 사명이다. 따라서 인간의 존재 근거로서의 역사적 사명은 태어나는 순간 장차 완성해야 할 사명으로 이미 주어진 것이다. 《중용》에서 "천명을 일러 인간의 본래성이라고 한다."[549]라고 한 까닭이 여기에 있다. 따라서 천명의 자각은 본래성의 자각과 동시에 이루어진다.

인간은 물리적 생명만을 가진 존재가 아니라 물리적 생명의 존재 근거로서의 형이상적 생명을 본성으로 한다. 다시 말하면 역사적 사명과 본성을 본래성으로 한다. 그것을 역학에서는 성명지리로 규정하고 있다. 인간은 누구나 본성과 역사적 사명을 내용으로 하는 성명지리를 본래성으로 하는 것이다. 그러므로 물리적 생명의 연장을 위하여 살아가서는 안 되며, 역사적 사명의 완수를 위하여 살아야 한다. 다시 말하면 자신의 개체적 생명을 유지하기 위하여 살아가는 것이 바로 대상적 사고에 의해 살아가는 소인小人의 삶이며, 자신에게 주어진 역사적 사명의 봉행을 위하여 살아가는 것이 군자의 삶이다.

자신의 본래성과 일체화되어 자각된 역사적 사명의 봉행은 일차적으로는 본성을 그대로 실천하고 구현하는 것이다. 본성을 실천하고 구현하는 구체적인 방법은 사람에 따라서 다르다. 다시 말하면 모든 사람이 각각 생김새에 성격이 다르며, 그러한 모양과 성격에 따라서 살아가는 양상이 다르기 때문에 그러한 삶의 양상에 따라서 자신의 본성을 구현하는 구체적인 양상은 다른 것이다. 이는 바꾸어 말하면 각각에게 주어진 역사적 사명이 다르기 때문에 그러한 사명을 봉행하는 데 유감이 없도록

549 《中庸》第一章, "天命之謂性."

최적의 상태로 만들어진 것이 바로 사람의 몸임을 뜻한다. 그러므로 모든 인간은 사람으로 존재한다는 사실만으로도 큰 의의가 있다고 할 수 있다.

인간의 삶의 양상은 몸에 의해 이루어지는 언행으로 나타난다. 따라서 인간의 삶이란 자기에게 주어진 역사적 사명을 봉행하는 것으로 결국 언행을 수단으로 할 수밖에 없다. 그런 의미에서《주역》에서는 자신에게 주어진 역사적 사명을 봉행하며 살아가는 존재인 군자가 세상을 움직이는 수단이 언행[550]이라고 했다.

말은 언제나 진리를 담고 있어서 모든 사람들이 살아가는 삶의 원리를 가르쳐주어야 하며, 행동은 그러한 삶의 원리를 몸으로 드러내 보이는 것이어야 한다. 말을 통하여 소인의 길과 군자의 길을 분명하게 구분하여 제시함으로서 군자의 길을 좇도록 해야 하며, 행동을 통하여 군자의 길을 구체화하여 보여주어야 한다.

천지의 도를 인간 주체적으로 자각한 존재가 그것을 인도로 실천하는 과정에서 말을 통하여 시비를 구분하고 행동을 통하여 옳은 것을 실천하고 잘못된 것을 실천하지 않을 때 그것 역시 대상적 사고에 의한 분석 작용의 결과인 것으로 혼동混同하기 쉽다.

그러나 자신에게 주어진 역사적 사명을 자각하고 그것을 실천 구현하는 것은 사물들을 서로 구분하여 그 존재 의미를 드러내어 밝혀서 그 본질에 따라서 다스림으로써 사물이 사물로 존재하게 하는 것이다. 따라서 대상적 사고에 의해 가치를 부여하고 그 결과에 따라서 집착함으로써 야기되는 갈등이나 번뇌는 발생하지 않는다.

사물을 사물로서 그 존재를 규정해 주는 동시에 인간을 인간으로 신

---

550 《周易》繫辭上篇 第八章, "言行은 君子之樞機니 樞機之發이 榮辱之主也라 言行은 君子之所以動天地也니 可不愼乎아."

神을 신으로 그 존재의의를 드러내어 밝히는 것을 유만물지정이라고 한다. 도를 인간 주체적으로 자각한 군자가 하는 사고는 그것 자체가 그대로 본성의 발현이다. 그러므로 그가 만물을 그 본질에 의해 분합分合하여 나타내는 것을 유만물지정이라고 말한다. 유만물지정은 진리를 해부하여 그것을 드러내 보이는 것인 동시에 그것을 현실에서 실천·구현하는 것이라고 하겠다.

천도를 중심으로 유만물지정을 살펴보면 그것은 구육합덕위용이 됨을 앞에서 살펴본 바와 같다. 구육합덕위용九六合德爲用을 인간의 삶을 중심으로 살펴보면 인지仁智의 본성을 주체로 예의禮義의 명命을 실천하는 것이 된다. 그것은 인격적인 만남에 의한 가회嘉會와 만물을 다스리는 이물利物이다. 이는 사물을 중심으로 나타내면 사물을 사물로 대함으로써 사물로 존재하게 해주는 것이다.

인간이 비록 만물과 같이 시공에 존재하지만 그러나 시공을 초월한 존재인 까닭이 바로 통신명지덕하여 유만물지정하는 존재라는 데 있다. 인간의 몸은 시간과 공간을 점유하고 있지만 그러나 그 몸은 형이상적 존재인 성명지리를 실천하기 위한 수단일 뿐 그것 자체가 인간의 본래 지평은 아니다. 그러므로 맹자는 물리적 생명의 길고 짧은 것이 문제가 아니라 자신의 본성을 자각하여 자신에게 주어진 사명을 자각하고 그것을 실천하며 물리적 생명이 끝날 때를 기다리는 것이 바로 하늘을 섬기는 것(事天)이라고 하였다.[551]

또한 인간의 삶의 과정에서 일어나는 모든 것들이 자신에게 주어진 사명이 아닌 것이 없으므로 오직 그것을 올바로 실천할 따름이라고 한 까닭이 여기에 있다. 인간의 삶 자체는 자신에게 주어진 역사적 사명을 봉행하

---

551 《孟子》盡心章句 上篇, "孟子曰 盡其心者 知其性也 知其性 則知天矣. 存其心, 養其性, 所以事天也. 殀壽不貳, 修身以俟之, 所以立命也."

는 과정이기 때문에 자신에게 닥쳐오는 모든 사건은 이해를 떠나서 오직 바르게 처리해야 하는 것이다.[552]

1. 군자와 성명性命

인간에게 역도易道, 인도人道가 중요한 의미를 갖는 것은 그것이 삶의 원리, 방향을 제시하기 때문이다. 인간의 삶을 도倒의 관점에서 살펴보면 본성대로 살아가는 것이다. 그것은 현재 자신이 처한 상황에 따라서 살아가는 것을 말한다. 그것을 《주역》에서는 때에 맞게 살아가는 시중時中으로 나타내고 있다.

그런데 역逆의 관점에서 보면 인간의 삶은 천도에 따라서 자신에게 주어진 역할을 다하는 순천휴명順天休命이다. 형이상의 관점에서 보면 개체가 없지만 형이하적 관점에서 보면 개체는 각각 해야 할 역할이 있고 그것이 각자의 삶이 된다. 사람은 사람으로서의 역할이 있고, 동물은 동물로서의 역할이 있다. 그것이 사람의 삶이 되고, 동물의 삶이 된다.

개체적 존재의 우주 안에서의 역할은 생리적 상태에 따라서 구분되는 능력이나 종種의 차이가 아니라 형이상적 측면에서 구분되는 것이다. 사람의 본성은 같지만 그것을 삶의 과정에서 발현發現하는 양태樣態는 각각 다르다. 그것이 사회, 국가, 천하, 우주 안에서 각각 개체적 존재가 해야 할 역할로 나타나게 된다.

본성을 발현하는 서로 다른 양태로서의 역할은 세계 안에서의 개체의 위상이 된다. 그것은 우주 안에서의 개체의 위상, 역할이 곧 개체의 존재

---

552 《孟子》 盡心章句 上篇, "孟子曰 莫非命也順受其正 是故 知命者不立乎巖墻之下 盡其道而死者正命也 桎梏死者非正命也."

근거가 되는 것을 뜻한다. 그런 점에서 개체적 존재의 우주적 가치를 나타내는 역할을 천명이라고 한다. 그것은 하늘이라는 근원적 존재로부터 주어진 우주적 역할이라는 의미인 동시에 우주사적 위상을 의미한다.

천명은 개체적 존재의 존재 근거라는 점에서 중요한 의미를 갖는다. 인간의 삶은 본성이라는 주체가 시공 상에서 자기를 드러내는 실천이다. 그런 점에서 보면 천명은 인간의 본성이 된다. 그렇기에《중용》에서는 "천명 그것을 일러 성품이라고 한다."[553]고 했다.

천명, 도를 중심으로 본성을 살펴보는 것은 도倒(順)의 관점이며, 궁리하여 진성하고 지명하는 것은 역逆의 관점이다. 역逆의 관점에서 보면 실천의 매개가 되는 몸보다도 본성이 중심이 되지만 도의 관점에서 보면 이미 본성이 주체이기 때문에 그것을 몸을 매개로 구현하는 실천이 중요하게 된다.《주역》에서는 사람을 역할에 따라서 두 부류로 나누어 다음과 같이 밝히고 있다.

> 성인이 흥작하여 만물이 모두 드러난다. 천에 근본을 둔 사람은 위에 친하고, 지에 근본을 둔 사람은 아래에 친하다. (그것은) 각각 그 무리를 좇는 것이다.[554]

위의 인용문을 보면 천天에 근본을 둔 사람과 지地에 근본을 둔 사람을 구분하여 양자가 각각 형이상과 형이하에 친함을 밝히고 있다. 그리고 성인이 흥작함으로써 형이하의 만물의 본질이 모두 드러난다고 하였다. 이를 통하여 성인이 천에 근본을 둔 존재이며, 군자는 지에 근본을 둔 사람임을 알 수 있다.

---

553 《中庸》第一章, "天命之謂性."

554 《周易》重天乾卦䷀ 文言, "聖人이 作而萬物覩하나니 本乎天者親上하고 本乎地者親下하나니 則各從其類也니라."

천에 근본을 둔다는 것은 성인이 도생역성의 삶을 살아가는 존재라는 뜻이며, 지에 근본을 둔다는 것은 군자가 역생도성의 삶을 살아가야 할 존재를 가리킨다. 그리고 성인에 의해 만물의 본질이 드러난다는 것은 그가 천도와 인도를 밝히는 천명을 가진 존재임을 뜻한다.

천도인 역수원리의 관점에서 보면 윤역이 운행되는 선천에서 정역이 운행되는 후천으로 변화하는 것이 우주의 역사이다. 그러므로 지택임괘地澤臨卦䷒에서는 "정역으로 크게 형통하는 것이 천도이다."[555]라고 하여 선후천 변화를 천도의 내용으로 밝히고 있다.

그런데 '대형이정大亨以正'을 천뢰무망괘天雷无妄卦䷘에서는 천명으로 규정하고 있다. 그것은 사람의 관점에서 정도로 천하를 제도하는 것이 천명임을 밝힌 것이다. 정도로 천하를 제도하는 주체는 군자이며, 군자는 인도의 관점으로 인도를 실천하는 존재이다. 군자는 성인이 밝힌 천도를 자각하고 더불어 그것을 바탕으로 인도를 실천하는 존재이다.

성인과 군자의 천명을 중심으로 성명을 이해하면 인예의지의 사덕을 내용으로 하는 본성은 성인과 관련되며, 그것을 몸을 통하여 시공에서 구현하는 문제는 군자와 관련된다. 덕을 주체로 그것을 숭상하여 널리 펼치는 것은 군자의 사명인 것이다. 맹자는 성인과 군자의 천명을 중심으로 성명을 다음과 같이 밝히고 있다.

> 맹자가 말하였다. "입이 맛을 느끼고 눈이 모양을 보며, 귀가 소리를 듣고, 코가 냄새를 맡으며, 사지四肢가 안일安逸을 추구하는 것은 본성이다. 그러나 명命이 있기 때문에 군자는 성性이라고 하지 않는다. 인仁이 부자의 관계를 통하여 나타나고, 의義가 군신의 관계를 통하여 나타나고, 예禮가 주인과 손님의 관계를 통하여 나타나며, 지知가 현자를 통하여 나타나고, 천도가 성인에 의해

---

555 《周易》 地澤臨卦䷒ 彖辭, "大亨以正하니 天之道也일새라."

밝혀지는 것은 명命이다. 그러나 성性이 있기 때문에 군자는 명命이라고 하지 않는다.[556]

위의 내용을 보면 맹자가 도역의 관점에서 성인과 군자의 성명을 밝히고 있음을 알 수 있다. 군자는 형이하의 이목구비와 사지를 중심으로 성명을 밝히고 있고, 성인은 사덕과 천도를 중심으로 성명을 밝히고 있다.

군자는 역의 관점에서 몸을 중심으로 성명을 밝히고 있다. 군자의 몸을 통하여 나타나는 본능도 타고난 성품이지만 명이 있기 때문에 그것을 성이라고 하지 않는다. 이때 명은 몸을 중심으로 운명론적인 관점에서 타고난 분수가 있기 때문에 그것을 성으로 여기지 않는 것으로 이해할 수도 있다.

그런데 형이상적 측면에서 보면 그것은 본성을 매개로 발현시켜야 할 대상이라는 점에서 사명이라고 할 수 있다. 군자가 몸을 통하여 본성을 주체로 사덕을 실천해야 할 사명이 있기 때문에 본능을 본성으로 여기지 않는 것이다.

성인은 도(順)의 관점에서 인예의지의 사덕과 천도를 중심으로 밝히고 있다. 그는 인도의 사덕과 천도를 밝히는 사명을 가진 존재이다. 군자도 역시 본성을 자각하고 더불어 천도를 자각해야 할 사명이 있지만 그것을 주체로 하여 몸으로 구현해야 할 사명이 있기 때문에 천명이라고 하지 않는다.

그런데 위의 내용을 보면 성인과 군자를 나누어 각각 몸과 덕을 중심으로 사명을 구분하여 나타내고 있지만 본래 사람의 본성과 몸은 둘이 아니다. 그것은 군자의 본성과 성인의 본성이 다르지 않을 뿐만 아니라 군자의 몸과 성인의 몸이 서로 다르지 않음을 뜻한다. 도역이 체용의 일체이듯이 성

---

556 《孟子》盡心章句上, "孟子曰 口之於味也, 目之於色也, 耳之於聲也, 鼻之於臭也, 四肢於安佚也, 性也, 有命焉, 君子不謂性也. 仁之於父子也, 義之於君臣也, 禮之於賓主也, 智之於賢者也, 聖人之於天道也 命也, 有性焉, 君子不謂命也."

인과 군자의 역할도 비록 구분할 수밖에 없지만 일체적 관계인 것이다. 만약 성인이 역도를 밝히지 않았다면 군자가 그것을 체득하여 구현할 수 없으며 군자가 없다면 아무리 역도가 밝혀졌을지라도 그것이 실천될 수 없다.

성인과 군자라는 역할은 개체적 관점, 형이하적 관점, 역적 관점에서 구분하여 나타낸 것으로, 형이상의 본성 자체의 관점에서 보면 군자의 성명과 성인의 본성은 다르지 않다. 그리고 학문을 역생도성의 관점에서 살펴보는 것과 달리 실천은 도생역성의 관점에서 살펴보아야 한다.

도생역성의 관점에서 실천을 살펴보면 그 주체는 역시 인예의지仁禮義智의 사덕四德이 되지 않을 수 없다. 《주역》에서 군자가 인예의지의 사덕을 실천하는 존재라고 규정한 것은 이를 나타내는 것이다. 도생역성의 관점에서 학문과 실천을 구분하여 살펴보면 군자의 사덕四德 역시 성명性命으로 구분하여 나타낼 수 있다.

> 사람을 도덕적 존재로 완성시키는 것은 인仁이며, 사물을 도덕적 존재로 고양高揚시켜서 완성하는 것은 지知이다. (그것은) 성性의 내용인 덕德으로 내외를 합덕시키는 도이다. 그렇기 때문에 (仁知의 性을 자각한 군자는) 때에 따라서 그 마땅함에 머문다.[557]

위의 내용을 보면 인과 지가 성의 내용임을 알 수 있다. 그렇다면 사덕의 예와 의는 명임을 알 수 있다. 군자의 관점에서는 성과 명은 체용의 관계이다. 그렇기 때문에 《논어》에서는 "비본래적 자기를 극복하여 예로 돌아가는 것이 인仁을 행하는 것이다."[558]고 하여 인仁을 체로 하여 그것이 발

---

557 《中庸》 第二十五章, "成己仁也 成物知也 性之德也 合內外之道也 故 時措之宜也."

558 《論語》 顔淵, "顔淵問仁 子曰 克己復禮爲仁 一日克己復禮 天下歸仁焉 爲仁由己 而由人乎哉 顔淵曰 請問其目 子曰 非禮勿視, 非禮勿聽, 非禮勿言, 非禮勿動 顔淵曰 回雖不敏 請事斯語矣."

용發用하는 것이 예禮임을 밝히고 있다.

또한 예의 구체적인 절목 가운데서 대표적인 효孝가 인을 행하는 근본[559] 이라고 하여 인을 체로 하여 예禮가 행하여지게 됨을 밝히고 있다. 따라서 지와 의 역시 체용의 관계임을 알 수 있다.《주역》에서는 성명의 내용이 사덕임을 밝히고 있는데 그 내용은 다음과 같다.

> 원元은 선善의 으뜸이고, 형亨은 아름다움의 모임이며, 이利는 의義의 조화로움이며, 정貞은 사건의 근간이다. 군자가 인을 체득함으로써 족히 사람을 기를 수 있고, 아름다운 모임으로써 족히 예에 부합하며, 사물을 이롭게 함으로써 족히 의에 조화되고, 바르고 견고함으로써 족히 일을 주관한다. 군자는 이 사덕을 실천하는 사람이다. 그러므로 건乾을 원형이정元亨利貞이라고 한다.[560]

위의 내용은 천도의 사상四象을 밝히고 있는 부분과 인도의 사덕을 밝히고 있는 부분 그리고 군자와 사상의 관계를 밝히고 있는 마지막 부분으로 나눌 수 있다.

원형이정의 사상은 천도의 사역변화원리四曆變化原理를 표상하는 원역原曆·윤역閏曆·윤역閏曆·정역正曆의 사역을 공간성의 원리를 중심으로 밝힌 것이다. 여기서 원元을 선善의 으뜸으로 규정한 까닭은 원역이 본체인 십오도十五度와 작용의 정역도수를 함께 나타내기 때문이다. 그러한 원역의 특성을 선의 으뜸이라고 한 것이다.

형亨은 원역으로부터 시생된 윤역을 나타낸 개념이다. 그것이 아름다움의 모임이라는 말은 근원적 존재의 본성에 의해 각각 음과 양으로 나누어

---

559 《論語》學而, "君子務本, 本立而道生. 孝弟也者, 其爲仁之本與."

560 《周易》重天乾卦䷀ 文言, "文言曰 元者는 善之長也오 亨者는 嘉之會也오 利者는 義之和也오 貞者는 事之幹也니 君子 體仁이 足以長人이며 嘉會 足以合禮며 利物이 足以和義며 貞固 足以幹事니 君子 行此四德者라 故로 曰乾元亨利貞이라."

져 시생되는 원리를 나타낸 것이다.

이利는 장성한 윤역을 나타내는 개념으로 합덕이 가능한 상태로, 성장한 인격성을 나타내는 것이다. 정貞은 음양이 합덕된 중정역中正曆인 정역 원리를 표상하는 개념이다. 그것이 사건의 근본이라는 것은 정이 중도가 나타난 정도이며, 그것이 근거가 되어 사건이 형성됨을 밝힌 것이다.

원형이정의 사상이 인간에 의해 주체적으로 자각됨으로써 밝혀지는 사덕을 나타내는 것이 다음 부분이다. 원형이정의 사상이 인간 주체적으로 자각됨으로써 인예의지의 사덕으로 밝혀진다. 사덕을 시간의 관점에서 나타내면 인지의 성은 과거적 본성이 되고, 예의의 명은 미래적 이상이 된다.《주역》에서는 인간 본래성의 내용인 사덕을 성명, 성명의 이치로 규정하여 이 점을 밝히고 있다.

성과 명은 서로 체용의 관계가 된다. 순의 관점에서는 천명이 근거가 되어 인간의 본성이 주어진다고 할 수 있다.《중용》에서 "천명 그것을 일러 본성이라고 한다."고 한 것은 이러한 관점을 나타낸다. 이러한 관점에서 보면 명과 성이 체용의 관계이다.

반면에 본성을 깨달았을 때 비로소 천명을 깨닫게 된다. 이는 역의 관점에서 성과 명의 관계를 나타낸 것이다.《맹자》에서는 "그 마음을 다하여 본성을 알며, 본성을 알면 곧 천을 안다."[561]고 하여 본성을 알아야 비로소 천명을 알게 됨을 밝히고 있다. 이는 성과 명이 체용의 관계임을 나타낸 것이라고 할 수 있다.

사덕 가운데서 인은 생명의 근원으로 모든 우주를 일체화하는 에너지라고 할 수 있고, 덕, 힘, 능력, 공능, 작용이라고 할 수 있다. 이는 모든 덕을 하나로 하는 덕이라는 점에서는 합덕合德원리라고 할 수도 있다. 합덕은 도덕성을 본성으로 하는 인격적 존재의 일체화 원리이다. 그것은 인격

---

561 《孟子》盡心章句上, "孟子曰 盡其心者, 知其性也. 知其性, 則知天矣."

적 존재와 인격적 존재가 하나가 되는 원리인 동시에 인격적 존재의 본성을 일깨워주는 원리이다. 그렇기 때문에 인을 주체로 하였을 때 비로소 남의 인격성을 길러 준다고 하였다.

인격적 존재와 인격적 존재의 만남은 인이라는 도덕성을 주체로 하나가 된다. 그것이 본질적인 만남이기 때문에 아름다운 만남이라고 하였다. 이처럼 인격적 존재의 만남 원리가 예禮이다. 그것은 인仁을 체體로 하여 이루어지는 작용 원리가 예임을 뜻한다. 그렇기 때문에 아름다운 만남이 족히 예와 부합된다고 하였다. 그것은 인의 공능이 장인長人으로 나타나듯이 예의 공능이 가회嘉會로 나타남을 밝힌 것이다. 그러므로 인과 예는 사람과 사람이 만나서 하나가 되는 인회人會, 만나서 하나가 되는 아름다운 만남으로서의 가회嘉會가 이루어지는 원리, 합덕원리라고 할 수 있다.

사물의 본성은 인격성이 아니기 때문에 인격적 존재인 인간과 사물이 하나가 됨으로써 사물이 인격적 존재로 고양되는 것은 인격성을 분여分與하는 것이다. 이처럼 근원적 존재의 본성인 도덕성을 분여하는 원리가 지성知性이다. 지성을 주체로 하는 도덕성의 분여가 사물의 생성이기 때문에 지성의 분여원리는 사물의 분생원리分生原理가 된다. 그렇기 때문에 지성이 주체가 되어 항상함으로써 족히 사물을 다스린다고 하였다.

사물은 그 본질이 용도성用途性이기 때문에 본질에 따라서 사물을 구분하여 사용하는 것이 사물을 이롭게 하는 것이다. 그렇기 때문에 사물을 이롭게 함으로써 족히 의와 조화를 이룬다고 하였다. 이는 지성을 체로 하여 이루어지는 작용이 의義이며, 그것이 사물을 인격적 존재로 고양시켜주는 이물利物이 됨을 밝힌 것이다. 그러므로 지와 의는 사물을 주간主幹하는 원리로 이물利物원리, 간사幹事원리이다.

그런데 인간 본래성을 과거적 본성인 성과 미래적 이상인 명으로 구분하여 성명지리로 밝히고, 성명지리의 내용을 인지와 예의로 구분하여 나타냄으로써 인예의지의 사덕이 형성되었기 때문에 사덕을 비록 서로 구분하여 나타내었지만 일체적 존재이기도 하다. 미래성을 중심으로 인간 본래성을 밝히면 예의가 되고, 과거성을 중심으로 인간 본래성을 밝히면 인지가 되며, 공간성을 중심으로 나타내면 인예仁禮가 되고, 시간성을 중심으로 나타내면 지의知義가 되며, 인격성을 중심으로 나타내면 인예가 되고, 사물성을 중심으로 나타내면 지의가 될 따름이다.

끝 부분에서는 천도의 사상四象과 인도의 사덕四德이 합덕하는 위치가 군자임을 밝히고 있다. 군자에 의해 천도의 사상이 인간 주체적으로 자각됨으로써 인예의지의 사덕으로 밝혀지며, 군자는 자신의 본성을 주체로 인예의지의 사덕을 실천하는 존재이다. 인용문에서 그렇기 때문에 중천건괘重天乾卦를 원형이정元亨利貞의 사상四象으로 규정하였다고 한 것은 군자의 사덕을 밝히기 위하여 천도의 사상을 밝혔음을 나타내는 것이다.

군자의 성명지리는 천도인 역수원리가 주체화한 존재이기 때문에 천지의 변화와 함께한다. 《주역》에서 "건도가 변화함으로써 각각 성명이 바르게 된다."라고 하였을 뿐만 아니라 "진실로 그 사람이 아니면 역도는 헛되이 행하여지지 않는다."[562]라고 하여 이 점을 밝히고 있다. 그러므로 군자가 본래성인 사덕을 주체로 그것을 실천함은 천지를 변화시키는 것으로, 선천에서 후천으로 변화하는 계기가 이루어진다. 그것을 삼재의 관점에서 나타내면 삼재가 합덕성도하는 계기가 군자의 심성 내면에서 이루어지는 천지, 천인, 신인, 군민합덕으로 그것이 삼재가 성도하여 합덕하는 계기가 된다.

《중용》에서 인간이 자신의 감정을 시의성에 따라서 발용을 하는 것을 중화中和를 이루는 치중화致中和로 규정하고 중화를 이루면 천지가 자리를 잡고 만물이 길러짐을 밝히고 있다. 이는 인간으로서의 군자의 삶이 그

562 《周易》 繫辭下篇 第八章, "苟非其人이면 道不虛行하나니라."

대로 천지의 삶과 일체가 되어 이루어질 뿐만 아니라 천지를 올바로 대할 수도 있고, 반대로 뒤집어엎을 수도 있음을 나타내는 것이다.

2. 성명과 정명正名

앞에서 살펴본 바와 같이 《주역》에서는 인간에 의해 역도가 자각되고 실천되는 것을 유만물지정으로 규정하고 있다. 역도를 자각하고 실천하는 이상적 인격체는 성인과 군자이다. 이상적 인격체가 성인과 군자로 구분되는 까닭은 역도 자체에 근거한다. 역도는 선후천 변화 원리이기 때문에 이상적 인격체 역시 선천을 주관하는 선천적 존재와 후천을 주관하는 후천적 존재로 구분되는 것이다. 선천을 주관하는 선천적 존재가 성인이며, 후천을 주관하는 후천적 존재가 군자이다.

성인의 관점에서 유만물지정은 삼재의 도를 밝혀서 천지인 삼재의 본성을 밝힘으로써 사람들로 하여금 천지와 더불어 일체가 되어 살아가는 길을 제시하는 것이다. 그것은 실제의 역사보다 먼저 제시됨으로써 인류 역사의 나아갈 방향을 제시한다는 점에서 선시간적이고, 선역사적이다. 성인에 의한 유만물지정이 인간의 삶의 양태인 언행 가운데서 말을 중심으로 이루어지는 까닭이 여기에 있다. 《정역》에서는 "천지는 일부一夫의 말을 말하고, 일부一夫는 천지의 말을 말한다."[563]라고 하여 천지의 도가 성인의 말씀으로 나타남을 밝히고 있다. 천지의 도는 성인의 말씀에 의해 밝혀지는 점에서 성인의 도가 된다.

성인의 말씀에 의해 밝혀진 유만물지정의 내용은 정명正名이다. 정명은

563 金恒, 《正易》 第九張, "嗚呼라 天地无言이시면 一夫何言이리오 天地有言하시니 一夫敢言하노라. 天地는 言一夫言하고 一夫는 言天地言이니라."

시간성의 원리인 천도를 인도의 관점에서 밝힌 것이다. 그것은 시간성의 원리를 공간성의 원리를 중심으로 이해한 것으로 역사적 문제를 사회적 문제로 밝힌 것이다. 왜냐하면 군자의 도가 실천되는 현장은 사회이기 때문이다. 사실은 군자의 도가 군자에 의해 실천됨으로써 그것이 사회로 드러난다는 것이다.

《주역》에서는 사회를 가정과 국가 그리고 천하로 구분하여 나타내고 있다. 그렇기 때문에 정명 역시 가정과 국가 그리고 천하를 중심으로 논할 수 있다. 정명은 개인은 물론 가정과 국가 그리고 천하를 일관하는 원리로 개인의 관점에서는 삶의 원리가 되고, 가정의 관점에서는 가정원리가 되며, 국가의 관점에서는 정치원리가 되고, 천하의 관점에서는 천하를 경영하는 원리가 된다. 《주역》의 풍화가인괘風火家人卦䷤에서는 가정사회家庭社會를 중심으로 정명을 밝히고 있는데 그 내용을 살펴보면 다음과 같다.

> 가인家人은 여자가 안에서 바르게 위치하고, 남자가 밖에서 바르게 위치하여 남녀가 바른 것이 천지의 대의이다. 가인에 엄군이 있으니 부모를 이른다. 부모가 부모다우며, 자식이 자식답고, 형이 형다우며, 동생이 동생답고, 남편이 남편다우며, 아내가 아내다우면 가도가 바르게 되니 가정이 바르게 되면 천하가 정하여진다.[564]

인용문은 풍화가인괘를 설명하고 있는 단사彖辭의 내용이다. 가인은 군자에 의해 밝혀진 인격적 세계를 나타내는 개념이다. 인격적 존재인 인간에 의해 구성된 최소 사회가 가정이며, 다음 단계의 인격적 사회가 국가이기 때문에 가정과 국가를 중심으로 인격적 사회를 나타낸 것이다.

---

564 《周易》風火家人卦䷤ 彖辭, "彖曰家人은 女正位乎內하고 男正位乎外하니 男女正이 天地之大義也라. 家人이 有嚴君焉하니 父母之謂也라. 父父子子兄兄弟弟夫夫婦婦而家道正하리니 正家而天下定矣리라."

풍화가인괘에서는 가인의 세계인 가정을 구성하는 두 요소를 남과 여로 구분하여 남녀가 각각 바르게 위치하는 것이 가인원리임을 밝히고 있다. 여女는 군자를 상징하며, 남男은 성인을 상징한다. 계사상편에서는 "건도가 남을 이루고, 곤도가 여를 이룬다."[565]라고 하여 천도에 근거한 존재가 성인이며, 지도에 근거한 존재가 군자임을 밝히고 있다. 그렇기 때문에 중천건괘의 문언에서 "천에 근본을 둔 사람은 형이상의 세계와 친하고, 지에 근본을 둔 사람은 형이하의 세계와 친하다."[566]고 하였다.

천과 지가 체용의 관계이듯이 천에 근본을 둔 성인과 지에 근본을 둔 군자의 관계 역시 체용의 관계이다. 그렇기 때문에 괘효를 통하여 성인과 군자를 표상할 때는 성인은 외괘의 중효인 오효를 통하여 표상하며, 군자는 내괘의 중효인 이효를 통하여 표상된다. 인용문에서 "여자가 안에서 위치를 바르게 한다."는 것은 군자가 내괘의 중효를 통하여 표상됨을 나타내며, "남자가 밖에서 위치를 바르게 한다."는 성인이 외괘의 중효를 통하여 표상됨을 밝힌 것이다.

그런데 육효 중괘의 내괘는 선천을 표상하며, 외괘는 후천을 표상한다. 따라서 군자가 내괘의 중효를 통하여 표상된 것은 군자를 중심으로 육효 중괘가 구성되었음을 뜻한다. 선천의 성인은 군자의 도를 밝히기 위하여 탄강하였으며, 후천의 군자는 선천의 성인이 밝힌 성인의 도를 실천하는 것이다. 그것은 성인과 군자가 합덕된 상태로 군자가 성인의 도를 연구하여 천지의 도를 자각함으로써 삼재가 합덕된 상태를 나타낸다.

군자를 매개로 천인天人이 합덕하고, 신인神人이 합덕하며, 신물神物이 합덕하고, 인물人物이 합덕된 세계를 사회를 중심으로 나타낸 것이 다음의 내용이다. 가정사회를 구성하는 가족을 중심으로 나타내면 부모와 자식

565 《周易》 繫辭下篇 第一章, "乾道成男하고 坤道成女하니 乾知大始오 坤作成物이라."

566 《周易》 重天乾卦䷀ 五爻, "聖人이 作而萬物覩하나니 本乎天者親上하고 本乎地者親下하나니 則各從其類也니라."

그리고 부부와 형제가 모두 인격적 존재로 살아가는 세계가 된다. 그것을 나타낸 것이 부모가 부모답고, 자식이 자식다우며, 형이 형답고, 동생이 동생다우며, 남편이 남편답고, 아내가 아내다운 가정이다. 이를 통하여 부자, 형제, 부부라는 개념은 군자의 본성인 인예의지의 사덕을 통하여 밝혀진 인격적 세계를 나타내는 개념임을 알 수 있다.

인격과 인격이 만나는 세계가 사회이며, 그것은 예를 통하여 이루어진다. 중천건괘의 문언에서는 "아름답게 만남으로써 족히 예에 부합하게 된다."[567]라고 하여 예를 통하여 형성된 인격적 관계가 아름다운 만남임을 밝히고 있다.

그런데 결론 부분에서 가도家道가 바르게 되면 천하가 정하여진다고 하였다. 그것은 가도가 바르게 되면 천하가 바르게 된다는 것과 같다. 가정이 바르게 되면 국가가 바르게 되고, 국가가 바르게 되면 천하가 바르게 되는 것이다.《논어》에서는 정명을 논하면서 가정과 국가를 구성하는 기본 요소인 부자와 군신을 중심으로 부자와 군신의 관계가 올바를 때 가정과 국가가 바르게 됨을 밝히고 있다.

공자는 계강자季康子가 정치가 무엇인지를 묻자 "정치는 정正"[568]이라고 하였다. 그리고 제경공齊景公이 정치에 관하여 묻자 "임금이 임금답고, 신하가 신하다우며, 부모가 부모답고, 자식이 자식다운 것이다."[569]라고 하였다. 이를 통하여 공자가 정명원리를 정치의 근거로 제시하고 있음을 알 수 있다. 공자는 정명원리를 근거로 정치가 이루어질 수밖에 없는 까닭을 밝히고 있는데 그 내용을 살펴보면 다음과 같다.

---

567 《周易》 重天乾卦䷀ 文言, "嘉會足以合禮며."

568 《論語》 顔淵篇, "季康子問政於孔子 孔子對曰 政者正也 子帥以正 孰敢不正."

569 《論語》 顔淵篇, "齊景公問政於孔子. 孔子對曰, "君君, 臣臣, 父父, 子子." 公曰, "善哉! 信如君不君, 臣不臣, 父不父, 子不子, 雖有粟, 吾得而食諸."

> 명名이 바르지 않으면 말(言)이 불순不順하고, 말(言)이 불순하면 일이 완성되지 않으며, 일이 완성되지 않으면 예악이 흥작興作하지 않고, 예악이 흥작하지 않으면 형벌이 적중的中하지 않으며, 형벌이 적중하지 않으면 백성들이 수족手足을 둘 곳이 없게 된다. 그러므로 군자는 개념을 규정하면 반드시 말을 하게 되고, 말을 하면 반드시 행하게 되니 군자는 말을 하는데 구차苟且함이 없다.[570]

위의 인용문을 통하여 정명을 국가사회를 중심으로 이해하면 정치원리가 됨을 알 수 있다. 그렇기 때문에 자로子路가 공자에게 위나라의 군자가 공자를 초청하여 정치를 하도록 한다면 무엇을 가장 먼저 할 것인가를 묻자 "반드시 정명正名해야 한다"[571]라고 했다.

인용문은 정명원리를 군자의 언행을 중심으로 논하고 있다. 군자와 백성을 막론하고 겉으로 드러나는 삶의 양상은 언행이다. 따라서 군자 역시 언행을 통하여 정치를 하지 않을 수 없다. 그렇기 때문에 정명원리를 국가사회를 중심으로 밝힐 때는 언행을 중심으로 논하게 된다.

인용문의 전체 내용을 요약하면 명名이라는 하나의 개념으로 집약된다. 따라서 명名의 의미를 어떻게 이해하느냐 하는 것이 중요한 문제이다. 명은 우리말로는 이름으로, 사람과 사물을 지칭하는 개념이다. 그런데 여기서 이름의 대상은 군자라는 인격적 존재이다. 따라서 명名의 정正과 부정不正은 사람이라는 이름에 걸맞게 사람다운가 그렇지 못한가의 문제이다.

사람이 자신의 본성인 사덕을 주체로 살아가면 사람이라는 이름에 걸맞은 사람으로, 그러한 존재를 역학에서는 군자라고 한다. 사람은 누구나

---

570 《論語》 子路篇, "名不正則言不順 言不順則事不成 事不成則禮樂不興 禮樂不興則刑罰不中 刑罰不中則民無所措手足 故 君子名之 必可言也 言之必可行也 君子於其言 無所苟已矣."

571 《論語》 子路篇, "子路曰衛君 待子而爲政 子將奚先 子曰 必也正名乎."

본성을 가지고 있고, 본성은 천명이 주체화된 것이다. 그렇기 때문에《중용》에서는 "천명, 그것을 일러 성이라고 한다."[572]라고 하였다. 명을 천명을 중심으로 이해하면 명분名分의 내용은 명분命分으로 천명을 시의성을 중심으로 규정한 것이다. 따라서 명분이 바르지 않다는 것은 사람이 시의성時義性과 부합하지 못함을 뜻한다. 시의성과 부합하지 못한 사람의 말은 천도와 어긋나게 된다. 그렇기 때문에 명이 바르지 않으면 말이 불순하다고 하였다.

말言이 불순한 결과로 나타나는 일이 이루어지지 않음은 군자의 사업이 이루어지지 않음을 가리킨다. 군자는 왕도정치를 행하여 천하의 백성들을 인격적 세계로 인도함으로써 삼재가 성도하여 합덕하는 사업을 행하는 존재이다. 그렇기 때문에 군자의 사업은 왕천하의 사업인 동시에 삼재를 합덕 성도하는 사업이다.

군자의 말이 천도와 부합하지 않으면 그것이 구체화하여 왕천하 사업이 이루어질 수 없다. 군자는 정치를 통하여 백성과 덕을 하나로 함으로써 천인이 합덕하고, 신인이 합덕하며, 천지가 합덕하도록 하는 존재이다. 그렇기 때문에 군자의 말은 백성들에게 더해져서 정치를 행하는 수단이 된다. 따라서 군자의 말이 천도에 순응하지 못하면 왕천하사업을 이룰 수 없다.

군자에 의한 왕천하사업이 이루어지지 않으면 예악이 흥작할 수 없다. 군자에 의해 왕천하사업이 이루어지면 예악이 흥작되어 백성들이 인격적 세계에서 살아가게 된다. 그렇기 때문에 왕천하사업이 이루어지지 않으면 예악이 흥작할 수 없다고 하였다.

《주역》의 뇌지예괘雷地豫卦䷏에서는 "악樂을 만들어서 덕을 높이고 상제上帝에게 성대하게 천거薦擧하여 조고祖考를 상제와 합덕하게 한다."[573]

---

572 《中庸》第一章, "天命之謂性."

573 《周易》雷地豫卦䷏ 大象, "象曰 雷出地奮豫니 先王以하여 作樂崇德하여 殷薦之上帝하여 以配祖考하니라."

라고 하였다. 이는 조상을 섬기는 방법을 통하여 군자가 성인의 도를 높여서 천지의 도와 합덕하게 함을 밝힌 것이다.

군자는 정치를 통하여 백성들을 인격적 세계로 인도하여 천지의 마음과 백성의 마음이 하나가 되게 하는 존재이다. 예악은 그러한 천인합일天人合一, 신인합일神人合一이 이루어지는 매개이다. 그렇기 때문에 천하天下를 도로 제도하는 사업과 예악禮樂의 흥작興作은 불가분의 관계이다.

예악이 흥작하지 않으면 형벌刑罰을 올바로 집행할 수 없다. 형벌은 예악을 근거로 형성된 것이다. 백성들이 예악에 의해 살아가지 못할 때 그 방향을 올바로 잡아주는 수단이 형벌이다. 왕도정치가 군자에 의해 이루어지는 인정임에도 불구하고 형벌을 강조한 까닭이 여기에 있다. 형벌 자체는 어린아이가 성장하는 과정에서 때에 따라서 물리적인 제재를 필요로 하는 것과 같이 필요한 것이다.

형벌이 올바로 집행되지 않으면 백성들이 어떻게 살아가야 할 것인지 방향을 잃게 된다. 형벌은 반드시 올바른 삶의 방향을 제시하는 수단으로서만 이용되어야 한다. 그럼에도 불구하고 형벌의 집행이 그렇지 못할 때 백성들은 수족을 어디에 두어야 할지를 모르게 된다. 《주역》에서는 소인에게 형벌이 필요한 이유를 다음과 같이 밝히고 있다.

> 공자가 말하였다. "소인은 불인不仁을 부끄러워 할 줄을 모르고, 불의不義를 두려워할 줄을 모르며, 이로움을 보지 않으면 힘쓰지 않고, 위엄威嚴이 없으면 징계懲戒할 수 없다. 작은 징계로 크게 경계할 수 있다면 그것은 소인의 복福이다. 역易에서 말하기를 "차꼬를 차고 발뒤꿈치를 잃었으나 허물이 없다."라고 하였는데 이를 말하는 것이다.[574]

574 《周易》 繫辭下篇 第五章, "子曰小人은 不恥不仁하며 不畏不義라 不見利면 不勸하며 不威면 不懲하나니 小懲而大誡 此小人之福也라 易曰屨校하야 滅趾니 无咎라 하니 此之謂也라."

위의 인용문은 화뢰서합괘火雷噬嗑卦䷔의 초효初爻 효사爻辭를 중심으로 군자가 역학을 연구하는 방법을 밝힌 것이다. 소인은 아직 덕을 갖추지 못한 존재라는 점에서 성장해야 할 대상이다. 성장하는 과정에서 작은 형벌을 통하여 올바르게 성장할 수 있다면 그것이 소인의 복이라고 할 수 있다.

앞에서 인仁과 예禮를 중심으로 군자의 실천원리로서의 정명正名을 가정과 국가를 중심으로 살펴보았다. 정명正名은 정성명正性命으로 성명性命과 일치一致가 됨, 하나가 됨이다. 이는 인간이 성명을 주체로 살아감의 의미가 된다. 이를 이름과 그 내용으로서의 명실名實 관계로 나타내면 사람이라는 이름을 가진 존재, 사람이라고 불리는 존재가 있다면 그 이름에 걸맞게 사람다워야 함을 나타낸 것이다. 따라서 정명을 한마디로 나타내면 인인人人이라고 할 수 있다.

그런데 정명을 공간적 측면에서 이해하면 명名과 실實의 관계가 되지만 시간적 관점에서 보면 변화變化, 변역變易의 문제가 된다. 그것이 《주역》에서 제시하고 있는 정正의 다른 의미라고 할 수 있다. 정正은 바름의 의미만 있는 것이 아니라 시의성時義性과 일치함으로서의 의미가 있다. 그러므로 정명을 시간적 측면에서 이해하면 시중時中이 된다.

말을 해야 할 때 말을 하고 말을 하지 말아야 할 때 말을 하지 않는 것이 바로 시중時中이다. 중천건괘의 문언文言에서는 "그 오직 성인뿐인가? 나아가고 물러가며, 생존하고 사망할 때를 알아서 그 바름을 잃지 않는 사람은 오직 성인뿐이로구나."[575]라고 하였다. 이는 성인의 언행言行이 시의성時義性에 따라서 이루어짐을 밝힌 것이다.

군자 역시 시의성에 따라서 말하고, 침묵하고, 나아가고, 물러가는 이루어져야 한다. 중산간괘重山艮卦䷳에서는 "때가 그쳐야 할 때면 그치고, 가

---

575 《周易》 重天乾卦䷀ 上爻, "亢之爲言也는 知進而不知退하며 知存而不知亡하며 知得而不知喪이니 其唯聖人乎아 知進退存亡而不失其正者其唯聖人乎인저."

야 할 때면 가서 움직이거나 고요함에 그 때를 잃지 않아서 그 도道가 빛나고 밝다."[576]고 하여 시의성時義性에 따라서 군자의 언행言行이 이루어져야 함을 밝히고 있다.

시중의 관점에서 정명을 이해하면 임금이 되어야 할 때 임금 역할을 하고, 신하가 되어야 할 때 신하 역할을 하며, 부모가 되어야 할 때 부모 역할을 하고, 자식이 되어야 할 때 자식 역할을 하는 것이다. 그것은 신하를 만났을 때 임금 노릇을 하고, 임금을 만났을 때 신하 노릇을 하며, 자식을 만났을 때 부모노릇하고, 부모를 만났을 때 자식노릇을 하는 것이다.

시중된 언행을 한마디로 나타내면 본성을 임금의 역할로 드러내고, 때로는 신하의 역할로 드러내며, 때로는 부모의 역할로 드러내고, 때로는 자식의 역할로 드러내는 것이다. 그러므로 자식의 역할을 할 때 부모라는 마음이 있거나 임금이라는 생각이 있으면 그것은 자식노릇을 제대로 못하는 것이다.

자식일 때는 오로지 자식이 있을 뿐이고 부모노릇을 할 때는 오로지 부모만 있을 뿐이다. 그러므로 부모라고도 할 수 없고, 자식이라고 할 수도 없으며, 임금이라고 할 수도 없고, 신하라고 할 수도 없다. 그런 점에서 보면 군자의 삶은 오로지 끊임없는 하나의 변화일 뿐 그 자리에 그 어떤 군더더기도 더할 것이 없다.

3. 정명正名과 정명正命

군자가 자신의 본래성을 자각하고 그것을 주체로 사덕四德을 실천하였

576 《周易》 重山艮卦䷳ 彖辭, "彖曰 艮은 止也니 時止則止하고 時行則行하여 動靜不失其時면 其道光明하니."

을 때 그것은 시공時空 상에서 사물과 인간을 다스림으로 나타난다. 그런데 시공 상에 존재하는 것들은 크게 인격적 존재인 사람과 비인격적 존재인 사물로 구분된다. 그렇기 때문에 군자가 자신의 본성인 도덕성을 구체화하는 것 역시 사람과 사물의 관계를 통하여 이루어지게 된다. 군자의 주체성은 인격적 존재인 사람과는 인격적 관계로 나타나고, 비인격적 존재인 사물과는 비인격적 관계로 나타난다.

《주역》에서는 군자와 사람의 인격적 관계를 아름다운 만남으로서의 가회嘉會로 규정하고, 군자와 사물과의 만남을 사물을 다스린다는 간사幹事로 규정하고 있다. 가회는 군자라는 인격체를 중심으로 이루어지는 인격적 관계를 일컫는 말이다. 그것은 인仁을 체體로 하여 이루어지는 예禮의 작용을 현상적 관점에서 총체적으로 나타낸 것이다.

간사幹事는 이물利物이라는 사물을 다스리는 것으로 나타난다. 인仁을 주체로 사물과 만나서 형성되는 관계를 나타내는 개념이 이물이다. 이물은 사물의 본질인 용도성用途性에 따라서 사물을 다스리는 것이다. 이물을 통하여 사물이 군자의 덕과 하나가 되는 점에서 인격적 차원으로의 고양高揚으로 그것이 사물의 제도濟度라고 할 수 있다.

그런데 이물과 가회는 별개의 존재가 아니라 가회가 사물에까지 확충되었을 때 나타나는 것이 이물이다. 그러므로 이물을 통하여 군자는 천지의 화육에 동참하게 된다. 그것을《주역》에서는 만물을 그 정위情僞에 따라서 구분함으로써 만물이 만물로 존재하게 하는 유만물지정類萬物之情[577]으로 규정하고 있다.

군자가 사물을 다스리는 원리는 의義로, 의가 주체가 되어 이루어지는 전형적인 삶이 바로 나라를 다스리는 치국이다.《주역》에서는 "사물을 다스리고, 언사를 바르게 하여 백성들로 하여금 비인격적 세계로 빠지지 않

---

577 《周易》繫辭下篇 第二章, "於是에 始作八卦하여 以通神明之德하며 以類萬物之情하니."

게 하는 것을 의義라고 한다."[578]라고 하여 정치가 의에 근거하여 이루어짐을 밝히고 있다.

사물을 다스리는 일이 인간을 다스리는 일과 함께 논의될 수밖에 없는 까닭은 사물과 인간이 별개의 존재가 아니기 때문이다. 인간과 사물은 비록 형체를 보면 별개의 존재인 것처럼 보이지만 사실은 일체이다.

현실의 삶 역시 사물을 떠나서 인간의 삶이 이루어질 수 없다. 그렇기 때문에 의를 중심으로 사물을 다스림으로써 사물이 사물로 존재하게 하는 이물을 논하면서도 인간의 사회를 다스리는 일을 함께 논할 수밖에 없는 것이다. 인간을 다스리는 정치는 사람을 인격적 세계로 이끌어주는 것인 동시에 비인격적 존재인 사물을 올바로 다스려서 인격적 세계와 하나가 되게 하는 것이다.

수택절괘水澤節卦䷻에서는 "천지가 마디를 지어서 사시四時가 이루어지듯이 인사人事의 마디를 지어서 제도를 만들어 재물을 손상시키지 않고, 백성들을 해치지 않는다."[579]고 하였다. 이는 소극적인 관점에서 이상적인 정치를 나타낸 것이다. 적극적으로는 천지가 마디를 짓듯이 인간의 삶을 마디를 지어서 재물이 올바로 사용되도록 하고, 그것을 바탕으로 백성들이 모두 본성에 맞게 살아가도록 하는 것이다.

사람은 감각기관에 의해 포착하고 사유의 대상으로 삼을 수 있는 몸이라는 형이하적 부분과 감각기관에 의해 포착되지 않을 뿐만 아니라 사유의 대상이 아닌 초월적 존재, 근원적 존재인 성명을 갖고 있는 존재이다. 다만 본성이 주체이며, 몸과 마음은 그 작용에 의해 형성된 존재이다. 그렇기 때문에 백성들로 하여금 무엇이 근본이며, 무엇이 지말支末인지를 알

---

578 《周易》 繫辭下篇 第一章, "天地之大德曰生이오 聖人之大寶曰位니 何以守位오 曰仁이오 何以聚人고 曰財니 理財하며 正辭하며 禁民爲非曰義라."

579 《周易》 水澤節卦䷻ 彖辭, "天地節而四時成하나니 節以制度하여 不傷財하며 不害民하나니라."

고 근본을 주체로 살아가게 해야 한다.

《주역》의 천택리괘天澤履卦䷉에서는 "상하를 구분하여 논해서 백성들의 뜻을 정하여 준다."[580]고 하였다. 이는 백성들을 치자의 뜻에 따라서 구속하는 것이 아니라 백성들의 삶의 방향을 정하여 주는 것이다. 그것은 일방적인 것이 아니라 군자가 자신의 언행을 통하여 보여줌으로써 백성들로 하여금 선택하도록 하는 것이다.

가회와 이물은 모두 인간이 자신의 본성으로서의 사덕을 주체로 살아가는 것으로 그것은 곧 사람이라는 이름에 걸맞게 사람다운 삶을 살아가는 정명正名으로 때와 장소에 따라서 상황에 맞게 본성을 드러내는 중용中庸인 동시에 시중時中이다.

그런데 정명正名은 모든 존재가 살아야 할 목표라는 점에서 정명正命이 된다. 화풍정괘火風鼎卦䷱의 대상大象에서는 "군자가 이에 바른 위치에서 명을 실천한다."[581]고 하였다. 정위는 정해진 위치가 있는 것이 아니라 언제 어디서나 항상 본성을 주체로 살아가는 것을 자신의 삶의 목표로 여기는 것이다.

단사彖辭에서는 "정鼎은 상象으로 목손木巽으로 불을 지펴서 (음식을) 삶는 것을 나타낸다."[582]고 하였다. 이는 내괘와 외괘를 중심으로 화풍정괘를 설명한 것으로, 목손은 내괘인 손괘巽卦를 가리키고, 불은 외괘인 이괘離卦를 가리킨다. 이어서 성인이 제사를 받드는 것으로 비유한 것이다.

손괘가 상징하는 것은 목도, 신도이다. 그러므로 위의 내용은 성인이 신도, 천도로 군자를 길러서 천지의 은덕이 백성들에게 널리 퍼지게 함으로써 천의를 받들어 행하는 것을 "성인 삶아서 상제에게 제사를 받들고, 크

---

580 《周易》 天澤履卦䷉ 大象, "象曰 上天下澤履니 君子以하여 辯上下하여 定民志하나니라."

581 《周易》 火風鼎卦䷱ 大象, "象曰 木上有火鼎이니 君子以하야 正位凝命하나니라."

582 《周易》 火風鼎卦䷱ 彖辭, "彖曰 鼎은 象也니 以木巽火亨飪也니."

게 삶아서 성현을 기른다."고 하였다.

군자가 이미 자신의 본성과 천지의 본성이 하나이며, 그것이 천지의 근원이며, 자신의 본성임을 알고 그것을 주체로 살아가고자 뜻을 세우는 입지를 하였기 때문에 그것이 바로 자신에게는 삶의 목표가 된다. 그렇기 때문에 군자는 입지가 된 후의 삶(生)은 매 순간 어디서나 만나는 일을 모두 자신의 사명으로 여기게 된다.

《맹자》에서는 "명이 아닌 것이 없다. 단지 그 바름을 따를 뿐이다. 그러므로 천명을 하는 사람은 무너지는 담장 밑에 서지 않는다."[583]라고 하였다. 이는 군자가 사람으로 살아가면서 매 순간 만나는 사물은 마땅히 해결해야 할 사명의 대상이 되기 때문에 오로지 본성을 주체로 행해야 함을 나타낸 것이다.

그런데 군자가 자신의 삶의 목표를 천지의 도를 실천함으로써 천하를 도로 제도하는 데 두게 되면 그의 삶은 본성을 주체로 이루어지는 시의성時義性에 적중的中하는 삶인 동시에 본성이 그대로 때와 장소에 따라서 드러나는 정명正名이라고 하였다. 정명正名은 개체적인 측면에서는 그 사람의 삶의 목표라는 점에서 정명正命이 된다. 그러므로 정명正名과 정명正命은 각각 다른 각도에서 군자의 삶을 나타낸 것일 뿐 같은 내용이 된다.

또한 정명이 되면 그것은 사물을 그 본질인 용도성에 따라서 다스림으로써 사물이 사물로 존재하게 하는 유만물지정이 된다. 그리고 그것이 바로 사물을 도덕적 존재로 고양시켜주는 제도이다. 따라서 유만물지정 역시 군자에게는 정명이 된다.

---

583 《孟子》 盡心章句上, "孟子曰 莫非命也 順受其正 是故 知命者 不立乎巖墻之下 盡其道而死者 正命也 桎梏死者 非正命也."

6부

사람과 역도

◇ ◇ ◇

앞에서 역학이 어떤 학문인지 그 주제인 역도를 중심으로 내용과 특성에 대하여 살펴보고 이어서 그것이 인간과 어떤 관계인지 인간이 그것을 어떻게 연구할 것인지 다시 말하면 역학을 어떻게 생활화할 것인지를 살펴보았다.

역학에서는 순역順逆, 도역倒逆이라는 개념을 중심으로 천도와 인도를 밝히고 있다. 천도와 인도, 삼재三才의 도를 고찰하는 까닭은 모두 인간으로서의 삶을 알기 위함이고, 미래를 알고 과거를 알고자 하는 것도 현재의 삶을 위한 것이다.

인간의 삶은 학문學問, 수기修己, 수양修養을 통하여 본성을 깨닫는 과정과 학문의 결과 본성을 자각하고 그것을 주체로 살아가는 과정으로 구분하여 이해할 수 있다. 천도의 관점에서 보면 전자는 역생도성이며, 후자는 도생역성이다. 역생도성은 형이하의 관점에서 형이상의 세계에 도달하는 것이고, 도생역성은 형이상의 세계에서 형이하의 세계에 도달하는 것이다.

역생도성의 관점에서의 사람의 삶은 사람이 태어나 자라면서 인간으로서의 자신이 어떤 존재인지를 문제로 삼아서 자신의 정체성을 파악해가는 과정이다. 이러한 삶의 측면을 학문, 수양, 수행, 수기라고 부른다. 수양의 결과는 자신의 본성을 자각하는 깨달음의 성취로 나타난다.

도생역성의 관점에서 사람의 삶은 깨달은 자신의 본성을 주체로 삶을 살아가는 것을 뜻한다. 사람의 본성의 세계는 나와 남이 없는 세계이기 때문에 우주와 더불어 살아가는 삶을 살게 되는데 그것을 학문과 구분하여 실천적인 삶이라고 한다.《논어》에서 언급되고 있는 사람들을 편안하게 하고 백성들을 편안하게 하는 삶, 불교에서 말하는 중생을 제도하는 삶이다.

그런데 우리는 자신을 스스로 형이하적 존재로 여긴다. 태어나서 자라고 늙고 병들고 죽어가는 몸을 자신이라고 여기고, 나타났다가 사라지고 사라지면 다시 나타나서 끊임없이 반복하여 이어지는 생각을 자신이라고 여긴다. 그것은 변화하는 현상現狀을 실체實體로 여기는 것을 뜻한다.

몸과 마음을 자신의 본질이라고 여기기 때문에 수행修行, 수양修養, 학문學問을 하여 도道를 깨달아서 지혜智慧를 얻고, 신통력神通力, 자재력自在力, 방편력方便力을 얻어서 자유로운 삶을 살기를 원한다. 학문적 관점에서 불교佛教를 연구하거나 종교로 갖거나를 막론하고 자신은 중생衆生이기 때문에 수행을 통하여 부처가 되겠다고 한다.

유학儒學을 학문하는 사람들은 성리학의 이론을 따라서 격물치지格物致知의 방법을 통하여 궁리窮理하고 더불어 거경居敬하여 대인이 되겠다, 군자가 되겠다고 한다. 학문을 통하여 수기를 하고, 명덕明德을 천하에 밝히겠다는 것이다.

선도仙道를 수련하는 사람들은 수련을 통하여 양신陽神을 출신出身하여 연신환허鍊神還虛하고, 연허합도鍊虛合道하여 우화등선羽化登仙하겠다고 한다. 그것은 천상의 선계仙界와 인간계를 구분하고, 신선神仙과 인간을 구분하여 생사生死를 넘나드는 인간의 삶을 떠나서 신선으로서의 영원한 삶을 살아가려는 것이다.

오로지 윤회輪回를 벗어나고자 성불成佛을 추구하는 소승小乘의 불교도佛教徒들이나 우화등선羽化登仙하여 영원히 인간 세상을 벗어나는 것을 목표로 선도仙道를 수련하는 사람들이 비판을 당하는 까닭은 그들이 인간과 천상天上, 세간世間과 출세간出世間을 구분하여 영원의 세계, 무생無生의 세계, 천상의 세계, 출세간에 가치를 두고 그곳에 머물고자 하기 때문이다.

역학이 아무리 정교하고 치밀하면서도 합리적인 이론체계를 세워서 세계의 구조와 관계를 정확하게 나타내고, 세계의 본성과 특성을 잘 드러내었을지라도 그것이 인간의 삶에서 활용될 수 없거나 그 내용이 인간의 세계를 부정하고 인간 세계를 떠나고자 한다면 인간 세상에서 역학의 존재가치는 없다.

역학에서 역도를 변화의 도, 중도中道, 정도正道, 중정中正의 도로 규정한 까닭은 형이상과 형이하, 천상과 지상 그리고 인간의 세계를 구분하여 보지 않고, 일체로 보기 때문이다. 그것은 도의 측면에서 보면 하늘과 땅 그리고 인간이라는 삼재의 세계가 구분되지 않을 뿐만 아니라 현상의 삼재의 세계가 도의 세계와 둘이 아니기 때문에 생사生死가 없음을 알면서도 생사의 세계에 태어나서 부침浮沈함을 뜻한다.

《주역》에는 학學이라는 개념은 단 한 번 사용되었을 뿐 중요하게 여기지 않는다. 게다가 수덕修德, 수신修身, 수업修業이라는 개념도 많이 사용하지 않고 있다. 오히려 앞의 개념들보다 행行이라는 개념을 더 많이 사용하고 있다. "중中으로 주체로 하여 정正을 행한다."[584], "천도天道에 따라서 때로 행한다."[585]와 같이 실천을 끊임없이 강조하고 있다.

《정역》을 바탕으로 《주역》을 이해하면 《주역》이 비록 선천의 세계를 나타내고 있지만 후천의 관점에서 선천을 제시하고 있음을 알 수 있다. 그리고 역逆의 관점에서 수덕, 수신, 수업을 말하고 있지만 순順의 관점을 바탕으로 하고 있음을 알 수 있다. 후천의 관점, 순順의 관점을 본체로 하여 이루어지는 선천, 역逆의 세계가 바로 역학에서 제시하고 있는 세계인 것이다.

인간으로서의 나의 본질은 몸이나 마음이 아니라 도道, 본성本性이다. 역학에서는 인간의 본성은 역도, 변화의 도, 삼재의 도가 주체화한 존재,

584 《周易》 火水未濟卦䷿ 九二 小象, "象曰 九二貞吉은 中以行正也일새라."

585 《周易》 重地坤卦䷁ 文言, "坤道其順乎인저 承天而時行하나니라."

하늘이 내재화한 존재라고 한다. 불교에서는 그것을 불성佛性, 법신法身이라고 말하며, 선도仙道에서는 원신元神이라고 말한다.

도의 세계, 본성의 세계에는 생멸生滅이 없고, 깨달음(覺)과 깨닫지 못함(不覺)이 없으며, 있음(有)과 없음(無)이 없고, 앎(知)과 알지 못함(不知)이 없다. 그리고 부처와 중생衆生이 없으며, 신선神仙과 인간이 없고, 천상天上과 지상地上도 없으며, 완전함과 불완전함도 없다.

예로부터 역학자들이 현상으로서의 변역變易과 본체의 세계를 나타내는 불역不易, 이간易簡이 역易이라는 개념 안에 들어 있다고 여겼다. 그것은 그들이 역경 안에서 도가 만물에 담겨 있고, 몸, 마음에 본성이 담겨 있어서 몸과 마음은 본성의 나타남이며 만물은 도의 나타남임을 밝히고 있다고 이미 이해했음을 의미한다.

역학이 우리에게 주는 메시지는 몸과 마음을 자신으로 여기는 일상의 생각을 바꾸어서 본성이 나임을 알라는 것이다. 그것이 바로 수행修行이며, 수양修養이고 수기修己이다. 그것은 없던 것을 새롭게 얻거나 부족한 것을 채워서 완전하게 하는 것이 아니라 본래 그것이고 그 자리이기 때문에 스스로 그것으로 살아가라는 것이다.

본래 사람이므로 사람으로 살아가면 된다. 사람의 삶을 살아가는 것이 바로 수양이며, 수기이고, 학문이다. 그것은 인간의 삶이 역생도성의 관점에서 나 밖에서 남으로부터 무엇인가를 얻어서 부족한 나를 끊임없이 채우는 것이 아니라 도생역성의 관점에서 완전한 나를 끊임없이 밖으로 펼치는 것임을 뜻한다. 그러므로 소인에서 학문이나 수기를 통하여 군자가 되는 것이 아니라 본래 군자君子이고 대인大人이기 때문에 군자의 삶을 살고, 대인의 삶을 살면 된다.

지금까지 역학과 관련된 여러 문제들을 다양한 관점에서 논의를 펼쳐왔다. 이는 마치 본래 아무것도 없는 허공에 이리저리 기둥을 세우고 벽을 붙이고 문을 달아서 집을 지어서 아름다운 궁전을 보여준 것과 같다.

그것은 이미 역도를 밝히고 있는 역경에서 보여준 것으로, 본래 현상의 만물이 도를 담고 있는 그릇에 불과한 점에서 그릇에 대한 집착을 깨뜨려서 없애려는 것이다. 그릇으로서의 만물은 실체가 아니라 끊임없이 변화하는 일종의 사태일 뿐임을 알게 하려는 것이다. 그것을 통하여 도라는 근원의 세계, 본질의 세계에 대하여 발을 들여놓게 된다. 그리고 도 안에서의 삶, 형이상과 형이하가 하나 된 세계에서의 삶, 천지와 만물과 일체가 된 세계에서의 삶을 시작하게 된다.

언제나 끊임없이 그리고 어디서나 도가 주체가 되어 세계가 존재하고, 본성이 주체가 되어 삶이 이루어지며, 삶의 가운데서 일어나는 하나의 과정이 수양, 학문, 수기이다. 그러므로 어떤 사람도 도를 깨닫게 하거나 본성을 깨닫게 할 수 없으며, 그 어떤 저작著作이나 어떤 행위도 도를 깨닫고 본성을 깨닫게 할 수 없다.

다만 스스로 그렇게 되어가고 있음을 알고 그렇게 살아가면 된다. 본래 그 자리에는 분별分別하여 세울 것이 없지만 스스로 자신을 함부로 대하여 형이하적 존재로, 만물과 같은 존재로 대하기 때문에 스스로 용기를 내어 역逆의 차원에서 벗어나서 본래의 자리로 돌아가면 된다. 몸이라는 굴레에서 벗어나고 마음이라는 속박에서 벗어나서 본래 갖고 있는 자유로움을 만끽하면 된다.

역학에서는 사람이 스스로 역逆의 관점에서 살다가 순順으로 바꾸는 것을 천도天道가 변화함으로 규정하고 있다. 그것은 그 사람의 세계가 순식간에 변하여 다른 세계가 되기 때문이다. 이처럼 스스로 역逆의 관점에서 순順에 서는 것이 바로 건도의 변화이고, 천도의 변화이다.

건도가 변화하면 그 사람의 삶의 양태 역시 변화한다.《주역》에서는 그것을 "중도中道로 정도正道를 행한다."[586]라고 하였다. 그것은 중도를 깨달

---

586 《周易》火水未濟卦䷿ 九二 小象, "象曰 九二貞吉은 中以行正也일새라."

아서 행하는 것이 아니라 자신의 밝은 덕을 세상에 밝히는 것이다. 그러므로 군자는 본성의 자각을 통하여 드러나는 인예의지仁禮義智의 사덕四德을 실천하는 사람이라고 하였다.

순의 관점을 중심으로 보면 수행修行, 수양修養, 수기修己, 학문學問, 수덕修德, 수신修身이라는 것은 필요가 없다. 그것이 설사 마음으로 이루어지는 것이거나 몸으로 이루어지는 것을 막론하고, 그 방법이 불교의 수성修性이나 선도의 수명修命 또는 성명쌍수性命雙修를[587] 막론하고 인위적인 그 어떤 것도 할 필요가 없다. 왜냐하면 그러한 인위적인 것은 그것이 몸을 통하여 이루어지거나 마음을 통하여 이루어지는 것을 막론하고 본성 자체가 아니기 때문이다.

그렇다면《주역》이나《정역》같은 역경이 왜 저작되었으며, 그 안에서는 왜 수신修身, 수덕修德, 진덕수업進德修業을 제시하여 무엇인가를 하도록 요구하는가? 참으로 수행이나 수양, 수련, 수기, 학문을 하지 않아도 사람들이 행복하게 살아가는가? 태어난 그대로 군자로 대인으로 부처로 그리고 신선神仙으로 살아가는가?

이러한 문제를 분명하게 이해하기 위해서는 본성과 수기, 수양이라는 문제가 갖고 있는 성격을 밝혀야 한다. 그것은 천도와 인도의 관계를 이해하는 문제이다.《주역》에서는 천도와 인도의 관계를 '건도변화'와 '각정성명'[588]으로 제시하고 있다. 그러므로 이를 통하여 양자의 관계가 어떤 관

---

587 尹真人,《性命圭旨》, "故 三教聖人 以性命學開方便門 教人熏修 以脫生死 儒家之教 教人順性命以還造化 其道公 禪宗之教 教人幻性命以超大覺 其義高 老氏之教 教人修性命而得長生 其旨切 教雖分三 其道一也."

588《周易》의 중천건괘重天乾卦䷀ 단사彖辭에서는 "大明終始하면 六位時成하나니 時乘六龍하야 以御天하나니라."라고 하여 육효六爻를 통하여 표상된 내용이 종시終始변화원리로서의 변화의 도道임을 밝힌 후에 "乾道變化에 各正性命하나니 保合大和하야 乃利貞하니라."라고 하여 변화의 도의 내용을 "乾道變化"와 "各正性命"의 문제로 집약하여 밝히고 있다.

계인지를 고찰하고자 한다.

다음에는 이어서 드러난 양자의 관계를 중심으로 역학에서 제시하고 있는 삶의 방법이 무엇인지를 살펴보고자 한다. 이를 통하여 사람다운 사람의 삶, 자유로운 삶, 참살이가 무엇이고 어떻게 살아야 하는지가 밝혀질 것이다.

1장 역학과 수양

예로부터 《주역》의 내용을 변역變易, 불역不易, 이간易簡[589]의 세 개념으로 나타낸 것은 불역과 이간이라는 개념이 나타내는 변화의 도, 역도와 그것이 현상화한 변역이라는 두 측면을 함께 나타내려는 것이다. 이는 형이상적 존재로서의 도와 형이하적 존재인 만물[590]의 두 측면을 함께 나타낸 것이라고 할 수 있다.

십익十翼에서는 형이상을 중심으로 도의 관점에서 만물을 향하는 방향을 순順으로 그리고 형이하를 중심으로 만물의 관점에서 도를 향하는 방향을 역逆으로 규정하고 있다.[591] 그것은 《주역》을 이해하는 기본 구조가 순역임을 뜻한다.

64괘를 구성하는 하나의 중괘重卦 역시 순역적 구조에 의해 구성되고

---

589 王弼注, 孔穎達疏, 《周易正義》, 第一 論易之三名, "易緯乾鑿度云 "易一名而含三義 所謂易也變易也不易也"...鄭玄依此義作易贊及易論云 "易一名而含三義 易簡一也 變易二也 不易三也."

590 《周易》 繫辭上篇 第十二章, "是故로 形而上者를 謂之道이오, 形而下者를 謂之器오."

591 《周易》 說卦 第三章, "數往者는 順하고 知來者는 逆하니 是故로 易은 逆數也라."

있을 뿐만 아니라 괘卦와 효爻의 관계도 순역적 구조이고, 효와 효의 관계도 순역적 구조일 뿐만 아니라 상경上經과 하경下經의 구성 역시 순역적 구조가 그 중심에 놓여 있다.

그런데 형이상적 세계와 형이하적 세계의 특성이 서로 다르기 때문에 순방향에서 도를 바탕으로 만물을 밝히는 경우와 역방향에서 만물을 바탕으로 도를 찾아가는 경우 양자가 양립할 수 없는 모순관계矛盾關係를 형성한다.[592]

본래 세계 자체에는 모순이라는 관계가 없다. 단지 인간의 세계에 관한 주장과 주장 사이에서 모순이라는 관계가 성립할 뿐이다.[593] 따라서 모순

---

592 《周易》의 繫辭上篇 第五章에서는 "一陰一陽之謂道니 繼之者善也오 成之者性也라"라고 하여 萬物의 본성이 道임을 밝히고 있다. 그리고 《周易》의 繫辭上篇 第七章에서는 "成性存存, 道義之門."라고 하여 이미 인간의 본성이 완전한 존재이기 때문에 그것을 保存하는 것이 道義의 세계에 들어가는 門이라고 하였다. 그렇다면 重天乾卦의 文言에서 언급한 "進德修業"이나 說卦 第一章에서 언급한 "和順於道德而理於義하며 窮理盡性하여 以至於命하니라."의 과정이 필요가 없어서 본래 모든 존재가 성명지리性命之理에 순응順應하며 살아가야 한다. 순順의 관점에서 보면 사람의 본성은 완전하여 수양을 할 필요가 없지만 역逆의 관점에서 보면 본성을 자각하여 그것을 주체로 하는 수기修己의 과정이 반드시 필요한 점에서 양자가 모두 옳을 수 없는 모순관계이다.

593 논리학論理學에서 언급되고 있는 모순관계는 《한비자韓非子》에서 처음으로 보인다. 그런 점에서 보면 동양에는 서양과 같은 논리적인 사유가 없었다는 주장은 있을 수 없다. 《한비자》에서는 창과 방패를 파는 사람과 관련된 고사를 다음과 같이 소개하고 있다. "초나라에 창과 방패를 파는 사람이 있었는데 그는 창과 방패에 대하여 이렇게 주장하였다. '이 방패는 어떤 것으로도 뚫을 수 없다.'고 말하고 아울러 '이 창은 어떤 것이라도 뚫는다.'고 하였다. 그러자 어떤 사람이 '그대의 창으로 그대의 방패를 찌른다면 어떻소?'라고 말하자 그 방패와 창을 파는 사람은 할 말을 잃었다(人有鬻矛與楯者, 譽其楯之堅, 物莫能陷也 俄而又譽其矛曰 吾矛之利, 物無不陷也 人應之曰 以子之矛 陷子之楯 何如 其人弗能應也)." 이에 대하여 한비자는 "이 창은 무엇이든지 뚫을 수 있다는 진술과 이 방패는 어떤 것도 뚫을 수 없다는 진술은 양립할 수 없다(以爲不可陷之楯 與無不陷之矛 爲名不可兩立也)."고 하였다. 이를 놓고 보면 창과 방패가 양립할 수 없는 모순관계가 아니라 그와 관련하여 주장한 두 주장이 양립할 수 없다. 마찬가지로 인간의 세계에 관한 주장과 주장 사이에 양립이 불가능한 모순관계가 있는 것이지 세계 자체에는 모순관계라는 문제가 없다.

관계로 표상된 순과 역의 세계의 내용을 본래의 세계의 관점에서 밝히는 해명이 필요하다.

순방향에서 도를 표상하는 경우와 역방향에서 도를 추구하는 경우의 내용이 서로 모순관계를 형성하는 까닭은 도와 만물의 존재 양상이 다를 뿐만 아니라 양자를 둘로 나누어서 표상하기가 불가능함에도 불구하고 방편상方便上 순과 역으로 구분하여 나타내었기 때문이다.[594]

순역의 문제를 중심으로 역도易道의 내용을 밝히고 있는 전적은 조선 말기의 일부一夫 김항金恒에 의해 저작된《정역正易》이다.《정역》에서는 순역을 도역倒逆으로 규정하고《서경》,《논어》에서 역도의 내용으로 밝히고 있는 역수원리를 간지도수干支度數와 하락상수河洛象數를 중심으로 밝히고 있다.[595]

《정역》이 저작된 이후 많은 사람들이 그것을 연구했다. 그러나 대부분의 사람들이 사적私的인 욕심에 의해 그 내용을 왜곡歪曲하여 악용惡用하는 데 골몰汨沒하였을 뿐 순수한 마음으로 객관적 관점에서 이루어진 학문적 접근은 최근에야 이루어지고 있다.

일군의 학자들은 학문적 측면에서《정역》을 연구하여 유학儒學의 존재근거인 역도易道, 천도天道가 천명闡明된 전적임을 확인하였고, 그 성과는 다수의 학위논문과 여러 권의 단행본으로 출판되었다.[596]

---

594 《周易》의 繫辭上篇 第五章을 보면 먼저 음양陰陽을 중심으로 도道를 나타낸 후에 마지막으로 음양으로 헤아릴 수 없는 존재를 신神으로 규정하여 음양으로 구분하여 나타낼 수 없는 근원적인 세계를 음양에 의해 구분하여 나타내었음을 밝히고 있다.

595 金恒의《正易》大易序에서는 "聖哉라 易之爲易이여 易者는 曆也니 無曆이면 無聖이오 無聖이면 無易이라."라고 하여 역도의 내용이 역수원리曆數原理임을 밝히고 이어서 역수원리의 내용을 도서圖書를 중심으로 "元降聖人하시고 示之神物하시니 乃圖乃書로다. 圖書之理는 后天先天이오 天地之道는 旣濟未濟니라. 龍圖는 未濟之象而倒生逆成하니 先天太極이니라. 龜書는 旣濟之數而逆生倒成하니 后天无極이니라. 五居中位하니 皇極이니라. 易은 逆也니 極則反하나니라."라고 하여 도역원리倒逆原理임을 밝히고 있다.

596 역수원리를 중심으로《정역》과《주역》을 연구한 성과는 8편의 석·박사 논문이 있으며, 15여 권의 단행본 그리고 40여 편 이상의 연구 논문이 있다. 구체적인 내용은 2007년도

그런데 기존의 연구 성과들을 보면 역도의 내용이 역수원리임을 밝히는 데 치중하였기 때문에 순역順逆의 내용 역시 대체만을 밝혔을 뿐 괘효卦爻를 중심으로 인간의 관점에서 구체적인 내용을 밝히고 있지 않다. 따라서 순역을 인도人道의 관점 곧 괘효역학卦爻易學의 관점에서 고찰하는 것이 필요하다.[597] 왜냐하면 순역의 문제가《주역》의 수양론, 공부론을 이해하는 데 있어서도 결정적인 요소이기 때문이다.[598]

도역 또는 순역의 문제를 천도가 아닌 인도의 관점에서 밝혀야 할 보다 근본적인 문제는 다음과 같은 점에서 찾을 수 있다. 본래 학문이 필요한 까닭은 인간으로서의 자신이 어떤 존재인가를 파악하고 그것을 주체로 사람답게 살아가기 위함이다. 따라서 인간에게 천도가 문제가 되는 까닭도 역시 그것이 인간의 삶의 준칙, 근거가 된다는 점에서 필요하기 때문이다. 따라서 어떤 학문이나 막론하고 그것이 인간에게 어떻게 살아야 할 것인지에 대한 답을 줄 수 없다면 그것은 아무런 의미가 없는 것이다. 마찬가지로 역학에서 순역, 도역이 천도의 근본 문제라면 그것이 인간의 삶에서 어떤 의미를 갖는지 다시 말하면 순역, 도역의 문제가 인간답게 살아가는 방법, 방향, 원리와 어떤 관계인지를 밝히는 것이 필요하다.

《주역》의 순역적順逆的 구조는 중국의 도교道敎에 있어서도 중요한 이

충남대학교 대학원에 제출된 김재홍의 박사학위논문인 〈역학易學의 중정지도中正之道에 관關한 연구硏究〉를 참고하기 바란다.

597 기존의 연구 성과들은 역도易道, 변화變化의 도道를 실체적 관점에서 연구하여 역도가 이미 존재하는 것으로 전제를 하고 그것을 밝히는 문제에 중점을 두었다. 그것은 이미 제시된 이론체계를 대상으로 그것을 분석하고 개념들을 추출하여 상호 관계를 세밀하게 엮어서 겉으로 드러나지 않은 이론체계를 재구성하는 언어분석적 방법을 중심으로 순역順逆과 중정中正을 연구하였음을 뜻한다. 그렇기 때문에 역도를 자각自覺하여 실천하는 관점에서 순역順逆을 접근하지 못한 한계가 있다.

598 송재국 교수는 〈역학의 시간 이해〉에서 천도天道의 내용인 시간성時間性의 체계가 순역이론順逆理論으로 그것이 역철학易哲學의 방법方法이라고 하였다.(《송재국 교수의 역학담론》, 33쪽에서 77쪽 참조)

론체계이다. 순역의 개념은 송대宋代 무렵부터 중국의 내단內丹 사상에서 거의 일반화되어 있었다.[599] 송말宋末 원초元初의 이도순李道純은 도교의 이론을 순역에 의해 다음과 같이 논하고 있다.

> 도道가 일一을 낳고, 일一이 이二를 낳으며, 이二가 삼三을 낳고, 삼三이 만물을 낳는다. 허虛가 신神으로 화化하며, 신神이 기炁로 화化하고, 기炁가 정精으로 화하고, 정精이 형形으로 화한다. 앞의 내용을 일러 순順이라고 한다. 만물萬物이 삼三을 머금고, 삼三이 이二로 돌아가고, 이二가 일一로 돌아간다. 정精을 단련하여 정精이 기炁로 화하고, 기炁가 신神으로 화한다. 이러한 것을 일러서 역逆이라고 한다.[600]

위의 내용은 사람이 태어나서 살아가다가 늙고 병들어 죽는 것은 순順이고 그와 반대로 수행을 통하여 태어난 것을 거슬러 올라가서 생사生死를 벗어나서 영원한 세계에 도달하는 것을 역逆으로 규정하고 있다. 이에 대하여 명대明代에 저작된 《성명규지性命圭旨》에서는 다음과 같이 정리하고 있다.

> 도道가 일一을 낳고, 일一이 이二를 낳으며, 이二가 삼三을 낳고 삼三이 만물을 낳는다. 이것이 이른바 순順으로 이미 사람을 낳고 사물을 낳았다는 것이다. 지금 형체가 정精으로 화하고, 정精이 기炁로 화하며, 기炁가 신神으로 화하고, 신神이 허虛로 화한다. 이것이 이른바 역逆으로 장차 부처를 이루고 신선神仙을 이루는 것이다.[601]

---

599 김낙필, 《조선시대의 내단사상》, 서울, 대원출판, 2005년, 82쪽

600 李道純, 《中和集》, "道生一 一生二 二生三 三生萬物 虛化神 神化炁 炁化精 精化形 已上謂之順 萬物含三 三歸二 二歸一 煉乎至精 精化炁 炁化神 已上謂之逆."

601 尹真人, 《性命圭旨》, "道生一, 一生二, 二生三, 三生萬物, 此所謂順去生人生物 今則形化精, 精化氣, 氣化神, 神化虛, 此所謂逆來成佛成仙."

위의 내용을 보면 도교나 불교에서 수련을 통하여 부처가 되고, 신선이 되는 것을 역逆으로 여기고 일상의 삶, 수련이나 수행이 없는 삶을 순順으로 여긴 것임을 알 수 있다.

조선시대의 북창北窓 정렴鄭磏은 《참동계參同契》의 내용을 바탕으로 선도仙道의 내용을 다음과 같이 밝히고 있다.

> 옛 사람들이 말하였다. 순順하면 사람이 되고 역逆하면 신선神仙이 된다. 대개 하나가 둘을 낳고, 둘이 넷을 낳고, 넷이 여덟을 낳아서 육십사六十四에 이른다. 나누어져서 만사萬事가 되는 것은 인도人道이다.(順推工夫) 발을 포개어 단정하게 앉아서 발을 드리운 것처럼 눈과 귀를 막고 만사萬事의 분요紛擾함을 수습收拾하여 하나이면서 무無인 태극太極으로 돌아가는 것이 선도仙道이다.(逆推工夫)[602]

위의 내용을 보면 정북창 역시 생사生死에 얽매인 삶은 보통사람들의 삶으로, 그것이 바로 천도에 순응하는 순추공부順推工夫이며, 그와 반대로 수련修練을 통하여 사물이 태어나기 이전으로 돌아가서 태극太極에 이르는 것을 역추공부逆推工夫인 선도仙道로 규정하고 있음을 알 수 있다.

지금까지 살펴본 바와 같이 《주역》에서는 순역順逆을 규정하고 인간의 삶을 역逆방향에서 이루어지는 것으로 규정하고 있다. 그것은 유가儒家나 불가佛家 그리고 도교道敎, 선도仙道를 막론하고 역逆의 관점에서 수양修養, 수련修練, 수행修行을 요구하고 있음을 뜻한다.

그런데 순역이라는 개념이 나타내고 있는 것처럼 만약 《주역》의 내용과 같이 천도에 순응하는 것이 인간의 삶이라면 사람으로 태어난 이상 사람으로 살아가는 것이 천도에 순응하는 것이다. 반면에 그것을 어기고 거

---

602 鄭磏 著, 이종은 譯, 《龍虎秘訣》《朝鮮道教史》, "古人云 順則爲人 逆則爲仙 蓋一生兩 兩生四 四生八 以至於六十四 分以爲萬事者人道也(順推工夫) 疊足端坐 垂簾塞兌 收拾 萬事之紛擾 歸於一無之太極者仙道也(逆推工夫)."

슬러서 생명의 본원本源으로 돌아가서 천지와 더불어 영생을 추구하는 것은 천도天道에 거스르는 것이다. 그러면 인간이 수행修行이나 수련을 통하여 본성本性에 어긋나고 천리天理에 벗어나서 부처가 되고, 신선神仙이 되어야 하는가?

근본적인 문제는 불교에서 이미 모든 존재가 불성을 갖고 있고, 불성의 작용에 의해 삼계가 전개된 것이라면 굳이 수행을 할 필요가 있는가? 무명無明, 업業, 윤회輪回, 중생衆生은 어디로부터 왔는가? 없다면 왜 수행을 해야 하는가의 문제가 발생한다.

도교, 선도의 수련 역시 그렇다. 본래 태극太極, 무극无極의 세계, 허虛의 세계에는 생사生死가 없다. 그리고 태허, 무극의 세계가 나타난 것이 현상이다. 인간의 삶 역시 도의 작용에 의해 이루어지는 것이다. 그렇다면 굳이 수련을 하여 신선神仙이 되고, 천상의 선계에 올라갈 필요가 없다. 왜냐하면 본래 신선이나 천상이 따로 없이 그 자리이기 때문이다.

역학 역시 역逆의 관점에서 수양이 필요함을 밝히고 있다. 그러므로 앞에서 제기된 순과 역으로 구분하여 보는 것으로부터 양자가 동시에 옳을 수 없는 모순矛盾이 발생한다. 그것은 천도와 인도의 관계, 사람의 본성과 심신心身의 관계, 현상과 도의 관계가 모순矛盾임을 뜻한다.

1. 천인관계와 순역順逆

《주역》의 내용을 한마디로 나타내면 변화의 도 또는 역도[603]이다. 변화의 도는 변화하는 현상의 존재 근거가 되는 변화원리를 의미한다. 이는

603 繫辭上篇 第九章에서는 "知變化之道者, 其知神之所爲乎"라고 하여 變化之道를 언급하고 있고, 繫辭下篇 第十一章에서는 "其道甚大하야 百物을 不廢하나 懼以終始면 其要无咎리니 此之謂易之道也라."라고 하여 易之道를 언급하고 있다.

근본적으로《주역》에서 비록 천지와 인간이라는 삼재의 세계[604]를 중심으로 변화의 도를 표상하고 있지만 그러한 세계가 고정된 것이 아니라 변화의 세계이며, 변화의 세계는 곧 변화원리로서의 역도의 현상現象[605]임을 나타낸 것이다.

《주역》에서 삼재의 도를 언급하고 그 내용이 변화의 도道임을 밝힌 까닭은 역도易道, 변화의 도道 자체에 관점이 있는 것이 아니라 인도人道에 있다. 64괘 가운데 대부분의 괘의 대상大象에서 군자, 대인大人, 성인聖人, 후后를 언급[606]하고 있을 뿐만 아니라 각 괘의 효사爻辭를 보면 천도를 언급하는 동시에 반드시 인사를 언급하고 있는 것[607]을 보아도 이 점을 알 수 있다. 뿐만 아니라 설괘說卦에서는 "옛날에 성인이 역경易經을 저작한 목적은 장차 성명지리性命之理에 순응順應하게 하려는 것이다."[608]고 하여 성명의 이치라는 인간의 본성이《주역》의 근본 문제임을 밝히고 있다.

그런데《주역》에서는 역도를 천도와 인도를 중심으로 건도乾道와 성명性命의 관계를 통하여 밝히고 있다.[609] 중천건괘重天乾卦䷀의 단사彖辭에서는 하늘의 변화와 인간의 변화를 중심으로 역도의 내용을 요약하여 '건도

---

604 《周易》 繫辭下篇 第十章, "易之爲書也 廣大悉備하여 有天道焉하며 有地道焉하며 有人道焉하니 兼三材而兩之라 故로 六이니 六者는 非它也라 三才之道니也니."

605 그것은 현상이 변화하기 때문에 고정되어 있지 않음을 의미할 뿐만 아니라 역도 자체도 고정되지 않아서 정해진 하나의 원리나 이치를 나타내지 않음을 뜻한다. 변화하는 원리이면서 동시에 도 자체 역시 변화하여 고정될 수 없음을 나타내는 개념이 역도인 것이다.

606 《周易》의 53卦 大象에서 "君子以"라고 하였고, 두 卦에서 "后以"라고 하였으며, 하나의 卦에서 "大人以"라고 하였고 오직 하나의 卦에서 "上以"라고 하였다.

607 《周易》의 重天乾卦䷀ 初爻 爻辭를 예로 들면 "初九는 潛龍이니 勿用이니라."이라고 하였다. 이때 "잠룡潛龍"은 천도를 나타내며, "물용勿用"은 인도를 나타낸다.

608 《周易》 說卦 第二章, "昔者聖人之作易也, 將以順性命之理."

609 삼재를 중심으로 역도를 이해하면 천도와 지도를 근거로 형성된 인도의 양자로 구분하여 이해할 수 있을 뿐만 아니라 지도를 포함한 천도와 인도의 두 측면으로 구분하여 이해할 수도 있다.

변화乾道變化 각정성명各正性命'으로 나타내고 있다.

'건도변화'의 건도乾道는 천도天道를 그것을 표상하는 64괘 가운데 하나인 중천건괘重天乾卦䷀를 중심으로 나타낸 것이기 때문에 곧 천도를 가리킨다. 그러므로 건도의 변화는 곧 천도의 변화이다. 그리고 성명性命은 인간을 비롯한 만물의 본성을 가리킨다. 따라서 각정성명은 각각의 개체적 존재가 모두 성명을 바르게 한다는 뜻이다.

그러면 먼저 건도, 도와 만물이 어떤 관계인지 살펴보자.

계사상편 제십이장에서는 "형이상적 존재를 도道라고 하며, 형이하적 존재를 기器라고 한다."[610]고 하여 도와 만물의 관계를 밝히고 있다. 도와 현상적 존재인 만물의 관계를 보다 구체적으로 밝히고 있는 부분은 계사상편의 제오장이다. 이 부분에서는 도道를 언급한 후에 그것이 인간을 비롯한 만물의 존재 근거임을 밝히고, 인도의 측면에서 그 내용이 무엇인지를 밝히고 있는데, 그 내용은 다음과 같다.

> 한번은 음으로 작용하고 한번은 양으로 작용하는 것을 일러서 도라고 하며, 음양의 작용이 끊임없이 이어지는 것을 선善이라고 하고, 선의 결과 이루어진 것을 성性이라고 한다.[611]

위의 내용을 보면 도의 본성인 선성善性이 인간을 비롯한 만물의 본성임을 밝히고 있음을 알 수 있다. 인용문에서 표현한 것과 같이 도와 만물이 그릇과 그것을 담고 있는 내용물의 관계같이 일체적이다. 도를 떠나서 만물이 존재할 수 없을 뿐만 아니라 만물을 떠나서 도가 드러날 수 없다.

그러나 도와 만물의 존재 양상이 서로 다르기 때문에 도가 그대로 만

---

610 《周易》 繫辭上篇 第十二章, "是故로 形而上者를 謂之道이오, 形而下者를 謂之器오."

611 《周易》 繫辭上篇 第五章, "一陰一陽之謂道니 繼之者善也오 成之者性也라."

물로 드러나지 않는다. 그것은 도가 만물의 존재 근거이지만 만물이 그대로 도 자체는 아니라는 말이다. 《중용》에서 "군자의 도는 널리 사용되지만 감추어져 있다."[612]라고 하여 도가 드러나면서도 감추어져 있는 이중성二重性이 있음을 나타내고 있다.[613] 계사상편 제오장에서도 "백성들은 날마다 사용하여도 그것을 모르기 때문에 군자의 도가 드물다."[614]고 하여 도가 잘 드러나지 않음을 밝히고 있다. 그러면 천도와 인도의 관계를 어떻게 이해할 것인가?

'건도변화 각정성명'을 중심으로 위의 문제를 살펴보면 양자의 관계는 변화라는 개념의 성격과 각정各正을 어떻게 이해할 것인가의 문제가 된다. 먼저 천도 자체의 관점에서 양자의 관계를 이해하면 천도가 인도人道 및 지도地道의 근거가 되기 때문에 건도의 변화가 이루어지면 동시에 그 작용에 의해 각정성명이 되어야 한다. 그러므로 위의 내용은 "건도가 변화하여 각각의 성명이 바르게 된다."라고 이해하거나 좀 더 천도의 작용을 적극적으로 표현하여 "건도가 변화하여 만물 각각의 성명이 된다."라고 이해할 수 있다. 전자는 인도를 중심으로 이해한 것이고, 후자는 천도 자체를 중심으로 이해한 것이다.

앞의 관점은 천도와 인도를 일체적 관점에서 이해한 것으로 곧 도 자체의 관점에서 이해한 것이라고 할 수 있다. 이는 계사상편 제칠장에서 "천지가 각각 그 자리를 잡고 변화가 그 가운데서 이루어진다. 완성된 성품을 보존하고 보존하는 것이 도의道義의 세계에 들어가는 문이다."[615]라고

---

612 朱熹, 《中庸章句》 第十二章, "君子之道 費而隱."

613 하이데거는 존재가 은폐隱蔽와 현현顯現의 이중성을 갖는다고 하여 그 점을 밝히고 있다. 이에 관하여는 최양부, 《하이데거; 존재사유의 길》 224쪽에서 227쪽 참조.

614 《周易》 繫辭上篇 第五章, "仁者見之謂之仁하며 知者見之謂之知오 百姓日用而不知라 故로 君子之道鮮矣니라."

615 《周易》 繫辭上篇 第七章, "天地設位이어든 而易行乎其中矣니 成性存存이 道義之門이라."

한 것을 보아도 알 수 있다. 천도의 변화가 곧 성품으로 나타나기 때문에 오로지 성품을 보존하는 것이 도의의 세계로 가는 방법이다. 산뢰이괘山雷頤卦䷚의 초효初爻 효사爻辭에서도 "너의 신령스런 거북을 버리고 나를 보면서 턱을 늘어뜨리고 있으니 흉凶하다."[616]라고 하여 자신의 타고난 성명性命을 떠나서 밖에서 지혜智慧를 찾는 것이 마치 먹을 것을 남에게 구걸求乞하는 것과 같이 잘못된 것임을 밝히고 있다.

본체의 관점에서 보면 건도乾道와 인도人道는 둘이 아니다. 그러므로 "스스로 밝은 덕德을 밝히는 일"[617]이나 "도덕道德에 화순和順할 목적으로 이치理致를 궁구하고 본성을 다하여 천명天命에 이르는 일"[618]로서의 수행修行이나 수기修己를 할 필요가 없다. 인간이 만물과 마찬가지로 도를 본성으로 존재하기 때문에 본성을 주체로 살아가면 되지 그 밖의 인위적인 자기를 찾는 일을 필요로 하지 않는다는 뜻이다. 다시 말하면 인간은 본성의 관점에서 보면 학문을 통한 수양修養을 할 필요가 없다.

만약 인간이 자유의지를 갖고 본성의 작용을 벗어나서 불선不善한 언행을 할 수 있다면 그것은 본성이 불완전한 존재일 뿐만 아니라 인간의 자유의지보다 약한 존재라는 점에서 인도의 근거가 될 수 없다. 그렇다면 천도가 인도의 존재 근거라는 말 역시 무의미하게 된다.

그러나 사람으로 태어나서 학문을 통하여 자신의 본성을 자각하여 그것을 주체로 삼는 과정을 거치지 않으면 자신이 어떤 존재인지를 알지 못한다. 계사상편 제오장에서는 "백성들은 날마다 본성을 주체로 살아가면서도 모르기 때문에 군자의 도가 드물다."[619]라고 하였을 뿐만 아니라 중지곤괘重地坤卦䷁의 괘사卦辭에서는 "하늘보다 앞서면 미혹되고, 뒤로 하

---

616 《周易》山雷頤卦䷚ 初爻 爻辭, "初九는 舍爾靈龜하고 觀我하여 朶頤면 凶하리라."

617 《周易》火地晉卦䷢ 大象, "君子 以하야 自昭明德하나니라."

618 《周易》說卦 第一章, "和順於道德而理於義하며 窮理盡性하여 以至於命하니라."

619 《周易》繫辭上篇 第五章, "百姓日用而不知라 故로 君子之道鮮矣니라."

면 주체를 얻어서 이롭다."[620]라고 하였다. 이는 인간이 비록 타고난 본성을 갖고 있을지라도 그것을 밝혀서 주체로 하는 학문의 과정, 수양의 과정을 거치지 않으면 사람답게 살아갈 수 없음을 뜻한다.

그러면 인간에게 학문, 수양은 필요한 것인가? 아니면 불필요한 것인가? 사실 건도변화와 각정성명을 좀 더 구체적으로 살펴보면 이와 같은 문제가 분명하게 드러난다. 건도 곧 천도는 현상적 관점에서 일어나는 모든 변화의 본체이다. 그것을 사물을 중심으로 나타낸 것이 바로 사물의 본성으로서의 성명이다. 그렇기 때문에 건도가 다름 아닌 개체적 존재의 성명이라고 할 수 있다.

만약 건도가 변화하여 개물의 성명이 각각 바르게 된다고 이해하면 인간은 성명을 바르게 하는 모든 인위적인 수행修行이나 수기修己를 할 필요가 없다. 왜냐하면 건도(天道)가 인간을 비롯한 만물의 존재 근거이기 때문에 인간이 건도의 변화에 그대로 순응하기만 하면 성명이 바르게 되기 때문이다. 그렇지만 현실을 살아가면서 학문을 하고 자신을 닦는 수행이나 수기修己가 필요함은 그 누구도 부정할 수 없다.

반면에 각정성명을 중심으로 건도변화를 이해하여 건도변화 자체와 무관하게 오로지 수행, 수기를 통하여 각정성명을 해야 된다면 건도변화가 각정성명의 존재 근거가 될 수 없다. 그것은 천도가 인도의 근거임이 부정됨을 뜻한다. 결국 건도변화와 각정성명은 양립할 수 없는 모순矛盾관계인 것처럼 보인다.

사실 이 문제는 개인적인 측면에서 보면 본래 "사람은 누구나 완전무결한 본성本性을 갖고 있기 때문에 그것을 깨달아서 밝히는 과정이 필요가 없다."는 존재론적存在論的 주장과 "옥玉을 가공하지 않으면 보석寶石이 될

620 《周易》 重地坤卦䷁ 卦辭, "君子有攸往이니라 先하면 迷하고 後하면 得하리니 主利하니라."

수 없듯이 사람이 학문을 하지 않으면 무엇이 사람답게 살아가는 길인지를 모른다."는 수양론修養論, 공부론적工夫論的 입장이 양립할 수 없음을 뜻한다.[621]

그렇다면 이 문제를 어떻게 해결할 것인가? 그 실마리는 "형이상적 존재를 일러 도道라고 하고, 형이하적 존재를 일러 기器라고 한다."라는 문장 중 '일러(謂之)'에서 찾을 수 있다. 도道와 기器를 구분하여 양자의 관계를 밝히는 것은 인간이며, 건도변화와 각정성명을 구분하여 나타낸 것도 역시 인간이다. 다시 말하면 인간의 분별의식分別意識에 의해 도道와 기器, 건도乾道와 성명性命을 구분하여 나타낸 결과 이러한 모순이 발생하게 된 것이다. 세계 자체에는 모순이라는 관계는 없으며, 단지 인간의 주장과 주장 사이에 모순관계가 있을 뿐이다.

도, 건도, 천도와 기器, 성명, 만물의 존재 양상이 서로 다르다. 그렇기 때문에 양자를 구분하여 나타낼 때 형이상적 관점에서 도를 중심으로 인간을 비롯한 만물을 나타내면 성명이 되고, 형이하적 관점에서 인간을 비롯한 만물을 나타내면 성명을 밝혀서 그것을 주체로 하는 과정으로서의 학문, 수기 등을 언급하지 않을 수 없다.

십익十翼에서는 형이상의 관점, 도 자체의 관점을 순順으로 그리고 형이하, 기器, 만물의 관점을 역逆으로 규정하고 순역順逆을 중심으로 역도易道를 밝히고 있다. 뇌산소과괘雷山小過卦䷽의 괘사卦辭에서는 "날아가는 새가 남긴 소리가 위로 올라가면 옳지 않고, 아래로 내려가면 마땅하여 크게 길吉하다."[622]고 하였다. 이에 대하여 단사彖辭에서는 "'날아가는 새가

621 이 문제를 나를 중심으로 이해하면 참나와 거짓나의 관계라고 할 수 있다. 거짓나를 버리고 참나를 찾는 것이 수양, 학문, 수기라고 할 수 있다. 그러나 학문의 주체 자체가 본래 참나라는 점에서 버리는 것도 찾는 것도 아니다. 이에 관하여서는 박찬욱 외, 《나 버릴 것인가 찾을 것인가》를 참조.

622 《周易》 雷山小過卦䷽ 卦辭, "可小事나 不可大事라 飛鳥遺之音하니 不宜上이요 宜下면

남긴 소리가 위로 올라가면 옳지 않고, 아래로 내려가면 마땅하여 크게 길하다.'라고 한 것은 위로 올라가면 역逆이고, 아래로 내려가면 순順이기 때문이다."[623]

뇌산소과괘의 괘사와 단사에서 밝히고 있는 내용은 공간적 상하上下를 통하여 순역順逆을 나타낸 것으로, 상上에서 하下로 향하는 것이 순順이며, 하下에서 상上을 향하는 것이 역逆임을 알 수 있다. 그리고 위로 올라가면 옳지 않고 아래로 내려가는 것이 마땅하다는 것은 역逆을 버리고 순順을 취해야 함을 밝힌 것이다. 이는 수지비괘水地比卦䷇ 오효五爻의 효상爻象에서 "역逆을 버리고 순順을 취한다."[624]라고 한 것과 같다.

그런데 앞에서 살펴본 순역順逆은 인간의 관점에서 언급된 것으로 그 존재 근거가 천지天地의 도道이다. 그러므로 순역은 천지의 도를 중심으로 살펴봐야 한다. 지산겸괘地山謙卦䷎의 단사彖辭를 보면 천도와 지도를 상하의 관계를 통하여 밝히고 있는데, 그 내용은 다음과 같다.

> 천도天道는 아래로 제도하여 빛나 밝으며, 지도地道는 낮은 곳에서 위로 작용한다.[625]

위의 내용을 보면 천도는 위에서 아래로 작용하며, 지도는 아래에서 위로 작용함을 알 수 있다. 위의 내용을 뇌산소과괘에서 밝히고 있는 순역과 비교하여 이해하면 천도의 작용은 순이며, 지도의 작용은 역임을 알 수 있다. 앞에서 살펴본 바와 같이 천지의 도의 내용이 순역이며, 인도의 내용 역시 순역이기 때문에 역도의 내용이 순역원리인 것이다.

大吉하리라."

623 《周易》 雷山小過卦䷽ 彖辭, "飛鳥遺之音不宜上宜下大吉은 上逆而下順也라."

624 《周易》 水地比卦䷇ 五爻 小象, "象曰 舍逆取順이 失前禽也오."

625 《周易》 地山謙卦䷎ 彖辭, "彖曰 謙亨은 天道下濟而光明하고 地道卑而上行이라."

《서경》과 《논어》에서는 "천의 역수曆數가 내 본래성으로 주체화하였다."[626]라고 하여 인간 성명이 곧 천도의 내용인 역수원리曆數原理임을 밝히고 있다. 그리고《정역》에서는 천도의 내용인 역수원리가 바로 역도, 변화의 도임을 밝히고[627] 그 구체적인 내용을 간지도수干支度數, 도서상수圖書象數를 통하여 역도의 내용이 삼극三極의 도道이며, 그 내용이 순역원리順逆原理임을 다음과 같이 밝히고 있다.

> 천지의 이치는 삼원三元으로 원元에서 성인을 내려 보내서 신물神物을 보였으니 하도河圖와 낙서洛書이다. 용도龍圖는 미제未濟의 상象으로 도생역성倒生逆成하니 선천태극先天太極이다. 귀서龜書는 기제旣濟의 수數로 역생도성逆生倒成하니 후천後天의 무극无極이다.[628]

위의 내용을 보면 성인이 도서를 통해 천지의 이치를 밝혔는데, 도서란 각각 하도와 낙서를 일컫는다. 하도는 미제의 상으로 도생역성의 작용에 의해 드러나는 선천의 태극을 밝히고 있고, 낙서는 기제의 수로 역생도성의 작용에 의해 드러나는 후천의 무극을 밝히고 있다.

도倒는 순順과 같은 의미를 가진 개념으로 위의 내용은 하도와 낙서를 통하여 표상된 음양합덕원리, 천지합덕원리를 표상한 하도와 음양작용원리를 표상한 낙서를 중심으로 양자의 관계를 도역생성倒逆生成의 관계

---

626 《論語》의 堯曰篇에서는 "天之曆數在爾躬, 允執其中 四海困窮 天祿永終"이라고 하였고, 《書經》의 大禹謨에서는 "天之歷數在汝躬, 汝終陟元后, 人心惟危, 道心惟微, 惟精惟一, 允執厥中, 無稽之言勿聽, 弗詢之謀勿庸, 可愛非君, 可畏非民, 衆非元后何戴, 后非衆罔與守邦, 欽哉, 愼乃有位, 敬修其可願, 四海困窮, 天祿永終,"라고 하였다.

627 金恒, 《正易》 大易序, "易者曆也라 無曆無聖하고 無聖無易하니."

628 金恒, 《正易》 第一張, "元降聖人하시고 示之神物하시니 乃圖乃書니라. 圖書之理는 后天先天이요 天地之道는 旣濟未濟니라. 龍圖는 未濟之象而倒生逆成하니 先天太極이니라. 龜書는 旣濟之數而逆生倒成하니 后天无極이니라 五居中位하니 皇極이니라."

를 통하여 표상한 것이다. 하도적 작용 원리는 곧 천天의 작용 원리로 그 내용은 도생역성이며, 낙서적 작용 원리는 곧 지地의 작용 원리로 그 내용은 역생도성이다.

지산겸괘에서 순역을 밝히는 과정에서 순과 역의 구분에 초점이 있는 것과 달리 《정역》에서 밝히고 있는 도역원리는 양자의 관계를 중심으로 일체적이면서도 구분되는 두 측면을 나타내고 있다는 점에서 순역의 관계를 보다 분명하게 이해할 수 있다.

앞에서 살펴본 순역의 관점을 중심으로 '건도변화 각정성명'을 이해하면 순의 관점에서는 "건도가 변화하여 각각 만물의 성명이 된다.", "건도가 변화하여 각각 만물의 성명이 바르게 된다."라고 이해할 수 있으며, 역의 관점에서는 "각각 성명이 바르게 됨으로써 건도가 변화한다."라고 이해할 수 있다. 양자의 내용이 서로 다름은 천도의 입장에서의 이해와 인도의 입장에서의 이해가 서로 다르기 때문이다.

2. 도역倒逆과 수양修養

앞에서 살펴본 바와 같이 《주역》에서 밝히고자 하는 역도, 변화의 도의 내용이 순역원리로 역도를 순역적 관점에서 표상하는 과정에서 건도변화와 각정성명에 나타나는 모순관계가 발생했다면 그것은 존재론적 관점에서 발생하는 것이기 때문에 오로지 자득自得하여 해결해야 할 문제라고 할 수도 있다.

그러나 자득 역시 건도변화 각정성명이 안고 있는 모순의 문제 안에 있다. 수양론, 공부론 역시 자득自得, 체득體得, 자각自覺, 깨달음의 문제와 관련되어 있어서 역시 모순矛盾의 문제 안에 있는 것이다. 수양, 공부의 문제는 각정성명의 문제이며, 그 결과를 나타내는 것이 자득, 체득, 깨달음이기 때문이다.

그런데 모순관계는 관계를 이루는 양자로부터 발생한다. 만약 양자가 둘이 아니고 하나라면 모순관계 자체는 발생할 수가 없다. 사실 천도와 인도를 막론하고 도라는 점에서는 일체이기 때문에 모순관계가 없다. 다만 하늘과 인간을 구분하여 인간의 입장에서 수양론, 공부론을 문제로 삼을 때 비로소 모순관계가 나타날 뿐이다.

역도의 내용인 순역원리 역시 순과 역이 모순관계임을 나타내는 것은 아니다. 설괘說卦에서는 순역을 시간과 관련하여 논하고 있는데, 그 내용은 다음과 같다.

> 지나간 것을 헤아리는 것은 순順이며, 다가올 것을 아는 것이 역逆이다. 그러므로 역易은 역逆으로 헤아린다.[629]

인용문에서는 왕래往來와 순역順逆 그리고 수지數知를 대응하는 개념으로 사용하고 있다. 앞의 문장에서는 과거와 미래를 대응하여 미래에서 과거를 향하는 방향을 순順으로 그리고 과거에서 미래를 향하는 방향을 역逆으로 규정하고 있다. 그리고 순順의 관점에서는 과거를 헤아림(數)으로 그리고 역의 관점에서는 미래를 앎(知)으로 규정하고 있다.

위의 내용에서 주목할 부분은 마지막 부분에서 "《주역》은 역逆으로 헤아린다."라고 한 부분이다. 앞에서 순과 역을 각각 '수數'와 '지知'로 구분하여 나타내었음에도 불구하고 끝부분에서 순역順逆과 수지數知를 종합하여 '역수逆數'로 나타내고 있다. 이는 '지래知來'라는 역방향이 《주역》의 관점이지만 순방향의 헤아림이 전제가 되었음을 나타낸다. 결국 위의 내용은 순역으로 구분하여 나타내고자 한 역도의 내용이 순역이 종합된 차원

---

629 《周易》說卦 第三章, "數往者는 順하고 知來者는 逆하니 是故로 易은 逆數也라."

의 존재임을 나타낸 것이라고 할 수 있다.

그런데 위의 문제는 인간의 문제일 뿐 도道 자체의 문제는 아니다. 그것은 위의 내용이 수양론, 공부론의 관점에서 순역을 나타내고 있음을 뜻한다. 결국 위의 내용은 인간의 입장에서 이루어지는 수양, 공부 역시 순역이 종합된 차원에서 이루어져야 함을 나타낸 것이다. 따라서 '건도변화'와 '각정성명'의 문제 역시 종합적 관점에서 볼 때 비로소 그 문제가 해결될 수 있음을 알 수 있다.

그러면 순역의 종합을 어떻게 이루는가? 앞에서 살펴본 바와 같이 《주역》에서는 형이상과 형이하, 천도와 지도, 천도와 인도의 관계를 밝히기 위하여 순역이라는 구조를 통하여 양자의 관계를 나타내고 있다. 이때 공간적 관점에서 상하上下를 통하여 밝히기도 하고, 시간적 관점에서 왕래往來를 통하여 밝히기도 하였다.

그런데 순역의 종합은 순역을 넘어선 차원, 다시 말하면 시간과 공간을 넘어서면서도 시공을 벗어나지 않는 차원에서 가능하다. 그것은 형이상과 형이하, 천도와 지도, 천도와 인도로 구분되기 이전의 차원에서만 가능함을 뜻한다.

하늘과 땅이라는 공간적 세계는 시종이라는 시간의 차원에서 극복이 되고, 시간의 차원은 그것을 넘어선 시간성時間性의 차원에서 극복克復이 되며, 시간성과 시간, 공간의 관계는 시간성의 차원마저도 넘어선 차원에서 비로소 드러나게 된다. 따라서 공간적 관점에서 언급되고 있는 '건도변화'와 '각정성명'의 관계는 가장 궁극적인 차원에서 다시 공간적 차원으로 향할 때 비로소 밝혀지게 된다.

《정역》에서는 시간성의 차원에서 삼극三極을 중심으로 도역倒逆의 관계를 밝히고 있다. 본래 삼극三極이 하나이지만 그것을 구분하여 나누면 무극과 태극을 체용의 관계로 규정하고 있다. 그리고 무극의 작용을 다시 시종始終의 관점에서 생生과 성成으로 구분하여 도생역성으로 밝히고 태극의 작용을 역생도성으로 밝히고 있다. 이는 도생역성의 작용과 역생도성의 작용이 체용의 관계임을 뜻한다.

도생역성과 역생도성은 현상 사물의 존재 근거인 역도의 작용이다. 이 둘이 본체와 작용의 관계라는 것은 양자가 일체이면서도 구분되는 관계임을 뜻한다. 《주역》에서는 이러한 관계를 음양관계로 나타내고 있다. 음이 없는 양이 없고, 양이 없는 음이 없기 때문에 양자가 각각 서로의 존재 근거가 된다는 점에서 일체이다. 그럼에도 불구하고 양은 양이고 음은 음이어서 양자가 구분되는 것이다.

도생역성과 역생도성이 일체이면서도 구분되는 체용의 관계이기 때문에 순역 또는 도역의 전모를 밝히기 위해서는 먼저 체용으로 구분되기 이전, 형이상과 형이하의 역도와 만물로 구분되기 이전의 일체적 차원에서 양자를 보아야 한다. 그런 다음 그것을 바탕으로 양자가 구분되는 차원에서 양자를 보아야 한다.

양자의 성격이 전혀 다르기 때문에 양자를 구분하여 볼 때는 엄격하게 구분해야 한다. 사람의 본성이 주체가 되어 나타난 것이 사람의 생각이고 그것이 다시 몸을 통하여 말과 행동으로 나타난다. 그렇기 때문에 역으로 말과 행동을 통하여 마음을 읽고 마음을 읽어서 본성을 알 수 있을 것 같지만 결코 그렇지 않다. 본성이 언행으로 나타나지만 언행이 곧 본성 그 자체는 아니기 때문이다. 그렇기 때문에 양자는 엄격하게 구분하지 않을 수 없다.

또한 양자가 본래 체용의 일체적인 관계이기 때문에 역의 관점에서 만물을 이해하거나 도를 바라보는 것과 도생역성, 순을 본체로 하여 역생도성, 역의 관점에서 이해하는 것은 전혀 차원이 다른 문제가 된다. 도생역성을 본체로 하여 역생도성의 관점에서 인간을 이해하고 세상을 이해할 때 비로소 그 전모와 특성, 본질이 드러나게 된다.

사람의 경우 형이하적 측면에서 신체적인 특징을 중심으로 남과 여를 구분하여 살펴보면 인간성이라는 본성은 전혀 드러나지 않는다. 그렇기 때문에 인간의 몸은 남과 여를 구분하는 기능 외에 다른 가치를 발견할 수 없다. 따라서 남과 여 둘 중에 어느 것이 더 가치가 있고 의미가 있는 존재인가라는 판단을 하게 되면서 양자의 아름다운 하나 됨은 기대할 수 없게 된다.

그러나 순을 체로 하고 역을 용으로 하는 관점 다시 말하면 본성을 주체로 남과 여로 구분되는 측면을 보면 남자와 여자가 모두 본성의 나타남이라는 점에서 아름다고 고귀한 존재이며, 가치가 있는 존재이다. 남자는 남자 그대로 소중한 존재이며, 여자는 여자 그대로 소중한 존재인 것이다. 그렇기 때문에 남과 여의 사고가 다르고 신체적으로 차이가 있는 것은 가치상의 우열의 원인이 되는 것이 아니라 각각의 존재 특성이 되는 것이다.

도역, 순역이 체용의 관계이기 때문에 체용의 관점에서 인간의 삶 역시 고찰해야 한다. 그것은 인간의 존재 특성으로 여겨지는 수양, 학문, 수기를 도생역성과 역생도성을 중심으로 체용의 관점에서 양자를 이해해야 한다는 것을 뜻한다. 먼저 순역이라는 구조를 바탕으로 체용이라는 양자의 관계에 의하여 '건도변화'와 '각정성명'을 살펴보면 다음과 같다.

본래 건도의 세계와 성명의 세계는 둘이 아니다. 그것은 단지 하늘과 사물이라는 공간적 관점에서 도를 달리 나타낸 것에 불과하다. 도라는 존재 자체가 이미 유무有無를 벗어나 있으면서도 유무를 포괄하고 있기 때문에 그것을 하늘의 관점에서 나타내면 건도이고, 사물의 관점에서 나타내면 성명일 뿐 다른 존재가 아니다.

그런데 형이상의 도가 기器를 통하여 자신을 드러낼 때 그 양상이 다양하게 드러난다. 그것을 나타내는 대표적인 것이 바로 '건도의 변화'와 '성명이 각각 바르게 됨'의 변화와 각정各正이다. 변화는 어떤 상태에서 변하여 다른 상태로 됨을 나타내고, 그것을 사물의 관점에서 나타낸 것이 각각 바르게 됨, 각각 그것에 당함의 의미로서의 각정各正이다.

그러면 구체적으로 '건도변화 각정성명'을 인도의 측면에서 살펴보자. '건도변화 각정성명'에서 건도는 인간이 삶을 영위함에 있어서 따르는 대원칙, 준칙, 주체, 근거를 가리킨다. 그러므로 '건도변화'는 삶의 대원칙, 주체가 변화함을 뜻한다.

이때 건도의 구체적인 내용이 무엇인지를 파악할 수 있는 것은 다음 부분의 '각정성명'이다. 성명은 인간을 구성하는 요소 가운데서 몸과 마음이라는 형이하적 요소와 달리 형이상적 요소이다. 따라서 건도가 변화함으로써 각각 성명과 부합된다는 것은 곧 성명을 주체로 살아가지 않았다가 성명을 주체로 살아가는 것을 뜻한다. 그러면 성명을 주체로 살아가지 않고 성명 이외의 존재 다시 말하면 몸이나 마음을 주체로 살아가는 것이 가능한가?

인간의 본성, 성명이라는 개념을 인간의 삶의 주체로 규정한 것은 그것이 본래 본질이며, 본성임을 뜻한다. 그렇기 때문에 본래부터 인간이 욕망에 의해 자신의 몸을 중심으로 본능을 충족하기 위하여 삶을 살아갈 수는 있지만 그렇다고 하여 그때도 역시 본능이 인간의 주체, 본성은 아니다.

그런 점에서 《정역》에서는 선천과 후천을 구분하여 심법心法을 위주로 살아가는 선천과 성리性理에 의해 자연스럽게 살아가는 후천을 구분하여 양자가 하나임을 밝히고 있다. 음陰을 억제하고 양陽을 높이는 것은 선천에 마음을 쓰는 방법이며, 음양陰陽이 조율調律되어 성품이 곧 이理가 되어 삶이 그대로 도道와 일치하는 것이 후천이라는 것이다.[630]

사람은 선천을 살아가는 사람이나 후천을 살아가는 사람이나 소위 군자와 소인, 대인과 소인을 막론하고 본성은 같다. 그것은 군자와 소인이

---

630 《正易》의 八張에서는 "抑陰尊陽은 先天心法之學이니라. 調陽律陰은 后天性理之道니라."라고 하여 선천과 후천을 구분하면서도 삼장에서는 "后天은 政於先天하니 水火니라. 先天은 政於后天하니 火水니라."라고 하여 양자가 일체임을 밝히고 있다.

본질적인 차이가 있는 것이 아니라 본성을 잘 드러내며 살아가느냐 아니면 잘못 드러내며 살아가느냐의 차이에 있음을 뜻한다.

《주역》에서는 대인의 삶, 군자의 삶을 선善으로 그리고 소인의 삶을 불선不善[631]으로 나타내고 있다. 이는 역학의 가치관을 나타내는 것으로, 역학에서는 악惡을 실체로 여기지 않는다. 그렇기 때문에 선善의 반대 개념을 불선不善으로 제시하고 있다. 선善은 본성이 그대로 발현된 도倒의 관점, 순順의 관점이라면 불선不善은 본성이 가려져서 그대로 현상화하지 못한 역逆의 관점이라고 할 수 있다. 그러므로 군자의 삶은 본성을 그대로 발현하며 살아가는 선善한 삶이며, 소인의 삶은 본성을 잘 드러내지 못하고 살아가는 불선不善한 삶이다.

선과 불선은 본성의 문제가 아니다. 본성이 그대로 주체가 되어 자연스럽게 살아가는 삶도 그것을 주체로 삼고자 끊임없이 노력하며 살아가는 삶도 모두 본성의 작용일 뿐이다. 그렇지만 두 삶의 결과는 자신과 주위, 천지에 커다란 영향을 미치는 점에서 천양天壤의 차이가 있다.

선善한 삶과 불선不善한 삶의 시작은 삶의 주체인 사람이 스스로 어떤 선택을 하느냐에 따라서 달라진다. 도제천하道濟天下에 뜻을 두고 살고자 하면 선한 삶이 이루어지고, 자신만을 위하여 삶을 살고자 하면 불선不善한 삶이 이루어진다. 결국 삶의 주체인 사람이 스스로 어떤 삶을 목표로 선택하느냐에 따라서 그의 미래가 달라진다.

중지곤괘重地坤卦䷁의 괘사卦辭에서는 분별심分別心에 의해 남과 구분되는 존재로서의 나 곧 육체와 분별심에 의한 사고작용, 또는 그 결과를 나로 여기는 마음을 버리고 성품性稟, 천도天道, 도道를 주체로 할 때 비로소 인간다운 길을 걸어갈 수 있다고 했다. 그 내용은 다음과 같다.

---

631 《周易》의 重地坤卦의 文言에서는 "積善之家는 必有餘慶하고 積不善之家는 必有餘殃하나니."라고 하여 선과 불선을 언급하고 있다.

> 군자는 가야 할 길이 있으니 앞서면 길을 잃고 헤매고, 뒤따라가면 주체를 얻어서 이롭다.[632]

여기서 군자는 해야 할 일이 있는 사람으로 규정하고, 그것을 길을 가는 것에 비유하여 나타내고 있다. 다른 사람보다 앞선다는 것은 나보다 먼저 그 길을 걸어간 사람으로, 그는 다름 아닌 성인이다. 그러므로 앞서는 것은 삶의 스승인 성인이 제시한 길을 벗어나는 것을 뜻한다.

반면에 뒤를 따른다는 것은 나보다 먼저 그 길을 걸어간 성인이 경전을 통하여 밝힌 길을 따라간다는 의미이다. 그러면 선후는 무엇을 의미하며 그 결과로 얻어지는 '득주得主'는 무엇을 의미하는가?

먼저 '득주得主'의 '주主'를 어떻게 이해하느냐에 따라서 선후의 의미 역시 달라질 수 있다. 이때 '주主'는 주체, 중심 등의 의미로 그것은 곧 본체를 가리킨다고 할 수 있다. 그러므로 선후를 하는 존재는 군자 자신의 관점에서 보면 몸 또는 마음이다.

앞선다는 것은 삶을 살아가면서 육신이나 마음을 자신의 주체성으로 여기고 살아감을 뜻한다. 이처럼 육신이나 자신의 마음을 주체로 살아가면 그것은 참된 주체가 아니기 때문에 본성, 주체, 본체, 중심을 얻을 수 없다. 그렇기 때문에 도와 어긋하는 삶 곧 불선한 삶을 살게 된다. 그것을 혼미昏迷하다고 하였다.

반면에 뒤를 따른다는 것은 육신, 마음을 뒤로 함을 뜻한다. 다시 말하면 몸 또는 마음을 삶의 제일원인, 근원, 근본으로 여기지 않음을 뜻한다. 그렇게 되면 결국은 성인의 말씀을 통하여 밝혀진 자신의 본성을 주체로 할 수 있기 때문에 주체를 얻음(得主)으로 규정하고 있다. 본성을 주체로

---

632 《周易》 重地坤卦䷁ 卦辭, "君子有攸往이니라 先하면 迷하고 後하면 得하리니 主利하니라."

하는 삶은 선한 삶으로, 자신의 삶도 이롭게 할 뿐만 아니라 모든 존재를 이롭게 한다. 그렇기 때문에 이롭지 않음이 없다고 하였다.

본성을 주체로 하여 몸과 마음을 뒤로 한다는 것은 곧 본성과 마음, 몸을 별개로 여기는 것이 아니다. 그것은 인용문에서 언급되고 있는 선후의 관계를 이루는 둘이 어느 하나만을 수용하고 나머지를 배제하는 모순관계가 아니라 어느 것이 본체가 되고 나머지가 작용이 되느냐 하는 체용의 관계를 나타내는 것이다.

본래 사람의 삶은 본성을 주체로 마음과 몸의 작용이 이루어진다. 다만 그 작용이 왜곡되지 않고 그대로 잘 드러나는가(善) 아니면 비록 선명도가 다를지언정 완전하게 드러나지 못하고 왜곡되거나 가려지는(不善) 차이가 있을 뿐이다. 마음의 작용 역시 분별심이 아니라 지혜의 작용으로 그것이 널리 중생을 도道를 통해 제도濟度하는 결과를 낳는다. 마찬가지로 몸을 통하여 나타나는 말과 행동은 개체적 관점에서 이루어지는 것이 아니라 천지의 마음, 우주의 마음, 도심道心, 공심公心이 나타난 것이다. 그러므로 그 말 가운데는 진리가 담겨 있고, 선善이 담겨 있으며, 아름다움이 담겨 있고, 행동은 말과 일치되어 진리를 그대로 드러냄으로써 모든 존재를 이롭게 한다.

본성을 체로 하는 몸과 마음의 작용은 몸과 마음의 측면에서는 모든 것을 다 하지만 주체가 본성이라는 점에서는 그 어떤 것도 함이 없는 무위無爲이며, 사고를 하여도 사고 자체가 주체가 아니기 때문에 생각함이 없는 무사無思이다. 계사繫辭에서는 무위, 무사가 바로 수양론, 공부론의 방법임을 다음과 같이 밝히고 있다.

> 역易은 사고함이 없고, 행위를 함이 없어서 적연寂然하여 움직임이 없을 때 감感하여 마침내 천하의 연고에 통하는 것이니 천하의 지신至神이 아니면 그 누가 이에 참여하겠는가?[633]

위의 내용을 보면 역도를 자각하는 방법은 감통感通으로, 감통은 지신至神의 상태에 이르러서야 비로소 가능함을 알 수 있다. 그리고 지신至神의 상태는 무사無思하고 무위無爲하여 적연寂然하여 부동不動의 상태에 이르러야 가능하다.

그러면 무사, 무위, 적연부동의 상태는 무엇인가?

무사는 생각함이 없음이 아니다. 만약 사람의 생각은 끊임이 없는데 그것을 억지로 하지 않으려고 하면 죽어서도 그것을 이룰 수 없을 것이다. 그것은 사고를 하지만 사고에 얽매임이 없음을 뜻한다. 사고하면서도 사고에 얽매임이 없으면 비록 사고의 주체와 대상 그리고 내용이라는 요소를 중심으로 분별작용을 하지만 그것에 끌려가지 않아서 가치를 부여하고 집착하여 마음을 불편하게 하는 일이 없다.

무사의 상태에서 이루어지는 것이 무위이다. 마음이 무엇에 끌려가서 얽매이지 않으면 무위가 된다. 그것은 아무것도 하지 않음이 아니라 무엇을 하더라도 함이 없음을 뜻한다. 하는 주체인 내가 없고 함의 내용이 없으며, 함의 대상이 없기 때문에 무위라고 한 것이다.

무사, 무위의 상태는 곧 남과 구분되는 내가 없는 상태이다. 그것이 바로 무아의 상태이다. 무아의 상태에서는 안팎에서 일어나는 모든 것이 아무것도 함이 없기 때문에 고요하여 움직임이 없다.

무아의 상태에서 생각함이 없고, 함이 없으며, 움직임이 없어서 고요한 것을 지신至神의 상태라고 한다. 이처럼 지신의 상태에서는 비록 분별심에 의하여 남과 구분하여 몸과 마음을 자신으로 여기는 마음이 없기 때문에 무아이지만 삶의 중심, 주체가 없는 것은 아니다. 지신至神의 상태에서는 직관적으로 모든 존재가 일체임을 느끼게 될 뿐만 아니라 모든 존재와 통

633 《周易》繫辭上篇 第十章, "易은 无思也하며 无爲也하여 寂然不動이라가 感而遂通天下之故하니 非天下之至神이면 其孰能與於此리오."

하게 된다. 그것을 감통感通이라고 한다. 따라서 감통은 만물 차원이 아닌 역도, 변화의 도의 차원에서만 이루어지는 것이 아니라 형이상과 형이하를 막론하고 두루 통하여 하나가 됨을 뜻한다.

앞의 내용을 정리하면 무사, 무위의 상태는 순의 관점에서 언급된 것으로, 적연부동이 그 결과라고 할 수 있다. 반면에 감이수통은 역逆의 관점에서 이루어진 언급이다. 따라서 위의 내용은 생각하지 않고 인위적인 함이 없으면서 모든 것을 다하는 마음이 되었을 때 비로소 역도를 감통하게 됨을 밝힌 것이다. 그것은 생각하되 생각하지 않고, 아무것도 하지 않으면서 할 때 비로소 감통이 되는데 그것도 또한 감통됨이 없이 감통이 되는 것이다.

순順의 관점에서 무사, 무위의 적연부동이 역逆의 관점에서는 감통이라는 작용으로 나타나듯이 역逆의 관점에서 성명, 성명의 이치를 자각함이 순順의 관점에서는 '각정성명'이 된다. 그것은 각정성명이 순順의 관점에서 건도의 변화원리가 본체가 되어 이루어지는 작용을 나타냄을 뜻한다. 그런 점에서 보면 '건도변화'와 '각정성명'을 구분하여 '건도변화'를 배제한 역逆의 관점에서의 '각정성명'을 이해하는 것과는 차원이 다름을 알 수 있다.

'건도변화'와 '각정성명'을 구분하여 보는 관점과 체용의 일체적 관점에서 이해하는 경우의 차이는 다음과 같은 예를 통하여 이해할 수 있다. 우리가 꽃이 피고 열매를 맺는 현상을 이해할 때 현상의 측면에서 씨를 뿌려서 싹을 틔우고 그것이 꽃을 피워서 열매를 맺는 시간적 변화를 중심으로 이해하면 씨, 싹, 꽃은 열매를 맺기 위한 하나의 과정일 뿐 그것이 곧 열매는 아니라고 인식을 하게 된다.

그러나 질적인 측면에서 보면 본래 씨는 열매를 사용한다. 따라서 열매를 중심으로 위의 변화를 이해하면 열매가 씨로 나타나고, 싹으로 나타나고, 꽃으로 나타나고 다시 열매로 나타날 뿐이다. 그러므로 열매라고 하여 씨나 싹, 꽃보다 가치상의 우열이 있거나 다른 존재가 아니다. 오로지 열매의 다양한 변화일 뿐이다. 이처럼 열매의 입장에서 싹, 꽃을 이해하는 것이 순의 관점이며, 싹으로부터 꽃 그리고 열매라는 외면적 변화를 중심으로 이해하는 것이 역의 관점이다.

순을 체로 한 역의 관점에서 보면 싹, 꽃, 열매가 차이가 없이 모두 열매의 다른 모습이듯이 건도가 변화하고 각각 성명이 바르게 되기까지의 과정과 결과가 모두 건도라거나 성명이라고 규정할 수 없는 근원적 존재의 작용일 뿐이다.

순의 관점에서 보면 우주의 모든 존재가 일체이기 때문에 개체적 존재가 없다. 개체가 없기 때문에 개체적 존재의 행위로서의 인위적인 작용이 없다. 개체적 관점에서 이루어지는 수기修己, 학문을 하는 일 역시 단지 근원적 존재인 천지의 작용일 뿐이다. 그런 점에서 인간의 모든 행위가 본래 무위無爲라고 할 수 있다.

그러나 그것이 아무것도 하지 않음을 의미하지 않는다. 만약 이러한 본체의 관점만을 고집하게 되면 이른바 무위에 빠져서 허무에 처하게 된다. 그런 점에서 보면 무위는 유위를 전제로 이루어져야 한다. 본래 무위와 유위를 구분할 수 없는 차원에서 무위와 유위를 구분하여 나타낸 것이기 때문이다. 무위가 없는 유위는 중심이 없기 때문에 무모無謀하고, 위험危險하며, 유위가 없는 무위는 죽음과 같은 고요한 적멸寂滅에 빠져서 허무虛無하다.

사람은 본성이라는 형이상적 요소뿐만 아니라 몸이라는 형이하적 요소 역시 갖추고 있다. 본성의 차원에서는 아무것도 함이 없어서 고요하지만 몸의 측면에서는 삶을 영위하는 과정에서 끊임없이 사고하고 말하고 행동한다. 그렇기 때문에 인간의 삶은 본래 아무것도 함이 없으면서도 하지 않음이 없어서 모든 것을 다한다. 그것을 역학에서는 대상 세계와 함께 하나의 변화變化 곧 역易으로 규정하고 있다.

체용의 관점에서 순역의 세계를 일체화하여 살아가는 군자의 입장에서 보면 매 순간 만나서 해결하는 모든 일이 개체적 측면에서 이루어지는 것이 없기 때문에 무엇을 하여도 스스로 무엇을 했다는 생각을 하지 않을 뿐만 아니라 도마저도 그리고 본성도 순역도 종합을 했다거나 안다, 모른다, 깨달았다, 깨달지 못하였다 등의 생각이 없다.

역도, 변화의 도는 변화 현상과 대립되거나 대응하는 입장에서의 도가 아니다. 이처럼 이원적二元的 입장에서 도를 이해하고 본성을 이해하기 때문에 위와 같은 문제가 발생하게 된다. 본래 근원적 존재로서의 도의 세계는 모든 대립적이고 이원적인 세계를 넘어선 것이다.

도는 완전과 불완전, 지知와 부지不知, 각覺과 불각不覺을 넘어선 존재이다. 그렇기 때문에 수기修己를 통하여 도를 깨닫는다거나 깨달았다고 할 수 없을 뿐만 아니라 그렇다고 하여 도를 깨닫지 못한 상태와 깨달은 상태가 같다고 할 수 없다. 만약 그렇다면 수기修己를 할 필요가 없을 뿐만 아니라 소인과 군자 또는 소인과 성인의 구분이 필요가 없을 것이다.

본래의 세계에는 도와 그것이 나타난 현상으로서의 변화의 세계가 없을 뿐만 아니라 만물의 생성과 소멸도 없다. 따라서 순과 역이라는 이원론적 사고, 도道와 기器, 형이상과 형이하라는 이원론적二元論的 사고를 넘어설 때 이러한 문제들이 본래 없었음이 밝혀진다. 그렇기 때문에 수양을 통하여 무엇을 얻거나 변화하는 것이 아닐 뿐만 아니라 그렇다고 하여 수양을 하기 이전과 같지 않다. 그런 점에서 역시 삶도 수양도 세계도 하나의 변화일 뿐이고 역易일 뿐이다.

역, 변화의 관점에서 보면 도생역성과 역생도성의 순과 역, 양자의 일체적이면서 구분되는 관계를 나타내는 본체와 작용 역시 없다. 그렇기 때문에 순과 역을 구분하여 나타내거나 양자를 체용의 관점에서 일체로 보거나 더 나아가서 양자가 둘도 아니고 하나도 아니라고 보는 것마저도 벗어나야 한다. 흔히 양변을 여의고 둘도 하나도 아닌 차원을 중도中道라고 하기도 하고 중용中庸이라고 하기도 한다.

2장 사람 그리고 도道

앞에서 천도의 순역을 바탕으로 천도변화와 각정성명이 체용의 관계임을 살펴보았고, 이를 통하여 군자의 삶에서 수양이 어떤 의미이며, 그것이 무엇인지 그 성격을 살펴보았다.

건도변화와 각정성명은 각각 천도와 인도를 나타내는 화두, 명제이다. 이때 양자는 체용의 관계로 건도변화가 본체가 되어 각정성명이 이루어진다. 그것은 도생역성의 순적順的 변화를 나타내는 건도변화와 역생도성의 역적逆的 변화를 나타내는 각정성명이 본래 일체적 존재임을 뜻한다.

건도, 천도와 성명은 다른 존재가 아니다. 인간 또는 사물이라는 개체적 존재의 관점에서 보면 성명이 되고, 그것을 우주, 천지라는 전체적, 보편적 관점에서 보면 건도, 천도일 뿐이다. 그런 점에서 보면 수양, 수기, 학문, 수행도 개체적 관점에서 문제가 되는 것이지 천지의 관점, 우주의 관점, 도 자체의 관점에서 보면 문제가 되지 않는다.

현재를 살아가는 나인 사람을 중심으로 살펴보면 건도변화와 각정성명은 각각 본체, 주체를 확립하는 문제와 본체, 주체를 발용發用하는 작용의 문제가 된다. 그것은 깨달음과 실천이라고 할 수도 있고, 삶의 방향, 목적을 세우고 그에 따라서 목적을 이루기 위하여 삶을 살아가는 것이라고 할 수도 있다.

그런데 본체, 주체의 문제는 비록 세운다고 표현을 하였지만 세우거나 무너뜨릴 수 있는 것이 아니다. 이미 살펴본 바와 같이 본래 본체가 바로 주체이고 그러한 작용이 이루어지고 있기 때문에 그것을 확인하는 과정이라고 할 수도 있다. 몸을 자신의 주체로 여기면서 살다가 어떤 계기를 만나서 본성이 본래 주체였음을 확인하고 그것을 믿는 것이다. 이러한 믿음으로 인하여 건도의 변화가 이루어진다.

어느 순간 자신의 본질이 몸이나 마음이 아니라 본성임을 믿는 순간 그는 스스로 본성이 자신의 주체임을 알게 된다. 그것은 믿음을 갖는 순간 몸과 마음의 속박으로부터 벗어나기 때문에 신해信解이고, 그것이 바로 자신의 본성을 깨달은 것이라고 할 수 있다. 그것이 바로 건도변화이다.

건도변화는 사람의 관점에서 보면 자신의 세계가 변하여 다른 세계가 되는 것이다. 군자가 몸과 마음을 자신으로 여김으로써 그의 세계가 몸이라는 한정된 세계에 갇혀 있었던 것과 달리 본성, 도를 자신으로 여김으로써 현상 세계를 초월하는 것이다.

그것은 몸을 중심으로 본성을 추구하는 역생도성의 관점을 넘어서 본성을 주체로 삶을 영위하는 것으로, 곧 도생역성의 관점에서 그것을 본체로 하여 역생도성의 작용을 일으키는 것이다. 그런 점에서 보면 건도변화는 역에서 순順으로 자신의 세계가 변화하는 것이라고 할 수 있다.

그러나 몸 또는 마음이 본체였던 것을 본성을 본체로 변화시키는 것이 아니라 본성이 본체임에도 불구하고 몸, 마음을 자신으로 착각하면서 살다가 어떤 계기를 만나서 그 마음을 바꾸는 것이라는 점에서는 변화 이전과 변화 이후가 서로 다른 것이 없기 때문에 진정한 변화라고 할 수 없다. 그것은 본성을 깨달았다거나 도와 통했다거나 도를 완성했다고 할 수 없음을 뜻한다. 본성이라는 근원, 본체는 어떤 유위적有爲的인 행위를 한다고 하여 없었던 것이 생기거나 있던 것이 늘어나지 않을 뿐만 아니라 유위적인 행위를 하지 않는다고 하여 있던 것이 없어지거나 있던 것이 줄어들지 않는 것이다.

믿음을 통하여 본성이 주체로 확립되면서 건도변화가 이루어지면 그것을 실천하고자 한다. 다시 말하면 본성을 주체로 살고자 하는 뜻을 세우는 것이 자연스럽게 이루어진다. 그것이 바로 입지立志로 《주역》에서는 "중도中道로 뜻을 삼는다."[634]라고도 하고, "믿음을 바탕으로 천도天道를 따

---

634 《周易》山澤損卦䷨ 二爻象, "象曰 九二利貞은 中以爲志也일새라."

르고자 한다."[635]고도 하며, "중도中道로 정도正道를 행한다."[636]라고도 하였다.

입지가 이루어지면 그 이후의 삶 자체가 그대로 수행이 되고, 수련이 되며, 수양이 되는 동시에 실천이 되고 천하天下를 제도濟度함이 된다. 그것은 인간을 비롯하여 만물이 각각 본성에 따라서 살아가는 각정성명各正性命이다. 각정성명은 인간과 만물이 각각 그 정위에서 본성에 따라 살아가고, 존재하는 것이다. 그것을 인간 사회를 중심으로 규정하면 정명正名이 되고, 군자라는 개체의 관점에서 나타내면 자신의 위치에서 주어진 삶을 살아가는 정명正命 곧 자신의 바른 위치(正位)에서 주어진 사명을 다하는 응명凝命이 된다.[637]

건도변화는 본성을 주체로 세우는 문제로 그것을 현상적 측면에서 나타내면 덕을 향상시켜서 그것을 주체로 천하天下를 제도濟度하는 사업을 끊임없이 실천하는 일이 된다. 그것을 《주역》에서는 진덕進德수업修業이라고 하였다.

그리고 각정성명은 덕德을 주체로 사업을 확장하는 것으로, 처음에는 자신의 몸으로부터 시작하여 자신의 가정, 국가, 천하 그리고 우주로 넓혀서 가득 채우는 확충擴充이다. 그것은 자비慈悲, 인仁을 우주에 가득 채우는 것으로, 그것을 《주역》에서는 숭덕광업崇德廣業이라고 하였다.

그런데 《주역》에서는 수업修業의 소이所以를 성誠으로 밝히고 있다. 이는 입지에 의해 도생역성을 본체로 역생도성하는 삶을 성誠을 주체로 이루어지는 삶으로 규정한 것이다. 그것은 본성을 주체로 이루어지는 삶이 그대로 본성의 작용임을 뜻한다. 그것이 바로 군자의 숭덕광업하는 삶이고, 도제천하道濟天下하는 삶이다.

---

635 《周易》 繫辭上篇 第十二章, "子曰 祐者는 助也니 天之所助者順也오 人之所助者信也니 履信思乎順하고 又以尙賢也."

636 《周易》 火水未濟卦䷿ 九二 小象, "象曰 九二貞吉은 中以行正也일새라."

637 《周易》 火風鼎卦䷱ 大象, "象曰 木上有火鼎이니 君子以하야 正位凝命하나니라."

선천적 관점에서 군자의 삶을 나타내면 학문을 통하여 수기, 수양을 함으로써 자신의 도덕적 주체성을 세우는 진덕進德과 천하를 도로 제도하는 사업을 닦는 수업修業이 되지만 후천적 관점에서 군자의 삶을 나타내면 덕을 주체로 그것을 숭상하는 숭덕崇德과 그 구체적인 일인 덕을 널리 펴서 천하를 도로 제도하는 광업廣業이 된다. 덕이 주체가 되어 덕을 숭상하는 사업을 널리 펼치는 것이 바로 숭덕광업이기 때문에 그것은 실천이 위주인 점에서 후천적 관점이라고 할 수 있다.

선천과 후천이 본래 일체이듯이 진덕수업과 숭덕광업은 일체적 관계이다. 진덕수업이 학문의 관점, 선천의 과점에서 숭덕광업을 나타내는 것이라면 숭덕광업은 후천의 관점, 실천의 관점에서 진덕수업을 나타낸 것이라고 할 수 있다. 다시 말하면 도생역성의 관점에서 군자의 삶을 나타내면 숭덕광업이며, 역생도성의 관점에서 군자의 삶을 나타내면 진덕수업이지만 본래 양자가 체용體用의 관계이기 때문에 체용의 관점에서 보면 숭덕광업을 본체로 하여 진덕수업이 이루어지는 것이다.

다만 선천적 관점에서 진덕수업은 진덕이 중심이 되고, 후천적 관점에서 숭덕광업은 광업이 중심이 되기 때문에 먼저 진덕과 그 매개인 신信을 살펴보고 이어서 광업과 그 매개인 성誠에 대하여 살펴보기로 한다.

1. 건도변화乾道變化와 신信 그리고 진덕수업

앞에서 살펴본 바와 같이 덕은 군자의 본성을 나타내는 개념이다. 덕은 군자의 자신의 본성을 자각하였을 때 밝혀지는 실천의 주체, 작용의 주체를 나타낸다. 그런 점에서 보면 덕은 도가 인간에 의해 체화體化되었을 때 갖추게 되는 공능功能 또는 작용이라고 할 수 있다.

군자의 삶을 중심으로 살펴보면 건도변화는 자신의 세계가 변화하는 것으로, 그것은 곧 자신의 주체성을 확립하는 것이라고 하였다. 다시 말하면 군자가 몸이나 마음을 주체로 살다가 본성을 주체로 살아감으로써 자신의 삶의 세계를 변화시키는 것이 건도변화이다.

그런데 본성의 내용이 인예의지仁禮義智의 사덕四德으로 그것을 다시 삼세三世를 중심으로 나타내면 미래적 명命과 과거적 성性이 하나가 된 것이다. 그렇다면 덕 또는 사덕이 곧 본성이라는 점에서 본성을 주체로 함은 곧 사덕을 주체로 함이다.

그러면 왜 군자가 덕을 주체로 하는 것을 진덕이라고 하였는가? 우리는《주역》에서 건도마저도 변화하는 데 주목할 필요가 있다. 역학에서는 그 어떤 존재도 실체로 인정하지 않는다. 따라서 본성이나 덕, 사덕마저도 실체로 인정하지 않는다. 그러므로 그것을 세우거나 만든다거나 깨닫는다고 말하지 않고 진덕進德, 수덕修德, 적덕積德 등으로 표현하고 있다. 진덕, 수덕, 숭덕崇德은 변화의 관점에서 덕을 언급한 것이다.

또한 본성이 본래 인간을 비롯하여 만물의 본체이고 주체이다. 그것은 도가 만물의 본성으로 내재화하였기 때문이다. 물론 내재화라고 하였지만 총체적 관점, 우주적 관점에서 보면 도이고, 개체적 관점에서 만물을 중심으로 그 근원을 나타내어 본성이라고 규정하였을 뿐 동일한 존재이다.

《주역》에서 하늘과 땅 그리고 인간의 삼재를 언급하면서도 그 근원을 도로 규정한 것이나《정역》에서 선천과 후천을 막론하고 원천原天이라는 근원이 영원함을 나타내고, 원역原曆에 의해 윤역閏曆과 정역正曆이 운행됨을 말한 것이나 모든 이치가 본원本源에서 하나가 되며, 그것이 바로 성性이라고 한 것은 모두 이 점을 나타낸다.

진덕의 내용은 건도변화이고 건도변화의 내용은 진덕이다. 진덕은 덕의 세계에 나아가는 것이면서 동시에 덕을 향상시키는 것이다. 그러므로 덕을 주체로 하여 그것을 끊임없이 향상시킨다는 의미이다. 건도변화는 군자의 세계가 형이하에서 형이상으로 변화하는 것이고, 그것을 바탕으로 다시 형이하의 세계를 변화시킨다는 의미가 된다.

그런데 건도의 변화는 그 계기가 있기 마련이다. 그것은 건도변화가 우연히 저절로 이루어지는 것이 아니라 어떤 매개를 통하여 이루어짐을 뜻한다. 다시 말하면 진덕은 그냥 이루어지는 것이 아니라 그 시초가 있음을 나타낸다. 《주역》에서는 진덕의 매개, 방법을 다음과 같이 밝히고 있다.

> 덕德을 향상시키는 근거는 충신忠信이다.[638]

위의 인용문에서는 진덕의 소이所以를 충신忠信으로 밝히고 있다. 이때 소이는 근거, 방법, 매개의 의미이다. 충신은 진심을 나타내는 충忠과 신信으로 구성되어 있다. 진심眞心은 인간의 인간된 소이所以로서의 중심中心으로 그것은 인간 본래성이 그대로 발현된 마음이다. 따라서 충신은 본성이 그대로 발현되어 이루어지는 믿음, 진실한 믿음이라고 할 수 있다.

충신은 본래성 자체와 다르지 않다. 인간 본래성을 《주역》에서 성명, 성명지리로 규정하는 점에서 보면 결국 충신은 자신의 본래성인 성명, 성명지리에 대한 믿음이라고 할 수 있다. 그리고 인간 본래성은 천도가 주체화된 존재이다. 따라서 충신은 인간의 존재 근거인 본래성에 대한 믿음인 동시에 천도에 대한 믿음이다.

《주역》의 계사상편繫辭上篇 제십이장第十二章에서는 군자의 도를 천天과 성인의 관계를 중심으로 다음과 같이 밝히고 있다.

> 천天이 도와주는 사람은 천도에 순응하는 사람이며, 성인이 도와주는 사람은 성인의 도를 믿는 사람이다. 믿음을 바탕으로 순응順應할 것을 생각하고

---

638 《周易》 重天乾卦䷀ 文言, "忠信이 所以進德也오 修辭立其誠이 所以居業也라."

또한 현인을 숭상한다.[639]

위의 내용을 보면 천天에는 순응하고, 성인에게는 믿음을 가져야 함을 알 수 있다. 성인의 도의 내용은 천지의 도이다. 그러므로 천도에 순응하는 것과 성인의 도를 믿는 것은 그 입장이 서로 다를 뿐 같은 내용임을 알 수 있다. 천도에 순응함이 인도의 관점에서는 성인의 도에 대한 믿음으로 나타나는 것이다.

인간의 관점에서 천도에 순응하는 것이 천도의 관점에서는 도생역성이며, 학문을 통하여 천도를 인간 주체적으로 자각함이 천도의 관점에서는 역생도성이다. 천도의 관점에서의 순順은 인도의 관점에서는 신信이 된다. 천도의 도생역성이 인도의 관점에서는 순順과 신信으로 표상된 것이다. 《주역》에서는 천도인 일월日月의 정사政事와 인도人道인 굴신屈信을 관련시켜서 다음과 같이 밝히고 있다.

역易에서 말하기를 "서로 그리워하여 왕래往來하면 붕朋이 너의 생각을 따를 것이다."고 하였다. 공자가 말하기를 "천하가 무엇을 생각하고 무엇을 염려하리오. 천하는 돌아가는 곳은 같지만 그 길이 서로 다르며, 일치一致하면서 백百가지로 생각하니 천하가 어찌 생각하고 염려하리오. 일日이 가니 월月이 오고, 월月이 간즉 일日이 와서 일월이 서로 작용하여 밝음이 나타나고, 추위가 가면 더위가 오고, 더위가 가면 추위가 와서 한서寒暑가 서로 작용함으로써 세歲가 이루어진다. 가는 것은 굴屈이요, 오는 것은 신信이니 굴신이 서로 감응하여 이로움이 발생한다."고 하였다.[640]

---

639 《周易》 繫辭上篇 第十二章, "易曰 自天祐之라 吉无不利라하니 子曰祐者는 助也니 天之所助者順也오 人之所助者信也니 履信思乎順하고 又以尙賢也라 是以 自天祐之吉无不利也니라."

640 《周易》 繫辭下篇 第五章, "易曰憧憧往來면 朋從爾思라하니 子曰天下 何思何慮리오 天

위의 인용문 가운데 처음 부분은 붕우朋友가 서로를 그리워하다가 하나가 되는 것을 나타내고 있다. 이때의 붕우朋友는 성인과 군자를 상징하는 개념이다. 그러므로 위의 내용은 군자가 학문을 통하여 본성을 자각함으로써 성인과 합덕됨을 나타낸다. 이러한 군자의 사려思慮는 모두 성인과 일치된 상태에서 시공時空에 따라서 다양하게 나타나기 때문에 '일치이백려一致而百慮'라고 하였다.

성인과 군자의 관계를 천도를 중심으로 나타내면 천도와 지도의 관계가 되고, 그것을 작용 원리를 중심으로 나타내면 용구용육用九用六이 된다. 용구는 도생역성작용이며 용육은 역생도성작용이다. 그것을 각각 왕래로 규정한 것이다. 천지의 도를 일월을 중심으로 나타내면 일월의 상추相推작용에 의해 시간이 운행되고, 그것이 한서寒暑의 왕래에 의해 일 년一年이라는 시간의 흐름으로 나타나는 것이다.

그런데 일월, 한서寒暑의 작용을 왕래로 규정한 것은 그것이 모두 용구용육 작용이기 때문이다. 왕往은 도생역성 작용을 가리키며, 래來는 역생도성 작용을 가리킨다. 그러므로 왕往이 굴屈이고, 래來가 신信이라고 하는 것은 굴屈이 도생역성작용이며, 신信이 역생도성작용임을 뜻한다.

신信이 역생도성작용이라는 것은 역생逆生의 관점에서 도성倒成을 나타낸 것이 신信임을 뜻한다. 이미 도성이 되었다면 그것은 도생으로 바뀌어 역성이 된다. 이렇게 보면 신信은 역생도성의 관점에서 도생역성의 관점으로 변화하는 매개임을 알 수 있다.

신信이 역생이면서도 도성의 관점에서 언급된 것이라는 것은 학문의 주체인 군자가 성인의 도와 그 내용인 천지의 도를 믿는 것을 뜻한다. 그리고 천도가 인간의 본래성으로 주체화하였기 때문에 학문의 주체인 자신

下 同歸而殊塗하며 一致而百慮니 天下何思何慮리오 日往則月來하고 月往則日來하야 日月이 相推而明生焉하며 寒往則暑來하고 暑往則寒來하야 寒暑相推而歲成焉하니 往者는 屈也오 來者는 信也니 屈信이 相感而利生焉하니라."

의 본래성, 성명이 이미 완전하고 순선純善하며, 진실한 존재임을 믿는 것이다. 믿음에 의해 군자의 삶이 역생도성에서 도생역성으로 바뀌는 것은 물론 군자가 본성, 천도가 삶의 주체임을 믿는 것을 뜻한다. 이때의 믿음은 주객을 없애고 일체화하는 작용을 한다. 그러므로 군자가 본성, 도를 믿는다는 것은 본성, 도와 하나가 됨을 뜻한다.

본성, 도와 하나가 된다는 것은 곧 본성, 도를 주체로 한다는 뜻이다. 군자가 이전에는 역생의 관점에서 몸과 마음을 자신으로 여기다가 몸과 마음의 근원이 바로 본성이며, 본성은 곧 천도임을 믿음으로써 본성, 천도를 주체로 하게 된다. 그것은 본성, 천도가 바로 자신의 본성, 본질로 참된 자기임을 알게 되는 것이다. 그런 점에서 보면 그것은 본성의 깨달음이라고 할 수 있다.

군자가 믿음을 통하여 본성을 주체로 하게 되면 몸과 마음의 속박으로부터 벗어나서 자유로워지게 된다. 군자가 본성을 주체로 하였을 때 자신의 몸이라는 틀에서 벗어나서 우주와 더불어 일체가 되는 동시에 그것마저도 벗어나게 되는 것이다.

본성을 주체로 하게 되면 몸이라는 틀뿐만 아니라 마음이라는 틀에서 벗어난다. 그것은 생노병사生老病死의 문제와 시비是非, 선악善惡, 미추美醜, 대소大小 등의 온갖 차별상으로부터 벗어남을 뜻한다. 그것을 《주역》에서는 변화가 없는 세계를 세운다고 하였다.

태양은 항상 밝아서 구름이 가려서 아래에서 보지 않거나 구름이 사라져서 보이는 때를 막론하고 항상 존재할 뿐만 아니라 빛을 비추고 있다. 마찬가지로 인간의 본성은 그것을 알거나 모르는 것을 막론하고 항상 주체이며, 참된 나, 본래의 나, 진실한 나이다. 그것을 알기 전에도 알고 난 후에도 여전히 그것인 점에서 앎과 모름을 벗어나 있다.

《논어》에서도 학문을 논하면서 "진실한 믿음을 주체로 한다."[641]라고 하

641 《論語》 學而, "主忠信 無友不如己者. 過則勿憚改."

였다. 이는 학문의 성격, 진덕의 성격을 나타내는 것이다. 학문은 인위적인 행위를 통하여 무엇을 얻고자 하는 것이 아니다. 비록《주역》에서 뜻을 세우고 이치를 연구하여 성품을 다함으로써 명에 도달한다고 하였지만 성품도, 천명도 학문을 통하여 얻을 수 있는 것이 아니며, 학문을 하지 않는다고 하여 잃는 것이 아니다.

진덕과 수업 자체가 그대로 본성의 작용일 뿐이라는 점에서 그 어떤 것도 개체적 존재가 몸을 통하여 한 것이 없다는 점에서는 무위無爲이다. 그렇지만 여전히 수양, 수기를 하고 진덕수업과 숭덕광업을 하는 점에서는 하지 않음이 없는 유위有爲이다. 결국 아무것도 하지 않으면서도 하지 않음이 없어서 모든 것을 다하는 것이다.

믿음을 통하여 도생역성의 관점에 서면 반드시 역생도성의 작용을 하고자 한다. 그것은 본성을 주체로 하면 반드시 그것을 현실에서 실천하고자 하는 뜻을 갖게 됨을 뜻한다.《주역》에서는 그 믿음이 있는 사람은 반드시 행함이 있다[642]고 하였을 뿐만 아니라 믿음으로 뜻을 펼친다[643]고 하였다.

믿음을 통하여 본성을 주체로 하고 그것을 현실에서 실천하고자 하는 뜻을 세우게 된다. 그것이 이른바《맹자》에서 언급되고 있는 입지[644]라고 할 수 있다. 이때의 뜻은 도로 천하를 제도하고자 하는 뜻이다. 그러므로 입지는 스스로 삶의 목표를 천하를 제도함에 두는 것이다.

그런데 도제천하의 뜻은 그대로 자신의 존재 근거이다. 그렇기 때문에 천하를 도로 제도하는 것을 천명으로 자각하게 된다.《주역》에서는 "정도正道로 천하를 형통하게 하는 것이 천명天命이다."[645]고 하여 그 점을 밝히

---

642 《周易》序卦下, "有其信者는 必行之라 故로 受之以小過하고."

643 《周易》雷火豐卦䷶ 六二 小象, "象曰 有孚發若은 信以發志也일새라."

644 《孟子》萬章章句下, "故 聞伯夷之風者, 頑夫廉, 懦夫有立志."

645 《周易》天雷无妄卦䷘ 彖辭, "大亨以正하니 天之命也일새라."

고 있다.

도제천하가 천명으로 자각될 때 그는 당연하게도 하늘의 뜻을 따라서 실천하게 된다. 그러한 뜻은 일단 세워지면 그 목적을 이룰 때까지 결코 변함이 없다. 그렇기 때문에 입지를 변함이 없는 세계를 확립함[646]으로 표현하기도 하였다.

일단 입지가 이루어지면 반드시 그것을 실현할 방법을 찾지 않을 수 없다. 그렇기 때문에 먼저 그 길을 걸어간 선현들의 말씀이나 그것을 기록한 전적들, 곧 경전을 연구하게 되는 것이다. 그것이 어진 사람을 숭상하는 구체적인 방법이다.

입지는 마음 가운데서 순방향에 서는 것으로 본성, 도를 본체로 함이다. 그것은 스스로 삶의 방향을 선택하여 정하는 것이다. 그것이 가능한 것은 믿음 때문이다. 입지가 이루어지면 그 이후의 삶은 본체인 성명에 순응하는 삶이 된다는 점에서 입지를 이루면 이미 그는 소인이 아니라 대인의 삶을 시작한 것이라고 할 수 있다.

순의 관점에서 입지가 이루어졌기 때문에 비로소 역의 관점에서 학문을 통하여 자신을 닦는 수기修己, 진덕進德이 가능하게 된다. 입지를 통하여 순의 입장에 서지 않으면 결코 역으로 아무리 진덕, 수기를 하고자 하여도 그 뜻을 이룰 수 없다.

《주역》에서는 순역이 체용이 되어 입지를 이룬 상태에서 이루어지는 수양修養을 천인天人관계를 중심으로 천도에 따라서 인도에 응하는 순천응인順天應人으로 규정하고 있다. 천도에 순응함은 성명에 순응함이며, 그것은 삶 자체가 성명을 주체로 하여 이루어짐을 뜻한다. 그렇기 때문에 학문을 통하여 수기修己, 진덕進德하는 것도 역시 불완전한 성명性命을 완전하게 하거나 없던 성명을 얻는 인위적인 행위가 아니라 무위적인 행위가 된다.

---

646 《周易》 雷風恒卦䷟ 大象, "象曰雷風이 恒이니 君子 以하여 立不易方하나니라."

그런데 입지 이후의 수양을 순천응인으로 규정한 것은 주체의 관점에서는 덕을 향상시키는 일뿐만 아니라 천하를 도로 제도하는 사업을 동시에 행하는 것이 되기 때문에 인사에 응함을 함께 언급하고 있다.

《주역》에서는 입지가 된 후에 이루어지는 수행을 덕과 그것의 작용, 실천으로서의 사업을 동시에 언급하고 있는데, 그 내용은 다음과 같다.

> 군자는 덕德을 향상시키고 사업事業을 닦는다. 진실한 믿음은 진덕進德의 방법이고, 말씀을 닦아서 성誠을 세우는 것이 수업修業의 방법이다.[647]

위의 내용을 보면 군자의 덕을 향상시키는 일은 자신의 밖에서 구하여 얻을 수 있는 것이 아니라 단지 진실한 믿음에 의해 가능함을 알 수 있다. 이는 덕德이 본래 모든 존재에게 갖추어진 본성을 주체로 할 때 나타나게 되는 작용임을 뜻한다. 그리고 사업은 도제천하를 가리킨다. 그러므로 군자는 자신의 관점에서 덕을 향상시키는 일뿐만 아니라 그것을 실천하는 사업을 닦는 수업을 동시에 해야 함을 알 수 있다.

2. 각정성명과 성誠 그리고 숭덕광업

앞에서 살펴본 바와 같이 천도의 관점에서 건도변화가 이루어졌을 때 그것을 각각의 개체적 존재의 관점에서 나타낸 것이 각정성명이다. 천도의 관점에서 언급된 건도변화 역시 각정성명이라는 사람답게 살아가는 길을 제시하기 위한 방안이라는 점에서 볼 때 비록 양자가 체용의 관계일

647 《周易》重天乾卦☰ 文言, "九三曰 君子終日乾乾, 夕惕若, 厲无咎는 何謂也오 子曰, 君子는 進德脩業하나니 忠信이 所以進德也오 脩辭立其誠이 所以居業也라."

지라도 인간에게는 각정성명이 매우 중요한 의미를 갖는다고 할 수 있다.

건도변화와 각정성명을 함께 언급하고 있는 까닭은 건도의 선천에서 후천으로의 변화를 바탕으로 각정성명이 이루어짐을 의미한다. 건도, 천도와 인도는 체용의 관계이므로 건도변화와 각정성명은 체용의 관계이다. 그렇기 때문에 천도의 관점에서의 건도변화가 인도의 관점에서 각정성명으로 나타난다고 할 수 있다. 따라서 각성성명을 이해하기 위해서는 건도변화를 함께 살펴보지 않을 수 없다.

건도변화는 선천에서 후천으로의 변화이다. 《정역》에서 밝히고 있는 역수원리를 중심으로 선천과 후천을 살펴보면 다음과 같다. 선천은 음력陰曆과 양력陽曆이 서로 어긋나서 하나가 되지 못하여 윤역閏曆이라는 인위적인 역曆을 첨가하여 균형을 맞추어야 하는 윤역의 세계이다. 천체 현상의 관점에서 보면 달이 지구를 공전하는 속도와 지구가 태양을 공전하는 속도가 서로 어긋나서 달의 한 달 운행이 누적되어 이루어진 일 년은 354일을 초과하는 반면에 지구의 태양을 공전한 시간은 365일을 초과하여 차이가 대략 일 년에 11일을 넘어서게 된다.

후천은 음력과 양력이 하나가 된 합덕역合德曆의 세계인 동시에 음역과 양력의 중정역中正曆으로서의 정역正曆이 운행하는 세계이다. 정역은 일 년의 길이가 360일이다. 이는 달이 지구를 12회 공전하는 시간과 지구가 태양을 한 차례 공전하는 시간이 모두 360일로 같음을 뜻한다. 이러한 관점에서 보면 음陰과 양陽이 서로의 존재 근거가 되어 조화를 이룬 조율調律의 세계가 후천의 세계라고 할 수 있다.

선천과 후천의 차이는 역수의 본체가 드러나느냐의 여부에 있다. 선천에는 윤역이 운행하기 때문에 본체 도수인 십오도가 밝혀지지 않으며, 후천에는 정역이 운행됨으로써 그 존재근거인 본체도수 십오가 밝혀지게 된다.

선천에는 후천의 작용도수인 360이 기준이 되고 본체도수가 윤도수가 되어 윤역이 생장하지만 후천이 되면 윤도수로 자라던 본체도수가 모두 본체로 돌아감으로써 제자리를 찾으면서 비로소 정역도수가 작용하게 된다. 이렇게 됨으로써 비로소 정역도수와 더불어 본체도수인 15도가 밝혀지면서 역수의 체용을 모두 나타낸 375도의 원역原曆이 밝혀진다.

선천에서 후천으로 변화함으로써 비로소 본체도수인 십오도가 밝혀지는 동시에 그로 인하여 역수의 체용이 모두 드러나게 된다는 것은 중요한 의미를 갖는다. 《주역》에서는 "여러 사물 가운데서 우두머리가 나타남으로써 만국이 모두 편안하다."[648]라고 하였다. 이는 우주의 근원적 존재, 제일원인, 근본이 밝혀짐으로써 비로소 인류의 세계가 평안함을 밝힌 것으로 곧 선후천의 변화에 의하여 이루어지는 각정성명의 세계를 나타낸 것이라고 할 수 있다.

인간의 관점에서 선천에서 후천으로의 변화는 용심법用心法을 중심으로 이해할 수 있다. 사람의 삶에 있어서 선천은 본성이 주체가 되지 못하고 몸, 마음이 주체가 되어 살아가면서 본성을 찾아가는 과정이라고 할 수 있다.

《정역》에서는 "음을 억제하고 양을 받드는 것이 선천의 심법의 학문이다."[649]라고 하였다. 심법의 학문이라는 것은 선천에 할 일이 마음을 닦는 일이고, 이것이 학문의 근본 문제임을 제시한 것이다. 그리고 그 구체적인 방법으로 음을 억제하고 양을 받든다고 하였다. 이는 음을 제거하여 오로지 양만 존재하게 하는 것이 아니라 음과 양이 조화를 이룸으로써 서로의 존재 근거가 되게 함을 뜻한다.

그러면 억음존양의 심법은 구체적으로 무엇인가? 용심법의 측면에서 보면 음은 항상 변화하는 것이다. 《서경》에서 인심은 위태롭고 도심은 은

648 《周易》 重天乾卦䷀ 彖辭, "首出庶物에 萬國이 咸寧하나니라."

649 金恒, 《正易》 第八張, "抑陰尊陽은 先天心法之學이니라."

미하여 잘 드러나지 않음을 밝히고 이어서 오로지 항상 세심하게 살펴서 매 순간 한결같게 함으로써 집중執中[650]해야 함을 밝히고 있다. 이렇게 보면 음은 집중이 되지 않은 상태, 한결같지 않고 이리저리 끌려 다니는 상태를 가리킴을 알 수 있다.

집중이 되지 않는 마음은 끊임없이 변화하는 마음으로, 밖의 대상 사물에 끌려서 방황하는 마음이다. 그것은 다름 아닌 분별하고 가치를 부여하여 집착하는 마음이다. 또한 그것은 몸과 마음을 자신으로 여기고 몸과 마음을 고수하고자 하고, 실체화하여 영원히 간직하고자 하는 마음이다. 그것을 버리는 것이 바로 음을 억제하는 것이다. 그것을《주역》에서는 마음으로 생각함이 없고, 몸으로 무엇을 함이 없이 고요하여 움직임이 없음으로 밝히고 있다. 이때 음과 양은 일체적 관계이기 때문에 음을 억제하면 양을 받드는 일이 저절로 이루어진다.

양을 받드는 것은 본성을 주체로 함의 의미이다. 몸과 마음을 자신의 본질로 여기고 그것을 중심으로 살아가고자 하는 마음을 버리는 것이 억음이고, 억음을 통하여 몸과 마음을 벗어나서 본성을 자신의 주체로 여기는 마음을 갖는 것이 존양인 것이다.

억음존양이 이루어지면 음양이 조율되면서 비로소 본성을 주체로 하게 된다. 그것을 역수원리의 관점에 살펴보면 억음은 역생도성의 관점에서 근원을 찾아가는 과정이라면 존양은 도생역성의 관점에서 근원을 주체로 작용함을 뜻한다. 그러므로 억음존양이 이루어지면 비로소 선천적 삶에서 후천적 삶으로 변화하게 된다.

조양율음된 후천은 도생역성과 역생도성이 체용일원體用一源의 상태가 됨을 뜻한다. 그렇기 때문에《정역》에서는 성품이 곧 천도인 이치와 일치

---

650 《書經》大禹謨篇, "天之曆數가 在汝躬하니 汝終陟元后하리라. 人心惟危하고 道心惟微하니 惟精惟一이라사 允執厥中하리라."

하여 그대로 삶의 준칙이 되는 것이 후천임을 밝히고 있다.[651]

사물의 관점, 인간의 관점, 작용의 관점에서 보면 군자의 삶이 천지의 뜻에 따라서 살아가는 삶이 되지만 천지 자체의 관점에서 보면 천지의 작용이 군자를 매개로 하여 현실에서 구현되는 것이다. 그것은 군자에 의하여 천지의 뜻이 실현되고, 그로 인해 세계의 근원이 드러나는 것으로, 그것을《주역》에서는 "만물의 근원이 밝혀짐."이라고 하였다.

천도의 관점에서 선천에서 후천으로의 변화 곧 건도변화는 사물의 측면, 각각의 개체의 측면에서는 각정성명이 된다. 각정성명은 정역이 운행되는 세계를 나타낸 것이다. 그것은 성품이 곧 이치가 되어 그것이 그대로 삶의 준칙이 됨을 뜻한다. 이를 좀 더 구체적으로 살펴보면 개체적 존재의 삶이 성명을 주체로 이루어짐으로써 천도와 일치함이 곧 각정성명이다.

각정성명을 구체적으로 나타내면 정성正性과 정명正命을 함께 나타낸 개념이다. 왜냐하면 성명이라는 개념은 과거적 본성으로서의 성과 미래적 이상으로서의 명을 함께 나타내는 개념이기 때문이다. 과거적 본성이라는 것은 이미 그렇게 존재함을 뜻하며, 미래적 이상은 그렇게 해야 함으로서의 사명을 뜻한다.

성과 명은 일체적이면서도 구분된다. 왜냐하면 역생도성의 관점에서는 성性을 본체로 하여 명命이 작용한다고 할 수 있지만 도생역성의 관점에서는 명命을 본체로 하여 성性이 작용하기 때문이다. 그런 점에서 보면 각정성명은 일체의 관점에서 볼 수도 있으며, 그 구체적인 내용을 이해하기 위하여 정성正性과 정명正命으로 구분하여 이해할 수 있다.

각정성명을 살펴보기 위하여 군자의 본성의 내용인 사덕四德을 중심으

---

651 金恒,《正易》第八張, "調陽律陰은 后天性理之道니라."

로 그것과 성명의 관계를 살펴보자. 인간의 본성은 그것을 자각하여 주체로 살아갈 때 인예의지仁禮義知의 네 가지 공덕功德, 공능功能, 작용, 덕德으로 나타난다. 그것을 《주역》에서는 사덕으로 규정하고 군자는 사덕을 실천하는 존재라고 하여 사덕과 군자를 함께 언급하고 있다.

사덕 가운데서 인仁과 지知는 과거적 본성이며, 예禮와 의義는 미래적 이상이다. 그러므로 인지의 덕이 성性이며, 예의의 덕이 명命이라고 할 수 있다. 이때 미래적 이상으로서의 명은 군자가 장차 완수해야 할 사명이 되고, 과거적 본성으로서의 성은 군자가 근거로 해야 할 삶의 주체가 된다. 그러므로 사덕의 측면에서 보면 각정성명은 인지의 성을 주체로 하여 예의의 명을 실천함이 된다.

예는 인격적 존재의 만남의 원리이다. 그것은 인仁이라는 무한한 자비, 사랑에 의하여 이루어지는 모든 존재와의 하나됨 곧 합덕원리이다. 모든 존재를 자비慈悲로 대하는 것, 모든 존재를 또 다른 자신을 대하듯이 만나는 것 그것이 예에 의한 만남이다. 이를 《주역》에서는 사랑에 의하여 이루어지는 하나 됨이라는 의미에서 '아름다운 만남(嘉會)'[652]이라고 하였다.

의는 사물 다스림의 원리이다. 그것은 지智라는 완전한 지혜에 의하여 모든 존재의 가치, 의미를 밝혀주는 원리이다. 그러므로 의는 사물을 그 본질에 따라서 구분하여 그것으로 대함으로써 그 가치와 의미를 드러내어 완성시켜주는 원리이다. 《주역》에서는 의가 사물을 완성시켜주는 원리라는 점에서 '사물을 이롭게 함(利物)'[653]으로 규정하고 있다.

그러면 각정성명을 성과 명으로 구분하여 정성正性과 정명正命을 중심으로 살펴보자. 정성은 인지仁知의 성性을 주체로 한다는 의미이며, 정명正命은 예의禮義의 명命을 실천함이다. 그러므로 각정성명을 사덕을 중심으로

---

652 《周易》 重天乾卦䷀ 文言, "君子 體仁이 足以長人이며 嘉會足以合禮며."

653 《周易》 重天乾卦䷀ 文言, "利物이 足以和義며."

로 나타내면 과거적 본성인 인지의 성을 주체로 하여 미래적 이상인 예의의 명을 실천함이다.

앞에서 각정성명을 천도의 변화와 개체의 성명을 중심으로 살펴보았다. 그런데 정성과 정명을 구분하여 각각 성과 명을 주체로 함이라고 하였지만 성명은 형이상적 존재이다. 그러므로 사덕이 일체일 뿐만 아니라 성명도 일체이다. 성명은 인간의 입장에서 인간의 본체, 주체라고 부를 뿐으로 천지인天地人의 본체, 주체이다. 그런 점에서 보면 모든 존재의 근본, 근원을 각각의 관점에서 그것의 성명이라고 부른다고 할 수 있다. 따라서 건도변화와 각정성명을 일체적 관점에서 고찰할 필요가 있다.

건도변화와 각정성명을 일체적 관점에서 살펴보면 성명이 형이상적 존재이기 때문에 정성이 되어 본성을 주체로 하면 동시에 나의 본성이 모든 존재의 본성임을 알게 된다. 개체적 측면에서의 각각의 성명을 총체적 관점에서 나타낸 것이 천天이다. 개체적 측면에서 자신의 본성을 자각하고 그것을 주체로 하면 동시에 우주의 주체, 본체로서의 천을 알게 된다.

맹자는 개체적 관점에서 인간이 자신의 본질을 자각하는 것을 지성知性으로 규정하고, 더불어 다른 인간과의 관계, 더 나아가서 우주와 관계, 근원과의 관계를 파악하는 것을 구분하여 지천知天으로 구분하여 나타내면서도 지성이 곧 지천[654]이라고 하여 양자가 일체적 관계임을 밝히고 있다. 여기서 천天은 성性과 같이 형이상적 측면에서 언급된 것이다. 천은 천도를 의미하는 동시에 천명을 뜻한다.

천명은 형이하적 관점에서는 개체에 대응하는 전체로서의 우주적 관점이라고 할 수도 있고, 형이상적 측면에서는 법계法界, 도 자체의 관점에서 그것과 개체적 인간과 관계를 상정했을 때 언급될 수 있는 개념이다. 천명

654 《孟子》 盡心章句上, "孟子曰 盡其心者 知其性也 知其性 則知天矣."

天命에서 명命은 사명, 역할로 천명은 우주 안의 개체로서의 역할, 법계, 도 안에서의 개체의 역할을 가리킨다. 그것을 인격화하여 나타내면 천天으로부터 부여받은 명이라고 할 수 있다.

개체적 관점에서 예의를 실천하는 것이 정명이지만 천도의 관점에서는 천명을 실천하는 것이 정명이다. 《주역》에서는 "군자가 바른 덕위에서 천명을 실천한다."[655]라고 하여 천명을 실천하는 것이 정명임을 밝히고 있다. 그리고 천도와 천명을 사상四象을 중심으로 다음과 같이 언급하고 있다.

> 대형이정大亨以正은 천도天道이다.[656]
> 대형이정大亨以正은 천명天命이다.[657]

인용문의 내용을 보면 동일한 내용을 천도로도 언급하고 천명으로도 언급하고 있음을 볼 수 있다. 이를 통하여 천명이 천도를 떠나서 언급되어질 수 없음을 알 수 있다. 위의 내용을 이해하기 위하여 먼저 대형이정의 내용이 무엇인지를 살펴보자.

'대형이정'은 천도의 사상을 언급한 것으로 원형이정元亨利貞을 형亨과 정正의 두 글자로 나타낸 것이다. 이때 정을 천도의 역수원리를 중심으로 이해하면 후천의 중정역인 정역으로 크게 형통한다는 의미로, 윤역이 운행되는 선천에서 정역이 운행되는 후천으로의 변화를 의미한다.

인도의 관점에서는 정역이 표상하는 후천의 세계를 크게 밝힌다는 의미이다. 그것은 천도의 윤역에서 정역으로의 선후천 변화를 인간 주체적으로 깨달아서 그것을 정도正道로 실천함의 의미가 된다. 그렇기 때문에

---

655 《周易》 火風鼎卦䷱ 象辭, "象曰 木上有火鼎이니 君子以하야 正位凝命하나니라."

656 《周易》 地澤臨卦䷒ 象辭, "大亨以正하니 天之道也일새라."

657 《周易》 天雷无妄卦䷘ 象辭, "大亨以正하니 天之命也일새라.

천명으로 규정한 대형이정은 정도로 크게 형통함으로 곧 후천의 도로 천하를 제도하는 것이 천명임을 밝힌 것이다.

각정성명을 천지와 인간의 관계를 중심으로 나타내면 다음과 같다. 정성正性은 우주의 근원적 존재로서의 천지를 받들어 공空으로 돌려서 주체로 삼는 십오존공위체十五尊空爲體가 된다. 십오존공위체는 사람이 매 순간 만나는 모든 내외의 사건과 물건의 근원이 십오천지에 있음을 믿고 그 자리에 맡기는 것이라고 할 수 있다. 맹자가 언급한 천명이 아닌 것이 없음[658]이 이것이다.

그것은 구체적으로는 매 순간 안과 밖에서 일어나는 모든 일들이 바로 자신으로부터 말미암는다는 것을 항상 알고 있음을 뜻한다. 이때의 자신은 몸이나 마음이 참나가 아니라 우주의 근원인 천지가 곧 자신의 근원인 동시에 참나임을 항상 아는 것이다. 이처럼 항상 깨어 있으면 어떤 사건이나 물건을 만나더라도 그것의 근원을 알게 된다. 바로 만물이 같은 곳으로 귀일歸一한다는 것이 그것이다.

그리고 다양한 생각 역시 한 곳에서 이루어짐을 안다. 그것이 바로《주역》에서 언급하고 있는 일치一致하면서도 다양한 여러 가지 사고로 드러남(一致而百慮)[659]이다. 그렇기 때문에 사고에 대하여 근원을 헤아리거나 시비를 가려서 가치를 판단하고 그것을 제거하거나 유지하려는 시도를 하지 않는다.

스스로의 말과 행동 역시 그 근원이 하나임을 알기 때문에 스스로 한다는 생각을 하지 않는다. 그러므로 자신이 무엇을 했다는 생각이 없고, 무엇을 하겠다는 생각도 없으며, 뜻을 갖지도 않는다. 오로지 그 자리에서 이루어지도록 한다. 그것이 바로 십오존공위체로, 십오라는 내 본성과 천

---

658 《孟子》盡心章句上, "孟子曰 莫非命也."

659 《周易》繫辭下篇 第五章, "子曰 天下何思何慮리오 天下同歸而殊塗하며 一致而百慮니 天下何思何慮리오."

지의 본성이 하나가 된 근원을 받들어 본체로 삼는 것이다.

매 순간 깨어 있으면서 내 본성과 천지의 본성에 놓고 활발하게 살아가기란 처음부터 쉽지 않다. 처음에는 열 번을 시도하여 한 번도 이루어지지 않다가 점점 빈도가 늘어나고 마침내 의도적인 시도가 없이도 저절로 이루어지게 된다. 이처럼 저절로 이루어지게 되면 함이 없으면서도 모든 것을 다하게 된다.

십오존공위체가 이루어지기 위해서는 진실한 믿음이 바탕이 되어야 한다. 참나인 자신의 본성과 우주의 근원인 천지의 본성이 일체임을 믿지 못하면 그 자리에 맡기고 살아갈 수 없기 때문이다. 그것은 삶의 과정에서 일어나는 어떤 일이라도 오로지 본성에 맡기고 일을 하는 것이다. 이처럼 안과 밖에서 일어나는 모든 것을 본성으로 돌려서 천지와 합덕이 되게 함으로써 그것이 개체적 존재인 나의 행위가 아니라 천지의 작용으로 변질變質되게 된다.

산택손괘山澤損卦䷨에서는 "아래를 덜어서 위에 더한다."[660]라고 하였다. 이는 밖으로 향하는 마음을 안으로 돌려서 본성으로, 천도로 귀결시키는 작업이다. 그것은 몸과 마음이 참나가 아님을 알고 마음에서 일어나는 생각과 사고가 실체가 없을 뿐만 아니라 몸을 통하여 일어나는 언행이 모두 실체가 없음을 아는 것이다.

풍뢰익괘風雷益卦䷩에서는 산택손괘를 통하여 표상된 믿음을 바탕으로 역생에서 도성하는 작용을 다시 도생역성의 관점에서 나타내고 있다. 그것은 "위를 덜어서 아래에 더하여 준다."[661]는 것이다. 이는 먼저 믿음을 바탕으로 본성에 맡기면 본성이 스스로 주체가 되어 모든 일을 행하게 됨을 뜻한다.

정명正命은 삶을 영위하면서 만나는 모든 사건과 물건의 근원이 십오천

---

660 《周易》山澤損卦䷨ 彖辭, "彖曰 損은 損下益上하야 其道上行이니."

661 《周易》風雷益卦䷩ 彖辭, "彖曰益은 損上益下하니 民說无疆이오 自上下下하니 其道大光이라."

지이기 때문에 그 자리에 맡기고 이어서 그것을 자신의 몸을 통하여 실천함으로써 십오천지의 뜻을 대행하는 것이다. 역수원리의 관점에서는 하늘의 작용은 체십용구體十用九이며, 땅의 작용은 체오용육體五用六이다. 그러므로 정명을 역수를 중심으로 나타내면 천지가 합덕작용을 하는 구육합덕위용九六合德爲用이라고 할 수 있다.

정명된 삶은 비록 인간인 군자를 통하여 이루어지지만 천지의 뜻을 대행하는 점에서 보면 인간은 함이 없는 무위無爲이다. 그러나 삶을 영위하는 과정에서 널리 천하를 이롭게 하는 모든 일을 하는 점에서는 하지 않음이 없다. 《노자》에서 제시하고 있는 함이 없이 스스로 그러함(無爲自然)이나 함이 없으면서도 하지 않음이 없음(無爲而無不爲)은 바로 이러한 상태를 언급한 것이라고 할 수 있다. 이는 맹자가 언급한 "그 정도正道를 실천한다."[662]는 것이다.

각정성명된 삶이란 성명이 몸과 마음을 통하여 실천되는 삶이다. 그것은 개체적 관점에서 군자의 말과 행동이 일치되는 것으로 말에 담겨 있는 천지의 뜻으로서의 이치가 현실에서 완성됨, 이루어짐을 뜻한다. 그것을 한마디로 나타낸 것이 성誠이라는 개념이다.

성誠은 말을 나타내는 언言과 완성, 이룸의 의미로서의 성成이 합하여 형성된 개념이다. 그것은 한마디로 나타내면 말이 완성됨으로, 곧 말이 그대로 행동으로 드러나서 말과 행동이 일치하는 것을 뜻한다. 이때 말은 정성의 전제조건인 신信이라는 개념과 관련되어 있다. 신은 사람을 나타내는 인人과 말씀의 의미로서의 언言이 결합된 개념으로 사람다운 사람의 말 곧 자신의 본성을 자각하고 천명을 자각한 사람의 말을 뜻한다.

자신의 본성을 자각하고 천명을 자각하여 그것을 실천한 존재는 성인

---

662 《孟子》 盡心章句上, "順受其正, 是故知命者不立乎巖牆之下. 盡其道而死者, 正命也, 桎梏死者, 非正命也."

聖人이다. 그러므로 믿음의 대상으로서의 사람다운 사람의 말은 성인의 말이라고 할 수 있다. 구체적으로는 경전을 통하여 전승된 도에 관한 성인의 말이라고 할 수 있다. 따라서 성誠은 성인의 말씀을 매개로 하여 자신의 본성을 자각하고 천명을 자각하여 그것을 주체로 살아가는 매개, 원리라고 할 수 있다.

《주역》에서는 군자가 진덕수업하는 존재임을 밝히면서 사업을 하는 주체를 성誠으로 규정하고 다음과 같이 밝히고 있다. "군자는 덕을 향상시키고 사업을 익히는 존재이다. 덕을 향상시키는 매개는 진실한 믿음이며, 사업을 실천하는 매개는 말씀을 닦아서 성誠을 세움이다."[663]라고 하였다. 이 때 수업의 근거인 '수사입성修辭立誠'에서 '수사修辭'는 경전에 나타난 성인의 말씀을 연구하여 그 가운데 담긴 성명지리, 천지의 도를 자각함을 의미하며, '입성立誠'은 자신의 본래성을 자각함으로써 그것을 주체로 함을 뜻한다. 성인의 말씀을 통하여 성誠을 세웠을 때 그것은 곧 성덕成德된 것이다. 그러므로 충신을 주체로 하여 말씀을 통하여 성誠을 세운 존재를 성덕된 군자라고 하는 것이다. 《주역》에서는 "옛 성인의 말씀과 행위를 많이 알아서 덕을 쌓는다."[664]고 하여 그 점을 밝히고 있다.

각성성명의 삶은 성명을 주체로 살아가는 삶이며, 그것은 곧 말이 그대로 실현되는 삶이다. 그것은 말과 행동이 일치하는 삶이 성명을 주체로 살아가는 군자의 삶임을 뜻한다. 《주역》에서는 "군자의 말에는 구체적인 실천이 따라야 하고, 행위에는 항상하는 진리가 담겨 있어야 한다."[665]고

---

663 《周易》 重天乾卦䷀ 文言, "君子 進德修業하나니 忠信이 所以進德也오 修辭立其誠이 所以居業也라."

664 《周易》 山天大畜卦䷙ 大象, "天在山中이 大畜이니 君子以하야 多識前言往行하야 以畜其德하나니라."

665 《周易》 風火家人卦䷤ 大象, "象曰 風自火出이 家人이니 君子以하야 言有物而行有恒하나니라."

하여 언행言行이 일치된 삶이 군자의 삶임을 밝히고 있다.

말과 행동이 일치되는 삶은 곧 앎과 삶이 일치되는 삶이다. 그것은 군자가 지식을 갖고 살아가는 존재가 아니라 지혜를 갖고 살아가는 존재임을 뜻한다. 앎은 마음의 문제이고, 행위는 몸의 문제이다. 그러므로 앎과 그것의 실천으로서의 삶이 일치가 되기 위해서는 본성을 주체로 살아야 한다.

말과 행동이 일치하고, 앎과 삶이 일치하며, 배움과 삶이 일치하는 것은 본성과 마음과 몸이 일치함을 뜻한다. 몸과 마음이 일치가 된 차원에서 작용하는 마음은 진실한 마음으로서의 진심眞心이고, 바른 마음인 정심正心이며, 도가 주체가 된 도심道心이다. 그것을《맹자》에서는 불인인지심不忍人之心으로 나타내기도 하고 그것을 다시 네 가지로 구분하여 측은惻隱한 마음, 시비是非의 마음, 수오羞惡의 마음, 사양辭讓의 마음의 사단(四端)의 마음으로 규정하기도 하였다.[666]

각정성명된 군자의 행위는 다른 사람의 모범이 된다. 그래서《주역》에서는 "군자는 은미한 도의 세계를 알 뿐만 아니라 그것이 드러난 현상의 세계도 알고, 현상으로 드러나는 음적陰的 작용뿐만 아니라 양적陽的 작용도 알아서 모든 사람들의 모범이 된다."[667]라고 했다.

또한 "군자는 비록 집에 있어서 한마디의 말을 하여도 천리 밖에서 응한다. 그러므로 가까운 곳에서는 말할 것도 없다. 비록 말이 자신으로부터 나오지만 여러 사람들에게 전해지고, 행동이 가까운데서 시작하지만 먼 곳에서 드러난다. 그러므로 언행은 군자의 추기樞機로 그것이 발함으로써 영욕榮辱이 갈리게 된다. 언행은 군자가 천하를 움직이는 수단이다.

---

666 《孟子》公孫丑章句上, "孟子曰 人皆有不忍人之心...由是觀之, 無惻隱之心, 非人也, 無羞惡之心, 非人也, 無辭讓之心, 非人也, 無是非之心, 非仁也. 惻隱之心, 仁之端也, 羞惡之心, 義之端也, 辭讓之心, 禮之端也, 是非之心, 智之端也. 人之有是四端也, 猶其有四體也."

667 《周易》繫辭下篇 第五章, "君子 知微知彰知柔知剛하나니 萬夫之望이라."

그러므로 삼가지 않을 수 없다."[668]라고도 했다.

각정성명된 군자의 삶이 본성이 그대로 발현된 삶이라는 점에서 본성과 마음 그리고 몸이 괴리가 없는 점에서 거짓이 없는 진실함의 의미로서의 성誠이라고 할 수 있다. 성誠을 신信과 관련하여 이해하면 신信에 의해 본성이라는 본체, 주체가 확립이 되고, 그 본체에 의해 이루어지는 작용이 성誠이다. 그것은 도성倒成의 관점에서 규정된 신信을 도생역성倒生逆成의 관점에서 나타내면 성誠이 됨을 뜻한다.

《중용》에서는 성誠을 성품과 관련하여 천도와 인도, 내외를 합덕하는 원리임을 밝히고 있는데 그 내용은 다음과 같다.

> 성誠은 자기만을 완성시키는 것이 아니라 만물을 완성시키는 근거이다. 자신을 완성시키는 것은 인仁이며, 만물을 완성시키는 것은 지知이다. 양자는 성性의 덕德으로 내외를 합덕合德시키는 도이다."[669]

위의 내용을 보면 성誠을 인간의 성품인 인지仁知의 성性으로 규정하고 있음을 볼 수 있다. 이때 인간과 다른 존재가 하나가 될 수 있는 것은 본성인 인성과 지성을 통하여 가능함을 알 수 있는 동시에 인을 통하여 인간으로서의 자신이 완성되고 지성을 통하여 사물이 완성됨을 알 수 있다.

《주역》에서는 "인을 체득함으로써 비로소 다른 사람을 사람으로 길러

---

668 《周易》 繫辭上篇 第六章, "君子 居其室하야 出其言애 善이면 則千里之外應之하나니 況其邇者乎여 居其室하야 出其言애 不善이면 則千里之外違之하나니 況其邇者乎여 言出乎身하야 加乎民하며 行發乎邇하야 見乎遠하나니 言行은 君子之樞機니 樞機之發이 榮辱之主也라 言行은 君子之所以動天地也니 可不愼乎아."

669 朱子,《中庸章句》傳 第二十五章, "誠者非自成己而已也 所以成物也 成己仁也 成物知也 性之德也 合內外之道也."

줄 수 있다."[670]고 하였다. 이는 인성을 체득하고 그것을 주체로 살아갈 때 비로소 사람다운 사람의 삶이 이루어짐을 뜻한다.

반면에 지성이 만물을 완성시켜 줄 수 있는 근거, 매개라는 것은 사물을 그 본질에 따라서 올바로 다스리는 것이 사물을 완성시켜주는 일임을 나타낸다. 《주역》에서는 "천지가 마디를 지어서 사시四時가 이루어지듯이 마디지음으로써 제도制度하여 재물을 상하지 않고, 백성들이 해를 입지 않게 한다."[671]고 하였다.

이 부분 역시 성을 중심으로 각정성명을 밝히고 있음을 알 수 있다. 인지의 성이 주체가 되어야 함을 밝히면서도 동시에 사람과 사물을 완성하는 것이 인지의 성임을 밝힘으로써 정성과 정명을 함께 언급하고 있다. 이로써 보면 각정성명이 성誠에 의하여 이루어진다고 할 수 있다.

사람이 스스로 자신의 본성을 주체로 살아가는 동시에 남으로 하여금 본성을 주체로 살아가도록 안내하여 주는 것은 소수의 선택된 존재만이 할 수 있거나 해야 할 일이 아니라 모든 사람이 해야 할 일이다. 그렇기 때문에 《주역》에서 "정도로 크게 형통함"을 개체적 관점에서 해야 할 사명이 아니라 누구나 해야 할 하늘이 내려준 사명이라는 점에서 천명으로 규정한 것이다.

군자는 각정성명을 자신의 삶의 목표로 살아간다. 그러므로 각정성명은 군자가 삶의 과정에서 해야 할 일로 그것을 《주역》에서는 군자의 사업事業으로 규정하고 있다. 매 순간 이루어지는 군자의 삶은 모든 존재의 근원인 덕을 숭상崇尙함인 동시에 각정성명하는 사업을 끊임없이 확장해가는 광업廣業이다. 그러므로 군자의 삶을 한마디로 나타내면 숭덕광업이라고 할 수 있다.

---

670 《周易》 重天乾卦䷀ 文言, "君子 體仁이 足以長人이며."

671 《周易》 水澤節卦䷻ 彖辭, "天地節而四時成하나니 節以制度하야 不傷財하며 不害民하나니라."

덕을 숭상하여 그것을 천하를 제도制度하는 사업을 통하여 군자의 덕은 날로 성대盛大해지는 동시에 끊임없이 확장하여 천지와 하나가 된다. 군자는 천지와 더불어 그 덕을 함께하고, 일월과 밝음을 함께하며, 사시와 더불어 차례를 함께하고, 귀신과 더불어 길흉吉凶을 함께하는 것[672]이다. 그러므로 《주역》에서는 군자의 삶을 성덕대업盛德大業으로 규정하면서 지극하다[673]고 하였다.

앞에서 살펴본 바와 같이 인간의 삶은 정해진 것이 아니라 마음을 어떻게 쓰느냐에 따라서 삶의 결과가 좌우된다. 그것은 용심用心을 통하여 본성을 주체로 하는 삶을 영위하느냐 아니면 몸이나 마음을 주체로 삶을 영위하느냐의 차이에 있다.

삶의 방향과 질 그리고 그에 따라서 나타나는 결과는 용심用心에 의하여 결정되기 때문에 용심이야말로 삶의 방법인 동시에 수행修行, 수양修養, 수련修練의 방법인 점에서 삶 자체가 그대로 학문이자 수행이라고 할 수 있다.

사람으로 태어나서 사람답게 살겠다는 삶의 목표를 정하고 도제천하의 뜻을 세우는 입지立志가 이루어지면 그것을 시공에서 확충하는 숭덕광업의 삶을 살게 된다. 입지는 충신忠信을 바탕으로 이루어지며, 실천은 끊임없이 본성, 도에 맡기고 그대로 행하는 정성스러움으로서의 성誠에 의하여 이루어진다. 그러므로 역학에서 제시하고 있는 삶의 원리는 충신忠信과 성誠 그리고 그것을 바탕으로 이루어지는 입지立志와 실천實踐으로서의 숭덕광업崇德廣業이라고 할 수 있다.

---

672 《周易》 重天乾卦䷀ 文言, "夫大人者는 與天地合其德하며 與日月合其明하며 與四時合其序하며 與鬼神合其吉凶하야 先天而天弗違하며 後天而奉天時하나니 天且弗違온 而況於人乎며 況於鬼神乎여."

673 《周易》 繫辭上篇 第五章, "盛德大業이 至矣哉라. 富有之謂大業이오 日新之謂盛德이오."

천도의 관점에서 도서상수를 중심으로 사람의 삶을 살펴보면 십오존공위체에 의해 지혜를 주체로 하고, 구육합덕위용에 의해 인仁을 주체로 살아가게 된다. 인간의 삶은 스스로 세운 목표와 그것을 실천하는 것을 통해 이루어진다. 십오존공위체를 중심으로 역도를 표상하고 있는 것이 《주역》의 중천건괘이며, 구육합덕위용을 중심으로 역도를 표상하고 있는 것이 중지곤괘이다.

믿음에 의해 자신의 본성과 천지의 본성이 일체이기 때문에 안과 밖에서 일어나는 모든 일의 주체가 십오十五 본체임을 알고 그 자리에 맡기는 것이 수기, 학문이며, 성誠에 의해 매 순간 모든 일을 그대로 행하는 것이 실천이다. 십오존공위체하게 되면 하늘의 체십용구體十用九와 땅의 체오용육體五用六이 동시에 작용하여 구육합덕위용이 된다.

천도와 인도의 관계를 중심으로 살펴보면 십오존공위체는 건도가 변화함이며, 구육합덕위용은 각정성명이다. 그리고 건도변화와 각정성명을 현상적 측면에서 나타내면 천지가 제자리를 잡고 그 가운데서 역易이 이루어짐이다.

> 천지가 위位를 갖추면 그 가운데서 역易이 행하여진다. 완성된 성품을 보존하고 보존하는 것이 도의道義의 문門이다.[674]

위의 내용을 보면 천지가 각각 제자리를 찾아서 작용을 하면 그 가운데서 역易이라는 생생生生의 변화가 이루어짐을 알 수 있다. 그것은 누구나 갖고 있는 본성을 보존하는 것과 같다. 인간이 자신의 본성을 보존함으로써 천지가 설위設位되고 만물이 끊임없이 생성되는 변화가 이루어진다. 변

674 《周易》 繫辭上篇 第七章, "天地設位어든 而易이 行乎其中矣니 成性存存이 道義之門이라."

화는 생성이며, 생성은 도의道義가 나타난 현상이라는 점에서 현상 세계가 그대로 도의의 세계이다. 그것이 《중용》에서 말한 "중화中和를 이루면 천지가 제자리를 잡고 만물이 길러진다."[675]는 것이다.

---

675 《中庸》第一章, "喜怒哀樂之未發謂之中 發而皆中節謂之和 中也者天下之大本也 和也者天下之達道也 致中和天地位焉萬物育焉."

끝맺는 말

이 책을 시작하면서 변화라는 개념을 중심으로 그 안에 형이상적 측면으로서의 역도, 변화의 도와 형이하적 측면으로서의 변화의 의미가 함께 들어 있고, 형이상적 존재인 역도가 만물의 근원이기 때문에 만물의 변화라는 형이하적 측면에서는 역도를 밝힐 수 없으므로 역도, 역학은 형이상의 관점에서 이해하여야 함을 밝혔다.

이어서 형이상의 역도와 형이하의 현상 세계, 변화의 세계가 둘이 아니라 하나임을 순역의 관계를 통하여 살펴보았다. 순역은 체용의 관계로 체용의 관계는 하나이면서도 둘이고, 둘이면서 하나인 관계다. 도와 현상의 관계 역시 체용의 관계로 양자가 하나이면서 둘이기 때문에 일체의 관점, 본체의 관점을 바탕으로 둘의 관점, 작용의 관점의 고찰이 이루어져야 함을 논하였다.

그런데 불역과 변역의 양자가 하나의 역이라는 개념에 포함되어 있듯이 체용 또는 도와 만물이라는 양자 또한 둘이 아니다. 둘이 아닌 하나의 관점에서 보면 양자가 모두 없다고 할 수 있고, 하나가 아닌 둘의 관점에서 보면 양자가 모두 있다고 할 수 있다. 그러므로 양자가 모두 유무有無와 같은 모든 대립적인 상태를 넘어서 있는 점에서 보면 중정中正, 중용中庸이라고 할 수 있다.

이러한 작업은 역생도성의 관점에서 비본질적인 요소의 제거를 통하여 본질의 세계에 도달하고자 하는 과정이었다고 할 수 있다. 이는 억음존양抑陰尊陽의 선천적 과정으로 모든 인위적人爲的이고 유위적有爲的인 요소들을 제거하여 조양율음調陽律陰의 후천의 세계, 무사無思하고 무위無爲하는 세계에 도달하고자 하는 시도였다.

그러나 체용體用이 하나가 되고, 유무有無를 넘어선 중도中道가 역도, 변화의 도라고 할지라도 그것마저도 넘어서야 한다. 사실 체용이라는 개념도 유무라는 개념도 중도라는 개념도 역도라는 개념도 모두 체體와 용用, 유有와 무無, 중도와 정도, 변화와 불역不易과 같은 대립적인 요소들을 중심으로 언급된 것들이다. 그것은 이러한 시도들이 모두 공간적 관점, 물건적 관점이라는 점에서 극복되어야 할 과정임을 뜻한다.

체용의 관점에서 유무有無를 넘어서서 중용中庸, 중도中道를 정도正道로 실천함은 아직도 하나의 관문을 남겨 놓고 있다고 할 수 있다. 중도, 중용이 비록 모든 대립적인 것들을 초월한 세계이지만 중도, 중용마저도 극복해야 할 하나의 과제일 뿐이다. 만약 모든 것을 넘어섰을지라도 그 넘어섬에 집착執着을 하게 되면 그것이 또 하나의 커다란 장애가 된다. 선천에서 후천으로의 변화를 역학에서는 대천大川을 건너는 것에 비유하여 나타내고 있다. 만약 배를 타고 바다를 건넜다면 배에 머물러 있거나 배를 떠나서 다시 배를 생각해서는 안 된다.

그것은 물이 흐르듯이 자연스러워야 한다. 물은 흐르다 장애물을 만나면 멈추어서 길을 찾아서 돌아가거나 자신의 몸으로 장애가 되는 구덩이를 메우고 지나간다. 그것마저도 할 수 없을 때는 장애물을 제거할 힘이 모이기를 기다린 후에 장애물을 제거하고 흐른다.

흐르는 물처럼 역도 자체도 고정되지 않고 끊임없이 만물을 생성할 뿐만 아니라 만물 역시 고정됨이 없이 변화한다. 그것이 역도의 본래 의미라는 점에서 역도, 변화의 도, 중도라는 것마저도 넘어서야 한다.

천도의 변화(乾道變化)와 개체적 존재가 성명을 주체로 살아감(各正性命)이 모순관계라는 것은 천도와 인도를 모순관계로 이해하는 것으로 이는 형이상과 형이하, 도와 만물의 관계를 모순관계로 이해하는 것이다. 그것이 삼재의 도의 관점 곧 공간적 관점에서 역도를 이해理解하고 설명說明하였을 때 제기되는 과제라고 할 수 있다.

《정역》의 관점에서 보면 인간의 본성을 나타내는 황극皇極과 만물의 본질을 나타내는 태극太極 그리고 근원적 존재 자체를 나타내는 무극無極이 일체이다. 그것은 성명性命을 내용으로 하는 인도와 천도 그리고 지도가 다르지 않음을 뜻한다. 삼자가 하나이면서 셋이고 셋이면서 하나이기 때문에 셋 사이에 모순관계라는 것이 존재할 수 없다.

본래 이 세계에는 천도와 인도가 없고, 형이상과 형이하의 구분도 없으며, 도와 만물의 구분도 없고, 수행과 닦지 않음도 없고, 생사와 생사의 초월도 없다. 그럼에도 불구하고 방편方便으로 구분하여 나타내었기 때문에 버리고 버려서 버림마저도 벗어나라고 하고, 함이 없이 한다고도 하였다.

그러나 본래 유위有爲가 없으니 무위無爲가 있을 까닭이 없고, 무위가 없으니 무위마저도 벗어나야 할 까닭이 없다. 끊임없이 역학을 학문하여 역도를 자각하는 것은 훌륭한 일이지만 더 나아가서 그것을 주체로 살아가는 것만 못하고, 삶 자체가 그대로 역도의 현현顯現이어서 모든 것으로부터 자유로울지라도 역도로부터 자유로운 것만 못하며, 역도로부터 자유로울지라도 그 자유로움마저도 버려야 한다.

사람의 삶에 있어서 특별하게 살아가는 방법이 있는 것은 아니다. 오로지 진실한 마음으로 앞만 보면서 뚜벅뚜벅 걸어가는 길뿐이다. 뜻을 세우고 실천하면 그대로 이루어지는 것이 사람의 삶이다. 그 외에 어떤 것도 삶을 위하여 필요로 하는 것이 없다. 그렇기 때문에 삶은 한 점 사사로움이 없이 공평하다.

이미 사람으로 태어났으니 누구나 사람답게 살아갈 수 있는 능력과 권리가 있고 의무도 있다. 본래 내 안에 완전한 존재인 지혜로운 하나님이 존재하고, 무한한 자비慈悲를 갖춘 부처가 존재하니 그저 본래 그가 하고 있음을 알고 그에게 맡기면서 살아가면 그것이 각정성명된 삶이고 그것이 사람다운 삶이다. 그러므로 삶과 수행이 다르지 않아서 삶이 그대로 수행일 뿐이다.

그렇다면 수행의 구체적인 방법은 무엇이냐고 혹자는 말할지도 모른다. 그것은 사람에 따라서 다를 수밖에 없다. 예로부터 대도무문大道無門이라고 하였다. 대도무문은 문이 없어서 없는 것이 아니라 모든 것이 문이어서 문 아닌 것이 없음을 나타낸다. 찾아야 문이 나타난다. 그리고 문을 통하여 들어가야 비로소 그 세계를 알 수 있다. 아직 그 세계에 대한 관심마저도 없다면 먼저 문을 찾고자 하는 의지를 갖는 것이 필요하다.

늦었다고 생각하는 그 순간이 가장 적절한 때라는 말이 있다. 이제부터라도 재물, 명예, 권력과 같은 무상無常한 것들을 향하여 밖으로 치달렸던 마음을 거두어들여서 삶에 대한 진지하고 간절한 태도로 자신을 돌아보고 세상을 돌아보자. 그리하여 세상을 널리 이롭게 하는 지혜로운 삶, 모든 존재를 사랑하는 자비로운 삶, 어떤 상황이나 대상을 막론하고 모든 존재에 이로움을 베풀 수 있는 자재력自在力을 갖춘 자유로운 삶을 향하여 뜻을 세우고 그곳을 향하여 첫발을 내딛어 보자.

삶은 끝없는 진화이다. 그것은 생사生死가 없는 자유이고 무한한 기쁨이며, 영원한 사랑이다. 삶은 빛나는 에너지이며, 끝없는 되어감이다. 삶 그 자체가 도道이며 신神이다. 그대는 삶을 위하여 어떤 것도 필요로 하지 않으며 아무것도 할 것이 없다. 그대와 우주, 신은 완벽한 하나이다. 그냥 그대 자신이 되어라! 그것은 자신을 거룩한 창조創造의 대열에 동참시키는 것이며, 세상을 지혜智慧의 빛과 자비慈悲의 샘물로 가득 채우는 것이다.

찾아보기

ㄱ

ㄴ

ㄷ

ㅁ

ㅂ

ㅇ

ㅈ

ㅊ

역경철학

지은이 이현중
펴낸이 전병석·전준배
펴낸곳 (주)문예출판사
신고일 2004. 2. 12. 제 312-2004-000005호
(1966. 12. 2. 제 1-134호)
주 소 서울특별시 마포구 월드컵북로 6길 30
전 화 393-5681 팩 스 393-5685
이메일 info@moonye.com
블로그 blog.naver.com/imoonye

제1판 1쇄 펴낸날 2014년 10월 10일

ISBN 978-89-310-0784-8 93150

이 도서의 국립중앙도서관 출판시도서목록(CIP)은 서지정보유통지원시스템 홈페이지(http://seoji.nl.go.kr)와 국가자료공동목록시스템(http://www.nl.go.kr/kolisnet)에서 이용하실 수 있습니다.(CIP제어번호 : CIP2014026769)